Paris, DIDIER, libraire-éditeur, 35, quai des Augustins.

LA JEUNESSE
DE
Mme DE LONGUEVILLE

NOUVELLES ÉTUDES

Sur les Femmes illustres et la Société du XVIIe siècle,

PAR

M. VICTOR COUSIN

1 fort vol. in-8°, orné d'un joli portrait. — Prix : 6 f. 50 c.

—◦—

La voix publique a proclamé depuis quelques années M. Cousin le plus pur, le plus correct des écrivains de notre temps. Sa langue est, au XIXe siècle, la langue du XVIIe : et pour qui sent tout ce que renferme un pareil éloge, il n'en est pas de plus beau, de même qu'il n'en est pas de plus mérité. Sobriété, justesse, simplicité, imagination vive et tempérée tout ensemble, composition savante et régulière, goût exquis et sûr : voilà les qualités incontestables du style de M. Cousin, et ce sont les qualités éminentes du grand siècle. Les reproduire, même en une moindre mesure, a été le privilège de bien peu d'auteurs contemporains ; et malgré les préoccupations sans nombre qui assiégent depuis longtemps les esprits, l'attention du public et ses sympathies intelligentes n'ont jamais fait défaut à qui les justifie si bien.

Depuis trente ans bientôt, on s'était habitué à voir dans M. Cousin le chef d'une grande école philosophique. On connaissait le penseur. Il est assez piquant aujourd'hui d'apprécier en lui l'homme de goût, non moins digne de faire école.

Dans l'ouvrage que nous publions en ce moment, M. Cousin a peint le XVIIe siècle avec lequel il a tant vécu, ses grands hommes, ses guerriers, ses écrivains, ses belles dames, car Mme de Longueville n'est que la figure principale de ce tableau où le siècle entier est retracé avec un coloris aussi vrai que gracieux. On y verra tour à tour la vie religieuse, la vie militaire, surtout la vie littéraire de cette grande époque. Au reste nous détachons de l'Avant-Propos de M. Cousin les lignes suivantes où l'illustre écrivain expose lui-même l'objet et le dessein de son ouvrage :

«.... Cet écrit aura, du moins, le mérite d'offrir au lecteur des choses jusqu'ici entièrement ignorées ou à peine entrevues : par exemple, l'intérieur, pour la première fois ouvert, de ce grand couvent des Carmélites de la rue Saint-Jacques, qui servit d'asile à tant de cœurs blessés, où Mlle de Bourbon fut comme élevée et voulut à quinze ans ensevelir sa beauté et son esprit; les gracieux passe-temps de sa jeunesse au Louvre, à l'hôtel de Rambouillet, à Chantilly, à Ruel, à Liancourt; ses charmantes amies, ses brillants et vaillants adorateurs; la politique habile et trop peu appréciée de son père; l'éducation guerrière et aussi les premières amours de Condé; surtout cette pure et touchante Mlle Du Vigean, digne objet des tendresses d'un héros, que nous avons en quelque sorte retrouvée, et que nous osons mettre à côté de Mlle de La Vallière.

« Il y a plus de quinze ans, dans nos heures de loisir, nous avions rêvé l'ouvrage le plus étranger à nos travaux ordinaires, qui nous attirait et nous attachait par ce contraste même. Les grands hommes, et particulièrement les grands écrivains du XVIIe siècle, sont à peu près connus; mais les femmes n'étaient pas alors moins remarquables que les hommes, et on ne connaît guère que Mme de Sévigné, Mme de La Fayette, et un bien petit nombre d'autres; tandis qu'il y avait partout, à la cour et dans les salons de Paris, dans les brillants manoirs de l'aristocratie et dans les austères retraites de la religion, des femmes d'un grand esprit et d'un grand cœur, qui sans doute ne savaient pas écrire comme des auteurs de profession, mais qui ont beaucoup écrit, parce que c'était la mode du temps, et qui n'ont pu écrire d'une façon médiocre avec les pensées et les sentiments dont elles étaient nourries. Nous nous sommes donc amusé à rechercher, et nous sommes parvenu à découvrir toute une littérature féminine, aux trois quarts inconnue, qui ne nous semble pas indigne d'avoir une place à côté de la littérature virile en possession de l'admiration universelle. De là le projet d'une galerie des femmes illustres du XVIIe siècle. Nous avons donné la première page d'une semblable histoire dans JACQUELINE PASCAL; en voici très-probablement la dernière..... Nous ne regretterons pas les moments que nous avons donnés à ces études un peu légères, si elles peuvent accroître la connaissance et le goût de la plus admirable époque de notre histoire, de cette puissante société française du XVIIe siècle qu'on admire toujours davantage à mesure qu'on l'envisage sous ses différentes faces; où la France était en spectacle aux nations et marchait à la tête de l'humanité; où la philosophie était en honneur aussi bien que la poésie et les arts, l'esprit religieux et l'esprit militaire; où Descartes partageait l'estime publique avec Corneille et Condé; où Mme de Grignan l'étudiait avec une vivacité passionnée, où Bossuet et Arnauld, Fénelon et Malebranche se déclaraient hautement ses disciples. En sorte qu'à vrai dire, à ce foyer commun du grand et du beau, nos prédilections littéraires et notre foi philosophique se lient d'une manière intime et se vivifient réciproquement.

« ...... Si le public accueille un peu favorablement ces études, nous lui en offrirons la suite; nous lui montrerons Mme de Longueville pendant la Fronde et après sa conversion, de 1649 à 1680. Ce n'est assurément pas la moins belle partie du xviie siècle. »

Nous terminons cet aperçu par la table des matières que ce volume renferme, et qui nous semble plus propre que toute espèce de commentaire à en donner une idée exacte.

TABLE-SOMMAIRE :

INTRODUCTION. — La personne de Mme de Longueville. Description des contemporains. Portraits authentiques. — Son esprit et son style. — Son caractère. Explication de sa conduite dans la Fronde. — Mlle de La Vallière et Mme de Longueville.

I. (1619 à 1635). — Mlle de Bourbon dans sa famille. Sa mère Charlotte-Marguerite de Montmorency. Son père, M. le Prince. Son frère, le duc d'Enghien. — Son éducation religieuse. Le couvent des Carmélites de la rue Saint-Jacques. Les quatre grandes prieures. Mlle d'Epernon. — Mlle de Bourbon au bal du Louvre le 18 février 1635. Son portrait à l'âge de quinze ans.

II. (1635 à 1642). — Mlle de Bourbon à l'hôtel de Rambouillet. — Ce que c'est que le genre précieux. — Mme de Sablé, type de la vraie précieuse. — Corneille et Voiture. — Mlle de Bourbon à Chantilly. — A Ruel. — A Liancourt. — Ses jeunes amies. — Mlle Du Vigean et Condé. — Mariage de Mlle de Bourbon.

III. (1642 à 1644). — Poésie et galanterie. — État des affaires en 1643. Bataille de Rocroy. — Mazarin et les Importants. — Mme de Montbazon. — Lettres attribuées à Mme de Longueville. — Duel de Coligny et de Guise. — Une nouvelle inédite du xviie siècle.

IV. (1644 à 1649). — Campagnes de Condé en Flandre et sur le Rhin. — Congrès et paix de Münster. — Mme de Longueville à Münster. Son portrait par Van-Hüll. — Son retour en France. Son second frère, le prince de Conti. — Sonnets de Voiture et de Benserade. — La Rochefoucauld. Commencement de sa liaison avec Mme de Longueville. — La première Fronde. Belle conduite de Condé. — Mme de Longueville à l'Hôtel-de-Ville de Paris. — Naissance de Charles de Paris, comte de Saint-Paul. — Paix de 1649.

APPENDICE. — Les Carmélites. — Mlle Du Vigean, sœur Marthe de Jésus. — Lettres nouvelles de Mme de Longueville.

PUBLICATIONS RÉCENTES :

A LA MÊME LIBRAIRIE.

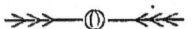

SAINT ANSELME DE CANTORBÉRY

Tableau de la vie des couvents et de la lutte du pouvoir spirituel avec le pouvoir temporel au onzième siècle, par M. Ch. de Rémusat, de l'Académie française. 1 fort vol. in-8. 1853. 7 50

TABLEAU DE LA LITTÉRATURE DU NORD

Au moyen-age, en Allemagne, en Angleterre, en Scandinavie et en Slavonie; par M. Eichhoff, professeur de littérature à la Faculté de Lyon. 1 volume in-8. 1852. 6 50

PORTRAITS LITTÉRAIRES

Par M. Sainte-Beuve, comprenant : 1° *Portraits littéraires* (auteurs morts), 2 vol. — 2° *Portraits de femmes*, 1 vol. — 3° *Portraits contemporains*, 3 vol. — 4° *Derniers portraits littéraires*, 1 vol., ensemble 7 vol. in-12, dit format anglais. *Chaque partie se vend séparément*, le volume, 3 50

LITTÉRATURE ET VOYAGES

Suivis de *Poésies* par M. J.-J. Ampère, de l'Académie française, 2 vol. in-12. 7 »

CORNEILLE ET SON TEMPS

Étude littéraire par M. Guizot, nouvelle édition, 1 vol. in-8. 5 »

SHAKSPEARE ET SON TEMPS

Étude littéraire par M. Guizot, nouvelle édition, 1 vol. in-8. 5 »

LES QUATRE CONQUÊTES DE L'ANGLETERRE

Son histoire, ses institutions sous les Romains, les Anglo-Saxons, les Danois et les Normands, depuis Jules-César jusqu'à la mort de Guillaume-le-Conquérant; par M. Emile de Bonnechose. *Ouvrage couronné par l'Académie française.* (1er prix Monthyon.) 2 vol. in-8. 1852. 12 «

L'AMIE DES ENFANTS

Petit Cours de Morale en Action, comprenant tous les Contes moraux à l'usage de l'enfance et de la jeunesse, par Mme Guizot; nouvelle édition enrichie de *Moralités* en vers, par Mlle Elise Moreau; 1 beau vol. grand in-8 de plus de 550 pages, *illustré* de belles lithographies. 1852. 12 »

ŒUVRES COMPLÈTES DE CASIMIR DELAVIGNE

Comprenant le Théatre, 4 vol.—les Messéniennes, 1 vol.—et les Chants sur l'Italie, 1 vol, ensemble 6 vol. in-8, papier cavalier vélin glacé, très-belle édition ornée d'un beau portrait. 1853. 36 »
—Le même ouvrage, même édition, *illustrée* de belles vignettes gravées sur acier d'après A. Johannot. 42 »

ŒUVRES DE M. VILLEMAIN

Comprenant le *Cours de littérature française*, les *Études de littérature*, les *Études d'histoire moderne*, le *Tableau de l'Éloquence chrétienne*, et les *Discours et Mélanges littéraires*; nouvelle édition, 10 vol. in-8. 50 »

Paris.—Imprimerie Bonaventure et Ducessois, quai des Grands-Augustins, 55.

MADAME DE LONGUEVILLE

LA JEUNESSE
DE
MADAME DE LONGUEVILLE.

OUVRAGES DE M. COUSIN.

DU VRAI, DU BEAU ET DU BIEN, 1 vol. in-8º.

Ire Série. COURS DE L'HISTOIRE DE LA PHILOSOPHIE MODERNE, de 1815 à 1821, deuxième édition, 5 volumes in-18.

IIe Série. COURS DE L'HISTOIRE DE LA PHILOSOPHIE MODERNE, de 1828 à 1830, quatrième édition, 3 vol. in-18.

IIIe Série. FRAGMENTS PHILOSOPHIQUES POUR FAIRE SUITE AUX COURS DE L'HISTOIRE DE LA PHILOSOPHIE, troisième édition, 4 vol. in-18; plus, les FRAGMENTS DE PHILOSOPHIE CARTÉSIENNE, 1 vol. in-18.

IVe Série. LITTÉRATURE, deuxième édition, 3 vol. in-18.

    1er vol. Blaise Pascal.
    2e — Jacqueline Pascal.
    3e — Fragments Littéraires.

Ve Série. INSTRUCTION PUBLIQUE :

    De l'instruction publique en France sous le gouvernement de Juillet, deuxième édition, 3 vol. in-18.
    De l'instruction publique en Allemagne, troisième édit., 2 vol. in-8º.
    De l'instruction publique en Hollande, 1 vol. in-8º.

VIe Série. DES PRINCIPES DE LA RÉVOLUTION FRANÇAISE ET DU GOUVERNEMENT REPRÉSENTATIF, suivis des *Discours politiques*, 1 vol. in-18.

ÉDITIONS ET TRADUCTIONS

MANUEL DE L'HISTOIRE DE LA PHILOSOPHIE, traduit de l'allemand de Tennemann, deuxième édition, 2 vol. in-8º.

ŒUVRES COMPLÈTES DE PLATON, 13 vol. in-8º.

PROCLI OPERA INEDITA, 6 vol. in-8º.

ABELARDI OPERA, 2 vol. in-4º.

ŒUVRES INÉDITES D'ABÉLARD, 1 vol. in-4º.

ŒUVRES COMPLÈTES DE DESCARTES, 11 vol. in-8º.

ŒUVRES PHILOSOPHIQUES DU PÈRE ANDRÉ, 1 vol. in-18.

ŒUVRES DE M. BIRAN, 4 vol. in-8º.

Vu les traités internationaux relatifs à la propriété littéraire, l'auteur et l'éditeur de cet ouvrage se réservent le droit de le traduire ou de le faire traduire en toutes les langues; ils poursuivront toutes contrefaçons ou toutes traductions faites au mépris de leurs droits.

Melle de Bourbon (Anne Geneviève)
à l'âge de 15 ans.

PEINT PAR DUCAYER EN 1634.

MADAME DE LONGUEVILLE

NOUVELLES ÉTUDES

SUR LES FEMMES ILLUSTRES ET LA SOCIÉTÉ
DU XVIIe SIÈCLE

PAR

M. VICTOR COUSIN

SECONDE ÉDITION

LA JEUNESSE
DE
MADAME DE LONGUEVILLE

PARIS

DIDIER, LIBRAIRE-ÉDITEUR

QUAI DES AUGUSTINS, 35

1853

AVANT-PROPOS.

Villefore a écrit la vie de Mme de Longueville, et nous n'avons jamais songé à la refaire. Nous avons voulu seulement pénétrer dans l'intimité d'une âme d'élite, qui nous inspire un intérêt particulier, à l'aide des plus sincères documents que puisse employer l'histoire : les correspondances confidentielles, où les cœurs, en s'épanchant loin de l'œil du public, révèlent involontairement les caractères, c'est-à-dire les causes les plus vraies des événements humains. Pour nous procurer de tels documents, nous avons fouillé, avec la persévérance de la passion, dans les bibliothèques publiques et privées, et nous avons fini par mettre la main sur un très-grand nombre de lettres inédites qui nous ont éclairci bien des côtés obscurs de la vie de Mme de Longueville, de celle de Condé, son frère, de leurs contemporains et de leurs contemporaines les plus célèbres.

A défaut donc de tout autre mérite, cet écrit aura du moins celui d'offrir au lecteur des choses jusqu'ici entièrement ignorées ou à peine entrevues : par exemple, l'intérieur, pour la première fois ouvert, de ce gaand couvent des Carmélites de la rue Saint-Jacques, qui servit d'asile à tant de cœurs blessés, où Mlle de Bourbon fut comme élevée et voulut à quinze ans ensevelir sa beauté et son esprit; les gracieux passe-temps de sa jeunesse au Louvre, à l'hôtel de Rambouillet, à Chantilly, à Ruel, à Liancourt; ses charmantes amies, ses brillants et vaillants adorateurs; la politique habile et trop peu appréciée de son père; l'éducation guerrière et aussi les premières amours de Condé; surtout cette pure et touchante Mlle Du Vigean, digne objet des tendresses d'un héros, que nous avons en quelque sorte retrouvée, et que nous osons mettre à côté de Mlle de La Vallière.

Il y a plus de quinze ans, dans nos heures de loisir, nous avions rêvé l'ouvrage le plus étranger à nos travaux ordinaires, qui nous attirait et nous attachait par ce contraste même. Les grands hommes, et particulièrement les grands écrivains du XVIIe siècle sont à peu près connus; mais les femmes n'étaient pas alors moins remarquables que les hommes, et on ne connaît guère que Mme de Sévigné, Mme de La Fayette, et un bien petit nombre d'autres; tandis qu'il y avait partout, à la cour et dans les salons de Paris, dans les brillants manoirs de l'aristocratie et dans les austères retraites de la religion, des femmes d'un grand esprit et d'un grand cœur, qui sans doute ne savaient pas écrire comme des auteurs de profession, mais qui ont beaucoup écrit, parce que c'était la mode du temps, et qui n'ont pu écrire d'une façon médiocre avec les pensées et les sentiments dont elles étaient nourries. Nous nous sommes donc amusé à rechercher, et nous sommes parvenu à découvrir toute une littérature féminine, aux trois quarts inconnue, qui ne nous semble pas indigne d'avoir une place à côté de la littérature virile en possession de l'admiration universelle. De là le projet d'une galerie des femmes illustres du XVIIe siècle, sur le modèle des hommes illustres de Perrault. Nous avons donné la première page d'une semblable histoire dans JACQUELINE PASCAL [1]; en voici très-probablement la dernière. L'âge arrive; le ciel s'as-

---

1. IVe série de nos ouvrages, LITTÉRATURE, tome II.

sombrit; nous nous devons à de plus sérieuses pensées, à une grande cause que nous avons autrefois servie avec l'ardeur et l'énergie de la jeunesse, et qui aujourd'hui, compromise par les uns, trahie par les autres, réclame nos derniers efforts et notre suprême dévouement[1]. Cependant nous ne regretterons pas les moments que nous avons donnés à ces études un peu légères, si elles peuvent accroître la connaissance et le goût de la plus admirable époque de notre histoire, de cette puissante société française du XIIe siècle qu'on admire toujours davantage à mesure qu'on l'envisage sous ses différentes faces; où la France était en spectacle aux nations et marchait à la tête de l'humanité; où la philosophie était en honneur aussi bien que la poésie et les arts, l'esprit religieux et l'es-

---

1. Il nous reste à recueillir de tous nos écrits les éléments épars d'une Théodicée nouvelle, particulièrement fondée sur une Psychologie exacte fécondée par une induction légitime, avec le double dessein de défendre la grande foi du genre humain contre la détestable philosophie que l'Allemagne, en ces derniers temps, a renvoyée à la France, après la lui avoir empruntée, et de défendre aussi la vraie et bonne philosophie contre une dévotion pusillanime, indigne du christianisme et condamnée par l'Église, qui refuse à la raison humaine le droit et la force de s'élever jusqu'à Dieu. Il nous reste surtout à mettre la dernière main à cette traduction de Platon, dont nous voudrions faire le monument le moins fragile de notre entreprise philosophique.

prit militaire; où Descartes partageait l'estime publique avec Corneille et Condé; où Mme de Grignan l'étudiait avec une vivacité passionnée, où Bossuet et Arnauld, Fénelon et Malebranche se déclaraient hautement ses disciples. En sorte qu'à vrai dire, à ce foyer commun du grand et du beau, nos prédilections littéraires et notre foi philosophique se lient d'une manière intime et se vivifient réciproquement.

Mais si le xviie siècle a plus que jamais notre admiration, nous nous gardons de l'erreur trop accréditée qui confond ce siècle avec le règne de Louis XIV. Assurément Louis XIV nous est aussi un grand roi. Il a eu, ce qu'il y a de plus rare au monde, de la grandeur dans le caractère; c'est là sa gloire immortelle. De plus, il était secret, attentif, laborieux, capable d'une conduite forte et soutenue; mais, il faut bien le dire, il était profondément personnel, et il a aimé sa personne et sa famille bien plus que la France. Il s'est radicalement trompé dans les deux seules entreprises qui relèvent de sa volonté propre, la révocation de l'édit de Nantes et les guerres de la succession; il a laissé la France humiliée, affaiblie, mécontente, et déjà pleine de germes de révolutions; tandis que Henri IV, Richelieu et Mazarin la lui avaient transmise couverte de gloire, puissante et prépondérante au dehors, tranquille et satisfaite au dedans. Louis XIV termine le xviie siècle, il ne l'a pas inspiré, et il est loin de le représenter tout entier. C'est sous Henri IV, sous Louis XIII et sous la reine Anne que sont nés, se sont formés, et même développés les grands hommes d'État et les grands hommes de guerre, ainsi que les plus grands écrivains de l'un et de l'autre sexe, ceux-là mêmes qui, comme Mme de Sévigné et Bossuet, ont prolongé le plus avant leur carrière. L'influence de Louis XIV se fait sentir assez tard. Il n'a pris les rênes du gouvernement qu'en 1661, et d'abord il a suivi son temps, il ne l'a pas dominé; il n'a paru véritablement lui-même que lorsqu'il n'a plus été conduit par Lyonne et Colbert, les derniers disciples de Richelieu et de Mazarin. C'est alors que, gouvernant presque seul et supérieur à tout ce qui l'entourait, il a mis partout l'empreinte de son goût, dans la politique, dans la religion, dans les mœurs, dans les arts et dans les lettres. Il a substitué en tout genre la simplicité à la naïveté, la noblesse à la grandeur, la dignité à la force, l'élégance à la grâce ; il a effacé les caractères et poli en quelque sorte la surface des âmes ; il a ôté les grands vices et aussi les grandes vertus ; il a mis l'école purement littéraire et par conséquent un peu inférieure de Racine et de Boileau à la place de cette grande école de vertu, de politique et de guerre instituée par Corneille ; à Descartes, à Pascal, à Bossuet il a donné pour héritiers Massillon, Fontenelle, Voltaire, les vrais enfants de la fin du XVIIe siècle. Après Mme de Sévigné, cette rivale de Molière, formée, comme lui, de 1640 à 1660, on a vu paraître Mme de Maintenon, le modèle du genre convenable, avec sa monnaie agréable encore mais bien petite, Mme de Caylus, Mme de Staal, Mme Lambert. Ajoutez à cela, comme nous l'avons déjà dit, la révocation toute gratuite de l'édit de Nantes, quand les protestants soumis, mais protégés, rivalisaient de zèle avec les catholiques pour le service de l'État, et quand leurs plus illustres familles se convertissaient peu à peu ; ajoutez surtout les guerres déplorables entreprises par Louis XIV, avec un ministère de commis et des généraux de cour, pour mettre la couronne d'Espagne sur la tête de son petit-fils, lorsqu'en échange de ses prétentions et sans tirer l'épée il pouvait donner la Belgique à la France; vous avez là une fin de règne qui ne ressemble guère à ses commencements, parce que les commencements viennent d'un tout autre génie, de ce génie qui inspira Henri IV, Richelieu, Mazarin, dicta l'édit de Nantes, le traité de Munster et celui des Pyrénées, le Cid, Polyeucte et Cinna, le Discours de la Méthode et les Provinciales, Don Juan et le Misanthrope, et les sermons les plus pathétiques de Bossuet. C'est ce génie-là que nous rappelons et glorifions partout dans cet ouvrage, parce qu'à nos yeux c'est le génie même de la France à l'époque de sa véritable grandeur.

Si le public accueille un peu favorablement ces études, nous lui en offrirons la suite; nous lui montrerons Mme de Longueville pendant la Fronde et après sa conversion, de 1649 à 1680. Ce n'est assurément pas la moins belle partie du xviie siècle.

15 décembre 1852.

V. COUSIN.

Mme DE LONGUEVILLE

INTRODUCTION

LA PERSONNE DE MADAME DE LONGUEVILLE. DESCRIPTIONS DES CONTEMPORAINS. PORTRAITS AUTHENTIQUES. — SON ESPRIT ET SON STYLE. — SON CARACTÈRE. EXPLICATION DE SA CONDUITE DANS LA FRONDE. — MADEMOISELLE DE LA VALLIÈRE ET MADAME DE LONGUEVILLE.

Il y a trois parties bien marquées dans la vie de la duchesse de Longueville [1].

Née en 1619 dans le donjon de Vincennes, pendant la captivité de son père, Henri de Bourbon, prince de Condé, avec lequel était venue s'enfermer sa jeune femme, cette beauté célèbre, Charlotte-Marguerite de Montmorency, on voit d'abord Mlle de Bourbon croissant en grâces auprès d'une telle mère, partageant ses journées entre le couvent des Carmélites et l'hôtel de Rambouillet, nourrissant son cœur de pieuses émotions et de lectures romanesques, allant au bal, mais avec un cilice, confidente d'un héros, le duc d'Enghien, son frère, compatissante à ses amours avec la belle Mlle Du Vigean, et la voyant se jeter dans le cloître où elle-même ira

---

[1]. Voyez l'ouvrage de Villefore : *la Vie de madame la duchesse de Longueville,* en deux parties. Il y en a deux éditions un peu différentes. La première, que nous citerons, est de 1738, sans indication de lieu; la seconde, d'Amsterdam, 1739.

mourir. Elle est mariée à vingt-trois ans à M. de Longueville, qui en a quarante-sept, et qui, au lieu de réparer ce désavantage par une tendresse empressée, suit encore le char de la plus triste coquette du temps, la fameuse duchesse de Montbazon. Outragée par cette rivale, mal défendue par un mari qui ne sait pas même être jaloux, elle cède peu à peu à la contagion de l'air qu'elle respire ; et, après avoir été quelque temps exilée dans les distractions magnifiques de l'ambassade de Munster, de retour à Paris elle se laisse subjuguer à l'esprit, au grand air, à l'apparence chevaleresque du prince de Marcillac, depuis le duc de La Rochefoucauld. Cette liaison décide de sa vie et en termine la première partie en 1648.

La Fronde avec ses vicissitudes, l'amour tel qu'on l'entendait à l'hôtel de Rambouillet, l'amour à la Corneille et à la Scudéry, avec ses enchantements et ses douleurs, mêlé aux dangers et à la gloire, traversé de mille aventures, vainqueur des plus rudes épreuves, et succombant à sa propre infirmité, s'épuisant bientôt lui-même : telle est la seconde période, si courte et si remplie, qui, commencée en 1648, finit au milieu de 1654.

Depuis, toute la vie de Mme de Longueville n'est qu'une longue pénitence, de plus en plus austère, qui s'accomplit successivement en Normandie auprès de son vieux mari, aux Carmélites, à Port-Royal, et s'achève en 1679.

Ainsi d'abord un éclat sans tache, puis les fautes, puis l'expiation, voilà comment se partage la carrière de Mme de Longueville.

C'est dans cet ordre que nous avons recueilli et que nous présenterons au lecteur tout ce qu'il nous a été possible de rassembler de Mme de Longueville, en nous livrant à des recherches persévérantes; écrits politiques ou religieux, surtout lettres intimes et confidentielles échappées à sa plume dans toutes les circonstances importantes de sa vie, et qui la peignent involontairement d'une manière aussi fidèle qu'agréable.

Mais si les écrits et les lettres que nous allons publier éclairent le caractère de Mme de Longueville, il est tout aussi vrai que ce caractère bien compris les éclaire encore plus et les met dans leur véritable jour. Pour introduire et intéresser à un ouvrage, il est assez reçu de commencer par quelques détails sur son auteur; et, comme ici l'auteur est une femme, il faut bien faire connaître un peu sa personne, ainsi que son esprit et son cœur.

I.

Anne-Geneviève de Bourbon était fille, comme nous l'avons dit, de cette Charlotte-Marguerite de Montmorency, princesse de Condé, qui avait tourné la tête à Henri IV, et qu'il voulait, dit-on, aller arracher à Bruxelles des mains jalouses de son mari, au risque de mettre le feu à toute l'Europe. La fille était au moins aussi belle que la mère, et c'est là un premier avantage de Mme de Longueville qui, nous l'avouons, ne nous est pas d'un attrait médiocre.

La beauté étend son prestige sur la postérité elle-même, et attache un charme, vainqueur des siècles, au nom seul des créatures privilégiées auxquelles il a plu à Dieu de la départir. Mais je parle de la vraie beauté. Celle-là n'est pas moins rare que le génie et la vertu. La beauté a aussi ses époques. Il n'appartient pas à tous les hommes et à tous les siècles de la goûter en son exquise vérité. Comme il y a des modes qui la gâtent, il est des temps qui en altèrent le sentiment. Par exemple, il était digne du xviiie siècle d'inventer les jolies femmes, ces poupées charmantes, musquées et poudrées, dissimulant les attraits qu'elles n'ont point sous leurs vastes paniers et leurs grands falbalas. C'était assez bien pour babiller dans un salon, écrire les *Lettres péruviennes*, servir de modèles aux héroïnes de Crébillon fils et tenir tête aux héros de Rosbach. Ceux de Rocroy et de Lens, les contemporains de Richelieu, de Descartes et de Corneille, les hommes énergiques et un peu rudes qui ont précédé Louis XIV, et qui se plaisaient à vivre d'une vie agitée, sauf à la finir comme Pascal et Rancé, n'eussent pas été tentés de se mettre à genoux devant d'aussi frêles idoles. Osons le dire : le fond de la vraie beauté comme de la vraie vertu, comme du vrai génie, est la force. Sur cette force, répandez un rayon du ciel, l'élégance, la grâce, la délicatesse ; voilà la beauté. Son type achevé est la Vénus de Milo [1] ou bien encore cette pure et mystérieuse apparition, déesse ou mortelle, qu'on nomme la Psyché ou la Vénus de Naples [2]. La beauté brille encore assurément dans la Vénus de Médicis, mais on sent déjà qu'elle décline ou va décliner. Regardez, je ne dis pas les femmes de Titien, mais les vierges mêmes de Raphaël et de Léonard : le visage est d'une délicatesse infinie, mais le corps est puissant ; elles vous dégoûteront à jamais des ombres et des magots à la Pompadour. Adorez la grâce, mais en toutes choses ne la séparez pas trop de la force, car sans la force la grâce se ternit bien vite, comme une fleur séparée de la tige qui l'anime et la soutient.

C'est Florence, ce sont ses artistes et ses princesses qui apportèrent en France le sentiment de la vraie beauté. Il s'y développa rapidement, et, par des causes diverses que je ne puis pas même indiquer ici, il régna parmi nous presque jusqu'à la fin du XVIIe siècle.

Quelle suite de femmes accomplies ce siècle nous présente, environnées d'hommages, entraînant après

1. Quatremère de Quincy : *Dissertation sur la statue antique de Vénus, découverte dans l'île de Milo*, in-4° ; et *Recueil de dissertations archéologiques*, 1836, in-8°, p. 143.

2. Millingen : *Ancient unedited Monuments*, in-fol. ; London, 1826, p. 15, planche VIII.

elles tous les cœurs, et répandant de proche en proche dans tous les rangs ce culte de la beauté que d'un bout de l'Europe à l'autre on a appelé la galanterie française! Elles accompagnent ce grand siècle dans sa course trop rapide; elles en marquent, elles en éclairent les principaux moments, à commencer par Charlotte de Montmorency, à finir par Mme de Montespan. Mettez au milieu la connétable de Luynes, depuis la duchesse de Chevreuse, Mme de Hautefort, Mme de Montbazon, Mme de Guéménée, Mme de Châtillon, Marie de Gonzague, depuis reine de Pologne, sa sœur la Palatine, et tant d'autres parmi lesquelles, à mon extrême regret, je n'oserais placer Mlle de La Vallière, et suis bien forcé de mettre Mme de Maintenon.

Mme de Longueville a sa place dans cette éblouissante galerie. Elle avait tous les caractères de la vraie beauté, et elle y joignait un charme particulier.

Elle était assez grande et d'une taille admirable. L'embonpoint et ses avantages ne lui manquaient pas. Elle possédait, je ne puis en douter en regardant les portraits authentiques qui sont sous mes yeux, ce genre d'attraits qu'on prisait si fort au XVIIe siècle, et qui, avec de belles mains, avait fait la réputation d'Anne d'Autriche. Ses yeux étaient du bleu le plus tendre. Des cheveux, d'un blond cendré de la dernière finesse, descendant en boucles abondantes, ornaient l'ovale gracieux de son visage, et inondaient d'admirables épaules, très-découvertes, selon la mode du temps. Voilà le fond d'une vraie beauté. Ajoutez-y un teint que sa blancheur, sa délicatesse et son éclat tempéré ont fait appeler un teint de perle. Ce teint charmant prenait toutes les nuances des sentiments qui traversaient son âme. Elle avait le parler le plus doux. Ses gestes formaient avec l'expression de son visage et le son de sa voix une musique parfaite ; ce sont les termes d'un contemporain fort désintéressé, d'un écrivain janséniste, peut-être Nicole, « en sorte, dit cet écrivain, que c'était la plus parfaite actrice du monde [1]. » Mais le charme qui lui était propre était un abandon plein de grâce, une langueur, comme s'expriment tous les contemporains, qui avait des réveils brillants, quand la passion la saisissait, mais qui, dans l'habitude de la vie, lui donnait un air d'indolence et de nonchalance aristocratique qu'on prenait quelquefois pour de l'ennui, quelquefois pour du dédain. Je n'ai connu cet air-là qu'à une seule personne en France, et cette personne, disparue avant le temps, a laissé une mémoire si pure, et je pourrais dire à bon droit si sainte, que je n'ose la nommer en un tel sujet, même pour la comparer à Mme de Longueville.

Et je ne fais pas là, croyez-le bien, un portrait de fantaisie ; je me borne à résumer les témoignages. Je

---

1. Nous donnons ce morceau à la fin de la IIIe partie de cet ouvrage.

les citerai, si l'on veut, pour prouver ma parfaite exactitude.

Commençons par celui qui l'a le mieux connue, et qui certes ne l'a pas flattée. « Cette princesse, dit La Rochefoucauld dans ses *Mémoires* [1], avait tous les avantages de l'esprit et de la beauté en si haut point et avec tant d'agrément, qu'il semblait que la nature avait pris plaisir de former un ouvrage parfait et achevé. »

Écoutons aussi le cardinal de Retz, très-bon juge en pareille matière, et qui aurait bien voulu prendre la place de La Rochefoucauld : « Pour ce qui regarde Mme de Longueville, la petite vérole lui avait ôté la première fleur de la beauté [2]; mais elle lui en avait laissé presque tout l'éclat, et cet éclat joint à sa qualité, à son esprit et à sa langueur, qui avait en elle un charme particulier, la rendait une des plus aimables personnes de France [3]. » Et ailleurs [4] : « Elle avait une langueur dans ses manières qui touchait plus que le brillant de celles mêmes qui étaient plus belles. »

Après les hommes, consultons les femmes. On peut, ce semble, les en croire sur parole quand elles font

---

1. Les deux seules bonnes et complètes éditions sont celles de Renouard, 1804 et 1817, et celle de la collection Petitot. Voyez cette dernière, t. LI, p. 455.

2. Cette maladie lui survint l'année même de son mariage; il ne lui en resta presque aucune trace.

3. Retz, Amsterdam, 1731, t. 1er, p. 185. — 4. *Ibid.*, p. 219.

l'éloge de la beauté d'une autre. Voici comment Mme de Motteville parle en plusieurs endroits de celle de Mme de Longueville : « Mlle de Bourbon commençait à faire voir les premiers charmes de cet angélique visage qui depuis a eu tant d'éclat [1]. » « Si [2] Mme de Longueville dominait les âmes par cette voie (son esprit et sa fortune), celle de sa beauté n'était pas moins puissante ; car, quoique elle eût eu la petite vérole depuis la régence, et qu'elle eût perdu quelque peu de la perfection de son teint, l'éclat de ses charmes attirait toujours l'inclination de ceux qui la voyaient, et surtout elle possédait au souverain degré ce que la langue espagnole exprime par ces mots de *donayre, brio, y byzarria* (bon air, air galant). Elle avait la taille admirable, et l'air de sa personne avait un agrément dont le pouvoir s'étendait même sur notre sexe. Il était impossible de la voir sans l'aimer et sans désirer de lui plaire. Sa beauté néanmoins consistait plus dans les couleurs de son visage que dans la perfection de ses traits. Ses yeux n'étaient pas grands, mais beaux, doux et brillants, et le bleu en était admirable ; il était pareil à celui des turquoises. Les poëtes ne pouvaient jamais comparer qu'aux lis et aux roses le blanc et l'incarnat qu'on voyait sur son visage, et ses cheveux blonds et argentés, et qui accompagnaient tant de choses merveilleuses, faisaient qu'elle ressemblait beaucoup plus à un ange

---

1. *Mémoires,* Amsterdam, 1750, t. 1er, p. 44. — 2. T. II, p. 16-17.

tel que la faiblesse de notre nature nous les fait imaginer que non pas à une femme :

> Poca grana y mucha nieve
> Van competiendo en su cara,
> Y entre lirios y iasmines
> Assomanse algunas rosas. »

A ces divers passages de la bonne Mme de Motteville, nous ne voulons ajouter qu'une seule ligne de la grande Mademoiselle, dont une extrême bienveillance n'était pas le défaut : « M. de Longueville était vieux ; Mlle de Bourbon était fort jeune et belle comme un ange [1]. »

Et il faut que l'air angélique, comme aussi le teint de perle, aient appartenu à Mme de Longueville d'une façon toute particulière, puisque nous retrouvons ces expressions dans une lettre inédite [2] d'une autre femme de ce temps, Mlle de Vandy, qui, des eaux de Bourbon, écrit à Mme de Longueville en 1655 : « Quand Votre Altesse n'aurait pas un teint de perle, l'esprit et la douceur d'un ange.... » Cette rencontre involontaire de personnes si différentes dans les mêmes termes ne prouve-t-elle pas que c'était bien là l'effet général que produisait Mme de Longueville, et les

---

1. *Mémoires*, Amsterdam, 1735, t. Ier, p. 45.
2. Bibliothèque de l'Arsenal, manuscrits de Conrart, in-fol., t. VIII, p. 145. Sur Mlle de Vandy, la parente et l'amie de Mme la comtesse de Maure, voyez Mademoiselle, t. III, p. 58, et t. V, p. 25, ainsi que son portrait parmi les portraits de Mademoiselle; voyez aussi Tallemant, t. II, p. 384.

comparaisons que sa beauté suggérait naturellement?

Cet accord fortuit et si frappant autorise et justifie pleinement le langage, qui sans cela eût pu être suspect, de Scudéry dans la dédicace d'*Artamène ou le Grand Cyrus* : « La beauté que vous possédez au souverain degré... n'est pas ce que vous avez de plus merveilleux, quoiqu'elle soit l'objet de la merveille de tout le monde. L'on en voit sans doute en Votre Altesse l'idée la plus parfaite qui puisse tomber sous la vue, soit pour la taille qu'elle a si belle et si noble, soit pour la majesté du port, soit pour la beauté de ses cheveux qui effacent les rayons de l'astre avec lequel je vous compare, soit pour l'éclat et pour le charme des yeux, pour la blancheur et pour la vivacité du teint, pour la juste proportion de tous les traits, et pour cet air modeste et galant tout ensemble qui est l'âme de la beauté [1]. »

---

[1]. Dans un ouvrage obscur, intitulé : *La Vie de Pierre Dubosc, ministre du saint Évangile, enrichie de lettres, de harangues*, etc., ROTTERDAM, 1698, in-8º, je trouve une harangue adressée à Caen, en juin 1648, à Mme de Longueville, où le bon ministre protestant en parle presque comme Scudéry. P. 328. « Le portrait, Madame, que la renommée fait de vous, est connu par toute la terre ; et chacun y trouve tant de merveilles qu'on ne peut croire qu'il ne flatte l'original que quand on a le bonheur de vous voir. Alors on reconnaît que tout ce que la voix publique dit de Votre Altesse n'est qu'un petit crayon de ce que vous êtes... On ne saurait jamais assez bien dépeindre cet agréable mélange de douceur et de majesté qui tempère votre visage, et qui donne de la hardiesse et de la crainte en même temps à ceux qui ont l'honneur d'approcher de votre personne. On ne saurait exprimer cette adresse inimitable qui paraît en toutes vos actions, cette brillante

Au reste, non content de cette description, Scudéry l'a relevée et, comme on dirait aujourd'hui, illustrée par un portrait de Mme de Longueville, ainsi que Chapelain, en dédiant *la Pucelle* à son mari, a placé le portrait de ce prince en tête de son livre. Ceci nous amène à dire un mot des divers portraits que nous connaissons de Mme de Longueville ; ils nous la montrent successivement dans sa gracieuse adolescence, dans son éclat, dans sa maturité.

Le roi Louis-Philippe eut l'heureuse idée de rassembler à Versailles, dans les galeries du second étage, tous les portraits qu'il put recueillir des personnages célèbres de France. On y rencontre[1] un portrait de Mme de Longueville toute jeune, à côté de son père, Henri de Bourbon, et de sa mère, Charlotte de Montmorency. Malheureusement c'est une copie. Une note, placée derrière le cadre, dit que cette copie a été faite sur une peinture originale de Ducayer de 1634. Mlle de Bourbon, née en 1619, avait alors quinze ans. Il est impossible de voir ni d'imaginer une plus charmante créature. Tous les

---

vivacité qu'on admire dans vos paroles, cet air gracieux et pompeux qui fait respecter même votre silence. Surtout, de quel pinceau pourrait-on représenter cet esprit formé de la main des Grâces et cultivé de celle des Muses, qui ne produit rien en vous que de judicieux, de délicat, d'éclatant, qui vous acquiert l'admiration du siècle, les ravissements de la cour, les applaudissements des provinces, et qui a mérité les hommages des ennemis mêmes à Munster, et les a mis à vos pieds, pendant qu'ils refusaient la paix à toute l'Europe. »

1. Attique du Nord, n° 2173.

signes de la grande beauté qui va venir y sont déjà ; certains attraits manquent encore, mais la force qui les promet et les assure est partout empreinte.

La voici maintenant mariée, et pendant l'ambassade de Munster, en 1646 et 1647. Elle a vingt-sept ou vingt-huit ans. Anselme Van Hull est l'auteur de ce portrait. C'est un buste, avec un encadrement très-orné. La jeune femme a bien tenu tout ce que promettait la jeune fille. Les formes de la beauté se sont développées. Ses cheveux sont magnifiques. Elle a le collier de perles qui ne la quitte guère. Ce portrait est gravé dans la collection des négociateurs de Munster [1].

Celui qui est en tête du premier volume du *Grand Cyrus* représente Mme de Longueville en 1649 [2]. Elle a donc trente ans. Cette gravure est de Regnesson, beau-frère de Nanteuil, d'après Chauveau. On a aussi deux autres gravures, légèrement différentes entre elles, l'une de Moncornet, l'autre de Frosne. Parmi les émaux de Petitot que possède le musée du Louvre, il en est un, selon nous, assez médiocre,

---

1. *Pacificatores orbis christiani, sive icones principum, ducum et legatorum qui Monasterii atque Osnabrugæ pacem Europæ reconciliarunt, quosque singulos ad nativam imaginem expressit Van Hull, celsissimi principis Auriaci dum viveret pictor*, in-folio, Rotterodami, 1697. Ce portrait a été souvent reproduit, entre autres, dans l'*Europe illustre* et la collection d'Odieuvre.

2. C'est bien là en effet la date de la première édition de la première partie, comme le dit le privilége : *Achevé d'imprimer le 7 janvier* 1649.

inscrit sous le n° 50, qu'on rapporte à Mme de Longueville. Tous ces portraits sont à peu près du même temps, et lui donnent le même caractère de beauté, la puissance et l'ampleur des formes, le visage plus plein que dans Van Hull, un embonpoint mieux marqué. Il faut dire à l'honneur de Scudéry, que les phrases de la dédicace du *Grand Cyrus* que nous avons citées peuvent servir de texte fidèle à la gravure qui les accompagne. Voilà bien ces blonds cheveux, ces yeux si doux, ce teint d'une blancheur éblouissante, j'ajoute et cet habillement gracieux et noble qui va si bien à la beauté, comme l'habillement des femmes du xviiie siècle semble avoir été inventé pour la laideur honteuse d'elle-même.

Enfin le musée de Versailles [1] contient un autre portrait de Mme de Longueville attribué à Mignard. On y reconnaît aisément la noble dame dont l'image est en tête du *Grand Cyrus*. C'est bien Mme de Longueville, avec ce grand air et l'aimable langueur que tout le monde lui attribue. Elle est assise tenant un bouquet de fleurs dans les mains, dans un riche costume de cour.

Pour ne rien oublier, indiquons encore une belle médaille d'argent [2], sans date et sans nom de gra-

---

1. Galeries du 1er étage, n° 2195.
2. Cabinet des médailles, avec cette légende : An. Gen. Borbonia. D. Long. S. P. Novi Castri. Sur l'autre face de la médaille le portrait de son mari.

veur, qui la représente à peu près au même âge que le portrait de Versailles, dans sa belle maturité et l'opulence de ses charmes [1].

Même après sa conversion, et lorsqu'elle avait entièrement renoncé au monde, elle avait gardé une partie de sa beauté, et un gentilhomme qui l'avait vue en ce temps-là chez son frère, le prince de Condé, assurait [2] que les progrès de l'âge ne paraissaient presque pas en elle, que sa piété lui séyait bien, que sa candeur, sa modestie et sa douceur ennoblies par son air de dignité, la rendaient dans ces derniers temps aussi propre à plaire que jamais.

II.

En décrivant la personne de Mme de Longueville, nous nous trouvons presque avoir tracé le caractère de son esprit et de son âme.

---

[1]. Il doit y avoir au château d'Eu un portrait de Mme de Longueville, haut de 22 pouces, large de 18, qui provient de la vieille collection de Mademoiselle, duchesse de Montpensier. Voyez, t. II, p. 124, l'ouvrage de M. Vatout intitulé : *Catalogue historique et descriptif des tableaux appartenant à Son Altesse royale monseigneur le duc d'Orléans*, 4 vol. in-8°, 1823. Il y a trop longtemps que nous avons vu ce portrait pour dire à quelle époque il représente Mme de Longueville, en quoi il se rapproche ou diffère des autres portraits qu'on a d'elle, et de quelle main il est. C'est peut-être le portrait qui est à Versailles. — Le père Lelong indique les portraits suivants de Mme de Longueville : 1° Van Hull; 2° Poilly, in-fol. en Pallas; nous n'avons pas trouvé ce portrait dans l'œuvre de Poilly au cabinet des estampes (voyez la note de la p. 363); 3° Frosne; 4° Moncornet; 5° la collection d'Odieuvre.

[2]. Villefore, 2e partie, p. 170.

Son esprit a reçu les hommages des connaisseurs les plus délicats. Nous avons vu que La Rochefoucauld, Retz et Mme de Motteville le louent à l'égal de sa beauté. Retz insiste particulièrement sur ce que cet esprit devait tout à la nature et presque rien à l'étude, son indolence l'éloignant de tout effort dans les choses ordinaires. « Mme de Longueville, dit-il, a naturellement bien du fonds d'esprit, mais elle en a encore plus le fin et le tour. Sa capacité, qui n'a pas été aidée par sa paresse, n'est pas allée jusqu'aux affaires [1], etc. » Et à propos de la langueur de ses manières : « Elle en avait une même dans l'esprit qui avait ses charmes, parce qu'elle avait, si l'on peut le dire, des réveils lumineux et surprenants. » Mme de Motteville parle ici comme le cardinal de Retz : « Cette princesse... était fort paresseuse [2]. » Ailleurs : « L'occupation que donnent les applaudissements du grand monde, qui d'ordinaire regarde avec trop d'admiration les belles qualités des personnes de cette naissance, avait ôté le loisir à Mme de Longueville de lire, et de donner à son esprit une connaissance assez étendue pour la pouvoir dire savante[3]. » Elle ne l'était pas le moins du monde et ne se piquait point de l'être. Tandis que ses deux frères, le prince de Condé et le prince de Conti, avaient fait de fortes études aux Jésuites de Bourges et de Paris, Mlle de Bourbon n'avait reçu, sous les yeux de sa mère, que

1. Retz, t. Ier, p. 219. — 2. T. III, p. 59. — 3. T. II, p. 18.

l'instruction légère qu'on donnait alors aux femmes. Un heureux naturel et le commerce de la société d'élite où elle vivait suppléèrent à tout ; elle eut même de bonne heure une grande réputation, et presque enfant je la trouve environnée d'hommages et même de dédicaces. J'ai là entre les mains une *tragi-comédie pastorale* intitulée *Uranie* [1], qu'un nommé Bridard lui dédia en 1631, c'est-à-dire lorsqu'elle avait douze ans. Ce Bridard lui dit : « Les plus parfaits courtisans savent que vous avez un esprit qui prévient votre âge. De moi j'en puis témoigner, vous ayant ouïe réciter des vers avec tant de grâce que l'on doutait si un ange, empruntant votre beauté, ne venait point discourir en terre des merveilles du ciel. » Je tire cette phrase de ce livre oublié et digne de l'être, parce qu'elle devance toutes celles de Mme de Motteville, de Mlle de Montpensier et de Mlle de Vandy. Voilà déjà l'*ange* à douze ans et pour toujours. Dès sa première jeunesse, on l'avait menée avec son frère, encore duc d'Enghien, à l'hôtel de Rambouillet, et les salons de la rue Saint-Thomas du Louvre n'étaient pas une trop bonne école à un esprit tel que le sien, où se mêlaient presque également la grandeur et la finesse, mais une grandeur tirant un peu au romanesque, et une finesse dégénérant souvent en subtilité, comme au reste dans Cor-

---

1. In-12. Nous possédons l'exemplaire de dédicace qui a été entre les mains de Mlle de Bourbon et porte ses armes.

neille lui-même, le parfait représentant de cette époque. Il ne paraît pourtant pas que l'hôtel de Rambouillet lui ait imposé ses préjugés et ses admirations, car un jour qu'on lui lisait *la Pucelle* de Chapelain, si prônée en ce quartier, et qu'on lui en faisait remarquer les prétendues beautés : « Oui, dit-elle [1], cela est fort beau, mais cela est bien ennuyeux ! » à peu près comme son frère, le grand Condé, prenait la défense de Corneille contre les règles, et s'écriait qu'il ne pardonnait pas aux règles de faire faire à l'abbé d'Aubignac d'aussi mauvaises tragédies. On la proclamait de toutes parts le juge souverain de tous les écrits, la reine du bel esprit, l'arbitre du goût et des élégances, comme dit Horace. En 1649, dans la querelle des deux sonnets de Benserade et de Voiture, toute la cour prit parti pour Benserade; mais Mme de Longueville, s'étant déclarée pour Voiture, ramena tout le monde à son sentiment. Et il faut bien qu'à ce moment de sa vie elle ait cédé au goût dominant et qu'elle ait été un peu précieuse, car Mme de Motteville, en relevant la « beauté principale de son esprit qui consistait en la délicatesse des pensées, l'accuse d'affectation, ajoutant bien vite, comme pour s'excuser de trouver des taches à une personne aussi accomplie : « Tous les hommes participent à cette

---

1. Villefore, p. 75.

boue dont ils tirent leur origine, et Dieu seul est parfait [1]. »

On s'accorde à reconnaître qu'elle causait divinement, avec un mélange exquis de vivacité et de douceur. Le charme de sa conversation doit avoir été quelque chose de bien extraordinaire pour avoir survécu à sa jeunesse et à sa vie mondaine, et subsisté jusque dans la dévotion et la pénitence. L'écrivain janséniste qui nous a laissé un portrait, où, comme on disait alors, un *caractère* de Mme de Longueville [2], n'hésite pas à la comparer et presqu'à la préférer à l'un des hommes les plus spirituels et des causeurs les plus célèbres du XVIIe siècle, M. de Tréville [3]. « C'était une chose à étudier que la manière dont Mme de Longueville conversait... Elle disait si bien tout ce qu'elle disait, qu'il aurait été difficile de le mieux dire, quelque étude que l'on y apportât. Il y avait plus de choses vives et rares dans ce que disait

---

1. T. II, p. 19.
2. Plus haut, p. 7.
3. Boileau, dans sa lettre à Perrault, met le comte de Tréville parmi les juges les plus délicats des choses de l'esprit. Saint-Simon s'attache à le peindre, t. IV, p. 184, et achève ainsi son portrait, t. VI, p. 372 : il avait été « du grand et du meilleur monde, quelque temps courtisan, puis dévot et retiré, revenu peu à peu dans un monde choisi, toujours galant, toujours brillant d'esprit et de goût. » Il avait aimé Madame, l'aimable Henriette, et la belle de Ludre ; voyez les *Mémoires* de Lafare, et Mme de Sévigné, lettre du 13 mars 1671. On dit que c'est pour lui qu'a été fait le mot : *parler comme un livre*. C'est l'Arsène des *Caractères de La Bruyère*. J'en ai vu quelques lettres inédites du meilleur langage, mais qui ne vont pas au delà d'une politesse accomplie.

M. de Tréville, mais il y avait plus de délicatesse et plus d'esprit et de bon sens dans la manière dont Mme de Longueville s'exprimait. »

Mais parler et écrire sont deux choses bien différentes, qui demandent des cultures particulières ; et comme l'étude manquait à Mme de Longueville, il y paraissait dès qu'elle prenait la plume. Ses grandes qualités naturelles avaient peine à se faire jour à travers les fautes de tout genre qui échappaient à son inexpérience. Ce n'est pas en effet une petite affaire que d'exprimer ses sentiments et ses idées dans un ordre naturel, avec leurs nuances vraies, en des termes ni trop recherchés ni trop vulgaires qui ne les exagèrent ni ne les affaiblissent. Il n'est pas très-rare de rencontrer dans le monde des hommes pleins d'esprit, de verve et de grâce lorsqu'ils parlent, et qui deviennent méconnaissables la plume à la main. C'est qu'écrire est un art, un art très-difficile, et qu'il faut avoir appris. Mme de Longueville l'ignorait tout à fait, ainsi que les femmes les plus éminentes de son temps. J'ai parlé ailleurs [1] de Mme Angélique Arnaud et de Jacqueline Pascal, si admirablement douées, et qui n'ont laissé que des œuvres très-imparfaites. Les témoignages sont unanimes pour présenter la princesse Palatine comme une personne d'un grand esprit qui traitait d'égal à égal avec les

---

1. IVe série de nos ouvrages, LITTÉRATURE, t. II, *Jacqueline Pascal*, p. 20.

plus grands hommes. Retz[1] et Bossuet[2] le disent, et je les en crois, car ils s'y connaissaient mieux que moi. Lisez cependant quelques lettres manuscrites qui nous restent de la Palatine[3] : ce n'est certes pas la solidité, la finesse et les traits ingénieux qui leur manquent ; mais je suis forcé d'avouer qu'elles sont souvent pleines d'incorrections, que les phrases y sont très-embarrassées, et que les règles les plus vulgaires de l'orthographe y sont quelquefois outrageusement blessées. Je n'en conclus pas du tout que la Palatine n'était pas un esprit du premier ordre, mais seulement qu'on ne lui avait point enseigné l'art de rendre convenablement par écrit ses sentiments et ses pensées. Mme de Longueville n'était pas beaucoup plus exercée. Aussi tout ce que nous publierons d'elle se ressent à la fois de la beauté de son génie et des défauts de son éducation.

A ces femmes qui écrivent si bien et si mal, on se plaît à opposer Mme de Sévigné et Mme de La Fayette, qui écrivent toujours bien. Pour être juste, il faudrait, ce semble, tenir compte ici de deux choses à mon gré fort considérables.

D'abord ces deux dames avaient reçu une tout autre éducation que Mme de Longueville ; elles avaient

---

1. *Mémoires*, t. Ier, p. 221 : « Je ne crois pas que la reine Élisabeth d'Angleterre ait eu plus de capacité pour conduire un État. »
2. *Oraison funèbre de la princesse Palatine.*
3. On les verra dans la IIe partie.

eu d'habiles maîtres de langues et de littérature, et parmi eux l'un des hommes les plus savants du xvii⁰ siècle, qui en même temps avait les plus grandes prétentions au bel esprit, au bel air, à l'air galant. Ménage avait appris à Mlle de Rabutin et ensuite à Mlle de Lavergne, pendant leur jeunesse et même après leur mariage, non-seulement la langue française telle qu'on la parlait et l'écrivait à l'Académie, mais la langue des beaux esprits du temps, l'italien, et même un peu de latin ; il ne leur fit grâce que du grec. Il les exerça à écrire, corrigeant leurs compositions, marquant leurs fautes, cultivant leurs heureux instincts, polissant et réglant leur esprit et leur style. Il les retint assez longtemps sous cette discipline qui avait pour lui ses douceurs. Leur professeur était aussi leur adorateur platonique, plus platonique qu'il n'eût voulu. Il leur adressait des stances, des sonnets, des idylles, des madrigaux, des vers de toute sorte en français, en italien et en latin. Il célébrait tour à tour *formosissima Laverna* et la *bellissima marchesa di Sevigni*[1]. Il ne se serait

1. *Ægidii Menagii Poemata*, depuis la première édition, qui est de 1652, in-4⁰, *Ægidii Menagii Miscellanea*, jusqu'à l'édition elzévirienne, bien plus complète, de 1663. Dans celle-ci, il y a plus de vingt pièces françaises, latines et italiennes, à Mme de La Fayette avant et après son mariage. Mme de Sévigné y est un peu plus épargnée ; mais en revanche elle paraît déjà dans l'édition de 1652 et sous son nom et sous celui d'Uranie. L'étude des diverses éditions des poésies galantes de Ménage ne serait pas du tout inutile à l'histoire de Mme de Sévigné et de Mme de La Fayette.

pas donné la peine de composer, à l'honneur de leur esprit et de leurs charmes, des vers latins et italiens qu'elles n'eussent pas compris. Bien loin de là, l'une et l'autre écrivaient fort bien en italien [1]. Dans une correspondance manuscrite de Mme de La Fayette, que j'ai pu parcourir, j'ai rencontré plus d'une allusion au temps où elle faisait pour ainsi dire ses études sous Ménage [2]. La nature avait comblé Mme de Sévigné : elle lui avait donné une justesse et une solidité parfaites, avec un inépuisable enjouement et une vivacité étincelante. L'art se joignant en elle au génie, en a fait l'incomparable épistolière qui a laissé à mille lieues derrière elle Balzac et Voiture, et que Voltaire lui-même n'a point surpassée. Elle a l'air de tout oser, comme une étourdie et une ignorante, et jamais dans ses traits les plus hardis elle ne passe la

1. Voyez le sonnet italien de Mme de Sévigné, publié par M. de Montmerqué.
2. Cette correspondance a été vendue à Sens, en 1849, à la vente de M. Tarbé. J'ai pu l'examiner quelques heures. Elle se compose d'environ cent soixante-seize lettres toutes inédites, et parcourt presque toute la vie de Mme de La Fayette. On y voit que Ménage se prit de passion pour ses belles écolières. Rebuté et découragé assez vite par Marie de Chantal, il se tourna vers la parente de celle-ci, Mlle de Lavergne, sans être plus heureux, mais sans être traité avec autant de négligence. Le commerce de Ménage avec Mlle de Lavergne dura même pendant qu'elle fut mariée au comte de La Fayette, il s'anima depuis son veuvage, et avec des viscissitudes de vivacité et de langueur il subsista jusqu'à sa mort. Évidemment Mme de La Fayette coquetta un peu avec son maître de latin et d'italien, et pendant quelque temps les relations sont assez intimes sans être tendres. Sur la fin, c'est une bonne et parfaite amitié. Plusieurs lettres montrent avec quel soin Mme de La Fayette avait étudié

mesure, signe infaillible d'un art achevé. Remarquez encore que, si Mme de Sévigné a écrit admirablement, c'a toujours été par rencontre, sachant bien, il est vrai, que ses lettres seraient montrées ; mais enfin elle n'a jamais mis d'enseigne : elle n'a écrit que des lettres, elle n'a pas fait de livre, je doute même qu'elle eût pu en faire, et je ne l'imagine pas composant un roman ni un ouvrage quelconque, si ce n'est peut-être des mémoires et des satires, comme son cousin Bussy ou Saint-Simon, ou bien des traités de théologie, comme sa fille, Mme de Grignan [1]. Il n'en est point ainsi de Mme de La Fayette. Ce n'est pas seulement une personne de beaucoup d'esprit et de beaucoup d'instruc-

---

sous Ménage les poëtes et les bons écrivains, anciens et modernes. Elle le consulte, et elle lui rappelle leurs discussions sur l'emploi de telle ou telle expression. Il est sans cesse question de leur ami commun, Huet, qui écrivit pour *Zaïde* une dissertation sur l'origine du roman. Quelques lignes sur Segrais. Je ne me souviens pas d'avoir rencontré une seule fois le nom de La Rochefoucauld. C'était là probablement la partie délicate et réservée, sur laquelle la belle dame ne consultait guère ses savants amis, et dont elle n'aurait pas laissé approcher la conversation. Ce qu'il y avait entre M. le duc et Mme la comtesse ne regardait pas l'abbé Huet et l'abbé Ménage. Il fallait être la marquise de Sévigné ou la marquise de Sablé pour se permettre un mot sur un pareil sujet. D'ailleurs nous n'avons ici que les lettres ou plutôt les billets de Mme de La Fayette ; il n'en est pas un seul de Ménage. La plupart sont autographes, quelques-uns dictés et signés, tous parfaitement authentiques. M. Tarbé avait fait de cette correspondance une copie qui s'est vendue avec les autographes. Le tout appartient aujourd'hui à M. Feuillet.

1. Voyez la dissertation de Mme de Grignan sur le *pur amour* de Fénelon, au t. X des œuvres de Mme de Sévigné, p. 518, édition Montmerqué.

tion, c'est un auteur. Il n'est pas surprenant qu'elle sût écrire, puisqu'elle en faisait profession. Une politesse exquise est son trait dominant, et il est permis de le rapporter un peu à la discipline littéraire qu'elle garda bien plus longtemps que son amie : d'ailleurs n'écrivant pas un mot sans le soumettre à ce même Ménage, à Segrais, qui logeait chez elle et lui prêtait, sinon sa plume, au moins ses conseils et son nom, à Huet, à La Rochefoucauld. Mme de La Fayette est très-supérieure assurément à Mme de La Suze, à Mme de Brégy, à Mme Deshoulières, à Mlle de Scudéry, à Mme d'Aulnoy, à Mme Lambert, mais elle est de leur famille. Quoiqu'elle ait passé sa vie avec Mme de Sévigné, elle en diffère essentiellement, et elle appartient à un tout autre monde que Mme de Longueville.

Mais ce qu'il importe surtout de ne pas oublier, c'est que celle-ci précède d'un certain nombre d'années les deux illustres amies, et que, de bonne heure séparée du monde et ensevelie dans la retraite pendant les vingt-cinq dernières années de sa vie, elle n'a pu profiter du progrès alors si rapide de la langue et du goût. Il y a en effet deux parties bien différentes dans la littérature du xviie siècle, celle de Louis XIII et de la Régence, que représentent Corneille et Pascal, et celle qui est particulièrement l'œuvre de Louis XIV, et dont Racine et Fénelon sont l'expression la plus accomplie. Dans l'une est une grandeur un peu négligée ; dans l'autre, un art charmant qui quelquefois se fait trop sentir. Les femmes qui appartiennent à la première moitié du xviie siècle ont dans leur style, comme elles avaient dans leur conversation, des longueurs, des négligences, des incorrections même, car la langue qu'elles écrivent ou qu'elles parlent n'est pas fixée. Elles ne savent encore ni choisir entre leurs pensées, ni leur donner ce tour heureux, cette précision et cette élégance devenues presque vulgaires à la fin du siècle, grâce au concours de tant de beaux génies. Mais leur esprit, qui avait touché à toutes les grandes choses, politique et religion, ambition mondaine et sainte pénitence, est d'une trempe bien autrement forte que celui des femmes qui sont venues après la Fronde et ont reçu l'impression particulière du goût de Louis XIV, devenu celui de la France entière. Mme de Sévigné [1], née et formée dans la première époque, se développe et s'épanouit dans la seconde : son cœur est avec la première, son génie en vient ; la seconde lui a donné sa politesse

---

1. Nous reviendrons souvent dans cet ouvrage, par exemple, 1re partie, chap. II, sur cette distinction de la littérature de Louis XIII et de celle de Louis XIV. Nous avons dit ailleurs, ive série, t. II, *Des Femmes illustres du* xviie *siècle*, p. 13 : « Avançons, voilà le siècle de Louis XIV : c'en est fait de la mâle vigueur du temps de Richelieu ; c'en est fait de la libre allure de la Fronde ; Louis XIV a mis à l'ordre du jour la politesse, la dignité tempérée par le bon goût. Heureux les génies qui auront été trempés dans la vigueur et dans la liberté de l'âge précédent, et qui auront assez vécu pour recevoir leur dernière perfection des mains de la politesse nouvelle. C'est le privilége de Mme de Sévigné comme de Molière et de Bossuet. »

sans ôter rien à sa vigueur et à sa verve originale. Mme de Longueville était dans tout son éclat sous la Fronde; depuis elle n'a vécu qu'aux Carmélites et à Port-Royal; son goût était arrêté et achevé vers 1650. Ainsi ne lui demandons point les qualités qu'elle ne peut avoir; reconnaissons en elle un esprit véritablement du premier rang, mais qui est toujours celui d'une femme, d'une grande dame, d'une princesse fort paresseuse, comme la peignent Retz et Mme de Motteville, qui n'a pas pris le moindre soin des facultés qu'elle a reçues, et laisse paraître indistinctement ses qualités et ses défauts, qui sont aussi les qualités et les défauts du temps où elle est venue, à savoir, une grandeur inculte, une délicatesse souvent raffinée, avec une perpétuelle négligence.

III.

S'il y a de la femme dans l'esprit de Mme de Longueville, son âme surtout est au plus haut point féminine, et, loin de l'en accuser, je l'en loue. Oui, Mme de Longueville est de son sexe; elle en a les qualités adorables et les imperfections bien connues. Dans un monde où la galanterie était à l'ordre du jour, cette jeune et ravissante créature, mariée à un homme déjà vieux et même occupé ailleurs, suivit l'exemple universel. Naturellement tendre, les sens, elle-même le dit dans la confession la plus humble qui fut jamais [1],

---

1. Voyez la IIIe partie.

n'entraient pour rien dans les démarches de son cœur; mais, entourée d'hommages, elle s'y complaisait. Aimable, elle mettait son bonheur à être aimée. Sœur du grand Condé, elle n'était pas insensible à l'idée de jouer un rôle et d'occuper l'attention; mais, loin de prétendre à la domination, elle était tellement femme qu'elle se laissait dominer et conduire par celui qu'elle aimait. Tandis qu'autour d'elle l'intérêt et l'ambition prenaient si souvent les couleurs de l'amour, elle n'écouta que son cœur, et se mit comme au service de l'ambition et de l'intérêt d'un autre. Tous les auteurs sont unanimes à cet égard; ses ennemis lui reprochent avec aigreur de n'avoir pas eu un but qui lui fût propre et d'avoir méconnu ses intérêts; ils ne se doutent pas qu'en croyant l'accabler par là, ils la relèvent, et prennent soin eux-mêmes de couvrir sa conduite et ses fautes qui, après tout, se réduisent à une seule.

Elle a pu être touchée du dévouement de Coligny, qui donna son sang pour la venger des outrages de Mme de Montbazon [1]; elle prêta [2] un moment une oreille distraite aux galanteries du brave et spirituel Miossens, depuis le maréchal d'Albret; plus tard, elle se compromit un peu avec le duc de Nemours [3]; mais elle n'a aimé véritablement qu'une seule personne, La Rochefoucauld. Elle s'est donnée à lui tout

---

1. 1re partie, chap. III. — 2. *Ibid.*, chap. IV.
3. IIe partie.

entière; elle lui a tout sacrifié, ses devoirs, ses intérêts, son repos, sa réputation. Pour lui, elle a joué sa fortune et sa vie. Elle est entrée dans les conduites les plus équivoques et les plus contraires. C'est La Rochefoucauld qui l'a jetée dans la Fronde, qui l'a fait, à son gré, avancer ou reculer, qui l'a rapprochée ou séparée de sa famille, qui l'a gouvernée absolument. En un mot, elle a consenti à n'être entre ses mains qu'un instrument héroïque. Sans doute la passion et l'orgueil ont pu de temps en temps trouver leur compte dans cette vie d'aventures et dans ces périls énergiquement bravés; mais de quelle trempe était l'âme qui mettait en cela sa consolation! Et, comme il arrive d'ordinaire, l'homme auquel elle se dévouait n'était pas entièrement digne d'elle. Il avait infiniment d'esprit; mais il était profondément égoïste, petitement ambitieux, et jugeant des autres sur lui-même, subtil aussi dans le mal comme elle l'était dans le bien, plein de raffinement dans son amour-propre et dans la recherche de ses intérêts, le moins chevaleresque des hommes en réalité, quoiqu'il affectât toutes les apparences de la plus haute chevalerie. Aussi, dès qu'il croit que Mme de Longueville a un moment chancelé loin de lui et trop écouté le duc de Nemours, il se retourne contre elle et la poursuit du plus misérable ressentiment. Il la noircit auprès de son frère; il révèle les faiblesses dont il a profité; et quand elle est tout occupée à réparer les torts de sa vie, quand elle les expie par la plus dure pénitence, il fait imprimer à l'étranger des mémoires où il la déchire et qu'il n'a pas même le courage d'avouer [1], comme un peu plus tard il fera faire par Mme de Sablé des articles de journal à sa gloire, qu'il corrigera de sa propre main, ôtant soigneusement les petites critiques qui avaient été mises pour donner du poids aux louanges [2]; en sorte que la pauvre femme, en revenant des Carmélites ou de Port-Royal, eût pu rencontrer, dans les rares salons où elle allait encore, l'histoire de ses amours et la peinture de ses défauts tracés de la main de celui qui eût dû mourir pour la défendre, fût-ce même contre la vérité. La Rochefoucauld, après la Fronde, arrangea très-bien ses affaires avec la cour; il s'y ménagea et s'y soutint; il monta dans le carrosse de Mazarin en disant le mot fameux : tout arrive en France; il sollicita et obtint de grandes grâces pour son fils; il brigua pour lui-même la place de gouverneur du Dauphin, qui fut donnée à Montausier; il sut s'entourer de femmes aimables, qui toutes en étaient avec lui à l'admiration et aux petits soins, et dont l'une, Mme de La Fayette, lui consacra

---

1. Personne n'a été dupe du désaveu qu'il fit par politique des passages de ces mémoires qui regardaient Condé et sa sœur, car ce sont précisément les plus travaillés et qui trahissent le plus sa main. Ils révoltèrent la conscience publique, dont l'interprète est Mme de Motteville, t. V, p. 114-115, et p. 132

2. Voyez la IIIe partie.

sa vie et remplaça Mme de Longueville. Combien la conduite d'Anne de Bourbon est différente ! L'amour l'avait engagée dans la Fronde, l'amour l'y avait soutenue ; dès que l'amour lui manque, elle ne sait plus où elle en est. L'altière héroïne qui, pour faire la guerre à Mazarin, avait vendu ses pierreries, engagé sa fortune, traversé la mer dans une barque et pensé s'y noyer, soulevé le Midi et tenu en échec la puissance royale, dès qu'il ne s'agit plus que d'elle, se retire de la scène, rentre dans l'ombre, se voue à la solitude à trente-cinq ans et dans toute sa beauté, ne retenant du passé de sa vie que le souvenir de ses fautes, comme Mlle de Lavallière. Ah ! sans doute il eût mieux valu lutter contre son cœur, et à force de courage et de vigilance se sauver de toute faiblesse. Nous mettons un genou en terre devant celles qui n'ont jamais failli ; mais quand à Mlle de Lavallière ou à Mme de Longueville on ose comparer Mme de Maintenon, avec les calculs sans fin de sa prudence mondaine et les scrupules tardifs d'une piété qui vient toujours à l'appui de sa fortune, nous protestons de toute la puissance de notre âme. Nous sommes hautement pour la sœur Louise de la Miséricorde et pour la pénitente de M. Singlin et de M. Marcel [1]. Nous préférons mille fois l'opprobre dont elles essaient en vain de se couvrir, à la vaine considération qui a entouré, dans une cour dégénérée, Mme Scarron de-

1. IIIe partie.

venue en secret la femme de Louis XIV. Deux choses seules nous touchent, la vertu vraie et la passion vraie : l'une, qui est au-dessus de tout et que Dieu seul peut dignement récompenser; l'autre, qu'il ne faut pas trop célébrer, mais qui a son excuse au moins et une sorte de grandeur dans ses élans désintéressés, dans ses sacrifices, dans ses souffrances, surtout dans ses expiations.

Comprenons donc bien Mme de Longueville. Ce n'est point du tout une politique comme la Palatine; elle n'a eu aucun véritable esprit de conduite. C'est une niaiserie de l'accuser de n'avoir pas eu de consistance et de caractère propre : son vrai caractère et l'unité de sa vie doivent être cherchés où ils sont, dans son dévouement à celui qu'elle aimait. Elle est là tout entière et toujours la même, à la fois conséquente et absurde, et touchante jusque dans ses folies.

Je mets tous ses mouvements désordonnés sur le compte de l'esprit inquiet et mobile de La Rochefoucauld. C'est lui qui est l'ambitieux, c'est lui qui est l'intrigant; c'est lui qui erre de parti en parti à tort et à travers selon les circonstances, uniquement occupé de ses intérêts, et sans nul autre grand mérite qu'un esprit fertile en expédients de toute sorte et une bravoure brillante sans talent militaire. Et j'attribue à Mme de Longueville, au sang des Condé, à ce grand cœur qui éclate partout en elle, je lui attribue l'audace dans le danger, un certain contentement secret dans l'excès du malheur, et après les revers une fierté devant les victorieux qui ne le cède point à celle du cardinal de Retz. Mme de Longueville aussi ne baissa pas les yeux; elle les détourna sur un plus digne objet. Une fois frappée dans le point qui était tout pour elle, elle dit adieu aux affaires et au monde, sans demander grâce à la cour, et demandant pardon à Dieu seul.

Ainsi considérées, toutes les critiques qu'on a prodiguées à Mme de Longueville lui tournent en apologie.

La Rochefoucauld, après avoir fait de Mme de Longueville l'éloge que nous en avons cité, ajoute : « Mais ces belles qualités étaient moins brillantes à cause d'une tache qui ne s'est jamais vue en une princesse de ce mérite, qui est que bien loin de donner la loi à ceux qui avaient une particulière adoration pour elle, elle se transformait si fort dans leurs sentiments qu'elle ne reconnaissait pas les siens propres. En ce temps-là le prince de Marcillac avait part dans son esprit, et comme il joignait son ambition à son amour, il lui inspira le désir des affaires, encore qu'elle y eût une aversion naturelle. » Cette tache que lui reproche ici La Rochefoucauld est précisément son auréole, celle de la femme aimante et dévouée.

Le futur auteur des *Maximes* ne fait pas difficulté d'avouer qu'il s'attacha à elle autant par intérêt que par affection. Après une telle déclaration, on n'est guère reçu à s'écrier chevaleresquement :

> Pour mériter son cœur, pour plaire à ses beaux yeux,
> J'ai fait la guerre aux rois, je l'aurais faite aux dieux.

Non, ce n'est pas pour lui plaire que vous vous êtes engagé dans la Fronde ; vous vous y êtes jeté de vous-même par la passion du mouvement et de l'intrigue. Vous le reconnaissez : elle avait une aversion naturelle pour les affaires ; elle vous y a suivi contre son goût et ses intérêts manifestes.

La Rochefoucauld raconte, dans la nouvelle partie de ses *Mémoires*[1], comment et dans quelles vues il se lia avec Mme de Longueville. Il cherchait à se venger de la reine et de Mazarin ; pour cela, il avait besoin du prince de Condé ; il s'efforça d'arriver au frère par la sœur. Laissons-le parler lui-même :

« Tant d'inutilité et tant de dégoûts me donnèrent enfin d'autres pensées et me firent chercher des voies périlleuses pour témoigner mon ressentiment à la reine et au cardinal Mazarin. La beauté de Mme de Longueville, son esprit et tous les charmes de sa personne attachèrent à elle tout ce qui pouvait espérer d'en être souffert. Beaucoup d'hommes et de femmes de qualité essayèrent de lui plaire ; et par-dessus les agréments de cette cour, Mme de Longueville était alors si unie avec toute sa maison, et si

---

1. Publiée en 1817, par M. Renouard, et qui se trouve aussi dans l'édition de Petitot, t. LI, p. 393.

tendrement aimée du duc d'Enghien, son frère, qu'on pouvait se répondre de l'estime et de l'amitié de ce prince quand on était approuvé de Mme sa sœur. Beaucoup de gens tentèrent inutilement cette voie et mêlèrent d'autres sentiments à ceux de l'ambition. Miossens, qui depuis a été maréchal de France, s'y opiniâtra le plus longtemps, et il eut un pareil succès. J'étais de ses amis particuliers, et il me disait ses desseins. Ils se détruisirent bientôt d'eux-mêmes : il le connut et me dit plusieurs fois qu'il était résolu d'y renoncer ; mais la vanité, qui était la plus forte de ses passions, l'empêchait souvent de me dire vrai, et il feignait des espérances qu'il n'avait pas et que je savais bien qu'il ne devait pas avoir. Quelque temps se passa de la sorte, et enfin j'eus sujet de croire que je pourrais faire un usage plus considérable que Miossens de l'amitié et de la confiance de Mme de Longueville. Je l'en fis convenir lui-même. Il savait l'état où j'étais à la cour ; je lui dis mes vues, mais que sa considération me retiendrait toujours, et que je n'essaierais point à prendre des liaisons avec Mme de Longueville, s'il ne m'en laissait la liberté. J'avoue même que je l'aigris exprès contre elle pour l'obtenir, sans lui rien dire toutefois qui ne fût vrai. Il me la donna tout entière ; mais il se repentit de me l'avoir donnée quand il vit les suites de cette liaison. »

L'ennemie déclarée de Mme de Longueville est sa

belle-fille, Mme de Nemours, d'un caractère tout opposé au sien, judicieuse mais sèche, très-légitimement portée pour M. de Longueville son père, qu'elle disputait à l'influence de sa femme et poussait du côté de la cour. Dans ses *Mémoires*, elle-même reconnaît le parfait désintéressement de Mme de Longueville, son sincère attachement à son frère, et son peu de goût pour la politique : « L'on [1] s'étonnera sans doute que Mme de Longueville ait été une des premières (à se jeter dans la Fronde), elle qui n'avait rien à espérer de ce côté et qui n'avait aucun sujet de se plaindre de la cour... M. le Prince avait pour Mme sa sœur une extrême tendresse. Elle, de son côté, le ménageait moins par intérêt que pour l'estime particulière et la tendre amitié qu'elle avait pour lui... Mme de Longueville savait très-mal ce que c'était de politique.... » En même temps elle l'accuse d'avoir cherché l'éclat et l'apparence, de n'avoir eu aucun motif solide dans sa conduite, d'avoir sacrifié à une fausse gloire la fortune et le repos, et tout cela sous l'influence de La Rochefoucauld. « Ce fut, dit-elle, M. de La Rochefoucauld qui inspira à cette princesse tant de sentiments si creux et si faux. Comme il avait un pouvoir fort grand sur elle, et que d'ailleurs il ne pensait guère qu'à lui, il ne la fit entrer dans toutes les intrigues où elle se mit que pour pouvoir se mettre en état de faire ses affaires par ce

1. *Mémoires*, édit. d'Amsterdam, 1733, p. 12.

moyen... Marcillac, qui la gouvernait absolument, et qui ne voulait pas que d'autres eussent le moindre crédit auprès d'elle, ni même qu'ils parussent y en avoir, l'éloigna fort du coadjuteur, qui n'aurait pas été fâché de la gouverner aussi, et qui l'était beaucoup que cela ne fût pas... Marcillac par son intérêt seul fit voir à Mme de Longueville..... Sitôt que Marcillac, qui ne se hâtait et ne pressait tant Mme de Longueville que pour en avoir plus tôt ce qu'on lui avait promis du côté de la cour, en eut obtenu ce qu'il prétendait, il ne pensa plus guère aux intérêts des autres; il trouva dans les siens tout ce qu'il cherchait, et son compte lui tenait d'ordinaire toujours lieu de tout. Il fit même trouver bon à Mme de Longueville qu'on n'eût point pensé à elle. »

Retz confirme en ce qui le regarde les insinuations de Mme de Nemours, et prend soin de nous bien expliquer lui-même ses prétentions d'un moment et jusqu'à ses espérances. Il achève ainsi le portrait qu'il nous a tracé de Mme de Longueville : « Elle eût eu peu de défauts, si la galanterie ne lui en eût donné beaucoup. Comme sa passion l'obligea de ne mettre la politique qu'en second dans sa conduite, d'héroïne d'un grand parti elle en devint l'aventurière. »

Pour justifier les sentiments de Mme de Longueville, nous aurions pu nous borner à citer deux passages décisifs du témoin le plus impartial des choses

et des personnes de ce temps, Mme de Motteville :
« [1] En s'attachant à M. le Prince par politique, le prince de Marcillac s'était donné à Mme de Longueville d'une manière un peu plus tendre, joignant les sentiments du cœur à la considération de sa grandeur et de sa fortune. Ce don parut tout entier aux yeux du public, et il sembla à toute la cour que cette princesse le reçut avec beaucoup d'agrément. Dans tout ce qu'elle a fait depuis, on a connu clairement que l'ambition n'était pas la seule qui occupait son âme, et que les intérêts du prince de Marcillac y tenaient une grande place : elle devint ambitieuse pour lui, elle cessa d'aimer le repos pour lui, et pour être sensible à cette affection, elle devint trop insensible à sa propre gloire... Les vœux du prince de Marcillac, comme je l'ai dit, ne lui avaient point déplu, et ce seigneur, qui était peut-être plus intéressé qu'il n'était tendre, voulant s'agrandir par elle, crut lui devoir inspirer le désir de gouverner les princes ses frères..... »

Couronnons toutes ces citations par celle-ci de Guy-Joly : « Le prince de Marcillac la ménageait avec une grande attention, jugeant bien dès lors qu'elle aurait une considération toute particulière dans le parti, par l'ascendant qu'elle avait sur les princes de Condé et de Longueville, et qu'étant dans ses bonnes grâces il lui serait aisé d'en tirer de

---

1. *Mémoires*, t. II, p. 15.

grands avantages pour lui quand il serait question de traiter et de s'accommoder avec la cour [1]. »

Ainsi, de l'aveu de tout le monde, dans la Fronde La Rochefoucauld ne cherche que son intérêt, et Mme de Longueville ne cherche que l'intérêt de La Rochefoucauld.

Mais il ne faut pas s'arrêter là; il faut établir sur des faits certains et mettre dans une lumière irrésistible le point de vue que nous venons d'indiquer. La Rochefoucauld lui-même, bien interrogé, va témoigner que, loin d'avoir été entraîné dans la Fronde par Mme de Longueville, comme on se plaît à le répéter, c'est lui qui l'y a jetée, et n'a jamais cessé de l'y diriger.

Lui-même nous a fait connaître quel objet il se proposait dans la liaison qu'il forma avec Mme de Longueville à la fin de 1647 ou au commencement de 1648. Il demeura admirablement fidèle au plan qu'il s'était tracé.

1° A la fin de 1647, La Rochefoucauld était irrité de n'avoir pu obtenir du cardinal ni la place de gouverneur du Havre, ni celle de mestre de camp. Il réussit à tourner contre Mazarin Mme de Longueville, en lui faisant croire qu'on ne rendait pas à Condé ce qu'on lui devait. « Mme de Longueville, dont j'avais toute la confiance, sentait aussi vivement que je le pouvais désirer la conduite du cardinal envers le

1. *Mémoires de Guy-Joly*, collection Michaud, IIIe série, t. II, p. 15.

duc d'Enghien [1]. » En 1648, avant d'embrasser le parti de la Fronde, La Rochefoucauld tenta une dernière fois de gagner Mazarin, et lui demanda « pour sa maison les mêmes avantages qu'on accordait à celles de Rohan, de La Trémouille, et à quelques autres. « Je me voyais, dit-il [2], si éloigné des grâces, que je m'étais arrêté à celle-là. J'en parlai au cardinal en partant; il me promit positivement de me l'accorder en peu de temps ; mais qu'après mon retour j'aurais les premières lettres de duc qu'on accorderait, afin que ma femme eût le tabouret. J'allai en Poitou dans cette attente, et j'y pacifiai les désordres (les premiers mouvements de la Fronde) ; mais je vis que, bien loin de tenir les paroles que le cardinal m'avait données, il avait accordé des lettres de duc à six personnes de qualité, sans se souvenir de moi. » Et alors il se rejette dans la sédition. Mme de Longueville, suivant les instructions qu'il lui avait données, avait commencé bien des trames avec le coadjuteur et le parlement, subjugué Conti, gagné son mari et circonvenu Condé; mais elle tenait si peu les rênes de cette intrigue qu'elle écrivit à La Rochefoucauld pour lui soumettre ce qu'elle avait fait, le prier de venir et de décider. Le passage de La Rochefoucauld est des plus curieux, et mérite bien d'être cité [3] : « J'étais dans le premier mouve-

---

1. Petitot, t. LI, p. 396. — 2. *Ibid.*, p. 398.
3. *Ibid.*, p. 398-399.

ment qu'un traitement si extraordinaire me devait causer, lorsque j'appris, par Mme de Longueville, que tout le plan de la guerre civile s'était fait et résolu à Noisy entre le prince de Conti, le duc de Longueville, le coadjuteur de Paris et les plus considérables du parlement. Elle me mandait encore qu'on espérait d'y engager le prince de Condé; qu'elle ne savait quelle conduite elle devait tenir en cette rencontre, ne sachant pas mes sentiments, et qu'elle me priait de venir en diligence à Paris pour résoudre ensemble si elle devait avancer ou retarder ce projet. Cette nouvelle me consola de mon chagrin, et je me vis en état de faire sentir à la reine et au cardinal qu'il leur aurait été utile de m'avoir ménagé. Je demandai mon congé; j'eus peine à l'obtenir, et on ne me l'accorda qu'à la condition que je ne me plaindrais pas du traitement que j'avais reçu et que je ne ferais point d'instances nouvelles sur mes prétentions. Je le promis facilement, et j'arrivai à Paris avec tout le ressentiment que je devais avoir. J'y trouvai les choses comme Mme de Longueville m'avait mandé; mais j'y trouvai moins de chaleur, soit que le premier mouvement fût passé, ou que la diversité des intérêts et la grandeur du dessein eussent ralenti ceux qui l'avaient entrepris. Mme de Longueville même y avait formé exprès des difficultés pour me donner le temps d'arriver, et me rendre plus maître de décider. Je ne balançai pas à le faire, et je ressentis un grand plaisir de voir qu'en quelque état que la dureté de la reine et la haine du cardinal eussent pu me réduire, il me restait encore des moyens de me venger d'eux. »

2° Ainsi engagée dans la Fronde, Mme de Longueville ne s'y ménagea point. Elle donna le prince de Conti à La Rochefoucauld; elle concourut à entraîner M. de Longueville; elle trompa sa mère en refusant de l'accompagner à la cour, sous prétexte de maladie; elle alla jusqu'à se remettre, malgré une grossesse avancée, entre les mains du peuple à l'Hôtel de Ville. Elle fit plus : pour La Rochefoucauld, elle se brouilla avec son frère Condé qui était sa plus grande affection; elle s'efforça de l'attirer à la Fronde; celui-ci s'emporta contre elle; de là cette rupture qui a tant étonné après une amitié si tendre, et des éclats réciproques de colère dont le secret est maintenant à découvert. M. le prince de Conti [1]..... était faible et léger, mais il dépendait entièrement de Mme de Longueville, et elle me laissait le soin de le conduire. Le duc de Longueville avait de l'esprit et de l'expérience; il entrait facilement dans les partis opposés à la cour et il en sortait avec encore plus de facilité... Il faisait naître sans cesse des obstacles, et se repentait de s'être engagé; j'appréhendai même qu'il ne passât plus loin et qu'il ne découvrît à M. le Prince ce qu'il savait de l'entreprise. Dans ce doute,

---

1. *Ibid.*, p. 899, etc.

je renvoyai Gourville à Paris pour dire à Mme de Longueville et au coadjuteur le soupçon que l'on devait avoir du duc de Longueville... Nous fûmes contraints, le marquis de Noirmoutiers et moi, de lui dire que nous allions emmener le prince de Conti et que nous déclarerions dans le monde que lui seul manquait de foi et de parole à ses amis après les avoir engagés dans un parti qu'il abandonnait. Il ne put soutenir ces reproches, et il se laissa entraîner à ce que nous voulûmes..... Le roi, suivi de la reine, de M. le duc d'Orléans, de M. le Prince, partit secrètement de Paris à minuit, la veille du soir de l'année 1649, et alla à Saint-Germain. Toute la cour suivit avec beaucoup de désordre. Mme la Princesse voulut emmener Mme de Longueville qui était sur le point d'accoucher ; mais elle feignit de se trouver mal, et demeura à Paris... M. le prince de Conti et Mme de Longueville, pour donner plus de confiance, logèrent dans l'Hôtel de Ville, et se livrèrent entièrement entre les mains du peuple... » Ailleurs [1] : « Encore fallut-il que Mme de Longueville vînt demeurer à l'Hôtel de Ville, pour servir de gage de la foi de son frère et de son mari auprès des peuples qui se défient naturellement des grands, parce que d'ordinaire ils sont les victimes de leurs injures... Le prince de Condé [2]... avait pris des mesures avec la cour. La liaison que j'avais avec le prince de Conti

---

1. *Ibid.*, p. 462. — 2. *Ibid.*, p. 401.

et Mme de Longueville ne lui était pas agréable... Le cardinal se préparait à sortir du royaume ; mais M. le Prince le rassura bientôt, et l'aigreur qu'il fit paraître contre M. le prince de Conti, contre Mme de Longueville et contre moi fut si grande, qu'elle ne laissa pas lieu au cardinal de douter qu'elle ne fût véritable. »

3° A la fin de cette première guerre de Paris, en 1649, le prince de Condé se réconcilia avec toute sa famille, et même avec La Rochefoucauld. Celui-ci entra dans le traité qui se ménageait ; il obtint pour sa maison « les mêmes avantages de rang qui avaient été accordés à celles de Rohan, de Foix et de Luxembourg. » Voilà ce que dit La Rochefoucauld[1] ; mais la vérité est que ce fut Mme de Longueville qui réclama pour lui ces avantages et prit énergiquement en main ses intérêts. Mme de Motteville le déclare : « Mme de Longueville[2] n'avait rien oublié pour faire que toutes les grâces de la cour tombassent sur la tête du prince de Marcillac... Pour la satisfaire amplement[3], il fallait agrandir le prince de Marcillac, et ce fut dans cette conjoncture qu'elle eut le tabouret pour sa femme et permission d'entrer dans le Louvre en carrosse. Ces avantages le mettaient au-dessus des ducs et à l'égal des princes, quoiqu'il ne fût ni l'un ni l'autre : il n'était pas de maison souve-

---

1. *Ibid.*, t. LII, p. 9. — 2. T. III, p. 295.
3. *Ibid.*, p. 393.

raine. » Mme de Nemours va plus loin [1] : « Mme de Longueville s'entremit de cet accommodement, et on prétend même que M. de Marcillac en eut de l'argent. » Quel rôle en tout cela que celui de La Rochefoucauld! Mme de Longueville est au moins désintéressée. A la fois elle s'efface et se compromet, uniquement attentive à servir et à complaire.

4° En 1650, Mazarin ayant cru devoir révoquer les grâces que Mme de Longueville avait obtenues pour La Rochefoucauld, les esprits s'aigrissent, les troubles recommencent, les princes sont mis en prison; on veut aussi arrêter Mme de Longueville, et on lui donne l'ordre d'aller trouver la reine au Palais-Royal. « Au [2] lieu d'obéir, elle résolut, par le conseil du prince de Marcillac, de partir à l'heure même pour aller en très-grande diligence en Normandie, afin d'engager cette province et le parlement de Rouen de prendre le parti des princes, et s'assurer de ses amis, des places du duc de Longueville et du Havre-de-Grâce.... Le prince de Marcillac l'accompagna en ce voyage. » Je le demande, qui des deux entraîna l'autre dans cette seconde guerre, bien autrement sérieuse que la première? Mais je me hâte de le dire : ici tous deux se conduisirent également bien. Pendant que Mme de Longueville engageait en Hollande ses pierreries pour se défendre à Stenay,

1. *Mémoires*, p. 47.
2. *Mémoires de La Rochefoucauld*, Petitot, t. LII, p. 24.

La Rochefoucauld, en Guyenne, exposait aussi sa fortune. C'est le moment le plus douloureux et le plus touchant de leurs amours et de leurs aventures. Ils étaient éloignés l'un de l'autre, mais ils s'aimaient encore, ils servaient avec ardeur la même cause, ils combattaient et ils souffraient ensemble.

5° En 1651, après la délivrance des princes, La Rochefoucauld était las de la guerre, et il semble qu'il n'y rentra que pour plaire à Mme de Longueville. « Le duc de La Rochefoucauld [1] ne pouvait pas témoigner si ouvertement sa répugnance pour cette guerre; il était obligé de suivre les sentiments de Mme de Longueville, et ce qu'il pouvait faire alors était d'essayer de lui faire désirer la paix. » Quels étaient donc les sentiments de Mme de Longueville? Voulait-elle continuer la guerre pour y jouer un rôle et par cette ambition de gloire qu'on lui a tant reprochée? Pas le moins du monde. Ses pensées étaient bien plus humbles. Encore attachée à La Rochefoucauld, elle voyait avec peine une paix qui les allait séparer. « Mme de Longueville [2] savait que le coadjuteur l'avait brouillée irrévocablement avec son mari, et qu'après les impressions qu'il lui avait données de sa conduite, elle ne pouvait l'aller trouver en Normandie sans exposer au moins sa liberté. Cependant le duc de Longueville voulait la retenir auprès de lui par toutes sortes de voies, et elle n'avait plus de

---

1. *Ibid.*, p. 72. — 2. *Ibid.*, p. 71.

prétexte d'éviter ce périlleux voyage qu'en portant Mʳ son frère à se préparer à une guerre civile. » Toutefois, La Rochefoucauld nous apprend qu'il lui persuada de fuir la responsabilité d'un tel conseil, de se retirer à Montrond avec la princesse de Condé et de laisser les choses se débrouiller d'elles-mêmes. « Il [1] fit voir à Mᵐᵉ de Longueville qu'il n'y avait que son éloignement de Paris qui pût satisfaire son mari et l'empêcher de faire le voyage qu'elle craignait; que M. le Prince se pouvait aisément lasser de la protection qu'il lui avait donnée jusqu'alors, ayant un prétexte aussi spécieux que celui de réconcilier une femme avec son mari, et surtout s'il croyait s'attacher par là M. le duc de Longueville; de plus, qu'on l'accusait de fomenter elle seule le désordre, qu'elle se trouverait responsable en plusieurs façons, et envers Mʳ son frère et envers le monde, d'allumer dans le royaume une guerre dont les événements seraient funestes à sa maison et à l'État.... qu'enfin, pour remédier à tant d'inconvénients, il lui conseillait de prier M. le Prince de trouver bon que Mᵐᵉ la Princesse, M. le duc d'Enghien et elle se retirassent à Montrond, pour ne l'embarrasser point dans une marche précipitée s'il se trouvait obligé de partir, et pour n'avoir pas aussi le scrupule de participer à la périlleuse résolution qu'il allait prendre, ou de mettre le feu dans le royaume par une guerre civile,

[1] *Ibid.*, p. 79-80.

ou de confier sa vie, sa liberté et sa fortune sur la foi douteuse du cardinal Mazarin. Ce conseil fut approuvé de Mme de Longueville, et M. le Prince voulut qu'il fût suivi bientôt après. »

Mme de Longueville, dans cette dernière circonstance comme dans toutes les précédentes, n'entraîna donc pas La Rochefoucauld; elle se laissa guider par lui; elle obéit à ses conseils qui lui furent des ordres.

Là, encore une fois, est la vraie et parfaite unité de sa conduite : Mme de Longueville poursuit le but qu'un autre lui trace, avec une constance infatigable, à travers toutes les intrigues et tous les dangers, et comme les yeux fermés sur les ressorts particuliers qui meuvent La Rochefoucauld.

Longtemps son aveuglement est entier; mais comme elle joignait beaucoup de finesse à beaucoup de passion, quand ils étaient un peu longtemps séparés et qu'elle n'était plus sous le charme ou sous le joug de sa présence, ses yeux s'ouvraient à demi; et dans le voyage de Guyenne, ayant rencontré le duc de Nemours qui lui offrait toutes les apparences de la parfaite chevalerie, et passait alors pour très-occupé de Mme de Châtillon, l'absence, le vide qui commençait à se faire dans son cœur, le goût inné de plaire, l'envie de montrer la puissance de ses charmes, et de troubler un peu une rivale qui ménageait et voulait conserver à la fois et Nemours et Condé, enfin la liberté et l'abandon d'un voyage, la rendirent plus accessible qu'elle n'aurait dû l'être aux empressements du jeune et beau cavalier. Rien ne prouve qu'elle ait été au delà de la tentation [1]. A peine de retour à Paris, M. de Nemours l'oublia, reprit les fers de Mme de Châtillon, qui triompha avec sa perfidie accoutumée du sacrifice qu'on lui faisait. De son côté, justement blessé, La Rochefoucauld se brouilla pour toujours avec elle. On dit [2] qu'il saisit avec joie cette occasion de se séparer d'elle, comme il le désirait depuis longtemps. Soit; mais il fallait s'en tenir là, il ne fallait pas la calomnier dans l'esprit de Condé, lui imputer le lâche dessein d'avoir voulu ruiner tout le parti et trahir son frère pour servir les intérêts du duc de Nemours [3], accusation absurde et que toute sa conduite dément, et la peindre comme une créature vulgaire, capable de se porter aux mêmes extrémités pour tout autre, si cet autre le désirait; il ne fallait pas, comme le dit si bien Mme de

---

1. Voyez la IIe partie.
2. *Mémoires de Mme de Nemours*, p. 150.
3. La Rochefoucauld, p. 198 de l'édition de 1664 :« Le prince de Condé était averti du dessein qu'elle aurait eu de ruiner son parti par des voies fort extraordinaires pour les intérêts du duc de Nemours, et craignait que si une même préoccupation lui prenait pour un autre, elle ne fût capable de se porter aux mêmes extrémités si celui-là le désirait. » *Était averti,* et par qui, sinon par La Rochefoucauld, qui avait alors toute la confiance de Condé? La Rochefoucauld sentit si bien tout ce qu'avait d'odieux ce passage, que plus tard il le modifia et l'adoucit, comme on le voit dans les éditions de Renouard et de Petitot.

Motteville ¹, « d'amant devenir ennemi, d'ennemi ingrat, » et se laisser entraîner par la vengeance à des offenses qui allèrent, dit encore Mme de Motteville, « au delà de ce qu'un chrétien doit à Dieu et un homme d'honneur à une dame. »

Est-il possible, en effet, qu'un ressentiment, dont le fond était l'amour-propre blessé, car alors La Rochefoucauld aimait bien faiblement Mme de Longueville, si jamais il l'a véritablement aimée ², ait pu abaisser un homme d'honneur tel que lui jusqu'à le faire entrer dans les manœuvres honteuses de Mme de Châtillon? Mme de Motteville fait connaître, comme à regret, la conduite de La Rochefoucauld en cette circonstance ³ : « Mme de Châtillon se servit du duc de La Rochefoucauld et de ses passions... M. de La Rochefoucauld m'a dit que la jalousie et la vengeance le firent agir soigneusement, et qu'il fit tout ce qu'elle voulut. » Or, ce que voulait Mme de Châtillon, c'était humilier Mme de Longueville, garder Nemours pour

---

1. T. V, p. 114-115.
2. Mme de Sévigné en doute fort. Lettre du 7 octobre 1676 : « Je ne crois pas que ce qui s'appelle amoureux, il l'ait jamais été. » Il dit lui-même dans son portrait : « Moi qui connais tout ce qu'il y a de délicat et de fort dans les sentiments de l'amour, si jamais je viens à aimer, ce sera assurément de cette sorte. Mais de la façon dont je suis, je ne crois pas que cette connaissance que j'ai passe jamais de l'esprit au cœur. » Segrais (Mémoires anecdotes, édit. d'Amsterdam, 1723, p. 113) : « M. de La Rochefoucauld disait qu'il n'avait trouvé de l'amour que dans les romans: pour lui, qu'il n'en avait jamais senti. »
3. T. V, p. 132.

ses plaisirs et Condé pour sa fortune. La Rochefoucauld a si peu le sentiment du bien et du mal, de l'honnête et du déshonnête, qu'il raconte ce qu'il a fait avec une sorte de complaisance; il a l'air de triompher d'une intrigue si habilement ourdie. « Mme de Châtillon [1] fit naître le désir de la paix par des moyens fort agréables. Elle crut qu'un si grand bien devait être l'ouvrage de sa beauté, et mêlant de l'ambition avec le dessein de faire une nouvelle conquête, elle voulut en même temps triompher du cœur de M. le Prince et tirer de la cour tous les avantages de la négociation. Ces raisons ne furent pas les seules qui lui donnèrent ces pensées; il y avait un intérêt de vanité et de vengeance qui y eut autant de part que le reste. L'émulation que la beauté et la galanterie produisent souvent parmi les dames avait causé une extrême aigreur entre Mme de Longueville et Mme de Châtillon; elles avaient longtemps caché leurs sentiments, mais enfin ils parurent avec éclat de part et d'autre; et Mme de Châtillon ne borna pas sa victoire à obliger M. de Nemours de rompre par des circonstances très-piquantes et très-publiques tout le commerce qu'il avait avec Mme de Longueville, elle voulut encore lui ôter la connaissance des affaires et disposer seule de la conduite et des intérêts de M. le Prince. Le duc de Nemours, qui avait beaucoup d'engagement avec elle, approuva ce dessein; il crut

1. Édit. de 1664, p. 229-232; Petitot, p. 156-158.

que, pouvant régler la conduite de Mme de Châtillon vers M. le Prince, elle lui inspirerait les sentiments qu'il lui voudrait donner, et qu'ainsi il disposerait de l'esprit de M. le Prince par le pouvoir qu'il avait sur celui de Mme de Châtillon. Le duc de La Rochefoucauld de son côté avait bien plus de part que personne à la confiance de M. le Prince, et se trouvait en même temps dans une liaison très-étroite avec le duc de Nemours et Mme de Châtillon... Il porta M. le Prince à s'engager avec elle et à lui donner la terre de Merlou en propre; il la disposa aussi à ménager M. le Prince et M. de Nemours, en sorte qu'elle les conservât tous deux, et fit approuver à M. de Nemours cette liaison qui ne lui devait pas être suspecte, puisqu'on voulait lui en rendre compte et ne s'en servir que pour lui donner la principale part aux affaires. Cette machine, étant conduite et réglée par le duc de La Rochefoucauld, lui donnait la disposition presque entière de tout ce qui la composait, et ainsi ces quatre personnes y trouvant également leur avantage, elle eût eu sans doute à la fin le succès qu'ils s'étaient proposé, si la fortune ne s'y fût opposée. » Achevons ce tableau par un trait que La Rochefoucauld a oublié et que fournit Mademoiselle : « [1] Mme de Châtillon, MM. de Nemours et de La Rochefoucauld, lesquels espéraient de grands avantages par un traité, la première cent mille écus, l'autre un gouvernement,

---

1. *Mémoires*, t. II, p. 129.

et le dernier pareille somme, ne songeaient qu'à faire faire la paix à M. le Prince. »

Ainsi à la fin comme au milieu et au début de sa liaison avec Mme de Longueville, les seuls mobiles de La Rochefoucauld furent l'intérêt et l'amour-propre. Un jour dans ses *Maximes* il y réduira toute la nature humaine, la renfermant tout entière dans l'enceinte de sa personne, et donnant pour limites au monde moral celles de sa fort petite expérience de frondeur et de courtisan [1].

On sourit en vérité d'entendre dire à l'auteur des *Mémoires* et des *Maximes*, dans le portrait qu'il nous a laissé de lui-même : « L'ambition ne me travaille point.... j'ai les sentiments vertueux.... je suis fort secret et j'ai moins de difficulté que personne à taire ce qu'on m'a dit en confidence... J'aime mes amis, et je les aime d'une façon que je ne balancerais pas un moment à sacrifier mes intérêts aux leurs. » Segrais était bien difficile en fait d'éloge, ou il n'avait pas lu celui-là, lorsqu'il dit que La Rochefoucauld ne se louait jamais [2]. Mme de Longueville aurait plus aisément reconnu La Rochefoucauld aux traits suivants : « Je ne suis pas incapable de me venger si l'on m'avait offensé et qu'il y allât de mon honneur à me ressentir

---

1. Il y a bien longtemps que j'ai exprimé cette opinion sur La Rochefoucauld, et, comme on voit, j'y persiste pleinement. Voyez 1re série de mes ouvrages, t. IV, p. 200; IVe série, t. Ier, p. 51, et t. II, p. 8.

2. Mémoires anecdotes, p. 31.

de l'injure qu'on m'aurait faite; au contraire, je serais assuré que le devoir ferait si bien en moi l'office de la haine, que je poursuivrais ma vengeance avec encore plus de vigueur qu'un autre. » Le vrai portrait de La Rochefoucauld est celui que Retz en a tracé[1] : « Il y a toujours eu du je ne sais quoi en tout M. de La Rochefoucauld : il a voulu se mêler d'intrigues dès son enfance, et en un temps où il ne sentait pas les petits intérêts qui n'ont jamais été son faible, et où il ne connaissait pas les grands qui d'un autre sens n'ont pas été son fort; il n'a jamais été capable d'aucunes affaires... sa vue n'était pas assez étendue..... il a toujours eu une irrésolution habituelle... il n'a jamais été guerrier, quoiqu'il fût très-soldat; il n'a jamais été par lui-même bon courtisan, quoiqu'il ait toujours eu bonne intention de l'être; il n'a jamais été bon homme de parti, quoique toute sa vie il y ait été engagé... ce qui, joint à ses *Maximes* qui ne marquent pas assez de foi à la vertu, et à sa politique qui a toujours été à sortir des affaires avec autant d'impatience qu'il y était entré, me fait conclure qu'il eût beaucoup mieux fait de se connaître et de se réduire à passer, comme il l'eût pu, pour le courtisan le plus poli et pour le plus honnête homme à l'égard de la vie commune qui eût paru dans son siècle. »

Quant à Mme de Longueville, elle est loin d'être

---

1. T. Ier, p. 217.

parfaite assurément, et peut-être on l'aimerait moins si elle l'était; mais au milieu des folies où la passion l'engage, on sent du moins que l'intérêt ne lui est de rien. Son défaut, celui dont elle s'accuse sans cesse et qu'elle poursuit en elle sous toutes ses faces avec un raffinement de sévérité, est le désir de plaire et de paraître. Son seul tort envers La Rochefoucauld est ce court moment de légèreté et de coquetterie dans le voyage de Guyenne. C'est là sa vraie tache. Tout le reste de sa conduite dans la Fronde s'explique et se défend aisément au point de vue que nous avons marqué.

Il ne faut d'ailleurs prendre au sérieux la conduite de personne dans la Fronde, car la Fronde n'est pas une chose sérieuse [1] : c'est une suite d'intrigues où personne n'a d'autre objet que l'intérêt, la vanité, le goût de l'importance, avec la galanterie et le plaisir. Les princes ne songeaient qu'à eux-mêmes, à agrandir leur autorité et leur fortune, et pour cela ils allaient tour à tour d'un parti à l'autre, selon les événements et des vues particulières qui changeaient chaque jour. Condé, la figure qui domine tout le tableau et seule mérite les regards de l'histoire avec son rival Mazarin, méprisait au fond tous les partis; mais il avait fini par rêver à côté du roi une place incompatible avec la grandeur royale. Son mouvement na-

1. Sur la Fronde et ses causes générales voyez plus bas, 1re partie, chap. IV.

turel était du côté de la cour : la Fronde proprement dite et les parlementaires lui étaient odieux, et il ne les servit jamais qu'à contre-cœur. Son ressort principal était la passion de la guerre dont il avait le génie, et c'est là ce qui, après bien des délibérations et des hésitations, finissait presque toujours par l'emporter. Le parlement, oubliant son rôle et ses devoirs, s'agitait sous la main de jeunes seigneurs travestis en tribuns. On mettait en mouvement le peuple de Paris, on l'ameutait aisément contre la cour ; mais, dès qu'il était question de réformes sérieuses et de la convocation des États Généraux, le parlement prenait l'épouvante et reculait tout aussi bien que le parti opposé [1]. La seule utilité de la Fronde, dans l'admirable économie de notre histoire, a été de rehausser le pouvoir royal, d'en faire sentir à tous l'absolue nécessité, et d'accroître, outre mesure peut-être, l'œuvre de Louis XI, de Henri IV et de Richelieu. Sous la Ligue, deux grandes opinions, deux grandes causes étaient aux prises. Aussi la Ligue a fécondé les esprits, elle a trempé les caractères, elle a été une école de politique et de guerre, elle a préparé les fortes générations de la première moitié du XVIIe siècle. La Fronde est dans nos annales un épisode sans grandeur ; elle n'a formé personne, ni un homme de guerre, ni un homme d'État ; la nation y a pris fort peu de part,

---

1. Voyez là-dessus un curieux passage de Mme de Motteville, t. IV, p. 359, etc.

parce qu'elle sentait bien qu'aucun grand intérêt n'y était engagé : c'est un passe-temps de gentilshommes, de beaux esprits et de belles dames. C'est aux dames surtout qu'appartient la Fronde : elles en sont à la fois les mobiles et les instruments, les plus intéressantes actrices, et parmi elles le premier rôle est incontestablement à Mme de Longueville.

IV.

On serait bien plus tenté d'être sévère envers elle et envers les fautes de plus d'un genre où l'entraîna sa funeste liaison avec La Rochefoucauld, si elle-même en avait moins gémi, si elle n'en avait pas fait la plus dure et la plus longue pénitence. Ses égarements ont commencé à la fin de 1647 ou dans les premiers mois de 1648, ils n'ont pas été au delà de 1652; ses remords n'ont cessé qu'avec sa vie en 1679. Mme de Longueville a été touchée, comme on disait alors, en 1653; elle s'est convertie au milieu de l'année 1654. Elle avait trente-cinq ans. Elle était dans tout l'éclat de sa beauté. Longtemps encore elle pouvait connaître les plaisirs de la vie et du monde. Elle y renonça pour se donner à Dieu sans retour et sans réserve. Pendant vingt-cinq années, en Normandie, aux Carmélites et à Port-Royal, elle ne vécut que pour le devoir et le repentir, s'efforçant de mourir à tout ce qui naguère avait rempli sa vie, les soins de sa beauté, les tendresses du cœur, les gracieuses occupations de l'esprit. Mais sous le cilice comme dans le monde, aux Carmélites et à Port-Royal comme à l'hôtel de Rambouillet et dans la Fronde, elle garda ce qu'elle ne pouvait jamais perdre, un angélique visage, un esprit charmant dans la plus extrême négligence, avec une certaine hauteur d'âme et de caractère. Cette troisième et dernière époque de la vie de Mme de Longueville paraîtra ici avec l'étendue qui lui appartient : on y verra dans toute sa vérité une dévotion toujours croissante et de plus en plus scrupuleuse, tombant quelquefois dans bien des misères, quelquefois aussi s'élevant à une admirable grandeur, par exemple dans les luttes qu'elle eut à soutenir, après la mort de son mari, contre son frère Condé, au sujet de ses deux fils, et dans la défense qu'elle entreprit de Port-Royal persécuté.

Nous ne croyons pas rabaisser Mlle de Lavallière en comparant avec elle Mme de Longueville. Il est certain que les amours de Mlle de Lavallière sont bien autrement touchantes que celles que nous aurons à raconter. En mettant à part cette qualité de roi, qui est ici en quelque sorte le côté désagréable et qui gâte toujours un peu l'amour le plus vrai et le plus désintéressé, Louis XIV était bien plus fait pour plaire que La Rochefoucauld ; il était beaucoup plus jeune et plus beau ; il était ou paraissait un grand homme et un héros. Il adora Mlle de Lavallière à la fois avec une ardeur impétueuse et avec la tendresse la plus délicate, et sa passion dura longtemps. Mlle de Lavallière aima le roi comme elle aurait fait un simple gentilhomme : voilà ce qui lui donne un rang à part parmi les maîtresses de Louis XIV, et la met fort au-dessus de Mme de Montespan, et surtout de Mme de Maintenon. On ne peut nier que Mme de Longueville n'ait aimé avec le même désintéressement et le même abandon ; mais elle plaça mal son affection, mais elle y mêla du bel esprit et de la vanité, mais elle eut plus tard un triste retour de légèreté et de coquetterie. La comparaison jusque là est donc tout à fait contre elle. Mais d'ailleurs, elle était fort supérieure à Mlle de Lavallière. Elle était incomparablement plus belle et plus spirituelle. Son âme aussi était plus fière : au moindre soupçon du changement de Louis XIV, elle eût fui de la cour ; tandis que Mlle de Lavallière y demeura quelque temps, devant sa superbe rivale triomphante, croyant, à force d'humilité, de patience et de dévouement, reconquérir le cœur qu'elle avait perdu. Et puis, qu'avait-elle de mieux à faire qu'à se retirer dans un cloître ? N'eût-elle pas elle-même avili sa faute en restant dans le monde, en y donnant le spectacle d'une maîtresse de roi se consolant, comme Mme de Soubise, de l'inconstance de son royal amant dans une fortune tristement acquise et honteusement gardée ! En entrant aux Carmélites, Mlle de Lavallière ne fit que ce qu'elle ne pouvait pas ne pas faire. Il y a dans la conversion et dans la retraite de Mme de Longueville quelque chose de plus libre et de plus rare, et à la gloire de sa pénitence il n'a manqué que la voix de Bossuet. Si l'incomparable orateur qui avait consacré à Dieu Louise de la Miséricorde, et qui plus tard égala la parole humaine à la grandeur des actions de Condé, s'était aussi fait entendre aux funérailles d'Anne de Bourbon, les lettres chrétiennes compteraient un chef-d'œuvre de plus, dont l'oraison funèbre de la princesse Palatine peut nous donner quelque idée, et le nom de Mme de Longueville serait environné d'une auréole immortelle.

PREMIÈRE PARTIE

LA JEUNESSE
DE
Mme DE LONGUEVILLE

CHAPITRE PREMIER

1619 A 1635

MADEMOISELLE DE BOURBON DANS SA FAMILLE. SA MÈRE, CHARLOTTE DE MONTMORENCY. SON PÈRE, M. LE PRINCE. SON FRÈRE, LE DUC D'ENGHIEN. — SON ÉDUCATION RELIGIEUSE. LE COUVENT DES CARMÉLITES DE LA RUE SAINT-JACQUES. LES QUATRE GRANDES PRIEURES. MADEMOISELLE D'ÉPERNON. — MADEMOISELLE DE BOURBON AU BAL DU LOUVRE, LE 18 FÉVRIER 1635. SON PORTRAIT A L'AGE DE QUINZE ANS.

J'essaierai un jour de faire connaître dans Mme de Longueville l'héroïne ou, si l'on veut, l'aventurière de la Fronde, se précipitant dans tous les hasards et dans toutes les intrigues pour servir les intérêts et les passions d'un autre; et je la montrerai ensuite vaincue, désabusée, l'âme à la fois blessée et vide, et tournant ses regards du seul côté qui ne trompe point, le devoir et Dieu. Aujourd'hui, je voudrais raconter sa vie avant la Fronde, et même avant le mariage inégal que lui imposa sa famille et qui fut la source de ses fautes et de ses malheurs ; je voudrais peindre la jeunesse de Mme de Longueville, faire voir Mlle de Bourbon dans ses jours d'innocent éclat, mais portant en elle toutes les semences d'un avenir orageux, naissant dans une prison et en sortant pour monter presque sur les marches d'un trône, entourée de bonne heure des spectacles les plus sombres et de toutes les félicités de la vie, belle et spirituelle, fière et tendre, ardente et mélancolique, se voulant ensevelir à quinze ans dans un cloître, et une fois jetée malgré elle dans le monde, s'y laissant enivrer de ses succès, devenant l'ornement de la cour de Louis XIII et de l'hôtel de Rambouillet, effaçant déjà les beautés les plus accomplies par le charme particulier d'une douceur et d'une langueur ravissante, prêtant l'oreille aux doux propos, mais pure et libre encore, et s'avançant, ce semble, vers la plus belle destinée, sous l'aile d'une mère telle que Charlotte de Montmorency, à côté d'un frère tel que le duc d'Enghien.

Je conviens que ce tableau d'une jeunesse brillante mais heureuse, sans aventures et sans taches, pourra sembler un peu fade à des lecteurs accoutumés au grand fracas et aux péripéties violentes des romans à la mode. Pour les dédommager, à ce tableau j'en mêlerai un autre d'un goût plus relevé. Après la jeune fille grandissant innocemment entre la religion et les muses, comme on disait autrefois, je ferai paraître la jeune femme s'élançant à son tour dans l'arène de la galanterie, semant autour d'elle les conquêtes et les querelles, et devenant le sujet du plus illustre de ces grands duels qui pendant tant d'années ensanglantèrent la Place-Royale et ne s'arrêtèrent pas même devant la hache implacable de Richelieu. Ce seront là des scènes suffisamment animées ; mais, en attendant la tragi-comédie, souffrez, s'il vous plaît, la pastorale. C'était alors un intermède obligé, et je vous supplie de prendre un moment avec moi le goût et les mœurs du xviie siècle.

Anne-Geneviève de Bourbon vint au monde le 28 août 1619, dans le donjon de Vincennes, où son père et sa mère étaient prisonniers depuis trois ans.

Sa mère était Charlotte-Marguerite de Montmorency, petite-fille du grand connétable, et selon d'unanimes témoignages la plus belle personne de son temps. Éblouissante dans sa première jeunesse, elle avait conservé jusque dans l'âge mûr une beauté remarquable. Indépendamment de ses portraits, nous en avons deux descriptions fidèles, l'une du cardinal Bentivoglio, qui la connut et l'aima, dit-on, à Bruxelles, où il était nonce apostolique en 1609, lorsqu'elle avait à peu près seize ans ; l'autre de la main de Mme de Motteville, qui l'a dépeinte telle qu'elle la vit plus tard à la cour de la reine Anne.

« Elle avait le teint, dit Bentivoglio[1], d'une blancheur extraordinaire, les yeux et tous les traits pleins de charme, des grâces naïves et délicates dans ses gestes et dans ses façons de parler, et toutes ses différentes qualités se faisaient valoir les unes les autres, parce qu'elle n'y ajoutait aucune des affectations dont les femmes ont accoutumé de se servir. » Mme de Motteville s'exprime ainsi[2] : « Parmi les princesses, celle qui en était la première avait aussi le plus de beauté, et sans jeunesse elle causait encore de l'admiration à ceux qui la voyaient... Je veux servir de témoin que sa beauté était encore grande quand, dans mon enfance, j'étais à la cour, et qu'elle a duré jusqu'à la fin de sa vie. Nous lui avons donné des louanges pendant la régence de la reine, à cinquante ans passés, et des louanges sans flatterie. Elle était blonde et blanche ; elle avait les yeux bleus et parfaitement beaux. Sa mine était haute et pleine de majesté, et toute sa personne, dont les manières étaient agréables, plaisait toujours, excepté quand elle s'y opposait elle-même par une fierté rude et pleine d'aigreur contre ceux qui osaient lui déplaire. » Lorsqu'elle parut à quinze ans à la cour d'Henri IV, elle tourna la tête au vieux roi. Il la maria à son neveu le prince de Condé, avec l'arrière-espérance

---

1. Nous empruntons la traduction que Villefore a donnée de cette partie de la relation italienne du cardinal, 1re partie, p. 22.
2. T. Ier, p. 44.

de le trouver un mari commode; mais celui-ci, fier et amoureux, entendit bien avoir épousé pour lui-même la belle Charlotte; et, voyant le roi s'enflammer de plus en plus, il ne trouva d'autre moyen de se tirer de ce pas difficile que d'enlever sa femme et de s'enfuir avec elle à Bruxelles. On sait toutes les folies que fit alors Henri IV, et à quelles extrémités il s'allait porter quand il fut assassiné en 1610 [1].

Henri de Bourbon, prince de Condé, n'était point un homme ordinaire. Il devait beaucoup à Henri IV, et il en attendait beaucoup; mais il eut le courage de mettre en péril l'avenir de sa maison en s'exilant volontairement, et plus tard il se compromit de nouveau par sa résistance à la tyrannie sans gloire du maréchal d'Ancre, sous la régence de Marie de Médicis. Arrêté en 1616, il ne sortit de prison qu'à la fin de 1619, et dès lors il ne songea plus qu'à sa fortune. Né protestant, il avait embrassé le catholicisme par politique, à l'exemple d'Henri IV. Sa femme lui avait apporté une grande partie des immenses richesses des Montmorency. Il se soumit à Luynes et servit Richelieu. Il força son fils, le duc d'Enghien, à épouser une nièce du tout-puissant cardinal, qui venait de faire décapiter son beau-frère.

1. Voyez, à la Bibliothèque de l'Arsenal, manuscrits de Conrart, in-4°, t. XVI, p. 642, une lettre inédite de Henri de Bourbon à sa mère, sur l'assassinat d'Henri IV, qui prouve à quel point il est absurde de l'accuser d'avoir trempé dans cet assassinat. Le même volume contient divers écrits du même prince contre le maréchal d'Ancre.

Aussi avare qu'ambitieux, il amassait du bien, il entassait des honneurs. A la mort de Richelieu, il devint le chef du conseil, et déploya dans cette conjoncture difficile un heureux mélange de prudence et de fermeté. Il soutint la régence d'Anne d'Autriche et sauva la France des premiers périls de la longue minorité de Louis XIV. Il mérite une place dans la reconnaissance de la patrie pour lui avoir donné en quelque sorte deux fois le grand Condé en imposant à cette nature de feu, et toute faite pour la guerre, la plus forte éducation militaire que jamais prince ait reçue, et en le préparant à pouvoir prendre à vingt et un ans le commandement en chef de l'armée sur laquelle reposaient en 1643 les destinées de la France.

Lorsque Henri de Bourbon, qu'on appelait M. le Prince, fut arrêté, il ne fit qu'une seule prière, que lui dictaient la jalousie et l'amour : il demanda qu'il fût permis à sa femme de partager sa prison. Charlotte de Montmorency avait à peine vingt et un ans, elle n'aimait pas son mari, et ils ne vivaient pas très-bien ensemble ; mais elle n'hésita point, et vint elle-même supplier le roi de lui permettre de s'enfermer avec son mari, en acceptant la condition de rester prisonnière tout le temps qu'il le serait. Cette captivité, d'abord très-dure à la Bastille, puis un peu moins rigoureuse à Vincennes, dura trois années. La jeune princesse fut souvent malade ; elle eut plusieurs grossesses malheureuses, et accoucha d'enfants mort-nés [1]. Enfin, le 28 août 1619, entre minuit et une heure, elle mit au monde Anne-Geneviève. Il semble que la naissance de cet enfant porta bonheur à ses parents, car deux mois n'étaient pas écoulés

1. Nous trouvons sur tout cela des détails nouveaux et curieux dans un *Journal historique et anecdote de la cour et de Paris*, au t. XI, in-4º, des manuscrits de Conrart. Ce journal inédit commence au 1er janvier 1614 et va jusqu'au 1er janvier 1620.

M. le Prince est arrêté le 1er septembre 1616 par ordre du maréchal d'Ancre, favori de la reine régente Marie de Médicis.

« Le 11 de Septembre, Mme la jeune Princesse arrive fort affligée. On dit que M. de Montmorency fut mal content de ce que la reine ne lui voulut pas permettre de voir M. le Prince.

« Le 19 Mai 1617, M. le Prince fait supplier le roy de faire une œuvre charitable en lui faisant bailler sa femme, à la charge qu'elle demeureroit prisonnière avec lui.

« 26 Mai 1617, Mme la princesse de Condé va saluer le roy et le supplier de lui vouloir permettre d'entrer prisonnière dans la Bastille avec M. le Prince. Le roy le lui accorde, et d'y mener seulement une damoiselle. Sur quoy son petit nain ayant supplié le roy de trouver bon qu'il n'abandonnât pas sa maîtresse, Sa Majesté le lui permit aussi. La mesme après-dînée, Mme la Princesse entra dans la Bastille, où elle fut reçue de M. le Prince avec tous les témoignages d'amitié qui se peuvent imaginer, et jusques-là qu'il ne la laissa jamais en repos qu'elle lui eût dit qu'elle lui pardonnoit. » — Dans ce même journal, il a été souvent question de la mauvaise conduite du prince envers sa femme, sur laquelle il n'y a pas un seul mot de blâme.

« 31 Aoust 1617. Entreprise pour sauver M. le Prince de la Bastille découverte. »

« 15 Septembre 1617. M. le Prince mené de la Bastille au bois de Vincennes... Longtemps auparavant il avoit demandé que l'on le mît au bois de Vincennes pour y avoir meilleur air. M. de Modène lui dit que se souvenant de cela, il avoit tant pressé le roy sur ce sujet qu'enfin il l'avoit obtenu. M. le Prince répondit que depuis il s'estoit accoustumé à l'air de la Bastille; et sur ce résista le plus qu'il put, jusqu'à ce qu'il fallust aller. Mme la Princesse alla aussi avec lui en carrosse, n'ayant voulu entrer en litière. On dit qu'au commencement M. le Prince croioit

que le prince de Condé sortait de prison avec sa femme et sa fille, et reprenait son rang et tous ses honneurs.

Anne-Geneviève de Bourbon passa donc bien vite du

seulement qu'on lui vouloit oster sa femme. M. de Vitry, M. de Persan, M. de Modène, étoient avec lui dans le carrosse. Depuis qu'il a esté dans le bois de Vincennes, on lui a permis, environ le commencement d'octobre, de se promener sur l'épaisseur d'une grosse muraille qui est en forme de galerie. M. de Persan est demeuré dans le donjon du bois de Vincennes pour garder M. le Prince avec la plus grande partie des soldats qu'il avoit dans la Bastille, et M. de Cadenet (depuis duc et maréchal de Chaulnes, le frère du connétable de Luynes), avec douze compagnies du régiment de Normandie, fait garde dans la cour du chasteau, d'où les soldats ne sortent pas. »

« Environ le 20 décembre 1617. Mme la Princesse très malade. Elle accouche dans le bois de Vincennes, à sept mois, d'un fils mort-né, et fut plus de quarante-huit heures sans mouvement ni sentiment. Jamais personne n'a été en une plus grande extrémité sans mourir. Entre autres médecins, M. Duret et M. Pietre l'assistèrent avec un soin extrême. Sur ce que M. le Prince désiroit qu'on fît des obsèques à ce petit enfant, M. l'évêque de Paris assembla des théologiens, lesquels jugèrent que, puisque n'ayant point receu le baptesme il n'estoit point entré en l'église, on ne devoit user d'aucunes cérémonies sur le sujet de sa mort. »

« 5 Septembre 1618. Mme la Princesse accouche de deux garçons morts. Le roy en témoigne un grand déplaisir. Plusieurs personnes eurent permission de l'aller voir. »

« 21 Mars 1619. M. le Prince tombe malade. Mardi, 2 avril, MM Hatin, Duret et Seguin vont au Louvre représenter l'estat de la maladie. La cause en estoit attribuée à profonde mélancolie. Il fut tenu plusieurs jours hors d'espérance. Il fut permis à Mme sa mère, à Mme la comtesse, à Mme de Ventadour, à Mme la comtesse d'Auvergne, à Mme de la Trémoille, à Mme de Fontaines, à Mme la Grande, etc., de l'aller visiter. Le lundi, 8 avril, le roy lui renvoye son espée par M. de Cadenet, et lui escrit : « Mon cousin, je suis bien fasché de votre maladie. Je vous prie « de vous resjouir. Incontinent que j'aurai donné ordre à mes affaires,

Mˡˡᵉ DE BOURBON DANS SA FAMILLE.

donjon de Vincennes à l'hôtel de Condé. C'est là que deux ans après, le 2 septembre 1621, il lui naquit le frère qui devait porter si haut le nom de Condé, Louis, duc d'Enghien, et plus tard, en 1629, un autre frère encore, Armand, prince de Conti. Celui-ci ne manquait pas d'esprit; mais il était faible de corps, et même assez mal tourné. On le destina à l'église. Il fit

« je vous donnerai vostre liberté. Réjouissez-vous donc, et ayez assu-
« rance de mon amitié. Je suis, etc. »

« 28 Aoust 1619. Entre minuit et une heure, Mᵐᵉ la Princesse accouche d'une fille dans le bois de Vincennes. »

« 17 Octobre 1619. Conseil tenu, où l'on prit la dernière résolution de faire sortir M. le Prince. »

« Le 18. Le roy va à Chantilly pour y attendre M. le Prince. »

« Le 19. M. de Luynes va trouver M. le Prince au bois de Vincennes. »

« Le 20. M. de Luynes va de bon matin au bois de Vincennes, et monte en carrosse avec M. le Prince et Mᵐᵉ la Princesse, où étoient aussi MM. de Cadenet et de Modène. Il vint trouver le roy à Chantilly, et le vit dans un cabinet où l'on dit qu'il se mit à genoux et fit des protestations extrêmes de fidélité et de ressentiment de l'obligation qu'il luy avoit. »

« Le 22. Le roy revient à Compiègne accompagné de M. le Prince. Mᵐᵉ la Princesse y arriva et vit la reyne le même jour.

Dans le t. XVI de ces mêmes manuscrits, p. 933, un agent diplomatique français transmet les bruits répandus dans les Pays-Bas au sujet du prince et de la princesse de Condé, prisonniers à la Bastille ou à Vincennes. « La princesse de Condé, la jeune, a écrit par deçà à une sienne femme de chambre mariée en cette ville, que M. le prince de Condé a cuidé estre empoisonné par un sien escuyer de cuisine, nommé Baucheron, qui avoit pratiqué et receu argent pour cet effet, lequel s'est sauvé; et parce qu'il pourroit se refugier en ce pays, elle lui donne charge d'en avertir le prince et la princesse d'Orange, afin de l'arrester si faire se peut. Les gens du dit prince d'Orange disent aussi que M. le prince de Condé s'est cuidé sauver, et a esté trahi et descouvert par un de ses domestiques, mais qu'il a encore d'autres moyens pour sa liberté. »

ses études au collége de Clermont, chez les jésuites, avec Molière, et sa théologie à Bourges sous le père Deschamps. Il ne commença à paraître dans le monde que vers 1647, un peu avant la Fronde. Le duc d'Enghien, chargé de soutenir la grandeur de sa maison, fut élevé par son père avec la mâle tendresse dont nous avons déjà parlé, et dont les fruits ont été trop grands pour qu'il ne nous soit pas permis de nous y arrêter un moment.

M. le Prince ne donna pas de gouverneur à son fils : il voulut diriger lui-même son éducation, en se faisant aider par deux hommes d'élite, l'un pour les exercices du corps, l'autre pour ceux de l'esprit. Le jeune duc fit ses études chez les jésuites de Bourges avec le plus grand succès. Il y soutint avec un certain éclat des thèses de philosophie. Il apprit le droit sous le célèbre docteur Edmond Mérille. Il étudia l'histoire et les mathématiques, sans négliger l'italien, la danse, la paume, le cheval et la chasse. De retour à Paris, il revit sa sœur, et fut charmé de ses grâces et de son esprit ; il se lia avec elle de la plus tendre amitié, qui plus tard essuya bien quelques éclipses, mais résista à toutes les épreuves, et après l'âge des passions devint aussi solide que d'abord elle avait été vive. A l'hôtel de Condé, le duc d'Enghien se forma dans la compagnie de sa sœur et de sa mère à la politesse, aux belles manières, à la galanterie. Son père le mit à l'académie sous un maître renommé, auquel il donna une absolue autorité sur son fils. Louis de Bourbon y fut traité aussi durement qu'un simple gentilhomme. Il eut à l'académie les mêmes succès qu'au collége, d'où il était sorti le plus capable de tous ceux qui y étaient avec lui. Laissons parler Lenet [1], véridique témoin de tout ce qu'il raconte :

« L'on n'avoit point encore vu de prince du sang eslevé et instruit de cette manière vulgaire ; aussi n'en a-t-on pas vu qui ait en si peu de temps et dans une si grande jeunesse acquis tant de savoir, tant de lumière et tant d'adresse en toute sorte d'exercices. Le prince son père, habile et éclairé en toute chose, crut qu'il seroit moins diverti de cette occupation, si nécessaire à un homme de sa naissance, dans l'académie que dans l'hostel ; il crut encore que es seigneurs et les gentilshommes qui y estoient et qui y entreroient pour avoir l'honneur d'y estre avec lui seroient autant de serviteurs et d'amis qui s'attacheroient à sa personne et à sa fortune. Tous les jours destinés au travail, rien n'estoit capable de l'en divertir. Toute la cour alloit admirer son air et sa bonne grâce à bien manier un cheval, à courre la bague, à danser et à faire des armes. Le roi même se faisoit rendre compte de temps en temps de sa conduite, et loua souvent le profond jugement du prince son père en toute chose, et particulièrement en l'édu-

---

1. *Mémoires de Lenet*, collection de Michaud, iii⁰ série, t. II, p. 448.

cation du duc son fils, et disoit à tout le monde qu'il vouloit l'imiter en cela, et faire instruire et élever monsieur le Dauphin de la mesme manière... »

« ...Après que le jeune duc eut demeuré dans cette escole de vertu le temps nécessaire pour s'y perfectionner, comme il fit, il en sortit, et, après avoir esté quelques mois à la cour et parmi les dames, où il fist d'abord voir cet air noble et galand qui le faisoit aimer de tout le monde, le prince son père fit trouver bon au roy et au cardinal de Richelieu, ce puissant, habile et autorisé ministre, qui tenoit pour lors le timon de l'estat, de l'envoyer dans son gouvernement de Bourgogne avec des lettres patentes, pour y commander en son absence... »

« ..... Les troupes traversoient souvent la Bourgogne, et souvent elles y prenoient leurs quartiers d'hyver. Là le jeune prince commença d'apprendre la manière de les bien establir et de les bien régler, c'est-à-dire à faire subsister des troupes sans ruiner les lieux où elles séjournent. Il apprit à donner des routes et des lieux d'assemblée, à faire vivre les gens de guerre avec ordre et discipline. Il recevoit les plaintes de tout le monde et leur faisoit justice. Il trouva une manière de contenter les soldats et les peuples; il recevoit souvent des ordres du roy et des lettres des ministres; il étoit ponctuel à y respondre, et la cour comme la province voyoit avec estonnement son application dans les affaires. Il entroit au parlement quand quelques subjects importants y rendoient sa présence nécessaire ou quand la plaidoierie de quelque belle cause y attiroit sa curiosité. L'intendant de la justice n'expédioit rien sans lui en rendre compte; il commençoit dès lors, quelque confiance qu'il eust en ses secrétaires, de ne signer ni ordres ni lettres qu'il ne les eust commandés auparavant et sans les avoir vus d'un bout à l'autre... Ces occupations grandes et sérieuses n'empeschoient pas ses divertissements, et ses plaisirs n'estoient pas un obstacle à ses études. Il trouvoit des jours et des heures pour toutes choses; il alloit à la chasse; il tiroit des mieux en volant; il donnoit le bal aux dames; il alloit manger chez ses serviteurs; il dansoit des ballets; il continuoit d'apprendre les langues, de lire l'histoire ; il s'appliquoit aux mathématiques, et surtout à la géométrie et aux fortifications; il traça et esleva un fort de quatre bastions à une lieue de Dijon, dans la plaine de Blaye, et l'empressement qu'il eust de le voir achever et en estat de l'attaquer et de le deffendre, comme il fit plusieurs fois avec tous les jeunes seigneurs et gentilshommes qui se rendoient assidus auprès de luy, estoit tel qu'il s'y faisoit apporter son couvert et y prenoit la pluspart de ses repas. »

Ainsi préparé, le duc d'Enghien alla, pendant l'été de 1640, servir en qualité de volontaire dans l'armée du maréchal de La Meilleraye. Celui-ci voulait prendre ses ordres et avoir l'air au moins de dépendre de lui. Le jeune duc s'y refusa opiniâtrément, disant qu'il était venu pour apprendre son métier; et qu'il voulait faire toutes les fonctions d'un volontaire, sans qu'on eût égard à son rang. Dans une des premières affaires, La Ferté-Senneterre fut blessé et eut son cheval tué d'un coup de canon. Le duc d'Enghien était si près de lui, que le sang du cheval lui couvrit le visage. Au siége d'Arras, on le vit partout à la tête des volontaires. Il se trouva à toutes les sorties que firent les assiégés; il quittait très-peu la tranchée; il y couchait souvent et s'y faisait apporter à manger. Il y eut trois combats pendant ce siége. Le jeune duc se distingua dans tous. « Le grand cœur qu'il montra en toutes ces occasions, dit Lenet [1], la manière obligeante dont il traitoit tout le monde, la libéralité avec laquelle il assistoit ceux de ses amis qui en avoient besoin, les officiers et les soldats blessés, le secret qu'il gardoit en leur faisant du bien, firent augurer aux clairvoyants qu'il seroit un jour un des plus grands capitaines du monde. »

C'est dans l'hiver de 1641 qu'on lui fit épouser Mlle de Brézé, nièce de Richelieu. Le duc d'Enghien fit tout ce qu'il put pour éviter cette alliance, qui répugnait à son cœur autant qu'à son ambition. Il avait jeté les yeux sur Mademoiselle, alors fille unique du duc d'Orléans, belle, jeune, riche

[1]. *Ibid.*, p. 458.

et spirituelle. Déjà aussi il avait laissé pénétrer dans son âme un sentiment particulier pour une autre personne, qu'il finit par adorer. Il ne se rendit qu'après une longue résistance, et en protestant officiellement et par-devant notaire [1] qu'il cédait à la force et à la déférence qu'il devait à la volonté de son père. Il en tomba malade et fut même en danger, quand tout à coup le bruit se répandit que la campagne allait s'ouvrir et que l'armée du maréchal de La Meilleraye marchait en Flandre pour s'emparer de la place forte d'Aire. Il apprend cette nouvelle convalescent et dans une si grande faiblesse qu'à peine pouvait-il quitter le lit. « Il part en cet estat, dit Lenet [2], sans que les prières de sa famille, les larmes de sa maîtresse, ny le commandement du roy mesme le pussent déterminer à rester. Il apprit dans sa marche, estant à Abbeville, que le cardinal infant approchoit de la place assiégée pour en attaquer les lignes ; il quitte son carrosse, monte à cheval à l'heure mesme avec le duc de Nemours, son ami intime, et qui estoit un prince beau, plein d'esprit et de courage, que la mort lui ravict bientost après [3]. Il passe la nuit par

---

1. *Ibid.*, p. 455. — 2. *Ibid.*, p. 455.

3. Le frère aîné de celui qui, ayant pris son titre après sa mort, se distingua aussi par sa beauté, sa bravoure et sa galanterie, joua un assez grand rôle dans la vie de Mme de Longueville, et périt dans un duel insensé contre le duc de Beaufort, son beau-frère.

Hesdin, si près des ennemis qu'on peut quasi dire qu'il traversa leur armée, et arriva heureusement dans le camp, qui le reçut avec un applaudissement et une joie qu'il seroit difficile d'exprimer. Cette fatigue, qui devoit faire craindre une rechute à un convalescent foible et exténué, luy redonna de nouvelles forces, et on le vit dès lors s'exposer à tous les périls de la guerre ; il couchoit souvent dans la tranchée; il y mangeoit, et il n'y avoit travail, tout advancé qu'il peust être, où on ne le vît aller comme un simple soldat... Au siége de Bapaume, le duc voulut finir la campagne comme il l'avoit commencée, c'est-à-dire se trouvant partout, et essuyant tous les hasards et tous les périls de la tranchée et des travaux avancés. Il ne fut pas possible de lui faire quitter l'armée tant qu'il crut qu'il y avoit quelque chose de considérable à entreprendre. »

Quelque temps après, il suivit le cardinal de Richelieu et le roi au siége de Perpignan. Il y fut blessé, et se couvrit de gloire; en sorte qu'il n'y eut pas le moindre étonnement lorsqu'en 1643, après la mort de Richelieu, Louis XIII, près de mourir aussi, en même temps qu'il établissait le prince de Condé chef du conseil, nommait le duc d'Enghien généralissime de la principale armée française destinée à défendre la frontière de Flandre, menacée par une puissante armée espagnole. Le duc d'Enghien n'avait pas vingt-deux ans. Un mois après, il gagnait la bataille de Rocroy, en attendant celles de Fribourg, de Nortlingen et de Lens.

Tel était le frère ; la sœur n'était pas restée au-dessous des exemples de sa maison, et de son côté elle était rapidement parvenue, par son esprit et sa beauté, à une assez grande renommée.

Dès son enfance, les grandes leçons ne lui avaient pas manqué.

Elle avait huit ans en 1627, quand un des proches parents de sa mère, Montmorency-Boutteville, eut la tête tranchée en place de Grève pour s'être battu en duel à la Place-Royale, malgré l'édit du roi, laissant sous la protection de Mme la Princesse sa veuve et trois enfants en bas âge : Marie-Louise, depuis marquise de Valençay ; Isabelle-Angélique, depuis duchesse de Châtillon, et François-Henri de Montmorency, né après la mort de son père, et qui est devenu le duc maréchal de Luxembourg, l'un des plus fidèles amis et des meilleurs lieutenants de Condé.

Elle avait treize ans en 1632, lorsque le propre frère de sa mère, le duc de Montmorency, monta sur un échafaud à Toulouse pour s'être révolté contre le roi, ou plutôt contre Richelieu, sur la foi incertaine de Gaston, duc d'Orléans. Cette terrible catastrophe, qui retentit d'un bout à l'autre de la France, remplit de deuil l'hôtel de Condé, et fit une impression profonde sur l'âme délicate et fière de Mlle de Bourbon. Elle en fut si troublée, que sa douleur, ajoutant à la piété dans laquelle elle avait été nourrie de nouvelles ardeurs, elle songea très-sérieusement à quitter le monde et à se faire carmélite dans le grand couvent de la rue Saint-Jacques.

Quelle éducation religieuse Mlle de Bourbon avait-elle donc reçue pour qu'une telle pensée lui soit venue à treize ou quatorze ans? Comment connaissait-elle le couvent des Carmélites, et quels liens y avait-elle déjà formés qui l'y attiraient si puissamment?

C'était le temps où l'esprit religieux, après avoir débordé dans les guerres civiles et enfanté les grands crimes et les grandes vertus de la Ligue, épuré mais non affaibli par l'édit de Nantes et la politique d'Henri IV, puisait dans la paix des forces nouvelles, et couvrait la France, non plus de partis ennemis armés les uns contre les autres, mais de pieuses institutions où les âmes fatiguées s'empressaient de chercher un asile. Partout on réformait les ordres anciens ou on en fondait de nouveaux. Richelieu entreprenait courageusement la réforme du clergé, créait les séminaires, et au-dessus d'eux, comme leur modèle et leur tribunal; élevait la Sorbonne. Bérulle instituait l'Oratoire, César de Bus la Doctrine chrétienne. Les jésuites, nés au milieu du XVIe siècle, et qui s'étaient si promptement répandus en France, un moment décriés et même bannis pour leur participation à de coupables excès, reprenaient peu à peu faveur sous la protection des immenses services que leur héroïque habileté rendait chaque jour, au delà de l'Océan, au christianisme et à la civilisation. L'ordre de Saint-Benoît se retrempait dans une réforme salutaire, et les bénédictins de Saint-Maur préludaient à leurs gigantesques travaux. Mais qui pourrait compter les belles institutions destinées aux femmes que fit éclore de toutes parts la passion chrétienne dans la première moitié du xviie siècle? Les deux plus illustres, après Port-Royal réformé, sont les sœurs de la Charité vers 1640, et les Carmélites en 1602.

Le premier couvent des Carmélites fut établi à Paris, au faubourg Saint-Jacques, sous les auspices et par la munificence de cette maison de Longueville où Mlle de Bourbon devait entrer. Sa mère, Mme la Princesse, était une des bienfaitrices de l'institution naissante ; elle y avait un appartement où souvent elle venait faire de longues retraites. De bonne heure, elle y mena sa fille et y pénétra sa jeune âme des principes et des habitudes de la dévotion du temps. Mlle de Bourbon grandit à l'ombre du saint monastère ; elle y vit régner la vertu, la bonté, la concorde, la paix, le silence ; on l'y aimait et on l'y appelait. Il est donc naturel qu'à la première vue des tempêtes qui menacent toutes les grandeurs de la terre, et qui frappaient les membres les plus illustres de sa famille, elle ait songé à prévenir sa destinée et cherché un abri sous l'humble toit des Carmélites. Elle y avait de douces et nobles amitiés qu'elle n'abandonna jamais. Nous possédons d'elle une foule de lettres adressées à des carmélites du couvent de la rue Saint-Jacques, à toutes les époques de sa vie, avant, pendant et après la Fronde ; elles sont écrites, on le sent, à des personnes qui ont toute sa confiance et toute son âme ; mais quelles sont ces personnes? Elle les appelle tantôt la mère prieure, tantôt la mère sous-prieure, la sœur Marthe, la sœur Anne-Marie, la mère Marie-Madeleine, la mère Agnès, etc. On voudrait percer les voiles qui couvrent les noms de famille de toutes ces religieuses. On se doute bien que les amies de Mlle de Bourbon et de Mme de Longueville ne peuvent avoir été des créatures vulgaires ; et comme on sait que bien des femmes de la première qualité et du plus noble cœur trouvèrent un refuge aux Carmélites, comme le nom de la sœur Louise de la Miséricorde est devenu le symbole populaire de l'amour désintéressé et malheureux, une curiosité un peu profane mais bien naturelle nous porte à rechercher quelles ont été dans le monde ces religieuses si chères à la sœur du grand Condé.

Jusqu'ici nous étions réduits aux conjectures que nous suggérait le rapprochement de divers passages de Mme de Sévigné, de Mme de Motteville, de Mademoiselle. Les Carmélites françaises n'ont pas d'histoire. Fidèles à leur vœu d'obscurité, ces dignes filles de sainte Thérèse ont passé sans laisser de traces. Comme pendant leur vie une clôture inflexible les dérobe à tous les yeux et les tient d'avance ensevelies, ainsi le génie de leur ordre semble avoir pris soin de les anéantir dans la mémoire des hommes. A peine a-t-il paru de loin en loin quelques vies de Carmélites, consacrées à l'édification, remplies de saintes maximes, vides de faits humains, et presque sans dates. Au commencement de ce siècle, un prêtre instruit, M. Boucher, dans une nouvelle *Vie de la bienheureuse sœur Marie de l'Incarnation, madame Acarie, fondatrice des Carmélites réformées de France*[1], a pour la première fois jeté un peu de jour sur les origines de la sainte maison, et fait paraître ou plutôt caché dans les notes de son ouvrage de très-courtes biographies des principales religieuses. La Bibliothèque nationale, si riche en manuscrits de toute espèce, n'en possède aucun qui vienne des Carmélites du faubourg Saint-Jacques ou qui s'y rapporte. Les Archives générales ont hérité de tous leurs titres domaniaux. Nous les avons assez étudiés pour avoir le droit d'assurer qu'on en pourrait former un cartulaire[2] du plus grand intérêt. Entre autres

---

1. Paris, 1800, in-8°.

2. On s'empresse de toutes parts à recueillir les cartulaires des vieilles abbayes : pourquoi un ami de la religion et des lettres ne s'occuperait-il pas de combler une des lacunes les plus regrettables de la *Gallia christiana*, en rassemblant, sous le nom de Cartulaire du couvent des Carmélites du faubourg Saint-Jacques, une foule de pièces que nous

pièces précieuses, nous pouvons signaler un inventaire des tableaux de divers maîtres célèbres [1], des statues [2] et objets d'art que la libre et généreuse piété des fidèles de tout rang avait, pendant deux siècles, accumulés aux Carmélites, et qui y ont été reconnus en 1790. Mais c'étaient d'autres trésors que nous eussions voulu découvrir : nous désirions une liste exacte de toutes les religieuses de ce couvent pendant le XVIIe siècle, avec leurs noms de religion et leurs noms de famille, la date de leur profession et celle de leur mort; nous mettions un prix particulier à connaître la succession des prieures qui avaient tour à tour gouverné le couvent, porté la parole ou tenu la plume en son nom. On conçoit, en effet, que sans ces deux documents les amitiés de Mlle de Bourbon et de Mme de Longueville nous demeuraient à peu près impénétrables.

La lumière nous est venue du côté où nous ne l'avions pas d'abord cherchée.

---

avons tenues entre les mains, et qui établiraient sur des monuments authentiques l'histoire de cette intéressante congrégation, depuis les premières années du XVIIe siècle jusqu'à la révolution française? Tout ce que nous avons amassé de notes, d'extraits, de copies, appartient à celui qui entreprendra d'enrichir d'un nouveau volume de ce genre la *Collection des documents inédits relatifs à l'histoire de France.*

1. Par exemple de Guide, de Champagne, de Lebrun.

2. Entre autres une statue de marbre blanc représentant le cardinal de Bérulle à genoux. Ce bel ouvrage est de Jacques Sarrazin, et se voit encore aujourd'hui dans la chapelle des Carmélites.

Dans un débris du couvent du faubourg Saint-Jacques, épargné par la tourmente révolutionnaire et subsistant à grand'peine, de pauvres religieuses, échappées à une stupide persécution, ont essayé, il y a cinquante ans, de recueillir la tradition carmélite, et elles la continuent dans l'ombre, la prière et le travail :

> Præcipites atra seu tempestate columbæ,
> Condensæ et divùm amplexæ simulacra sedebant.

Las de fouiller inutilement les archives et les bibliothèques, je me suis adressé à ces bonnes religieuses, et la plus gracieuse bienveillance m'a répondu. Les deux documents qui m'étaient nécessaires m'ont été remis, avec des annales manuscrites et un recueil de biographies amples et détaillées. Grâce à ces précieuses communications, on s'oriente aisément dans l'histoire des Carmélites du faubourg Saint-Jacques. Sous les pieuses désignations et les symboles mystiques du Carmel, on reconnaît plus d'une personne qu'on avait déjà rencontrée dans les mémoires du temps. Au lieu d'êtres en quelque sorte abstraits et anonymes, nous avons devant nous des créatures animées et vivantes, dont les regards ont fini sans doute par se diriger vers le ciel pour ne s'en plus détourner, mais qui plus ou moins longtemps ont habité la terre, connu nos sentiments, éprouvé nos faiblesses, et en demeurant toujours pures ont passé quelquefois à côté de la tentation et participé de l'humanité. Un jour nous livrerons au public [1] la clef qui nous a été prêtée et qui donnera le secret de bien des choses mystérieuses dans l'histoire intime des mœurs au XVII° siècle. Ici, nous nous permettrons seulement quelques traits rapides qui puissent éclairer cette partie obscure de la jeunesse et de la vie tout entière de Mme de Longueville.

Sainte Thérèse, morte en 1582, avait réformé en Espagne l'ordre antique et dégénéré du Carmel. La sainte renommée des nouvelles carmélites d'Espagne s'était promptement répandue en Italie et en France. Une femme admirable, Mme Acarie, depuis la sœur Marie de l'Incarnation, eut l'idée d'envoyer chercher en Espagne quelques disciples de sainte Thérèse, et de les établir à Paris au faubourg Saint-Jacques. Voilà l'origine du premier couvent des carmélites françaises.

Ce sont deux princesses de Longueville qui obtinrent d'Henri IV, en 1602 [2], les lettres patentes

---

1. Voyez l'Appendice à la fin de ce volume, note première.
2. Archives générales, section domaniale, 1re liasse de la cote C : « Lettres patentes du roy Henry IV pour l'établissement de l'ordre des religieuses de Notre-Dame du mont Carmel, vérifiées en parlement le 1er octobre 1602, à la très humble supplication de notre chère et bien aimée cousine, la demoiselle de Longueville. » Et en d'autres pièces il est dit aussi : « Le dit seigneur (le roi Henri) inclinant favorablement à la supplication faite par demoiselle Catherine d'Or-

nécessaires, Catherine et Marguerite d'Orléans,
filles d'Henri duc de Longueville, mortes sans avoir
été mariées, Marguerite en 1615, Catherine en
1638, toutes deux inhumées dans le couvent dont
elles furent appelées les secondes fondatrices, le
titre de première fondatrice ayant été réservé à la
reine Marie de Médicis. Et quand en 1617 la jeune
institution fut déjà assez forte pour avoir besoin d'une
autre maison à Paris, c'est encore une princesse
de Longueville qui se chargea des frais de l'établissement nouveau, rue Chapon [1], à savoir, la belle-
sœur de Marguerite et de Catherine [2], la veuve de

léans, fille de feu messire Henry d'Orléans, duc de Longueville et de
Touteville... »

1. C'est depuis ce temps-là que le couvent de la rue Saint-Jacques a
été appelé le grand couvent, par opposition à la maison de la rue
Chapon.

2. L'acte de donation, qui est aux Archives générales, est fait tant au
nom de la duchesse douairière de Longueville qu'au nom de son fils, le
futur mari d'Anne de Bourbon. « Madame Catherine de Gonzagues et
de Clèves, duchesse de Longueville et de Touteville, vefve de feu très
haut et très puissant prince Henry d'Orléans, en son vivant duc de
Longueville et de Touteville, comte souverain de Neufchâtel et de Valengin en Suisse, aussi comte de Dunois et de Tanarville, etc., demeurant à Paris, en son hostel de Longueville, rue des Poulies, paroisse
Saint-Germain de l'Auxerrois, tant en son nom que comme tutrice, soy
faisant et se portant fort pour monseigneur Henry d'Orléans, son fils,
aussi duc de Longueville et de Touteville... » Catherine de Gonzagues
et de Clèves était sœur de Charles de Gonzagues, duc de Nevers, le père
de Marie et d'Anne de Gonzagues, la reine de Pologne et la Palatine.
Son fils, Henri II, jouant à la paume à l'âge de vingt ans, fit un effort,
et une de ses épaules devint plus grosse et plus élevée que l'autre. Tout
l'art des médecins fut impuissant. La mère désolée s'adressa à Mme Aca-

leur frère Henri d'Orléans, premier du nom, et la mère d'Henri II qui épousa Mlle de Bourbon. Mme la princesse de Condé ne tarda pas à répandre aussi ses bienfaits sur le couvent de la rue Saint-Jacques, et à s'y attacher d'une affection toute particulière. Ainsi on peut dire que Mlle de Bourbon était d'avance consacrée de toutes parts aux Carmélites.

Représentons-nous bien ce qu'était au xviie siècle ce couvent des Carmélites où Mlle de Bourbon voulut cacher sa vie et où Mme de Longueville revint mourir. Il était situé dans la rue du faubourg Saint-Jacques, tout à fait en face du Val-de-Grâce ; il s'étendait de la rue Saint-Jacques à la rue d'Enfer, et il avait fini par embrasser, avec toutes ses dépendances, le vaste espace qui du jardin et de l'enclos du séminaire oratorien de Saint-Magloire, aujourd'hui les Sourds-Muets, monte jusqu'aux bâtiments occupés maintenant dans la rue Saint-Jacques et dans la

rie, alors sœur Marie de l'Incarnation. Celle-ci se mit en prière devant le Saint-Sacrement, et le lendemain la taille du jeune duc était fort améliorée. Par reconnaissance, la mère et le fils fondèrent la maison de la rue Chapon, la dotèrent de dix mille écus en argent et de deux mille livres de rentes. Le duc de Longueville a rendu témoignage de ce fait devant les commissaires apostoliques chargés des recherches pour la béatification de Mme Acarie. Catherine de Gonzagues mourut en 1629. — On trouve aux Archives divers actes qui prouvent que la nièce de Richelieu, Mme la duchesse d'Aiguillon, était aussi une des bienfaitrices de l'un et de l'autre couvent. « Marie Vignerot, duchesse d'Esguillon, demeurant en son hostel, sis à Saint-Germain-des-Prés, paroisse de Saint-Sulpice... »

rue d'Enfer par l'établissement appelé la brasserie du Luxembourg. Il y avait deux entrées, l'une par la rue Saint-Jacques, l'autre par la rue d'Enfer. L'entrée de la rue d'Enfer subsiste au n° 67, et elle est encore aujourd'hui ce qu'elle était il y a deux siècles. Elle introduisait dans la cour actuelle, qui servait de passage public pour aller dans la rue Saint-Jacques. Presque en face, un peu vers la droite, était l'église; un peu plus à droite encore, sur les terrains où l'on a ouvert la rue toute nouvelle du Val-de-Grâce, étaient de vastes jardins avec de nombreuses chapelles, le monastère même, et, tout à fait sur la rue d'Enfer, l'infirmerie et les appartements réservés à certaines personnes. De l'autre côté, à gauche, vers Saint-Magloire, étaient divers corps de logis et des maisons dépendantes du monastère [1].

Mais le couvent n'avait pris ces accroissements qu'avec le temps.

Le premier emplacement de la communauté avait été l'ancien prieuré de Notre-Dame-des-Champs, dont l'église était du temps de Hugues Capet, et une vieille tradition la disait établie sur les ruines d'un temple de Cérès où s'était jadis réfugié saint Denis lorsqu'il prêchait l'Évangile à Paris. Du moins des fouilles faites en 1630 firent paraître des restes d'antiquités païennes. Un certain merveilleux était

---

1. Voyez le plan de Paris de Gomboust, de 1652, et le plan dit de Turgot, de 1740.

donc déjà autour de l'établissement nouveau au commencement du XVIIe siècle [1].

Si ce sont des carmélites espagnoles qui ont fondé le couvent de la rue Saint-Jacques et y ont d'abord établi l'esprit et la règle de sainte Thérèse, il faut reconnaître que ces religieuses ayant quitté la France

---

[1]. Voyez Malingre, les *Antiquités de la ville de Paris*, in-fol., Paris, 1640, p. 152 et 153, et de plus, p. 501 et 503, *Nouveaux Mémoires concernant la maison des Carmélites*; quelques lignes dans l'*Histoire de la Ville de Paris* de Félibien et de Lobineau, t. II, p. 1268-1271, et quelques titres au t. III des *Preuves et Pièces justificatives*, p. 144. Sauval contient à peine une page sur les Carmélites, t. Ier, p. 450. Ce qu'il y a de mieux sur ce couvent se trouve dans les *Curiosités de Paris*, 1771, t. Ier, p. 459-463. Nous en tirons la description suivante de l'église : « Quoique le corps du bâtiment de cette église soit très antique, elle ne laisse pas d'être une des mieux décorées de Paris. Le grand autel est formé de quatre colonnes de marbre, et fort élevé sur un degré de douze marches très ingénieusement posées, accompagné de balustrades de marbre. Tous les ornements de cet autel sont de bronze doré au feu; le tabernacle, qui représente l'arche d'alliance, est tout d'argent; le bas-relief du devant est travaillé dans la perfection, et représente l'Annonciation. Rien n'est plus somptueux que cet autel les jours de fête : vous y verrez un soleil enrichi de pierreries d'un très grand prix, accompagné de chandeliers, de vases et d'autres pièces d'orfévrerie, dont la quantité égale la magnificence. Le tableau est du Guide, et représente l'Annonciation.

« Le chœur est séparé de la nef par quatre belles colonnes de marbre vert de mer, chargé de flammes de bronze doré d'une beauté et d'une grandeur merveilleuse. Le crucifix de bronze que vous voyez sur la porte est un des meilleurs ouvrages et des plus estimés que Sarrazin ait jamais sculptés.

« La voûte de l'église, où plusieurs histoires de l'Écriture sainte sont représentées, a été peinte par Champagne, des libéralités de Marie de Médicis. Observez-y un excellent morceau de perspective du dessin de Des Argues : c'est un crucifix avec la sainte Vierge et saint Jean, si artistement peints par le même Champagne, qu'à l'entrée de l'église ils vous

en 1618, pour retourner en Espagne ou aller finir leurs jours en Belgique dans des monastères de leur ordre, c'est le génie français qui de bonne heure a pris possession du couvent de la rue Saint-Jacques et l'a fait ce qu'il est devenu.

Dans le nombre des prieures qui le gouvernèrent,

paraîtront sur un plan perpendiculaire, quoique horizontal, ce qui fait un effet aussi agréable que singulier.

« Au-dessus de la porte de cette église, il y a une belle tribune grillée, accompagnée des statues de saint Pierre, de saint Paul et de saint Michel qui terrasse le diable.

« Toutes les chapelles sont magnifiques : les belles peintures et la dorure y brillent de tous côtés; la propreté et le bon goût règnent partout.

« Les douze tableaux ornés de bordures dorées, qui sont placés sous les fenêtres, représentent des sujets tirés du Nouveau Testament, et ont été peints par de très-habiles maîtres. Le premier, à droite en entrant, représente *la Résurrection de Lazare;* le second, *la Circoncision de Notre-Seigneur;* le troisième, *l'Adoration des mages;* le quatrième, *l'Assomption de la sainte Vierge;* le cinquième, *la descente du Saint-Esprit sur les apôtres;* le sixième, *la Naissance de Notre-Seigneur.* Ces six tableaux ont aussi été peints par le célèbre Champagne, et sont très-estimés. De l'autre côté, le premier représente *le Miracle des cinq pains*, par Stella; le second, *la Madeleine aux pieds de Notre-Seigneur chez Simon le Pharisien :* c'est un des plus excellents ouvrages du fameux Le Brun; le troisième, *l'Entrée de Jésus-Christ dans Jérusalem le jour des Rameaux*, par de La Hire; le quatrième, *Jésus-Christ assis sur le bord du puits de Jacob, parlant à la Samaritaine,* par Stella; le cinquième, *Jésus-Christ servi dans le désert par les Anges :* il est aussi de Le Brun; le sixième, *l'Apparition de Notre-Seigneur aux trois Marie,* par de La Hire.

Vis-à-vis le chœur des religieuses, observez le grand tableau qui représente *l'Annonciation :* c'est un excellent ouvrage du Guide, qui l'avait peint pour la reine Marie de Médicis.

« Remarquez ensuite la chapelle de Sainte-Marie-Madeleine : elle est des plus ornées. Vous y verrez la statue du cardinal de Bérulle, faite

on en peut distinguer quatre qui firent avancer à grands pas la congrégation naissante vers la perfection qu'elle atteignit à la fin du XVIIᵉ siècle. Ce sont Mˡˡᵉ de Fontaines, la mère Madeleine de Saint-Joseph; la marquise de Bréauté, Marie de Jésus; Mˡˡᵉ Lancri de Bains, Marie-Madeleine; et Mˡˡᵉ de Bellefonds, la mère Agnès de Jésus-Maria. Mˡˡᵉ de Bourbon les a connues toutes les quatre, et quelques-unes ont été ses amies.

Mˡˡᵉ de Fontaines est la première grande-prieure française. Elle était d'une excellente famille de Touraine. Son père avait été ambassadeur en Flandre, et sa mère était sœur de la chancelière de Sillery. C'est le cardinal de Bérulle qui, la rencontrant à Tours, et la voyant, toute jeune, déjà remplie de pensées célestes, lui désigna les Carmélites de la rue Saint-Jacques comme le chemin de la perfection à laquelle elle aspirait. Elle n'y marcha point, elle y courut, comme dit d'elle Mᵐᵉ Acarie. Et pourtant

en marbre par Sarrazin en 1657 : elle est élevée sur un piédestal de marbre, où sont d'excellents bas-reliefs de Lestocart, sculpteur renommé. Ces bas-reliefs représentent le saint sacrifice de la messe et celui que Noé fit lorsqu'il fut sorti de l'arche. Vous verrez aussi dans cette chapelle, tout embellie de peintures, un admirable tableau qui est estimé le plus parfait que le fameux Le Brun ait jamais peint ; il représente *la Madeleine dans la pénitence*. La douleur et le repentir sont si vivement exprimés dans cette figure, et l'habileté de cet excellent maître si fortement prouvée par tous les accompagnements, que vous ne pouvez rien voir de plus achevé et de plus parfait. La vie de cette sainte est représentée dans les lambris de cette belle chapelle. »

elle aimait si tendrement sa famille qu'elle éprouva une douleur poignante en la quittant, et elle-même disait plus tard que le carrosse qui la mena aux Carmélites lui parut semblable à la charrette qui conduit les criminels au supplice. Touchées de son exemple, deux de ses sœurs la suivirent aux Carmélites. Elle y entra à vingt-six ans. Elle eut quelque temps sous les yeux les mères espagnoles, et elle en retint cette sainte ardeur qui crée et vivifie, et seule peut surmonter les commencements difficiles de tout grand établissement. Elle fut constamment fidèle à la devise de sainte Thérèse : souffrir ou mourir. C'est la sainte Thérèse de France. La religieuse qui lui succéda a peint ainsi [1] les effets du gouvernement de la mère Madeleine de Saint-Joseph : « Quand elle fut prieure, je puis dire avec vérité que le monastère ressemblait à un paradis, tant on voyait de ferveur et de désir de perfection dans les cœurs : c'était à qui serait la plus humble, la plus pénitente, la plus mortifiée, la plus dégagée, la plus recueillie, la plus solitaire, la plus charitable, bref, à qui serait la plus conforme à Notre-Seigneur Jésus-Christ, et tout cela dans une paix, dans une innocence, dans une béatitude et dans une élévation à Dieu qui ne se peuvent exprimer. Cette servante de Dieu était parmi nous comme un flambeau qui nous éclairait, comme un feu qui nous échauffait, et comme une règle vivante

1. *Histoire manuscrite*, t. II.

sur l'exemple de laquelle nous pouvions apprendre à devenir saintes. » On a conservé d'elle des mots admirables. Nous n'en citerons qu'un seul : « Oui, disait-elle à ses filles, qui pour la plupart étaient de grande qualité, oui, nous sommes de très-bonne maison ; nous sommes filles de roi, sœurs de roi, épouses de roi, car nous sommes filles du Père éternel, sœurs de Jésus-Christ, épouses du Saint-Esprit. Voilà notre maison, nous n'en avons plus d'autres. » Elle avait un de ces grands cœurs qui font les héros en tout genre, et qui sont la première source des miracles. Elle en fit donc comme sainte Thérèse. Comme elle, elle eut ses extases, ses visions. C'est le cœur qui échauffait en elle l'imagination, et c'est là en effet le foyer sacré de toutes les grandes choses. Quelle[1] philosophie que celle qui viendrait proposer ici ses misérables objections ! Prenez-y garde : elles tourneraient contre Socrate et son démon, aussi bien que contre le bon ange de la mère Madeleine de

---

[1]. Nous avons ailleurs établi que des trois sources de la connaissance humaine, l'intuition, l'induction, la déduction, la première est de beaucoup la plus féconde et la plus élevée. C'est l'intuition qui, par sa vertu propre et spontanée, découvre directement et sans le secours de la réflexion toutes les vérités essentielles ; c'est la lumière qui éclaire le genre humain, c'est la voix qui parle aux prophètes et aux poëtes, c'est le principe de toute inspiration, de l'enthousiasme, et de cette foi inébranlable et sûre d'elle-même, qui étonne le raisonnement réduit à la traiter de folie, parce qu'il ne peut s'en rendre compte par ses procédés ordinaires. Voyez *Cours de philosophie*, particulièrement, 1re série, t. V, p. 301, et IIe série, t. Ier, sixième leçon, p. 131-141, etc.

Saint-Joseph. Ce bon ange-là était au moins la vision intérieure, la voix secrète et vraiment merveilleuse d'une grande âme.

La mère Madeleine de Saint-Joseph, née en 1578, entrée au couvent en 1604, fit profession en 1605, et mourut en 1637 [1].

Marie de Jésus est une religieuse d'un tout autre caractère.

Charlotte de Sancy était fille de Nicolas de Harlay, sieur de Sancy, qui fut sous Henri IV ambassadeur, surintendant des finances, colonel des Suisses. Les deux fils de Harlay de Sancy, après avoir joué d'assez grands rôles, se retirèrent à l'Oratoire. Sa première fille épousa M. d'Alincourt, l'aïeul du duc de Villeroy; la seconde, Charlotte, épousa le marquis de Bréauté. Restée veuve à vingt et un ans, belle [2], spirituelle, d'une humeur charmante, elle était les délices de sa famille et l'un des ornements de la cour de Henri IV. Deux circonstances vinrent l'arracher aux plaisirs qui s'empressaient autour d'elle. Un jour,

---

1. Voyez la *Vie de la Mère Madeleine de Saint-Joseph, religieuse carmélite déchaussée*, par un prêtre de l'Oratoire (le père Senault); Paris, 1655, in-4°. Il y en a une seconde édition de 1670 avec des augmentations. — Les Carmélites ont encore la tête de leur vénérable mère. Elle est forte et grosse. Un portrait d'elle, conservé par le couvent, lui donne une figure d'un caractère puissant. Il a été gravé bien des fois.

2. Les Carmélites ont un petit portrait peint sur bois de la mère Marie de Jésus, déjà un peu vieille, mais d'un visage noble et doux. Il a été gravé par Regnesson.

à Spa, en dansant dans un bal par un temps orageux, un coup de tonnerre se fit entendre et elle voulut se retirer. Le gentilhomme qui lui donnait la main se moqua de son effroi et la retint; au même instant, le tonnerre gronda de nouveau, éclata et tua cet homme. Quelque temps après elle rencontra les écrits de sainte Thérèse, les lut, et elle en fut si touchée que toute jeune encore elle prit la résolution de quitter le monde. Elle entra aux Carmélites et y fit profession, sous le nom de Marie de Jésus, la même année que Mlle de Fontaines. Elle garda dans le cloître cette douceur victorieuse qui dans le monde ajoutait à l'effet de sa beauté et lui soumettait tous les cœurs. Elle fut adorée de ses nouvelles compagnes, comme elle l'avait été à la cour. Son don particulier était, avec la douceur et l'humilité, une charité sans bornes, qui s'appliquait surtout au salut des âmes. Elle excellait dans l'art de ramener les pécheurs à Dieu. C'étaient là ses miracles. En voici un que nous a conservé la tradition carmélite [1] :

Un homme de mérite, qui possédait des biens et des emplois considérables, avait un commerce coupable. Sa mère en était désolée, et elle venait souvent verser son chagrin dans le sein de sa fille, religieuse au couvent de la rue Saint-Jacques. Un jour qu'elle était au parloir, Marie de Jésus eut l'inspiration d'y

---

1. *Histoire manuscrite*, t. II.

aller pour la consoler; elle lui remit les *Confessions* de saint Augustin et *le Chemin de Perfection* de sainte Thérèse, en l'invitant à faire promettre à son fils d'y lire tous les matins durant un quart d'heure seulement. Il le promit, mais il passa huit jours sans le faire. Une nuit, se sentant pressé de tenir sa parole, il se leva et lut quelques pages de ces livres. A mesure qu'il lisait, Dieu l'éclaira et le toucha si vivement que pendant plusieurs jours il versa des larmes, et demeura dans un trouble et une agitation à faire croire qu'il perdrait l'esprit. Enfin il se calma, et durant plusieurs nuits il fut pénétré et comme inondé de lumières sur les perfections de Dieu. Un matin, à la pointe du jour, il se fit conduire à la place de Grenelle avec la personne qui le tenait captif. Là il lui annonça qu'il ne la reverrait jamais; il lui laissa son carrosse pour se faire conduire où elle voudrait. Il revint à pied chez lui, et se rendit aux Carmélites pour voir sa sœur qu'il n'avait pas vue depuis de longues années. Celle-ci fit appeler la mère Marie de Jésus, et elle dit à son frère : Voilà votre bienfaitrice. Marie de Jésus n'avait cessé de prier pour lui. Elle lui prodigua les conseils les plus affectueux, qu'elle renouvela régulièrement une fois par semaine pendant plusieurs années. Il les suivit avec la plus grande docilité et fit de si grands progrès dans la vertu que, s'étant défait de sa charge et ayant renoncé à tous les plaisirs de la vie, il se retira dans une campagne, y vécut en pénitent, et finit ses jours dans l'amour de Dieu.

Marie de Jésus fut très-aimée d'Anne d'Autriche, qui venait souvent la voir, et amenait avec elle Louis XIV et son frère le duc d'Anjou. Elle contribua beaucoup à l'agrandissement et à l'embellissement du monastère, qui la perdit en 1652.

Dans l'année 1620, les Carmélites acquirent une digne sœur dans une des filles d'honneur de la reine Marie de Médicis, Mlle Marie Lancri de Bains. Pour faire connaître ce qu'était Mlle de Bains, nous nous aiderons d'une vie manuscrite composée par une carmélite qui l'avait parfaitement connue [1] :

« Mme de Bains avait fait élever sa fille chez les Ursulines; elle l'en retira à l'âge de douze ans pour la placer à la cour, dans l'espoir que sa beauté et sa sagesse lui procureraient un établissement, sans faire réflexion aux périls où elle l'exposait en l'abandonnant à elle-même dans un lieu si rempli d'écueils. Mais Dieu, qui s'était déjà approprié cette âme, veilla sur elle et la conserva sans tache au milieu de cette cour. Sa vertu y fut admirée autant que sa parfaite beauté, dont le portrait passa jusque dans les pays étrangers, et les plus fameux peintres la tirèrent à l'envi pour faire valoir leur pinceau. Elle avoua depuis avec agrément que jusqu'à l'âge de

---

[1]. *Ibid.*

quinze ans, elle ne fit jamais de réflexion sur cet avantage, mais qu'alors elle se vit des mêmes yeux que le public. Les agréments de sa personne, et plus encore sa douceur et sa modestie, lui attirèrent l'estime et l'affection de la reine. Jamais Mlle de Bains ne s'en prévalut que pour faire du bien aux malheureux. Cette générosité avait sa source dans un cœur noble, tendre, constant pour ses amis, qu'elle réunissait à un esprit solide, judicieux, capable des plus grandes choses, et il semblait que le Créateur eût pris plaisir à préparer dans ce chef-d'œuvre de la nature le triomphe de la grâce. Tant d'aimables qualités fixèrent les yeux de toute la cour. Nombre de seigneurs briguèrent une alliance si désirable, nommément le duc de Bellegarde, le maréchal de Saint-Luc, etc. Mais celui qui l'avait élue de toute éternité pour son épouse ne permit pas que ce cœur digne de lui seul fût partagé avec aucune créature. La divine Providence lui ménagea dans ce même temps une mortification (nous en ignorons le genre) qui commença à lui dessiller les yeux et à lui donner quelque légère idée de vocation pour la vie religieuse. »

Mlle de Bains n'accompagnait jamais la reine Marie de Médicis aux Carmélites sans désirer y rester. Une maladie qu'elle fit à dix-huit ans redoubla sa ferveur, mais elle fut traversée par les efforts de toute la cour pour la retenir, surtout par les supplications et les larmes de sa mère. Quand Mlle de Bains se fut jetée

A

aux Carmélites, à peine âgée de vingt ans, sa mère l'y poursuivit. « Elle conduisit sa fille dans le fond du jardin, et là, pendant trois heures entières, elle employa tout ce que put lui suggérer l'amour le plus tendre. Après avoir épuisé les caresses et tâché d'intéresser sa conscience en lui disant qu'étant veuve et chargée de procès, son devoir l'obligeait à la secourir dans sa vieillesse, enfin hors d'elle-même, elle tomba aux pieds de sa fille, noyée dans ses larmes. Quelle épreuve pour Mlle de Bains, qui aimait autant cette tendre mère qu'elle en était aimée! Son recours à Dieu la fit sortir victorieuse de ce premier combat, qui ne fut pas le dernier, Mme sa mère étant souvent revenue à la charge tout le temps de son noviciat. »

Pendant quelque temps, le couvent de la rue Saint-Jacques fut assiégé par des seigneurs du premier rang qui vinrent offrir leur alliance à la belle novice. Sa constance n'en fut pas même effleurée, et elle se serait refusée à toutes ces visites, si la mère prieure, pour l'éprouver, ne l'eût contrainte de s'y prêter. Elle fit ses vœux en 1620, sous le nom de Marie-Madeleine de Jésus.

Il faut que sa beauté ait été quelque chose de bien extraordinaire, à en juger par l'anecdote suivante racontée par le pieux auteur dont nous nous servons : « L'humilité étant le fondement de tout l'édifice spirituel, la sœur Marie-Madeleine de Jésus saisissait avec ardeur tous les moyens d'anéantir à ses propres yeux et à ceux des autres les dons de nature et de grâce dont Dieu l'avait favorisée. Peu contente de s'être soustraite aux visites des grands et de toutes ses amies, dans le désir d'en être oubliée et d'ôter de devant leurs yeux tout ce qui pouvait la rappeler à leur esprit, son premier soin fut, sous divers prétextes, de retirer ses portraits de leurs mains, afin de les brûler. Un de ces portraits ayant été envoyé à la mère Madeleine de Saint-Joseph, celle-ci se fit un amusement de le montrer à la communauté assemblée. A cette vue, toutes les religieuses, sans la reconnaître d'abord, se sentirent émues et demandèrent à Dieu de ne point laisser dans le monde ce chef-d'œuvre de nature digne de lui seul, et d'en gratifier le Carmel. Une d'entre elles, sœur Marie de Sainte-Thérèse, fille de Mme Acarie, s'offrait à Dieu pour souffrir tout ce qu'il lui plairait en retour de cette grâce. Alors la mère Madeleine de Saint-Joseph, en souriant et frappant sur son épaule, lui dit que la bonté de Dieu avait prévenu ses désirs, que la personne pour laquelle elle tremblait était déjà dans l'ordre, et qu'il fallait seulement demander sa persévérance. [1] »

La sœur Marie-Madeleine passa rapidement par

1. Les Carmélites ont bien voulu me laisser voir un portrait peint sur toile de la mère Marie-Madeleine, qui ne dément pas sa réputation de beauté. La figure est de l'ovale le plus parfait ; les yeux du bleu foncé le plus doux ; le front noble ; l'aspect général d'une grandeur et d'une grâce achevée. Il est difficile de rien voir de plus beau.

tous les emplois de l'ordre. Élue prieure en 1635 et souvent réélue, elle vit mourir en 1637 la vénérable mère Madeleine de Saint-Joseph, en 1652 la mère Marie de Jésus, et successivement les premiers visiteurs généraux de l'ordre et les supérieurs du saint monastère [1]. Les guerres de la Fronde lui furent une épreuve périlleuse, et elle se trouva partagée entre la reine Anne et la princesse de Condé, les deux protectrices du couvent. Elle fut obligée de quitter quelque temps la maison de la rue Saint-Jacques, trop exposée aux gens de guerre, d'envoyer une partie de la communauté à Pontoise et de mener l'autre à la rue Chapon. Il lui fallut une grande fermeté pour maintenir la discipline religieuse au milieu de cette tourmente. De peur du moindre relâchement, elle s'appliquait à renouveler sans cesse dans les âmes commises à sa garde la ferveur de l'esprit primitif. On dit qu'alors elle parlait à ses filles avec des paroles de feu qui les pénétraient d'une sainte émula-

---

1. Nous citerons les plus connus des visiteurs généraux de l'ordre : en 1614, le cardinal de Bérulle; en 1619, le père de Condren, le second général de l'Oratoire; en 1627, l'abbé de Bérulle, neveu du cardinal, etc. Parmi les supérieurs du monastère on compte, dans les premiers temps, le père Gibieuf, savant oratorien, un des correspondants de Descartes; plus tard, en 1662, M. Ferret, docteur en théologie et curé de Saint-Nicolas-du-Chardonnet; en 1678, M. Pirot, docteur de Sorbonne; en 1715, M. Vivant, grand vicaire du cardinal de Noailles; en 1747, M. l'évêque de Bethléem, célèbre pour avoir extirpé le jansénisme, qui s'était introduit aux Carmélites à la fin du siècle précédent.

tion. Elle avait d'ordinaire une douce et majestueuse gaieté, une affabilité charmante, avec une intrépidité à toute épreuve dès qu'il s'agissait des intérêts de Dieu, de ceux de l'ordre, ou du salut des âmes. Dans ces sortes d'occasions, dit notre manuscrit, sans s'étonner ni s'arrêter, elle eût surmonté un monde d'oppositions et sacrifié sa propre vie. Tant de vertus réunies à tant de sensibilité lui avaient acquis sur le cœur et l'esprit de ses filles un tel ascendant, qu'une d'entre elles écrivait que si elle eût entrepris de leur persuader que le blanc était noir et le jour la nuit, elles y croiraient, tant elles étaient convaincues qu'elle ne pouvait se tromper. Enfin elle possédait au plus haut degré le don du gouvernement. Ce fut entre ses mains que vinrent se remettre et faire profession tant de personnes de la plus haute naissance, cœurs blessés ou repentants qui se réfugièrent aux Carmélites.

Marie-Madeleine, née en 1598, vécut longtemps et ne mourut qu'en 1679, la même année que Mme de Longueville. Elle avait trouvé de bonne heure une admirable collaboratrice dans Mlle de Bellefonds.

Judith de Bellefonds était née en 1611. Son père, gouverneur de Caen, était l'aïeul du maréchal de ce nom. Sa mère était la sœur de la maréchale de Saint-Géran, et elle-même avait pour sœur la marquise de Villars, mère du vainqueur de Denain, célèbre par les grâces de son esprit [1]. Elle était aussi jolie [2] que sa mère, aussi spirituelle que sa sœur, et possédait tout ce qu'il faut pour plaire. Elle eut le plus grand succès à la cour de la reine Marie de Médicis. En allant avec elle aux Carmélites, elle rencontra Mme de Bréauté, Marie de Jésus, qui, comme elle, avait connu tous les agréments du monde, et par ses entretiens et son exemple lui persuada d'y renoncer et de se donner à Dieu seul. Mlle de Bellefonds entra aux Carmélites en 1629, à dix-sept ans, la veille de la Sainte-Agnès, et prit de là le nom d'Agnès de Jésus-Maria. Ses premières années de couvent s'étant écoulées auprès de la mère Madeleine de Saint-Joseph devenue très-infirme, elle se pénétra de l'esprit de cette grande servante de Dieu, et montra promptement toutes les qualités qui font une grande prieure. On l'élut sous-prieure à trente ans, prieure trois ans après, et elle a été trente-deux ans dans l'une et l'autre de ces deux charges, ayant vécu presque jusqu'à la fin du siècle. Elle trouva le Carmel français constitué par les vertus éminentes de celles qui l'avaient précédée : elle n'eut qu'à le maintenir.

1. Ses lettres d'Espagne à Mme de Coulanges sont, pour l'agrément du style, fort au-dessus de celles de Mme des Ursins. Voyez *Lettres de Mme de Villars,* etc., Paris, 1806 et 1823, et ce qu'en dit Mme de Sévigné, lettres du 8 octobre 1679 et du 28 février 1680.

2. Le portrait peint qui m'a été montré la représente en effet de la figure la plus heureuse, avec de charmants yeux bleus, un beau front, et l'air à la fois vif et agréable.

Ses qualités dominantes étaient la solidité et la modération. Elle traitait avec une égale facilité les plus grandes et les plus petites choses ; toujours maîtresse d'elle-même, sans humeur, pleine de bon sens et de lumière, parlant de tout avec justesse et simplicité, et tranchant les difficultés avec une étonnante précision. Elle qui par l'élévation et l'agrément de son esprit ne semblait née que pour les gens du monde et les affaires importantes, était encore plus admirable avec les simples et avec les pauvres. Sensible à leurs maux, elle s'en servait pour les élever à Dieu, sans cesser de travailler à leur soulagement. Les gens heureux trouvaient aussi auprès d'elle des remèdes contre les dangers de la fortune. La reine d'Angleterre, au milieu de ses terribles épreuves, venait souvent aux Carmélites pour se consoler avec la mère Agnès. Le chancelier Le Tellier la consultait beaucoup. Recherchée de toutes parts pour le charme de ses entretiens, elle cultivait la solitude et s'appliquait à la faire aimer à ses compagnes. Mlle de Guise ayant offert 100,000 livres pour obtenir la permission d'entrer souvent dans le couvent, la mère Agnès refusa cette somme, disant que 100,000 livres ne répareraient point la brèche faite par là à l'esprit de l'institution, qui ne se peut conserver que par la retraite et l'éloignement de tout commerce avec le monde. Sa charité était telle qu'après sa mort la mère qui lui succéda, étant blâmée de pousser un peu trop loin les aumônes, répondit : « Vous êtes bien heureuse que la mère Agnès ne soit plus ; elle n'aurait laissé dans cette occasion ni calice ni vase d'argent dans notre église. » Il faut voir dans Mme de Sévigné quel cas elle faisait de la mère Agnès : « Je fus ravie, écrit-elle à sa fille [1], de l'esprit de la mère Agnès. » Ailleurs elle parle de la vivacité et du charme de sa parole [2]. Mais tous les éloges languissent devant cette lettre touchante de Bossuet écrite à la prieure qui lui succédait [3] : « Nous ne la verrons donc plus, cette chère mère ; nous n'entendrons plus de sa bouche ces paroles que la charité, que la douceur, que la foi, que la prudence dictaient toutes et rendaient si dignes d'être écoutées [4]. C'était cette personne sensée qui croyait à la loi de Dieu et à qui la loi était fidèle. La prudence était sa compagne et la sagesse était sa sœur. La joie du Saint-Esprit ne la quittait pas. Sa balance était toujours juste et ses jugements toujours droits. On ne s'égarait pas en suivant ses conseils, ils étaient précédés par ses exemples. Sa mort a été tranquille comme sa vie, et elle s'est réjouie au dernier jour. Je vous rends grâce du souvenir que vous avez eu de moi dans cette triste occasion ; j'assiste en esprit avec vous aux prières et aux

---

1. Lettre du 5 janvier 1680.
2. Lettre du 22 novembre 1688.
3. Édition de Lebel, t. XXXIX, p. 690.
4. Variante de nos manuscrits : *pesées*.

sacrifices qui s'offriront pour cette âme bénie de Dieu et des hommes : je me joins aux pieuses larmes que vous versez sur son tombeau, et je prends part aux consolations que la foi vous inspire. »

Voilà quel était le couvent où Mlle de Bourbon reçut les premières impressions qui décident de toute la vie ; voilà les femmes qu'elle put voir et entendre lorsqu'elle accompagnait la princesse sa mère dans la sainte maison. Elle put encore apercevoir les traits vénérables, le visage déjà transfiguré de la mère Madeleine de Saint-Joseph, et entendre sa forte parole, puisque la mère de Saint-Joseph était l'amie et la conseillère de Mme la Princesse. Elle put ressentir elle-même la pénétrante douceur des entretiens de Marie de Jésus. Elle connut cette Marie-Madeleine si dangereuse dans le monde par sa beauté, si édifiante et si puissante dans le cloître. Elle forma avec elle une liaison qui n'a cessé qu'avec leur vie. Mais c'est surtout Mlle de Bellefonds, la mère Agnès, qui l'attira et la charma. Elles étaient à peu près du même âge, et l'humeur libre et enjouée de la jeune et spirituelle religieuse mit entre elles de bonne heure une familiarité dont la trace se retrouve jusque dans les lettres adressées plus tard par la princesse malheureuse et repentante à la grande prieure, tout occupée de ses difficiles devoirs. Voici un billet [1].

1. Billet autographe dont nous devons la communication aux dames Carmélites.

du temps de leur jeunesse, qui donnera une idée de l'agrément de leur commerce, et fera voir les grâces naturelles de l'esprit de Mlle de Bourbon. Ce billet est de 1637. Elle avait alors dix-sept ans. Ce sont les premières lignes que nous avons pu retrouver d'elle. A cet âge, Marie de Rabutin écrivait-elle d'une façon plus aimable ?

« A ma sœur Agnès de Jesus-Maria.

« Ma très chère seur [1],

« Je vous escris celle-ci pour vous faire une grande reprimande. Je croi que vous estes bien estonnée de cela ; mais il me semble que je n'ai pas tort. Il faut donc vous dire, pour ne vous laisser pas davantage en suspens, que, despuis que notre bien heureuse mère (Madeleine de Saint-Joseph) est morte [2], nostre mère (Marie-Madeleine) m'a promis sa peinture. Il y a trois ou quatre jours que je lui fis souvenir de sa promesse, et elle me manda que ce n'estoit pas sa faute, et que c'estoit vous qui estiés cause qu'elle ne pouvoit me tenir ce qu'elle m'avoit promis, et que je vous en tourmentasse bien. Je me suis donc résolue de le faire à bon escient jusques à ce que vous m'ayés fait avoir ce portrait. Je vous donne, s'il

1. Ne nous étonnons pas de cette orthographe. C'était encore celle de Pascal, vers 1660. Voyez IVe série, t. Ier, *Pascal*, p. 462.
2. Cela date ce billet : il est donc quelque temps après la mort de la mère Madeleine de Saint-Joseph, c'est-à-dire en 1637.

vous plaît, la commission de le faire faire, et si vous ne vous en aquités pas prontement, vous verrés que nous serons bien mal ensemble. Vous savés qu'il ne faut pas grand'chose pour nous brouiller, ayant beau coup de disposition l'une et l'autre à nous hair. Il me semble que je suis fort bien venue à bout de vous faire une reprimande, et qu'elle est bien severe. Je crois qu'elle vous metra en grande alarme, et que cela vous donnera bien peur de perdre mes bonnes graces [1]..... Quand le tableau sera fait, mandez-moi ce qu'il aura cousté. (Ayez soin), s'il vous plest, de le faire faire à peu près de la grandeur de celui de ma seur Catherine de Jesus [2] ou un peu plus grand.

« Votre tres affectionée seur et servante

« ANNE DE BOURBON. »

Et remarquez que je n'ai parlé ici que des prieures les plus éminentes, sans dire un mot de tant d'autres religieuses du plus haut rang et du plus aimable caractère qui étaient au couvent de la rue Saint-Jacques dans la jeunesse de Mme de Longueville : Mme Séguier d'Autry, mère du chancelier Séguier,

1. Plusieurs lignes effacées plus tard et entièrement illisibles, et une moitié de page coupée.
2. Mlle Nicolas, née à Bordeaux, agréable de corps et d'esprit, disent nos manuscrits, et qui plaisait à tout le monde. Ayant lu, tout enfant, la vie de Catherine de Sienne, elle se consacra à l'imiter, et entra aux Carmélites à dix-neuf ans et mourut à trente-trois. On en a un petit portrait fort bien fait qui la représente en extase.

la mère Marie de Jésus-Christ; Mme La Rochefoucauld de Chandenier, sœur Marie de Saint-Joseph; Mlle Le Bouthillier, sœur Philippe-de-Saint-Paul; Mlle d'Anglure de Bourlemont, nièce du pape Urbain VIII, sœur Geneviève des Anges; Mme de Brienne, la mère Anne de Saint-Joseph; la comtesse de Bury, restée veuve à dix-neuf ans, sœur Madeleine de Jésus; Mlle de Lenoncourt, la mère Charlotte de Jésus; Mlle de Fieubet, Mlles de Marillac [1], et un peu plus tard des noms plus illustres encore, des cœurs encore plus près de celui de Mlle de Bourbon, qui, aux premières impressions de la passion ou du malheur, coururent chercher un asile dans la sainte solitude.

Parmi ces nobles pénitentes, comment ne pas distinguer une amie particulière de Mme de Longueville, dont le rang était presque égal au sien, qui était comme elle sensible et fière, et qui, frappée de bonne heure dans ses affections, se retira du monde avant elle, et n'entendit le bruit de la Fronde qu'à travers les murs du couvent de la rue Saint-Jacques, où depuis plusieurs années elle avait fui la menace d'un trône et les périls de son propre cœur? Cette amie, à laquelle Mme de Longueville a écrit plus d'une lettre, est la sœur Anne-Marie de Jésus, c'est-à-dire Anne-Louise-Christine de Foix de La Valette d'Épernon, sœur du duc de Candale, fille de Bernard, duc de

---

1. Appendice, note première.

La Valette d'Épernon, et de Gabrielle de Bourbon, fille légitimée de la duchesse de Verneuil et de Henri IV.

Nous avons une vie assez étendue de Mlle d'Épernon de la main de l'abbé de Montis[1]. Mais il faut se défier presque autant des vies édifiantes que des historiettes de Tallemant des Réaux. Celui-ci ne cherche que le scandale et ne voit partout que le mal. Les pieux panégyristes sont tout aussi crédules dans le bien. Évidemment l'abbé de Montis n'a pas tout su ou n'a pas voulu tout dire. Il n'a pas l'air d'avoir lu les Mémoires de Mademoiselle ni ceux de Mme de Motteville. Il peint avec vérité la personne et le caractère de Mlle d'Épernon; il se trompe quand il s'imagine que l'instinct seul de la perfection chrétienne la conduisit aux Carmélites. Cet instinct eut pour aliment et pour soutien l'expérience de la vanité des affections humaines, et il éclata et jeta subitement Mlle d'Épernon aux Carmélites à la suite d'une perte cruelle, la mort d'une personne à laquelle elle avait donné son cœur. Cette mort, avec un grand mécompte qui avait précédé, la décida à quitter le monde, et ni la longue résistance de sa famille ni même l'espérance d'une couronne ne purent faire fléchir sa résolution.

Pour abréger, nous nous bornerons à recueillir quelques témoignages. Celui de la véridique Mme de

---

[1]. Paris, 1774, in-12.

Motteville est décisif : « Le chevalier de Fiesque fut tué (au siége de Mardyck, en 1646), qui, à ce que ses amis disaient, avait de l'esprit et de la valeur. Il fut regretté d'une fille de grande naissance, qui l'honorait d'une tendre et honnête amitié. Je n'en sais rien de particulier; mais, selon l'opinion générale, elle était fondée sur la piété et la vertu, et par conséquent fort extraordinaire. Cette sage personne, peu de temps après cette mort, voulant mépriser entièrement les grandeurs du monde, les quitta toutes, comme indignes d'occuper quelque place dans son ame; elle se donna à Dieu et s'enferma dans le grand couvent des Carmélites, où elle sert d'exemple par la vie qu'elle mène [1]. »

Mademoiselle [2], qui avait fort connu et tendrement aimé Mlle d'Épernon, reprend les choses de plus haut : « Ce fut principalement dans ces bals-là (pendant l'hiver de 1644) que le chevalier de Guise (depuis le duc de Joyeuse) témoigna tout à fait sa passion pour Mlle d'Épernon..... La maladie [3] de Mlle d'Épernon me mettoit fort en peine. M. le chevalier de Guise eut pour elle tous les soins imaginables. La considération du péril qu'il y a d'approcher ceux qui ont la petite-vérole ne l'empescha pas de l'aller visiter tous les jours. Il témoigna pour elle une passion incroyable qui dura encore tout l'hiver

---

1. T. Ier, p. 369. — 2. T. Ier, p. 74.
3. *Ibid.*, p. 79.

suivant. » Le mariage échoua, non pas du tout, comme le dit l'abbé Montis, par le refus ou les incertitudes de M{{lle}} d'Épernon, mais par les intrigues de M{{lle}} de Guise, qui tenta de marier son frère à M{{lle}} d'Angoulême.

Après la mort du chevalier de Fiesque, tué au siége de Mardyck, M{{lle}} d'Épernon parut toute changée. Elle, naguère si livrée aux magnificences, si éprise des divertissements, ne songea plus qu'à son salut, « ce qui [1] me déplut et surprit, » dit Mademoiselle. « Je l'avois vue bien éloignée de l'austérité qu'elle preschoit à toute heure; elle ne parloit plus que de la mort, du mépris du monde, du bonheur de la vie religieuse... La veille de son départ pour Bordeaux (où l'appelait son père, gouverneur de Guyenne), qui fut le jour de Sainte-Thérèse, elle me vint dire adieu; elle me trouva au lit, elle se mit à genoux devant moi et me dit que les bontés que j'avois eues pour elle et la confiance réciproque qui avoit été entre elle et moi l'obligeoient à me donner part de la résolution où elle étoit de se rendre carmélite, et qu'elle espéroit exécuter sa résolution le plus promptement qu'elle pourroit. Il n'en falloit pas tant pour émouvoir la tendresse que j'avois pour elle. Touchée de son dessein, je ne pus en avoir part sans pleurer. J'employai toutes les raisons que je pus pour l'en détourner... Elle avoit déjà formé sa résolution trop

1. *Ibid.*, p. 124.

fortement pour rien écouter qui la pût changer...
L'on avoit fait [1] parler à M. le cardinal du mariage
du prince Casimir, frère du roi de Pologne [2], qui en
est maintenant roi, avec Mlle d'Épernon... J'avoue
que lorsque je sus cette nouvelle, j'eus la plus grande
joye du monde. Quoique l'empereur fût marié, il
avoit un fils qui étoit roi de Hongrie, d'un âge proportionné au mien et prince de bonne espérance.
Ainsi la proximité de l'Allemagne et de la Pologne
me faisoit croire que nous passerions nos jours ensemble, ma bonne amie et moi. Je la trouvois hautement
vengée de Mlle de Guise et de M. de Joyeuse. Il n'y
avoit en cette affaire aucune circonstance qui ne me
plût, et l'on peut juger de la manière dont je lui en
écrivois, et si je ne la détournois pas d'estre carmélite. La conjoncture étoit la plus favorable du monde...
La dévotion de Mlle d'Épernon rompit ce dessein, et
elle préféra la couronne d'épines à celle de Pologne.
Quoiqu'elle ne rebutât point cette proposition et
qu'elle la reçût comme un grand honneur, elle feignit
d'estre malade et de se faire ordonner les eaux de
Bourbon, afin de se mettre dans le premier couvent
de carmélites qu'elle trouveroit sur son chemin.....

1. T. Ier. p. 146.
2. Le roi de Pologne, Wladislas, venait d'épouser Marie de Gonzague, fille du duc de Nevers, sœur de la Palatine. Après la mort de ce premier mari, elle passa avec la couronne à son frère Casimir, que Mlle d'Épernon avait refusé.

Mme d'Épernon [1] la mena à ce voyage sans savoir son dessein. Elles passèrent à Bourges, où le lendemain elle s'alla mettre dans les Carmélites. Elle y prit l'habit avec une des demoiselles de Mme d'Épernon... Elle m'écrivit de Bourges. Elle me mandoit qu'elle venoit dans le grand couvent à Paris... Mlle d'Épernon ne pouvoit pas estre mieux. C'est une grande maison, un bon air, une nombreuse communauté remplie de quantité de filles de qualité et d'esprit qui ont quitté le monde qu'elles connoissoient et qu'elles méprisoient. Or, c'est ce qui fait les bonnes religieuses... Lorsqu'elle fut arrivée, elle m'envoya prier de l'aller voir. J'y allai dans un esprit de colère et d'une personne outrée d'une violente douleur. Lorsque je la vis, je ne fus touchée que de tendresse, et tous les autres sentiments cédèrent si fort à celui-là, qu'il me fut impossible de le lui cacher, puisque mes larmes et l'extrême douleur que j'avois m'empeschèrent de lui pouvoir parler; elles ne discontinuèrent pas pendant deux heures que je fus avec elle sans lui pouvoir dire une parole... Le temps m'a fait connoître dans la suite le bonheur dont elle jouissoit. »

1. Sa belle-mère, Marie du Cambout, nièce de Richelieu, que le cardinal fit épouser au duc d'Épernon, comme il fit épouser une autre de ses nièces, Mlle de Brézé, au duc d'Enghien. Mme d'Épernon fut maltraitée par son mari, et mourut dans la retraite en 1691. Elle était sœur de l'abbé du Cambout de Pontchâteau, célèbre janséniste. Voyez deux portraits d'elle dans les Portraits de Mademoiselle.

Mlle d'Épernon, née en 1624, entra aux Carmélites à vingt-quatre ans, en 1648, elle fit profession en 1649, parcourut une longue carrière de pénitence et d'édification, et mourut en 1701, à l'âge de soixante-dix-sept ans, en ayant passé cinquante-trois dans le monastère de la rue Saint-Jacques. Elle y a voulu vivre de la vie la plus cachée, et n'a pas même été sous-prieure [1].

Comme Mlle d'Épernon, Mlle de Bourbon songea aussi à conjurer les orages qui l'attendaient, dans la paisible demeure où elle comptait tant d'amies. Elle

---

1. Il faut voir dans l'abbé Montis la vive résistance que Mlle d'Épernon eut à vaincre de la part de son frère, le duc de Candale, surtout de la part de son père, qui en appela au parlement et au pape; la mort du duc de Candale, ses restes apportés aux Carmélites; la conversion du duc d'Épernon par les soins de sa fille, les plus beaux traits de sa vie et la sainteté de sa mort. Elle fut une des bienfaitrices du couvent. *Histoire manuscrite*, t. Ier, p. 558. « Les dons que fit Anne-Marie de Jésus montèrent à plus de cent cinquante mille livres. Outre cette somme prodigieuse, M. le duc d'Épernon, son père, mort en l'année 1661, se trouvant sans héritiers, donna icy par son testament cent mille livres sur les seize cent mille qu'il laissoit en legz pieux, sans néanmoins parler de sa fille, mais en considération de la demande qu'il fit que son cœur y fût inhumé, celui du duc de Candale, son fils, mort en 1658, y estant déjà, afin que l'on fît quelques services et prières pour le repos de leurs âmes. Ce seigneur avoit déjà assigné à la maison, la vie durant de notre très honorée sœur Anne-Marie, trois mille livres de pension, trouvant que les soixante mille livres qui estoient regardées comme sa dot estoient une somme trop modique et bonne seulement pour doter une demoiselle qui l'avoit suivie. » La demoiselle dont il est ici question, et dont parle aussi Mademoiselle, se nommait Bouchereau. « Étant, dit l'abbé Montis (p. 34) d'une figure agréable, elle s'occupa pendant quelques années d'un bien aussi fragile; mais plus tard elle revint à la piété, et, désirant se faire religieuse et conjecturant les vues de Mlle d'Épernon, elle lui

s'y plaisait et y passait la plus grande partie de sa vie ; car sa mère, la princesse de Condé, l'y menait sans cesse avec elle, comme nous l'avons dit, et lui faisait partager les fréquentes retraites qu'elle y faisait. Cette princesse, par un contraste qui n'était pas rare dans ce temps, était à la fois très-ambitieuse et d'une piété qui allait jusqu'à la superstition. Les contrastes abondaient dans son caractère. Elle n'avait jamais fort aimé son mari, et à vingt et un ans elle était allée s'enfermer avec lui à la Bastille et à Vincennes pendant trois longues années. Elle était assez vaine de sa grande beauté ; elle se plaisait à faire des conquêtes ; celle d'Henri IV l'avait au moins flattée ; elle avait été fort recherchée, fort célébrée, et toute-

ouvrit son cœur, et la conjura de l'emmener avec elle, ce qui fut aisément accordé. » Mlle Bouchereau mourut pendant son noviciat avant d'avoir fait profession.

C'est par erreur que, sur la foi de l'abbé Montis, dans la Vie abrégée de la mère Agnès jointe à celle de Mlle d'Épernon, p. 291, le savant éditeur des œuvres de Bossuet suppose, t. XXXIV, p. 690, que la belle lettre sur la mère Agnès est adressée à « Mme d'Épernon, prieure des Carmélites du faubourg Saint-Jacques, » car Mlle d'Épernon, c'est ainsi qu'il la faut appeler, et non pas Mme d'Épernon, n'a jamais été prieure. Bossuet écrivit à la prieure qui succéda à la mère Agnès, soit la mère Claire du Saint-Sacrement, morte au début de sa charge, soit plutôt celle qui la remplaça presque immédiatement, c'est-à-dire la mère Marie du Saint-Sacrement, dans le monde Mme de La Thuillerie, qui fit ses vœux en 1654, fut prieure de 1691 à 1700, et mourut en 1705. Nos manuscrits contiennent plusieurs copies anciennes de la lettre de Bossuet qui ont toutes la suscription : *A la mère du Saint-Sacrement.*

En 1680, Mme de Sévigné, accompagnant Mademoiselle aux Carmélites, y revit Mlle d'Épernon et la trouva bien changée. Lettre du 5 janvier, 1680, édit. Montmerqué, t. VI, p. 92 : « Je fus hier aux Grandes

fois sa vie avait été exempte de tout scandale. Elle était d'une fierté qui passait toutes bornes, lorsqu'on avait l'air de lui manquer ; et quand son orgueil était en paix, elle était pleine d'amabilité et d'abandon. Elle n'était pas sans grandeur d'âme et elle avait beaucoup d'esprit. Elle destinait sa fille aux plus grands partis ; mais, la voyant déjà si belle et connaissant par sa propre expérience les périls de la beauté, elle était bien aise de l'armer contre ces périls en lui mettant dans le cœur une sérieuse piété et en l'entourant des exemples les plus édifiants. Non contente d'aller souvent au couvent des Carmélites, elle voulut pouvoir y venir à toute heure, y demeurer, elle et sa fille, aussi longtemps qu'il lui plairait,

Carmélites avec Mademoiselle, qui eut la bonne pensée de mander à Mme Lesdiguières de me mener. Nous entrâmes dans ce saint lieu. Je fus ravie de l'esprit de la mère Agnès. Elle me parla de vous, comme vous connoissant par sa sœur (Mme la marquise de Villars). Je vis Mme de Stuart belle et contente (elle fit profession cette année même, disent nos manuscrits, sous le nom de sœur Marguerite de Saint-Augustin, et mourut en 1722). Je vis Mlle d'Épernon... Il y avoit plus de trente ans que nous ne nous étions vues : elle me parut horriblement changée. »

Et pourtant, sans être d'une grande beauté, elle avait été la digne sœur du beau Candale. Le couvent des Carmélites en possède plusieurs portraits peints. L'un est assez grand, et la représente, de quarante à cinquante ans, pâle et malade, mais agréable encore. Le meilleur et le mieux conservé la montre jeune et charmante. Sa figure est délicate et gracieuse, mais de cette grâce fragile que les années ne doivent pas respecter. Elle est peinte le sourire sur les lèvres, et telle qu'elle était dans le monde. On l'aura plus tard arrangée en Carmélite. C'est vraisemblablement le portrait de Beaubrun, gravé par Edelinck.

y avoir un appartement comme la reine elle-même,
et, pour cela, elle s'imposa d'assez lourdes charges,
comme il est dit dans un acte authentique, passé
le 18 novembre 1637 en son nom et au nom de
Mlle de Bourbon, et dont nous donnerons l'extrait suivant :

« Furent présentes en personne révérendes mères
Marie-Madeleine de Jésus (Mlle de Bains), humble
prieure; sœur Marie de la Passion (Mlle de Machault),
sous-prieure; sœur Philippe de Saint-Paul (Mlle de
Bouthillier), et sœur Marie de Saint-Barthélemy
(Mlle Guichard), dépositaires, représentant la communauté... lesquelles, averties du grand désir que
haute et puissante princesse, dame Charlotte-Marguerite de Montmorency, épouse de haut et puissant
prince Henri de Bourbon, premier prince du sang,
et demoiselle Anne de Bourbon, leur fille, ont fait
paroître d'être reçues pour fondatrices de la maison
nouvelle que lesdites révérendes font à présent construire et prétendent rejoindre à leur ancienne clôture; après avoir proposé l'affaire en plein chapitre,
et avec la permission de leurs supérieurs... en considération de la grande piété dont lesdites dames princesses font profession..... et de la très charitable
affection qu'elles ont toujours portée à l'ordre des
Carmélites et particulièrement à ce monastère, ont
volontairement admis les dittes princesses pour fondatrices, à l'effet de jouir de tous les priviléges

accordés aux fondatrices..., à savoir de la libre entrée du monastère toutes les fois qu'il leur plaira, pour y boire, manger, coucher, assister au divin service et autres exercices spirituels, avoir part à toutes leurs prières, veilles et autres œuvres pieuses qui se ont journellement; ont de plus consenti que la ditte dame princesse puisse jouir du privilége qu'elle a obtenu du saint Père de faire entrer deux personnes avec elle trois fois le mois, comme elle a fait jusqu'icy... à condition toutes fois que les dittes deux personnes ne pourront demeurer dans le monastère passé six heures du soir en hiver et sept en esté... Ce qu'ayant accepté... les dittes dames sont obligées de continuer l'honneur de leur bienveillance aux révérendes, et aussi de subvenir aux frais et dépenses du bâtiment. »

En conséquence de cet acte, Mme la Princesse donna plus de 120,000 livres à différentes reprises, quantité de pierreries, d'ornements pour l'église, de reliques qu'elle fit enchâsser avec une magnificence qui répondait à sa piété et à sa grandeur. En même emps, elle s'empressa de jouir de ses droits, et, en attendant que le bâtiment nouveau où elle devait loger fût achevé, elle prit au couvent avec sa fille un appartement qu'elle meubla en quelque sorte à la carmélite. Son lit et tous ses meubles étaient en serge brune. Elle passait des huit ou quinze jours de suite dans ce désert, s'y trouvant mieux, disait-elle, qu'au

milieu des plus grands divertissements de la cour.
Jamais une simple particulière n'aurait pu pousser
plus loin le respect pour la règle de la maison. Elle
s'assujettissait aux plus longs silences dans la crainte
de troubler celui qui était prescrit. Quelquefois, se
voyant seule dans sa chambre avec les deux religieuses qui lui tenaient compagnie, elle avouait
qu'elle avait peur et que le soir elle les prenait pour
des fantômes, parce qu'elles ne lui parlaient que par
signes et pour les choses absolument nécessaires. Plus
tard, elle voulut avoir une cellule dans le dortoir
aussi simple que toutes les autres. « Elle eût volontiers, dit l'histoire manuscrite qui nous a été confiée[1],
employé tous ses biens pour l'utilité ou l'embellissement du couvent, si l'on n'eût usé d'adresse pour lui
dérober la connaissance des besoins les plus légitimes. Quelquefois elle s'en plaignait avec une grâce
infinie : Si vos mères voulaient, je ferais ici mille
choses ; mais elles ne peuvent pas ceci, elles ne veulent pas cela, et je ne puis rien faire. Cette grande
princesse, qu'une fierté naturelle rendait quelquefois
si redoutable, devenait ici l'amie, la compagne, la
mère de quiconque s'adressait à elle. Jamais on n'y
sentit son autorité que par ses bienfaits. La volonté
de la mère prieure était sa loi ; elle la nommait notre
mère, se levait dès qu'elle l'apercevait, se soumettait

---

1. T. Ier.

à ses commandements avec une douceur charmante, et on la voyait au chœur, à l'oraison du matin, à tout l'office, au réfectoire, pratiquer les mortifications ordinaires, et abattre sa grandeur naturelle aux pieds des épouses de Jésus-Christ avec une humilité qui la leur rendait encore plus respectable. »

Admise avec sa mère dans l'intérieur du monastère, Anne-Geneviève y remplissait son âme des plus édifiantes conversations, des plus graves et des plus touchants spectacles. Partout elle ne rencontrait que des vivantes déjà mortes et agenouillées sur des tombeaux. Ici, c'était le tombeau du garde des sceaux Michel de Marillac, mort dans l'exil, à Châteaudun, dans cette même année 1632 où Richelieu fit trancher la tête à son frère le maréchal de Marillac et à l'oncle de Mlle de Bourbon, le duc de Montmorency; là c'étaient les monuments funèbres de deux femmes de la maison de Longueville, Marguerite et Catherine d'Orléans. Elle ne se doutait pas alors qu'un jour, dans ce même lieu, elle verrait ensevelir sa brillante amie, la fameuse Julie, Mlle de Rambouillet, devenue duchesse de Montausier; qu'elle y verrait apporter le cœur de Turenne, ce cœur qu'elle devait troubler et disputer un moment au devoir et au roi; que plusieurs de ses propres enfants y auraient aussi leur tombe, et qu'elle-même y reposerait à côté de sa mère, Mme la Princesse, et de sa belle-sœur, la douce, pure et gracieuse Anne-Marie Martinozzi, princesse de Conti [1].

Mlle de Bourbon voulut à son tour être une des bienfaitrices des Carmélites et leur faire les présents qui leur pouvaient agréer le plus. Elle obtint du pape Urbain VII les reliques de sept vierges martyres, avec un bref du saint Père attestant leur authenticité, et que les noms de chacune de ces victimes de la foi avaient été trouvés entiers ou abrégés sur la pierre qui tenait leurs corps enfermés dans les catacombes. Reportons-nous au temps; plaçons-nous dans un cou-

---

1. *L'Histoire manuscrite*, t. Ier, contient les épitaphes de Michel de Marillac, de Marguerite et Catherine d'Orléans, de Mme la Princesse, de la princesse de Conti, etc. Quand le garde des sceaux de Marillac fut arrêté, la mère Madeleine de Saint-Joseph essaya par toutes sortes de voies de le servir et de le consoler dans son malheur. Sans égard à ce qu'en pourrait penser le cardinal de Richelieu, qui était alors plus puissant que jamais et était le protecteur de l'ordre, elle fit exposer le Saint-Sacrement soixante jours et soixante nuits, elle fit faire quantité de prières, elle écrivit souvent au pieux exilé, elle fit parler au cardinal pour qu'il fût traité avec moins de rigueur, et après sa mort elle demanda avec instance et obtint de faire venir son corps de Châteaudun, lui érigea un tombeau dans la chapelle de Sainte-Thérèse au bas du sanctuaire, et composa elle-même cette épitaphe qui n'est pas sans fierté et sans indépendance : « Cy gist messire Michel de Marillac, garde des sceaux de France, lequel ayant été constitué en cette dignité et plusieurs autres, a toujours gardé dans son cœur l'estime des vrais honneurs et richesses de l'éternité, faisant plusieurs bonnes œuvres, gardant très soigneusement la justice, cherchant la gloire de Dieu, soutenant son Église, secourant les opprimés, donnant quasi tout ce qu'il avoit aux pauvres; et au temps que par la Providence il fut privé de tout emploi et de toutes charges, il fit paroître sa grande magnanimité et le mépris des choses de la terre, vivant très content et s'acheminant à la sainte mort en laquelle il a passé de ce monde en l'autre, l'an de grâce 1632. »

vent de Carmélites, et nous nous ferons une idée de la sainte allégresse qui dut remplir toute la maison en voyant arriver ce magnifique et austère présent[1]. La reine Anne, touchée d'une pieuse émulation, joignit à ces reliques celles de sainte Paule, dame romaine, l'illustre amie de saint Jérôme. On venait de retrouver à Palerme le corps de sainte Rosalie, petite-fille de France. M. d'Alincourt l'obtint et l'offrit. Mlle de Bourbon fit placer toutes ces reliques dans une châsse d'argent en forme de dôme surmonté d'une lanterne, et autour furent mises quatre figures représentant les évanglistes.

Le duc d'Enghien voyant cette sœur, qu'il adorait et dont il connaissait l'esprit, si fort occupée d'embellir et d'enrichir le couvent des Carmélites, où on le menait quelquefois, se piqua d'honneur, et voulut aussi faire son cadeau. Relevant d'une assez grande maladie, pour le divertir dans sa convalescence, on avait fait venir dans sa chambre et on lui montrait les curiosités du jour, parmi lesquelles se trouvait un reliquaire qui était quelque chose d'admirable pour l'art et pour la richesse. Le duc d'Enghien demanda à qui était ce chef-d'œuvre. L'orfévre répondit que c'était aux Carmélites de la rue Saint-Jacques, mais que, n'étant pas en état de payer la façon, elles l'avaient laissé entre ses mains. Le jeune duc s'écria qu'il voulait que les Carmélites eussent ce beau reli-

1. *Histoire manuscrite*, t. Ier, p. 491 et 492.

quaire, et il trouva pour y réussir un très-bon moyen. Il prit une bourse en main, et, vantant la curiosité qu'il tenait cachée, il refusait de la montrer à ceux qui venaient le visiter, à moins qu'on ne mît dans sa bourse quelques pièces d'or ou d'argent, et il parvint de la sorte à se procurer la somme demandée, qui était de 2,000 louis [1].

Ainsi s'écoula l'enfance et l'adolescence de Mlle de Bourbon, au milieu des spectacles et dans les pratiques d'une piété vraie et profonde. Il ne faut donc pas s'étonner que la contagion de cette piété l'ait saisie au point qu'elle prit la résolution de renoncer aussi au monde et de se faire carmélite. Celle qui devait être un jour l'ardente disciple et l'intrépide protectrice de Port-Royal était alors entre les mains d'un jésuite, le père Le Jeune. Il la fortifia dans son dessein; mais en vain elle adressa les supplications les plus vives à son père, le prince de Condé. Celui-ci, qui avait bien d'autres vues sur sa fille, se plaignit à Mme la Princesse, et pour rompre le charme qui attachait Anne-Geneviève aux Carmélites, il fut décidé qu'on la mènerait un peu plus souvent dans le monde. Mlle de Bourbon obéit; mais, l'esprit encore tout rempli des images et des discours du couvent de la rue Saint-Jacques, elle ne se plaisait point dans ces brillantes compagnies, et elle y plaisait assez peu. Quand sa mère la grondait de son

---

1. *Histoire manuscrite*, ibid.

peu de succès, Mlle de Bourbon lui répondait, dit-on [1] : « Vous avez, Madame, des grâces si touchantes que, comme je ne vais qu'avec vous et ne parais qu'après vous, on ne m'en trouve point. » Cette façon de se justifier apaisait Mme la Princesse, qui, malgré sa dévotion, souffrait volontiers qu'on lui fît souvenir qu'elle avait été et qu'elle était encore très-belle.

Mlle de Bourbon poursuivit pendant plusieurs années l'accomplissement de ses désirs, et, pour l'y faire renoncer, il fallut lui faire une sorte de violence. Jusque-là elle avait trouvé le moyen d'échapper au bal. Mme la Princesse fut obligée d'employer son autorité pour l'y faire aller. On lui signifia trois jours à l'avance qu'elle s'y devait préparer.

« Son premier mouvement, dit Villefore [2], fut d'aller dire cette nouvelle à ses bonnes amies les carmélites, qui en furent très-affligées et très-embarrassées à lui répondre, car elle exigeait leur avis pour savoir comment elle se conduirait dans une conjoncture si difficile. On tint dans les formes un conseil où présidèrent en habits de religieuses deux excellentes vertus, la Pénitence et la Prudence, et il y fut résolu que Mlle de Bourbon, avant que d'aller à l'assaut, s'armerait sous ses habillements d'une petite cuirasse vulgairement appelée un cilice, et qu'ensuite elle se prêterait de bonne foi à toutes les parures qu'on lui destinait. Dès que l'on eut son agrément, on étudia

---

1. Villefore, p. 13. — 2. P. 14.

tout ce qui pouvait le plus animer ses grâces naturelles, et l'on n'oublia rien pour orner une beauté plus brillante par son propre éclat que par toutes les pierreries dont elle fut chargée. Les carmélites lui avoient fort recommandé de se tenir sur ses gardes, mais sa confiance en elle-même la séduisit. A son entrée dans le bal et tant qu'elle y demeura, toute l'assemblée n'eut plus des yeux que pour elle. Les admirateurs s'attroupèrent et lui prodiguèrent à l'envi ces louanges déliées, faciles à s'insinuer dans un amour-propre qui ne fait que de naître et qui ne se défie de rien... Au sortir du bal, elle sentit son cœur agité de mouvements inconnus : ce ne fut plus la même personne. »

Il ne serait pas sans intérêt de savoir quel était ce bal où Mlle de Bourbon fut traînée en victime, où elle parut en conquérante, et d'où elle sortit enivrée; mais Villefore ne nous apprend rien à cet égard. On en est donc réduit aux conjectures. En voici une que nous donnons pour ce qu'elle peut valoir. On lit dans les mémoires manuscrits d'André d'Ormesson et dans la *Gazette de France* de Renaudot[1] que, le 18 février

---

1. Manuscr. d'André d'Ormesson, fol. 332, verso. — C'est à l'occasion du ballet du 18 février 1635 que la *Gazette de France* cite pour la première fois le nom de Mlle de Bourbon. Dans l'extraordinaire du 21 février, elle raconte toute la fête du 18; elle décrit toutes les scènes du ballet du roi, nomme tous les grands seigneurs qui y dansèrent, et termine ainsi : « Voici le grand Ballet de la Reine, qui ravit tellement les sens de cette célèbre assemblée qu'il laissa tous les esprits en suspens lequel était le

1635, il fut donné au Louvre, sous le roi Louis XIII, un grand ballet où figurèrent toutes les beautés du jour, et parmi elles Mlle de Bourbon. Remarquez que c'est le premier bal de cour où le nom de Mlle de Bourbon se rencontre et dans d'Ormesson et dans la *Gazette*. D'autre part, on n'a pu faire à la jeune princesse cette grande violence dont le souvenir nous a été conservé par Villefore que dans une occasion qui en valût la peine et pour un ballet royal. Si cette conjecture était admise, nous aurions la date précise de la conversion de Mlle de Bourbon à la vie mondaine, comme nous avons la date de sa conversion à la vie religieuse : celle-ci est certainement du 2 août 1654 [1], quand elle avait trente-cinq ans, la première serait du 18 février 1635. Mlle de Bourbon avait alors seize ans.

C'est à peu près à cet âge de Mme de Longueville que se rapportent ces mots de Mme de Motteville :

plus charmant ou des beautés qui y parurent, ou des pierreries dont il était tout brillant, ou des figures que représentaient ces *seize* divinités dont il était composé : la Reine, *mademoiselle de Bourbon*, mesdames de Longueville (la première femme du duc de Longueville), de Montbazon, de Chaulnes, de La Valette, de Retz, mademoiselle de Rohan, mesdames de Lyancourt et de Mortemart, mesdemoiselles de Senecé, de Hautefort, d'Esche, de Vieux-Pont, de Saint-Georges et de La Fayette, qui n'en sortirent et toute l'assistance qu'à trois heures du matin en suivant; chacun remportant de ce lieu plein de merveilles la même idée que celle de Jacob, lequel n'ayant vu toute la nuit que des anges, crut que c'était le lieu où le ciel joignait avec la terre. »

1. Voyez l'Introduction, p. 57, et la fin de la IIe partie.

« Mlle de Bourbon [1] commençait, quoique fort jeune, à faire voir les premiers charmes de cet angélique visage qui depuis a eu tant d'éclat. » Pour juger combien cette légère esquisse est fidèle, il faut aller voir à Versailles un portrait d'un vieux et excellent maître nommé Ducayer, représentant Mlle de Bourbon à l'âge de quinze ans, entre son père et sa mère, en 1634. La voilà dans toute la fraîcheur de sa beauté virginale, mais déjà en parure de cour [2], et comme si elle allait à ce bal qu'elle avait tant redouté et qui changea son âme et sa vie.

Mlle de Bourbon n'oublia pas pour cela ses amies du couvent des Carmélites, et elle continua de les visiter. Jusque-là elle n'avait eu qu'un sentiment; dès lors elle en eut deux : l'amour de Dieu et des carmélites avec le goût des succès du monde; elle conserva la même piété, mais cette piété fut désormais combattue par le désir de plaire, le besoin d'aimer et d'être aimée, et la passion d'être applaudie à son tour sur le théâtre où elle voyait briller tant de personnes qui n'avaient ni sa naissance, ni son esprit, ni sa figure. Ce combat dura longtemps. Nous avons des lettres adressées par elle aux Carmélites, et sur le ton de la plus vive piété, dans les moments même où elle se laissait le plus entraîner à ses passions. N'accusez ni sa sincérité, ni le peu d'utilité des meilleurs principes. On est très-sincère en exprimant des

---

1. T. Ier, p. 44. Voyez aussi l'Introduction, p. 9. — 2. *Ibid.*, p. 12.

sentiments qu'on a bien réellement dans le cœur, mais qu'on n'a pas la force de suivre; et ces nobles sentiments ont encore ce précieux avantage qu'ils mêlent à nos fautes un reste d'honnêteté qui nous empêche de tomber au plus profond de l'abîme, qu'ils y joignent les bienfaisants remords qui entretiennent la vie morale, et qu'ils finissent presque toujours par triompher et ramener au bien après des égarements passagers. Laissons-les sommeiller quelque temps dans l'âme de Mme de Longueville. Ils ne s'y éteindront jamais. Ils se réveilleront un jour, et nous reviendrons au couvent des Carmélites de la rue Saint-Jacques. Mais il faut le quitter pour suivre Mlle de Bourbon à la cour, à Chantilly, à Ruel, à Liancourt, parmi les belles compagnies, les agréables promenades, les conversations galantes, et d'abord rue Saint-Thomas-du-Louvre, à l'hôtel de Rambouillet.

CHAPITRE II

1635 A 1642

MADEMOISELLE DE BOURBON A L'HOTEL DE RAMBOUILLET. — CE QUE C'EST QUE LE GENRE PRÉCIEUX. — MADAME DE SABLÉ, TYPE DE LA VRAIE PRÉCIEUSE. — CORNEILLE ET VOITURE. — MADEMOISELLE DE BOURBON A CHANTILLY. — A RUEL. — A LIANCOURT. — SES JEUNES AMIES. — MADEMOISELLE DU VIGEAN ET CONDÉ. — MARIAGE DE MADEMOISELLE DE BOURBON.

C'est une erreur beaucoup trop répandue, et récemment fortifiée par M. Rœderer dans son ingénieux et savant mémoire sur *la Société polie en France*[1], que l'hôtel de Rambouillet ait été le premier et longtemps le seul salon de Paris où se soit rassemblée la bonne compagnie. Non : la marquise de Rambouillet n'a pas créé, elle n'a fait que suivre l'heureuse révolution qui faisait succéder, en France, à la barbarie des guerres civiles et à la licence des mœurs un peu trop accréditée par Henri IV, le goût des choses de l'esprit, des plaisirs délicats, des occupations élégantes. Ce goût est le trait distinctif du xviie siècle ; c'est là la pure et noble source d'où sont sorties toutes les merveilles de ce grand siècle. Louis XIV, en 1661, le reçut tout formé, illustré au dedans et au

---

1. *Mémoire pour servir à l'histoire de la Société polie en France;* Paris, in-8º, 1835. Voyez aussi M. Walckenaër : *Mémoires touchant la Vie et les Écrits de madame de Sévigné*, t. Ier, chap. iv et v.

dehors par les plus éclatants succès militaires et politiques, riche en chefs-d'œuvre de tout genre, quand déjà les plus beaux génies avaient achevé ou commencé leur carrière, quand Malherbe et Balzac, les fondateurs de la nouvelle prose et de la nouvelle poésie, quand Descartes, le fondateur de la nouvelle philosophie, étaient depuis longtemps ensevelis, quand Le Sueur et Sarrazin étaient morts, quand Pascal et Poussin étaient près de fermer les yeux, quand Corneille n'était plus qu'une ombre de lui-même, quand Mme de Sévigné, La Fontaine et Molière avaient quarante ans, quand Bossuet en avait trente-six. Tous ces grands esprits, dans leur style comme dans leur pensée, ont un caractère qui n'est pas celui de leurs successeurs, quelque chose de naïf et de mâle qui perce sous l'agrément même de la forme, et trahit un autre temps, un art et une littérature nés sous d'autres auspices. Le XVIIe siècle ne relève pas de Louis XIV, qui le couronne, mais de Richelieu, qui l'a inspiré. Nul ne ressentit mieux que Richelieu le goût renaissant de la politesse et des lettres. Le fond de cette âme extraordinaire était l'ambition : son vrai génie était tout politique ; mais, passionné pour tous les genres de gloire, il désirait aussi être ou paraître le plus bel esprit de son temps, et même un cavalier accompli. Comme tous les grands hommes, depuis César jusqu'à Napoléon, il était très-aimable quand il voulait l'être. Pendant quelque temps, il lui a plu de dissimuler l'ambitieux mécontent et qui attendait son heure sous l'homme du monde recherchant et obtenant les plus brillants succès de société. Dès qu'il fut puissant, il mit à la mode ses propres goûts, et dès 1630 il y avait à Paris plus d'un hôtel où se réunissaient, pour passer le temps agréablement ensemble, des gens d'esprit, d'une grande et d'une médiocre naissance, d'épée, de robe et d'église, avec des femmes aimables, qui naturellement donnaient le ton. L'hôtel de Rambouillet a été le plus considérable de tous ces foyers de l'esprit nouveau, et il en est resté le plus célèbre plutôt encore par ses défauts que par ses qualités.

En effet, quelle idée se présente à l'esprit dès qu'on parle de l'hôtel de Rambouillet? Celle d'une réunion choisie où l'on cultive la plus exquise politesse, mais où s'introduit peu à peu et finit par dominer le genre précieux.

Et qu'était-ce que le genre précieux?

C'était d'abord tout simplement ce qu'on appellerait aujourd'hui le genre distingué. La distinction, voilà ce qu'on recherchait par-dessus tout à l'hôtel de Rambouillet : quiconque la possédait ou y aspirait, depuis les princes et les princesses du sang jusqu'aux gens de lettres de la fortune la plus humble, était bien reçu, attiré, retenu dans l'aimable et illustre compagnie.

Mais que faut-il entendre par la distinction? On

ne la peut définir d'une manière absolue. Chaque siècle se fait un idéal de distinction à son usage. Deux choses pourtant y entrent presque toujours, deux choses en apparence contraires, qui ne s'allient que dans les natures d'élite, heureusement cultivées : une certaine élévation dans les idées et dans les sentiments, avec une extrême simplicité dans les manières et dans le langage. Je suppose qu'à Athènes, chez Aspasie, Périclès, Anaxagore, Phidias, parlaient d'art, de philosophie, de politique sans plus d'effort et de déclamation que des ouvriers et des marchands n'en auraient mis à s'entretenir de leurs occupations ordinaires. Socrate était un modèle accompli en ce genre, et le *Banquet* de Platon, où l'on traite, après le souper, des matières les plus hautes dans le style le plus charmant mais le plus naturel, nous donne une idée parfaite de ce qu'était alors le ton de la bonne compagnie, cet atticisme particulier à Athènes, et qui même à Athènes était le signe de la distinction. Il en était de même à Rome chez les Scipions, où un badinage aimable se mêlait souvent aux propos les plus graves, un peu moins peut-être aux soupers de Cicéron, quand César n'y était pas, le maître de la maison n'étant pas un assez grand seigneur pour être toujours parfaitement simple, et l'homme nouveau, je ne dis pas le parvenu, surtout l'orateur et l'homme de lettres s'y faisant un peu trop sentir, alors même qu'il s'efforçait le plus d'imiter

Platon. C'est cette urbanité romaine, fille un peu dégénérée de l'atticisme athénien, que l'hôtel de Rambouillet recherchait et qu'il contribua à répandre[1].

La grandeur était en quelque sorte dans l'air dès le commencement du XVIIe siècle. La politique du gouvernement était grande, et de grands hommes naissaient en foule pour l'accomplir dans les conseils et sur les champs de bataille. Une séve puissante parcourait la société française. Partout de grands desseins, dans les arts, dans les lettres, dans les sciences, dans la philosophie. Descartes, Poussin et Corneille s'avançaient vers leur gloire future, pleins de pensers hardis, sous le regard de Richelieu. Tout était tourné à la grandeur. Tout était rude, même un peu grossier, les esprits comme les cœurs. La force abondait; la grâce était absente. Dans cette vigueur excessive, on ignorait ce que c'était que le bon goût. La politesse était nécessaire pour conduire le siècle à la perfection. L'hôtel de Rambouillet en tint particulièrement école.

Les jours de son plus grand éclat commencent en 1630 et s'étendent jusqu'en 1648, où l'idole de la maison, Mlle de Rambouillet, mariée en 1645 à M. de Montausier, le suit dans son gouvernement de Saintonge et de l'Angoumois, au commencement de la Fronde. Le beau temps de l'illustre hôtel est donc

---

1. Le mot même d'*urbanité* est de Balzac, un des premiers et des plus illustres habitués de la maison.

sous Richelieu et dans les premières années de la régence. Pendant une vingtaine d'années, il a rendu d'incontestables services au goût national ; mais le bien qu'il pouvait faire était à peu près accompli en 1648. Déjà ses défauts avaient commencé à paraître et à prendre le pas sur ses qualités. Les cercles inférieurs qui s'étaient formés à Paris et en province, d'abord utiles aussi parce qu'ils propageaient la politesse, avaient fini par être dangereux en faisant dégénérer la noblesse des idées et des sentiments en une fausse grandeur, outrée et maniérée, surtout en transportant l'affectation dans la simplicité. C'est alors que, le genre précieux s'étant corrompu, le grand maître en fait de naturel et de vérité lui déclara cette guerre impitoyable par laquelle il a débuté et par laquelle il a fini, *les Précieuses ridicules* étant sa première pièce imprimée, en 1660, et *les Femmes savantes* la dernière, en 1673. Mais revenons en 1630.

En 1630, il y avait bien de l'originalité en France, mais c'était une originalité qui s'ignorait et qui croyait avoir besoin de modèles étrangers. Plus tard, Molière, La Fontaine, Boileau, Racine, ces génies si français, se proposèrent aussi des modèles ; ils les cherchèrent dans l'antiquité, qu'ils ont imitée sans cesser d'être originaux, rendant français tout ce qu'ils touchaient. Leurs devanciers s'adressèrent à l'Italie et à l'Espagne, les deux nations les plus avancées qu'ils eussent devant les yeux. Les Médicis avaient introduit parmi nous le goût de la littérature italienne. La reine Anne apporta ou plutôt fortifia celui de la littérature espagnole. L'hôtel de Rambouillet prétendit à les unir.

Le genre espagnol, c'était, au début du xviie siècle, la haute galanterie, langoureuse et platonique, un héroïsme un peu romanesque, un courage de paladin, un vif sentiment des beautés de la nature qui faisait éclore les églogues et les idylles en vers et en prose, la passion de la musique et des sérénades aussi bien que des carrousels, des conversations élégantes comme des divertissements magnifiques. Le genre italien était précisément le contraire de la grandeur ou, si l'on veut, de l'enflure espagnole, le bel esprit poussé jusqu'au raffinement, la moquerie et un persiflage qui tendaient à tout rabaisser. Du mélange de ces deux genres sortit l'alliance ardemment poursuivie, rarement accomplie en une mesure parfaite, du grand et du familier, du grave et du plaisant, de l'enjoué et du sublime.

A l'hôtel de Rambouillet, le héros seul n'eût pas suffi à plaire : il y fallait aussi le galant homme, l'honnête homme, comme on l'appela vers 1630, et comme on ne cessa pas de l'appeler pendant tout le xviie siècle; l'honnête homme, expression nouvelle et piquante, type mystérieux qu'il est malaisé de définir, et dont le sentiment se répandit avec une rapidité inconcevable. L'honnête homme devait avoir des sentiments élevés : il devait être brave, il devait être galant, il devait être libéral, avoir de l'esprit et de belles manières, mais tout cela sans aucune ombre de pédanterie, d'une façon tout aisée et familière. Tel est l'idéal que l'hôtel de Rambouillet proposa à l'admiration publique et à l'imitation des gens qui se piquaient d'être comme il faut.

Les femmes étaient naturellement appelées à jouer le principal rôle en une semblable entreprise, et la marquise de Rambouillet semblait faite tout exprès pour y présider. Elle était presque italienne : son père était Vivonne Pisani, et sa mère, Savelli. Son mari était un fort grand seigneur, et il avait été ambassadeur extraordinaire en Espagne. Depuis quelque temps, ils étaient retirés des affaires avec une fortune considérable, un bel hôtel à Paris, une magnifique résidence à la campagne [1]; ils ne faisaient donc ombrage à personne et attiraient tout le monde. Ajoutez, pour achever le portrait d'une maîtresse de maison accomplie, que Mme de Rambouillet avait été très-belle sans avoir jamais eu aucune intrigue, et qu'elle aimait passionnément les gens d'esprit sans nulle prétention personnelle : à peine si on a pu retrouver d'elle quelques lettres et deux quatrains [2].

---

1. Le château de Rambouillet, au-dessus de Versailles, à dix lieues de Paris. François Ier y était mort.
2. L'un à Mme la duchesse d'Aiguillon, pour en obtenir un cours d'eau, Tallemant, t. II, p. 228; l'autre, son épitaphe, conservée par Ménage dans ses *Observations sur les Poésies de Malherbe*.

Aussi a-t-elle été l'objet de l'unanime admiration de tous ceux qui l'ont connue. Tallemant des Réaux lui-même en fait un éloge sans réserve. Il reconnaît qu'elle était belle, sage et raisonnable. « Elle a, dit-il [1], toujours aimé les belles choses, et elle allait apprendre le latin seulement pour lire Virgile, quand une maladie l'en empêcha; depuis, elle s'est contentée de l'espagnol... C'est une personne habile en toutes choses... Il n'y a pas au monde de personne moins intéressée ; elle passe bien plus avant que ceux qui disent que donner est un plaisir de roi, car elle dit que c'est un plaisir de dieu... Il n'y a pas un esprit plus droit... Jamais il n'y a eu une meilleure amie. » Son seul défaut, que M. Rœderer a passé à dessein sous silence et que Tallemant ne manque pas de relever, était une délicatesse excessive dans le langage. Il y avait des mots qui lui faisaient peur et qui ne pouvaient trouver grâce auprès d'elle [2], en

---

1. Tome II, p. 233.
2. *Ibid.* — Je ne sais où M. Rœderer a pris que Mme de Rambouillet écrivait si simplement. Voici un billet d'elle qui n'a pas dû mettre celui auquel il est adressé *au supplice de la simplicité*, comme le dit M. Rœderer des lettres de Mme de Rambouillet et de sa fille à Voiture, parlant ainsi par conjecture, car ces lettres ne sont pas venues jusqu'à nous. Celle que nous donnons ici a été trouvée dans les manuscrits de Conrart, à la Bibliothèque de l'Arsenal, t. XIV, in-4°, p. 53 ; elle est adressée à Godeau, tour à tour évêque de Grasse et de Vence.

« Monsieur,

« Si mon poëte-carabin ou mon carabin-poëte (Arnault, maître de camp des carabiniers, homme de guerre distingué, de beaucoup d'esprit, mais d'un esprit satirique, personnage assez semblable à Bussy)

sorte qu'il y avait déjà dans Arthénice, nom de précieuse de Mme de Rambouillet, quelque chose de Philaminte. Segrais parle d'elle dans les mêmes termes que Tallemant[1] : « Mme de Rambouillet était admirable ; elle était bonne, douce, bienfaisante et accueillante, et elle avait l'esprit droit et juste. C'est elle qui a corrigé les méchantes coutumes qu'il y avait avant elle. Elle s'était formé l'esprit dans la lecture des bons livres italiens et espagnols, et elle a enseigné la politesse à tous ceux de son temps qui l'ont fréquentée. Les princes la voyaient, quoiqu'elle ne fût point duchesse. Elle était aussi bonne amie, et elle obligeait tout le monde. Le cardinal de Riche-

estoit à Paris, je vous ferois réponce en vers et non pas en prose ; mais par moy-mesme je n'ay aucune familiarité avec les Muses. Je vous rens un million de graces des biens que vous me désirés, et pour récompense je vous souhaite à tous momens dans une loge où je m'assure, Monsieur, que vous dormiriés encore mieux que vous ne faites à Vence. Elle est soutenue par des colonnes de marbre transparent, et a esté bâtie au-dessus de la moyenne région de l'air, par la reyne Zirfée. Le ciel y est toujours serein ; les nuages n'y offusquent ni la vue ni l'entendement, et de là tout à mon aise j'ay considéré le trébuchement de l'Auge terrestre. Il me semble qu'en cette occasion la fortune a fait voir que c'est une médisance que de dire qu'elle n'ayme que les jeunes gens. Et parce que non plus que ma loge je ne suis pas sujette au changement, vous pouvez vous asseurer que je seray tant que je vivray,

« Monsieur,

« Votre très humble servante,

« OC (Catherine) DE VIVONNE. »

Le 26 juin 1642.

1. Œuvres de Segrais, Amsterdam, 1723, t. Ier. *Mémoires anecdotes*, p. 29.

lieu avait pour elle beaucoup de considération...
Mme de La Fayette a beaucoup appris d'elle. » Une
de ses filles, la célèbre Julie, avait l'esprit le plus
rare, et, à défaut d'une grande beauté, une assez
belle taille et un fort grand air. Elle s'entendait merveilleusement à rendre agréable la maison de sa
mère, et elle était fort bien secondée par son frère,
le marquis de Pisani, aussi spirituel que brave, par
ses nombreuses sœurs, surtout par celle qui a été la
première Mme de Grignan [1].

On peut voir partout la description de l'hôtel de
Rambouillet et de cette fameuse chambre bleue, qui
était en quelque sorte le sanctuaire du temple de la
déesse d'Athènes, pour parler comme Mademoiselle
dans *la Princesse de Paphlagonie* [2]. C'était un grand
salon qui avait tout son ameublement de velours bleu
rehaussé d'or et d'argent, et dont les larges fenêtres,
s'ouvrant dans toute la hauteur, depuis le plafond
jusqu'au plancher, laissaient entrer abondamment
l'air et la lumière et donnaient la vue d'un jardin
très-beau et très-bien entretenu, qu'agrandissait à
perte de vue le voisinage d'autres jardins. L'hôtel
avait été bâti sur un plan nouveau tracé par Mme de
Rambouillet elle-même. Il n'était pas très-vaste,
mais d'une belle apparence. C'était l'avant-dernier

---

1. Sur Mlle de Rambouillet, Pisani et ses sœurs, voyez Tallemant,
t. II, p. 207-262.

2. Édition de 1659, p. 118-121.

hôtel de la rue Saint-Thomas-du-Louvre, du côté de la place du palais Cardinal, entre les Quinze-Vingts, qui occupaient le coin de la rue, et l'hôtel de Chevreuse, devenu depuis l'hôtel d'Épernon et un peu plus tard, vers 1663 ou 1664, l'hôtel de Longueville [1].

M. Rœderer n'a presque rien laissé à faire pour le dénombrement des grands seigneurs et des grandes dames qui fréquentèrent l'hôtel de Rambouillet dans la dernière moitié de sa longue et brillante carrière. Je me bornerai à détacher, dans le groupe de femmes aimables qui y étaient assidues, la figure d'une personne que M. Rœderer a trop laissée dans l'ombre, et qui est, à mes yeux, le modèle de la vraie et parfaite précieuse, Madeleine de Souvré, marquise de Sablé, qui a joué un assez grand rôle dans la vie de Mme de Longueville et dont Mme de Motteville nous a laissé le portrait suivant :

« La marquise de Sablé [2] était une de celles dont la beauté faisait le plus de bruit quand la reine (la reine Anne) vint en France (en 1615); mais, si elle

---

1. Voyez Sauval, *Antiquités de Paris*, t. III, p. 200, et le plan de Paris de Gomboust. Ces hôtels, ou plutôt leurs débris, viennent de disparaître avec la rue Saint-Thomas-du-Louvre tout entière, au profit de la place du Carrousel. Puisse cette admirable place conserver sa grandeur si chèrement achetée, et nul bâtiment transversal ne pas venir gâter la belle harmonie du Louvre et des Tuileries ! Puisse aussi quelque homme instruit et laborieux, voué à l'étude de Paris et de ses monuments, ne pas laisser périr la rue Saint-Thomas-du-Louvre sans en donner une description et une histoire fidèle à l'époque de son plus grand éclat!

2. *Mémoires*, t. Ier, p. 13.

était aimable, elle désirait encore plus de le paraître. L'amour que cette dame avait pour elle-même la rendit un peu trop sensible à celui que les hommes lui témoignaient. Il y avait encore en France quelques restes de la politesse que Catherine de Médicis y avait rapportée d'Italie, et on trouvait une si grande délicatesse dans les comédies nouvelles et tous les autres ouvrages en vers et en prose qui venaient de Madrid, qu'elle avait conçu une haute idée de la galanterie que les Espagnols avaient apprise des Maures. Elle était persuadée que les hommes pouvaient sans crime avoir des sentiments tendres pour les femmes, que le désir de leur plaire les portait aux plus grandes et aux plus belles actions, leur donnait de l'esprit et leur inspirait de la libéralité et toutes sortes de vertus, mais que d'un autre côté les femmes, qui étaient l'ornement du monde et étaient faites pour être servies et adorées, ne devaient souffrir que leurs respects. Cette dame, ayant soutenu ses sentiments avec beaucoup d'esprit et une grande beauté, leur avait donné de l'autorité dans son temps, et le nombre et la considération de ceux qui ont continué à la voir ont fait subsister dans le nôtre ce que les Espagnols appellent *fucezas* [1] ».

Mme de Sablé avait été passionnément aimée du brave, beau et infortuné duc de Montmorency, oncle

1. Éd. d'Amsterdam. Petitot, t. XXXVI de la collection, p. 341, propose de lire *husesas*, de *huso*, fuseau. La vraie leçon semble *finezas*.

de Mme de Longueville, décapité à Toulouse en 1632. Elle répondit à sa passion ; mais, Montmorency ayant levé les yeux sur la reine, Mme de Sablé, en digne Espagnole, rompit avec lui. « Je lui ai ouï dire à elle-même, quand je l'ai connue, dit encore Mme de Motteville, que sa fierté fut telle à l'égard du duc de Montmorency, qu'aux premières démonstrations qu'il lui donna de son changement elle ne voulut plus le voir, ne pouvant recevoir agréablement des respects qu'elle avait à partager avec la plus grande princesse du monde. »

La marquise de Sablé resta fidèle toute sa vie aux mœurs de sa jeunesse, et, quand l'hôtel de Rambouillet fut à peu près fermé, elle en continua la tradition dans son hôtel de la Place-Royale, avec sa spirituelle amie Mme la comtesse de Maure, et jusque dans sa retraite de Port-Royal, au faubourg Saint-Jacques. Elle entretint longtemps une école de bon ton, de morale et de littérature raffinée, d'où sont sorties les *Maximes* de La Rochefoucauld [1].

Parmi les gens de lettres qui venaient souvent à l'hôtel de Rambouillet, les deux plus célèbres sont sans contredit Corneille et Voiture.

Corneille est avec Descartes l'expression la plus haute de la littérature de la première moitié du XVIIe siècle. Ses qualités comme ses défauts étaient dans la plus parfaite harmonie avec son temps. De là

---

1. Voyez la IIIe partie.

des succès que personne depuis n'a égalés. Sous
Louis XIV, quelle pièce de Racine a jamais produit
l'impression que fit *le Cid* en 1636? Il faut lire les
auteurs du temps pour se faire une idée de l'enthousiasme qui saisit Paris et la France entière. Ce furent
de véritables transports :

Tout Paris pour Chimène a les yeux de Rodrigue.

Rien de plus vrai. C'est qu'alors il n'y avait pas
un gentilhomme à Paris qui ne prétendît être un
Rodrigue, pas une femme de bon ton qui n'eût dans
le cœur ou qui n'affectât les sentiments de Chimène.
Plus on étudie cette pièce admirable, que *Polyeucte*
seul a surpassée quelques années après, plus on y
retrouve tous les traits de cette grande époque à
jamais évanouie, l'héroïsme et la haute galanterie,
ce point d'honneur qui sans doute faisait verser bien
du sang mais entretenait l'esprit guerrier, dans les
hommes mûrs et dans les chefs de sérieux intérêts et
d'énergiques passions aux prises les unes avec les
autres, dans la jeunesse la lutte généreuse de l'amour
et du devoir, qui un jour sera portée au dernier degré du pathétique dans Pauline et dans Sévère, partout une langue un peu rude, mais naïve et forte,
toujours familière ; en même temps, il est vrai, un
goût mal sûr, s'égarant quelquefois à la poursuite de
la grandeur, des délicatesses infinies et pleines de
grâce mais un peu quintessenciées, et de subtiles

analyses de la passion raisonnant sur elle-même. C'était là l'hôtel de Rambouillet. Il s'y reconnut et défendit *le Cid* contre le tout-puissant ministre [1]. C'est dans le noble salon que Corneille rencontra Balzac, et put s'entretenir avec lui de Rome et des Romains. Qu'on lise les discours sur les Romains adressés par Balzac à la marquise de Rambouillet [2], et l'on verra si les conversations de ce temps-là étaient futiles. J'ose dire qu'il n'y eut jamais en France un temps où la politique fût plus à l'ordre du jour. Tout le monde alors s'occupait des affaires publiques. Ce n'est ni Lucain ni Tacite qui ont appris à Corneille la langue politique de *Cinna* et de la première scène de *la Mort de Pompée*. La vraie

---

1. Il est bien certain que l'auteur de *Mirame* mit une petitesse d'homme de lettres dans la ridicule querelle soulevée contre *le Cid;* mais il faut reconnaître qu'il avait aussi quelques raisons d'État qui n'étaient pas à mépriser. Celui qui avait fait rendre l'édit royal contre les duels ne pouvait supporter les vers en leur honneur; il y avait aussi dans *le Cid* plus d'une parole peu favorable aux premiers ministres. D'ailleurs le cardinal aimait Corneille; il lui donna une bonne pension, et même il le maria. Un jour, Corneille s'étant présenté plus triste et plus rêveur qu'à l'ordinaire devant le cardinal de Richelieu, celui-ci lui demanda s'il travaillait. Corneille répondit qu'il était bien éloigné de la tranquillité nécessaire pour la composition, qu'il avait la tête renversée par l'amour. Il en fallut venir à un plus grand éclaircissement, et il dit au cardinal qu'il aimait passionnément une fille du lieutenant-général d'Andely, et qu'il ne pouvait l'obtenir de son père. Le cardinal voulut que ce père si difficile vînt lui parler à Paris. Il y arriva tout tremblant d'un ordre si imprévu, et s'en retourna bien content d'en être quitte pour donner sa fille à un homme qui avait tant de crédit. Voyez les frères Parfait, *Histoire du Théâtre-Français*, t. V, p. 304.

2. Œuvres de Balzac, in-fol., t. II, p. 419.

école de Corneille a été le spectacle de ce qui se passait autour de lui, le récit des grands événements contemporains, les conversations de Richelieu et de ses familiers, le P. Joseph, Mazarin, Lyonne, et celles qui se tenaient chaque jour dans les sociétés qu'il fréquentait, où les ambassadeurs, les hommes de guerre, les évêques, les conseillers d'État étaient mêlés aux gens de lettres. Corneille lut toutes ses pièces à l'hôtel de Rambouillet. Il brilla, il déclina avec lui ; son chef-d'œuvre, le chef-d'œuvre aussi de la scène française, *Polyeucte*, parut en 1643, c'est-à-dire dans les plus grands jours de l'hôtel de Rambouillet, j'ajoute et de la France, car c'est en cette même année 1643 que l'un des plus jeunes disciples de l'illustre hôtel, l'admirateur le plus passionné de Corneille, le frère de M{le} de Bourbon, le duc d'Enghien, le cœur rempli, comme le Cid, d'un amour ardent et chaste, gagnait à vingt-deux ans, par une manœuvre digne d'Alexandre et de César, une de ces batailles comme il y en a cinq ou six dans l'histoire, cette bataille de Rocroy où les desseins de Henri IV et de Richelieu furent justifiés par la victoire, et où la France succéda à l'Espagne dans la suprématie morale et militaire de l'Europe.

Voiture a été admiré de ses contemporains les plus spirituels et les plus difficiles. La Fontaine le met au nombre de ses maîtres [1]. Mme de Sévigné l'appelle

---

1. *Maître Vincent*, etc.

un esprit « libre, badin, charmant [1]. » Boileau dit assez que Voiture est, à ses yeux, le mets des délicats, lorsqu'il introduit un esprit vulgaire, une sorte de provincial demandant ce qu'on y trouve de si beau [2]. Avouons-le, nous ressemblons tous plus ou moins à ce provincial-là : nous avons peine aujourd'hui à retrouver les titres de la renommée de Voiture. On en peut donner plusieurs raisons, qui ne font tort ni à Voiture ni à nous.

De toutes nos facultés, l'esprit est celle qui se met le plus dans le commerce de la vie, mais qui laisse aussi le moins de trace. Une saillie, une repartie, ne se peuvent guère séparer de la manière dont elles sont dites. Les mots spirituels n'ont toute leur grâce que dans la bouche d'un homme d'esprit. Il n'en est pas ainsi des mots partis du cœur et des grandes pensées. Comme ils viennent du fond même de la nature humaine, qui ne change point, ils ont des perspectives infinies, et durent autant que le cœur et la raison. Mais l'esprit se joue à la surface; il brille et s'éteint en un moment. L'esprit est un improvisateur. L'effet d'une improvisation tient à mille choses qui, en disparaissant, emportent avec elles ce qui nous avait le plus charmés. Qu'est-ce, je vous prie, qu'une plaisanterie à deux siècles de distance?

Mme de Sévigné, dans sa passion pour celui qui

1. Lettre du 24 novembre 1679.
2. Satire troisième.

avait été un des maîtres de sa jeunesse, s'écrie :
« Tant pis pour ceux qui ne l'entendent pas ! » Mais
l'aimable marquise en parle bien à son aise ; elle avait
une connaissance intime des mœurs, des choses, des
hommes, des femmes, des aventures, des petits accidents auxquels se rapportent les vers et la prose de
Voiture. Le neveu de celui-ci, Martin Pinchesne,
qui, un an ou deux après la mort de son oncle, publia ses œuvres, eut la sottise ou l'honnêteté d'effacer
les dates de ces badinages et les noms de la plupart
des personnes qui les avaient fait naître, en sorte que
déjà au XVIIe siècle ceux qui n'avaient pas été de la
société même de Voiture auraient eu grand besoin
d'un commentaire pour l'entendre. Tallemant avoue
qu'il y a dans ses écrits bien des choses dont il n'a
pu avoir l'éclaircissement. « Un jour, dit-il, si cela
se peut sans offenser trop de gens, je les ferai imprimer avec des notes, et je mettrai au bout les autres
pièces que j'aurai pu trouver de la société de l'hôtel
de Rambouillet [1]. »

En effet, pour bien goûter Voiture, il faudrait le
voir en scène, il faut se le représenter sur le théâtre
de ses succès de 1630 à 1648, avec ces jolies femmes
qui demandaient à être amusées, parmi ces jeunes
gentilshommes qui, dans l'intervalle des batailles, se
complaisaient dans les jouissances les plus raffinées
de l'esprit. Voiture régnait à l'hôtel de Rambouillet.

[1]. Tallemant, II, p. 295.

Corneille, timide et fier, négligé et plein de lui-même, était assez mal à l'aise dans tout ce grand monde : il écoutait presque toujours en silence, et ne causait guère qu'avec Balzac, son concitoyen dans la république romaine. Mais Voiture était la gaieté, la vie, l'âme de la maison. Il était toujours en train; sa verve inépuisable se mêlait à tout, animait tout, et tandis que Corneille mettait dans les plus légers badinages, parlât-il au nom de la tulipe, de l'immortelle et de la fleur d'oranger [1], une gravité, une vigueur dont il n'était pas maître, et dans les comédies mêmes qu'il voulait faire les plus divertissantes, un ton et des mouvements tragiques qui lui échappaient malgré lui, Voiture, dans les choses les plus sérieuses, prodiguait la plaisanterie. Il est le côté enjoué de l'hôtel de Rambouillet, comme Corneille en est le côté sévère.

N'oublions pas que Voiture n'a presque rien écrit que par occasion, que la circonstance était sa muse favorite, et qu'elle lui dicta la plupart de ces petites pièces, improvisées ou faites à la hâte, qu'il n'a pas même pris la peine de recueillir. Il est donc ridicule d'y remarquer beaucoup de négligences. C'étaient, en très-grande partie, des chansons qui devaient être véritablement chantées, et qui l'ont été. L'éditeur a quelquefois indiqué les airs, et nous les avons retrouvés presque tous dans un recueil curieux de la bibliothèque de l'Arsenal, intitulé *Chansons notées*.

1. Dans la *Guirlande de Julie*.

Mais Voiture n'a pas seulement une facilité pleine d'agrément; il me semble que, dans ses pièces un peu plus étudiées, il a des idées, de la philosophie, de la sensibilité, quelquefois même de la passion. J'ai besoin, je le sens, de me mettre bien vite à couvert derrière l'autorité de Boileau, qui, dans sa lettre à Perrault [1], fait l'éloge de Voiture et particulièrement de ses élégies. Pour ma part, je les préfère à toutes celles qui ont paru avant 1648, année de la mort de Voiture et de la fin ou du moins de la décadence de l'hôtel de Rambouillet, bien entendu en exceptant les élégies de Corneille, aujourd'hui trop oubliées, et dont quelques-unes ont des passages qui le peuvent disputer aux plus touchants de ses tragédies [2].

1. Édit. de Saint-Surin, t. IV, p. 375.
2. Voyez, dans les *Œuvres diverses* de Corneille, éd. d'Amsterdam, 1740, p. 174, l'élégie qui contient une déclaration d'amour : elle n'est pas datée, mais elle doit être de la jeunesse de Corneille, et même antérieure à sa gloire, car il n'en parle point, tandis que plus tard il le prend sur un autre ton. La dame à laquelle cette élégie est adressée devait être de bonne naissance, si on en croit le jeune poëte. Il peint à merveille le passage de l'admiration à l'amour :

>   Mais de ce sentiment la flatteuse imposture
>   N'empêcha pas le mal pour cacher la blessure,
>   Et ce soin d'admirer, qui dure plus d'un jour,
>   S'il n'est amour déjà, devient bientôt amour.
>   Un je ne sais quel trouble où je me vis réduire
>   De cette vérité sut assez tôt m'instruire :
>   Par d'inquiets transports me sentant émouvoir,
>   J'en connus le sujet quand j'osai vous revoir.
>   . . . .
>   Un désordre confus m'expliqua mon martyre :
>   Je voulus vous parler, mais je ne sus que dire.
>   rougis, je pâlis, et d'un tacite aveu
>   je n'aime point, dis-je, hélas ! qu'il s'en faut peu ! etc.

Je prie qu'on veuille bien lire l'élégie à une coquette que Voiture appelle Bélise. N'y a-t-il

La pièce intitulée *Jalousie*, et qui n'est pas achevée, a des parties qui semblent écrites de la main de Molière :

> Le plus léger chagrin d'une humeur inégale,
> Le moindre égarement d'un mauvais intervalle,
> Un souris par mégarde à ses yeux dérobé,
> Un coup d'œil par hasard sur un autre tombé,
> . . . .
> Tout cela fait pour lui de grands crimes d'État,
> Et plus l'amour est fort, plus il est délicat.

Corneille, sur le retour, éprouva un sentiment tendre pour la marquise de B. A. T. (nous ignorons le nom de la personne cachée sous ces initiales). Alors il parle de lui-même tout autrement que dans sa jeunesse, et il fait les honneurs de sa gloire au profit de son amour.

> Je connais mes défauts, mais après tout je pense
> Être pour vous encore un captif d'importance,
> Car vous aimez la gloire, et vous savez qu'un roi
> Ne vous en peut jamais assurer tant que moi, etc.

Corneille dit adieu à celle dont il désespère de se faire aimer; il la cède à de plus jeunes rivaux :

> Négligez-moi pour eux, mais dites en vous-même :
> Moins il me veut aimer, plus il fait voir qu'il m'aime,
> Et m'aime d'autant plus que son cœur enflammé
> N'ose même aspirer au bonheur d'être aimé.
> Je fais tous ses plaisirs, j'ai toutes ses pensées,
> Sans que le moindre espoir les ait intéressées.
> Puissé-je malgré vous y penser un peu moins,
> M'échapper quelque jour vers quelques autres soins,
> Trouver quelques plaisirs ailleurs qu'en votre idée,
> Et voir toute mon âme un peu moins obsédée ;
> Et vous, de qui je n'ose attendre jamais rien,
> Ne ressentir jamais un mal pareil au mien !

Je ne veux pas citer, mais j'indique les stances adressées à la même personne et qui expriment les mêmes sentiments dans un mètre différent :

> Marquise, si mon visage
> A quelques traits un peu vieux, etc.

donc ni élévation ni force dans les vers suivants :

> Cette unique beauté dont vous êtes ornée
> N'aura jamais pouvoir sur une âme bien née,
> Votre empire est trop rude et ne sauroit durer;
> Ou, s'il s'en trouve encor qui puissent l'endurer,
> Avec tant de mépris et tant d'ingratitude,
> Ce sont des cœurs mal faits nés à la servitude,
> Ou de mauvais esprits qui des cieux en courroux
> Ont eu pour châtiment d'être amoureux de vous.
> De louange et d'honneur vainement affamée,
> Vous ne pouvez aimer et voulez être aimée [1], etc.

Il faudrait citer presque entière l'élégie à une dame qu'il avait quittée pour une autre, et à laquelle il revenait :

> Quittant pour moy sa fierté naturelle,
> La belle Iris ne me fut point cruelle;
> Elle approuva mes désirs et mes feux,
> Elle reçut mon amour et mes vœux,
> Et me fit voir toutes les apparences
> Dont les amans forment leurs espérances.
> J'avoue aussi qu'un si doux traitement
> Fit naître en moy quelque ressentiment,
> Non pas d'amour, car mon ame parjure
> Ne put jamais vous faire cette injure,
> Mais d'amitié si sensible qu'un jour
> Je pensois bien la changer en amour.
> Je m'efforçois de découvrir en elle
> Les mêmes traits qui vous rendent si belle,
> Cette douceur et ces divins appas
> Dont vous donnez la vie et le trépas,

1. T. II, p. 87. La première édition de Voiture est celle donnée par son neveu Pinchesne presque immédiatement après sa mort, en 1650, in-4°, et qui est dédiée à Condé. Il y en avait déjà une septième édition, in-12, en 1665. La dernière et la plus complète est celle de 1745, 2 vol. petit in-8°. C'est celle que nous citerons.

De vos beautés la grace incomparable,
De votre esprit la grandeur admirable,
Cet entretien si charmant et si doux;
Mais tout cela ne se trouve qu'en vous.
Je voyois bien qu'elle étoit animée
D'une beauté capable d'être aimée;
Je remarquois en elle cent attraits,
Mais nullement ces flammes et ces traits,
Ces traits mortels et ces divines flammes
Dont vos beaux yeux frappent toutes les ames.
Combien de fois, admirant vos beautés,
Ou votre grace, ou les vives clartés
De votre esprit, ai-je dit en moy-même :
Ah! que Philis est digne que l'on l'aime! etc.

On ne peut méconnaître une sensibilité vraie, l'accent de la passion ou, si l'on veut, du plaisir dans ces *stances* adressées à une Aminte qui nous est inconnue :

Lorsque avecque deux mots que vous daignâtes dire,
Vous sçûtes arrêter mes peines pour jamais,
Et qu'après m'avoir fait endurer le martyre,
Vous m'ouvrîtes les cieux et me mîtes en paix;
Mille attraits dont encor le souvenir me touche
Couvrirent à mes yeux votre extrême rigueur,
Tous les charmes d'amour furent sur votre bouche,
Et tous ses traits aussi passèrent dans mon cœur.
Vous prîtes tout à coup une beauté nouvelle,
Toute pleine d'éclat, de rayons et de feux.
Bons dieux! ah! que ce soir mes yeux vous virent belle,
Et que vos yeux ce soir me virent amoureux!

Voici, dans un genre tout différent, des vers que, vingt ans plus tard, Saint-Évremond n'eût pas désavoués. Voiture écrit au duc d'Enghien au sortir d'une maladie qui avait pensé l'emporter après la campagne d'Allemagne de 1645 :

> Soyez, seigneur, bien revenu
> De tous vos combats d'Allemagne,
> Et du mal qui vous a tenu
> Sur la fin de cette campagne,
> Et qui fit penser à l'Espagne
> Qu'enfin le ciel pour son secours
> Étoit près de borner vos jours
> Et cette valeur accomplie
> Dont elle redoute le cours.
> Mais, dites-nous, je vous supplie,
> La Mort, qui, dans les champs de Mars,
> Parmi les cris et les alarmes,
> Les feux, les glaives et les dards,
> Le bruit et la fureur des armes,
> Vous parut avoir quelques charmes
> Et vous sembla belle autrefois
> A cheval et sous le harnois,
> N'a-t-elle pas une autre mine
> Lorsqu'à pas lents elle chemine
> Vers un malade qui languit,
> Et semble-t-elle pas bien laide,
> Quand elle vient, tremblante et froide,
> Prendre un homme dedans son lit? etc.

Il faut le reconnaître, pour être juste avec Voiture : il est le créateur d'une littérature particulière, la littérature de société, s'il est permis de s'exprimer ainsi ; il a excellé dans la poésie badine et légère, dans le genre des petits vers, où depuis il a eu tant d'écoliers insipides, que Voltaire a porté jusqu'à la grandeur, et qui est la meilleure partie, le titre le plus vrai de sa gloire poétique. Voiture a été fort en petit le Voltaire de l'hôtel de Rambouillet.

Je finis avec lui en rappelant à son honneur que, tout en suivant la cour, il n'avait pas les mœurs d'un courtisan. Voiture est le premier exemple de l'homme de lettres vivant parmi les grands seigneurs qui ait gardé son indépendance : il avait bien plutôt le ton et les manières passablement impertinentes de ses successeurs de la fin du xviiie siècle. Il était caustique et redouté. On prenait garde à s'attirer quelque épigramme de sa part, car cette épigramme était une flèche acérée et rapide qui faisait en quelques heures le tour de Paris et déchirait un homme à la fois en mille endroits différents. Le duc d'Enghien, qui aimait à rire et entendait fort bien la plaisanterie, parce qu'il avait lui-même beaucoup d'esprit, s'accommodait parfaitement de Voiture, en disant toutefois : Il serait insupportable, s'il était de notre condition. D'ailleurs Voiture, devançant encore en cela ses disciples du xviiie siècle, avait tiré un excellent parti de ses succès de société. Il s'était fait nommer introducteur des ambassadeurs auprès de Son Altesse royale Gaston, duc d'Orléans. Il s'était fait donner un emploi de finances qu'il n'exerçait guère, mais dont il touchait le revenu. Il avait été chargé de plus d'une mission importante, principalement auprès du comte-duc d'Olivarès. Il était fort bien fait dans sa petite personne et se mettait avec le meilleur goût. Il était d'office le chevalier, l'amoureux, et, comme on disait alors, le mourant de toutes les belles dames, particulièrement de la jolie Mlle Paulet, que ses manières un peu hardies et ses cheveux d'un blond un peu vif avaient fait appeler la lionne de l'hôtel de Rambouillet.

Tel est le monde où, vers 1635 ou 1636, après le grand bal qui enleva Mlle de Bourbon aux Carmélites, la princesse de Condé conduisit sa fille avec son fils, le jeune duc d'Enghien. Ils n'y arrivaient pas sans préparation. L'hôtel de Condé était aussi le rendez-vous de la meilleure compagnie. Situé dans le vaste emplacement qui comprend aujourd'hui la rue de Condé, la rue, la place et le théâtre de l'Odéon jusqu'à la rue des Fossés-Monsieur-le-Prince, il était, dit Sauval[1], « bâti magnifiquement, » et Mme la Princesse en faisait les honneurs avec une dignité presque royale, tempérée par la grâce et l'esprit. Lenet, auquel il faut toujours en revenir dès qu'il s'agit des Condé, nous apprend que Mme la Princesse avait pris grand soin de former ses enfants aux belles manières : « Marguerite de Montmorency[2], qui avait été la beauté, la bonne grâce et la majesté de son siècle, et qui l'a été proportionnément à son âge jusques à sa mort, avait toujours un cercle de dames les plus qualifiées et les plus spirituelles de la cour. Là se

---

1. T. II, p. 66. C'était l'ancien hôtel de Gondi, *le plus magnifique du temps*, dit encore Sauval, *ibid.*, p. 131. Perelle a gravé l'hôtel et les jardins.

2. Lenet, édit. Michaud, p. 447 et 450.

trouvait tout ce qu'il y avait de plus galant, de plus honnête et de plus relevé par la naissance et par le mérite. Le jeune prince commença à s'y plaire ; il s'y rendit autant assidu qu'il le put, et y prit les premières teintures de cette honnête et galante civilité qu'il a toujours eue, et qu'il conserve encore pour les dames.... Mlle de Bourbon, sa sœur, qui fut après la duchesse de Longueville, était pleine d'esprit et d'une rare beauté. » On conçoit donc aisément comment les deux jeunes gens furent reçus à l'hôtel de Rambouillet. Ils y jetèrent d'abord le plus grand éclat.

Mlle de Bourbon était la personne que nous avons décrite, avec ses beaux yeux bleus, ses blonds cheveux, sa riche taille, ses grâces nonchalantes et languissantes, toute faite aussi, par la tournure de son esprit et de son caractère, pour devenir une écolière accomplie de l'hôtel de Rambouillet. Il y avait en elle un fonds inné de fierté qui sommeillait dans la vie ordinaire, mais se réveillait promptement dans les occasions. Elle avait l'instinct du grand en toutes choses. Son esprit était de la trempe la plus fine, mais sa délicatesse tournait aisément à la subtilité. Tendre surtout, la galanterie platonique, qui était à l'ordre du jour dans la maison, la devait charmer sans lui faire peur, car son rang la protégeait, et d'ailleurs elle le dit elle-même dans la plus humble confession [1] : les plaisirs des sens ne l'attirèrent ja-

---

1. IIIe partie.

mais. Ce qui la touchait et finit par l'égarer, c'était le besoin d'être aimée, et aussi le désir de paraître, de montrer, comme on disait alors, le pouvoir de son esprit et de ses yeux.

Son frère, le duc d'Enghien, avait sa hauteur, mais nullement sa délicatesse. Malgré tous les efforts de sa mère et l'exemple de sa sœur, le ton dégagé de l'homme de guerre domina toujours en lui, et il porta souvent la liberté de l'esprit et du langage jusqu'à la licence. Sans être beau, il était bien fait, et, quand il était paré, il avait très-bon air. Ses yeux ardents, son nez fortement aquilin, quelques dents un peu trop avancées, des cheveux abondants et presque toujours en désordre, lui donnaient un air d'aigle lorsqu'il s'animait[1]. Il avait l'esprit agréable, une gaieté qui n'éclatait jamais plus volontiers qu'au milieu des dangers, et qui ne l'abandonna pas en prison. Quoi qu'on en ait dit, il était plein de cœur. Il aimait ses amis; il n'en a jamais trahi un seul. Il en exigeait beaucoup, mais il leur donnait beaucoup. Il prodiguait leur sang, comme le sien, sur les champs de bataille; mais il les poussait et demandait pour eux encore plus que pour lui. Un autre, après Rocroy, eût été jaloux de Gassion, qui passait pour

1. On se trompe quand on croit connaître la figure du grand Condé en voyant le portrait célèbre de Nanteuil; ce portrait est de 1662; il représente Condé fatigué et vieilli, après la guerre civile. Il faut chercher le vainqueur de Rocroy et de Lens dans les portraits d'Haret, de Michel Lasne, et surtout de Duret.

avoir conseillé la manœuvre qui décida du sort de la journée; lui, du champ de bataille, demanda pour Gassion le bâton de maréchal de France, et la charge de maréchal de camp pour Sirot, qui, à la tête de la réserve, avait achevé la victoire. Lorsqu'au combat de la rue Saint-Antoine, échappé à grand'peine du carnage, harassé de fatigue, défait, couvert de sang, il arriva l'épée encore à la main chez Mademoiselle, son premier cri fut, avec un torrent de larmes: « Ah! madame, vous voyez un homme qui a perdu tous ses amis! » A Bruxelles, quand il négocia sa rentrée en France, il mit dans les conditions de son traité tous ceux qui l'avaient suivi. Après cela, il était prince, et se permettait tout en paroles. Il a fait des vers très-spirituels, mais satiriques et quelque peu soldatesques[1]. Il aima une fois, et à l'espagnole, selon toutes les règles de l'hôtel de Rambouillet. Tout à l'heure, nous ferons connaître l'objet de cette passion touchante qui honore à jamais le grand Condé; mais nous pouvons dire d'avance que l'héroïne était digne du héros.

Représentez-vous ces deux jeunes gens à l'hôtel de Rambouillet. Condé s'y amusait beaucoup et riait très-volontiers avec Voiture et les beaux esprits à sa suite; mais son homme était particulièrement Corneille. Celui-ci, qui était pauvre et aimait un peu l'argent, s'est plaint à Segrais, Normand comme

---

1. Plus bas, p. 183, etc.

lui [1], que le prince de Condé, qui professait tant d'admiration pour ses ouvrages, ne lui ait jamais fait de grandes largesses. Segrais ne savait donc pas que, jusqu'à la mort de son père en 1646, le duc d'Enghien n'avait rien que sa gloire, qu'il n'aurait pas pu donner la moindre pension, et quelle pension, je vous prie, eût valu Condé assistant à la première représentation de *Cinna* et laissant éclater ses sanglots à ces incomparables vers :

> Soyons amis, Cinna, c'est moi qui t'en convie, etc.

Disons aussi en passant que ce même Condé, qui était admirateur enthousiaste de Corneille, devint l'ami de Bossuet, et défendit toujours Molière. Il avait pu voir Bossuet presque enfant commencer sa carrière de prédicateur à l'hôtel de Rambouillet; il avait assisté, il avait pensé prendre part aux luttes brillantes de son doctorat; sur la fin de sa vie il recherchait sa conversation, et il a trouvé en lui l'historien, je ne dis pas seulement le plus éloquent, mais le plus exact, le peintre le plus fidèle de Rocroy, surtout le plus digne interprète de ce grand cœur, immortel foyer du bien et du beau en tout genre.

Mlle de Bourbon devint bien vite un des plus brillants ornements de l'hôtel de Rambouillet. Elle y rencontra la marquise de Sablé, belle encore, célèbre par son admiration pour les mœurs espagnoles et

---

1. *Mémoires anecdotes*, p. 103.

par ses amours avec Montmorency. Mme de Sablé guida les premiers pas de sa jeune amie, et vingt-cinq ans après elle la recueillit à ce commun rendez-vous des nobles cœurs désabusés, la religion. Mais Mlle de Bourbon était alors au matin de la vie, et, sans songer aux orages qui l'attendaient, échappée des Carmélites, elle s'abandonnait à tous les plaisirs qui venaient au-devant d'elle.

Comme son frère, elle admirait Corneille ; mais elle avait un goût particulier pour Voiture, et ce goût-là ne la quitta jamais. Elle pensa, elle parla toujours de Voiture comme Mme de Sévigné. Et ce n'est pas seulement l'agrément de son esprit qui lui plaisait, elle était touchée sans doute de la sensibilté que nous y avons relevée, et qui met pour nous Voiture au-dessus de tous ses rivaux. Dans la fameuse querelle des deux sonnets sur Job et sur Uranie, qui partagèrent la cour et la ville, les salons et l'Académie, quand tout le monde était pour Benserade, Mme de Longueville, alors l'arbitre du goût et de la suprême élégance, prit en main la cause de Voiture et ramena l'opinion. On a fait un volume sur cette querelle : elle n'est pas épuisée, et nous la reprendrons plus tard à l'aide de pièces nouvelles qui, en faisant connaître pour la première fois les motifs de Mme de Longueville, nous révéleront la délicatesse de son esprit, qui tenait à celle de son cœur [1].

1. Plus bas, chap. iv.

Mlle de Bourbon fit aussi connaissance à l'hôtel de Rambouillet avec Chapelain, instruit, modéré, discret, ami sincère de la bonne littérature, et qui eût pu devenir un écrivain du troisième, peut-être même du second ordre, ainsi que son ami Pélisson, si, comme le disait Boileau dont tous les traits d'esprit sont de sérieux jugements, il se fût contenté d'écrire en prose. Mlle de Bourbon prit de l'estime pour Chapelain, et, quand elle fut mariée, elle lui fit donner une assez forte pension par M. de Longueville, pour travailler avec sécurité à cette fameuse *Pucelle* qui devait être l'Iliade de la France, qu'on applaudissait d'avance dans le cénacle de la rue Saint-Thomas-du-Louvre, et à laquelle la jeune admiratrice de Corneille et de Voiture avait déjà l'esprit de s'ennuyer.

Parmi les beaux esprits médiocres qu'elle rencontra dans l'illustre hôtel, était Godeau, petit abbé qu'on appelait dans la maison le nain de Julie, et qui pendant toute sa vie, tour à tour évêque de Grasse et de Vence, a entretenu un commerce de lettres moitié dévotes, moitié galantes avec Mlle de Bourbon et Mme de Longueville [1]. Il y avait aussi Esprit, de

---

1. Voici dans quel style il écrit de Grasse, le 18 décembre 1637, à Mlle de Bourbon : « Mademoiselle, je suis bien glorieux d'apprendre que celle qui est dans le cœur de tout le monde craigne de n'être pas dans ma mémoire. Quand elle serait un temple, vous y pourriez avoir place ; jugez donc si je n'ai pas intérêt de vous y conserver, afin que vous la rendiez précieuse, de pauvre et d'infidèle qu'elle était auparavant. C'es principalement à l'autel, Mademoiselle, que vous m'êtes présente. Je

l'Académie Française, qui joua toute sorte de rôles : d'abord homme de lettres et commensal de M. le chancelier qui le mit à l'Académie, puis tout à coup prêtre de l'Oratoire, puis redevenu homme du monde et père de famille, qui ne devait pas être sans mérite, car il eut de son temps l'estime de fort bons juges ; attaché plus tard à l'ambassade de Munster, un des pensionnaires de M. et de Mme de Longueville, précepteur de leurs neveux, les petits princes de Conti, tenant une assez grande place dans le salon de Mme de Sablé, consulté par La Rochefoucauld, passant même pour un des auteurs des *Maximes*, et qui aurait gardé peut-être cette réputation, si l'on n'avait eu l'imprudence d'en imprimer un ouvrage en 1678 [1].

Je me ferais scrupule d'oublier à l'hôtel de Rambouillet Mlle de Scudéry. C'était une personne assez laide, mais d'un talent véritable, écrivant trop vite

---

demande bien à Dieu qu'il ajoute d'autres lys à ceux de votre couronne, mais je lui demande aussi qu'il y mêle l'amour des épines de son fils, et qu'il vous affermisse dans le généreux mépris de la grandeur où je vous ai vue (allusion à la pensée qu'avait eue Mlle de Bourbon de se faire carmélite). » Ailleurs, 3 mai 1641 : « ..... Notre-Seigneur est bon, mais il est jaloux, et il vaudrait mieux n'avoir jamais goûté son esprit que de s'en dégoûter et le laisser s'éteindre. Les roses ont des épines qui défendent leur beauté, mais les princesses sont au milieu des roses qui ne les garantissent pas des tentations que les plaisirs du monde leur inspirent..... » Voyez *Lettres de M. Godeau, évêque de Vence, sur divers sujets*; Paris, 1713, p. 17 et p. 143.

1. *De la Fausseté des Vertus humaines*, par M. Esprit; in-12, deux vol., Paris, 1678. Voyez la iiie partie.

peut-être, mais avec une correction et une politesse qui n'étaient pas communes vers 1640. Elle jouissait d'une grande considération et la méritait. Leibnitz a recherché l'honneur de sa correspondance. Elle faisait des vers fort goûtés de leur temps, et qui nous paraissent encore très-agréables. Ses romans sont si longs et les épisodes s'y embarrassent tellement les uns dans les autres, qu'il est absolument impossible de les lire en entier aujourd'hui ; mais ceux qui oseront s'engager dans ce labyrinthe y rencontreront çà et là des portraits bien faits et très-ressemblants, quoiqu'un peu flattés, d'originaux illustres, à peine déguisés sous des noms grecs, persans et romains, d'exactes descriptions des plus beaux lieux et des plus magnifiques palais de France et de Paris, transportés à Rome ou en Arménie, les grands sentiments alors à la mode, des tendresses d'un platonisme alambiqué, des conversations quelquefois un peu fades, quelquefois un peu raffinées, mais qui donnent une bien agréable idée des conversations réelles que Mlle de Scudéry tâchait d'imiter. Un jour, Mme de La Fayette abrégera ces peintures et ces discours, elle ôtera ces fadeurs et ces langueurs, elle adoucira ces subtilités ; mais elle gardera le charme de ces mœurs héroïques et galantes, et les esprits délicats qui aujourd'hui encore font leurs délices de *Zaïde* et de *la Princesse de Clèves*, de la *Bérénice* de Racine, de la *Psyché* de Molière et de Corneille, ne liront pas sans plaisir certains chapitres du *Grand Cyrus*. Georges Scudéry lui-même, insupportable par son amour-propre et son style de matamore, était un homme d'honneur, très-sûr en amitié, et qui, dans les moments les plus difficiles, devant Mazarin, dont il dépendait, garda hautement sa fidélité à Condé et à sa sœur [1].

J'ai dû citer ces divers personnages, parce qu'ils reparaissent dans la vie de Mme de Longueville. Dès l'hôtel de Rambouillet, ils s'attachèrent à Mlle de Bourbon et commencèrent sa réputation, qui grandit rapidement d'année en année.

Mlle de Bourbon passait tous les hivers à Paris, à l'hôtel de Condé, au Louvre, au palais Cardinal, dans quelques hôtels de la Place-Royale, surtout à l'hôtel de Rambouillet, parmi les bals, les concerts, les comédies, les conversations galantes, et partout elle brillait par les grâces de son esprit et de sa personne. L'été, d'autres plaisirs : elle allait à Fontainebleau avec la cour, ou chez sa mère à Chantilly, ou à Ruel chez le cardinal de Richelieu et la duchesse d'Aiguillon, ou bien à Liancourt chez la duchesse de Liancourt, Jeanne de Schomberg, ou bien encore à Labarre, près Paris, chez la baronne Du Vigean, d'une naissance moins relevée, mais d'une très-grande fortune, qui avait la plus aimable famille, un fils aîné, le marquis de Fors, un des plus braves ca-

---

1. Voyez la IIe partie.

marades du duc d'Enghien, et deux filles charmantes, recherchées par tout ce qu'il y avait de grands seigneurs jeunes et galants. Avant comme après son mariage, Mlle de Bourbon se partageait entre ces diverses résidences, qui rivalisaient entre elles de magnificence et d'agrément. Naturellement, c'était auprès de sa mère, à Chantilly, qu'elle était le plus souvent.

Il faut voir dans Du Cerceau [1] et dans Perelle [2] ce qu'était Chantilly au commencement et à la fin du XVIIe siècle. Ce vaste et beau domaine était depuis longtemps aux Montmorency, et il vint aux Condé en 1632 par Mme la Princesse, à la mort de son frère, décapité à Toulouse. Il rassemble donc les souvenirs des deux plus grandes familles militaires de l'ancienne France. Le connétable Anne et Louis de Bourbon y sont partout, et ces deux ombres couvriront et protégeront à jamais Chantilly, tant qu'il restera parmi nous quelque piété patriotique, quelque orgueil national. Les Montmorency ont transmis aux Condé le charmant château, un peu antérieur à la renaissance, que Du Cerceau a fait connaître dans tous ses détails. C'est le grand Condé, dans les quinze dernières années de sa vie, qui, trouvant

1. *Les plus excellens Bâtiments de France*, in-fol., 1607, t. II. Plusieurs planches sur le château, rien sur les jardins.

2. *Veues des plus beaux bâtiments de France*, par Perelle. — *Veue en érale du château de Chantilly, de ses canaux, fontaines et bosquets*, etc.

alentour les plus beaux bois, une vraie forêt, avec un grand canal semblable à une rivière, des eaux abondantes et de vastes jardins, en a tiré les merveilles que le burin de Perelle nous a conservées, et que Bossuet n'a pu s'empêcher de louer, ces fontaines, ces cascades, ces grottes, ces pavillons, « ces superbes allées, ces jets d'eau qui ne se taisaient ni jour ni nuit [1]. » Ils se taisent aujourd'hui. Le mauvais goût du xviiie siècle et les révolutions ont dégradé Chantilly. Un prince digne de son nom avait entrepris de le rendre à sa beauté première. Il y voulait mettre toute la fortune que les malheurs de la maison de Condé lui avaient apportée, et celle qu'il tenait de sa propre maison. Le jeune capitaine avait rêvé de revenir un jour, après avoir étendu et assuré la domination française en Afrique, se reposer avec ses lieutenants dans la demeure sacrée des Montmorency et des Condé, restaurée et embellie de ses mains. La Providence en a disposé autrement, et Chantilly attend encore une main réparatrice. Mais revenons au Chantilly du milieu du xviie siècle, avant l'époque de sa plus grande magnificence, entre la description de Du Cerceau et celle de Perelle.

C'était déjà un délicieux séjour. Mme la Princesse s'y plaisait beaucoup, et y passait avec ses enfants presque tous les étés. Elle emmenait avec elle une petite cour composée des amis de son fils et des amies

---

1. Bossuet, oraison funèbre du grand Condé.

de sa fille, avec quelques beaux esprits, et particulièrement Voiture, dont on ne se pouvait passer. A défaut de Voiture, on avait sa monnaie, Montreuil ou Sarrazin, attachés à la maison de Condé, et qui furent successivement secrétaires de Condé, du prince de Conti et de Mme de Longueville. Ils avaient l'esprit fin et agréable, et Boileau, dans sa lettre à Perrault, nomme Sarrazin après Voiture. M. le Prince, peu sensible aux douceurs de la campagne, restait ordinairement à Paris pour suivre ses desseins et sa fortune. Mme la Princesse ne haïssait pas les divertissements et la jeunesse s'y livrait avec ardeur. On faisait la cour aux dames. Pendant la chaleur du jour, on s'amusait à lire des romans ou des poésies; le soir, on faisait de longues promenades avec de longues conversations. On vivait à la manière de l'Astrée, en attendant les aventures du grand Cyrus. Même en 1650, après la mort de son mari, pendant la captivité de ses deux fils et de son gendre, et l'exil de sa fille, les troubles de la guerre civile et le bruit des armes, Lenet nous raconte comment la princesse de Condé passait le temps à Chantilly [1].
« Les promenades étaient les plus agréables du monde... Les soirées n'étaient pas moins divertissantes. On se retirait dans l'appartement de la princesse où l'on jouait à divers jeux. Il y avait souvent de belles voix, et surtout des conversations agréa-

1. Édition Michaud, p. 229.

bles, et des récits d'intrigues de cour ou de galanterie, qui faisaient passer la vie avec autant de douceur qu'il était possible.... Ces divertissements étaient troublés par les mauvaises nouvelles qu'on apportait ou qu'on écrivait. C'était un plaisir très-grand de voir toutes ces jeunes dames tristes ou gaies, suivant les visites rares ou fréquentes qui leur venaient, et suivant la nature des lettres qu'elles recevaient; et, comme on savait à peu près les affaires des unes et des autres, il était aisé d'y entrer assez avant pour s'en divertir. On voyait à tous moments arriver des visites ou des messages qui donnaient de grandes jalousies à celles qui n'en recevaient point, et tout cela nous attirait des chansons, des sonnets et des élégies qui ne divertissaient pas moins les indifférents que les intéressés. On faisait des bouts-rimés et des énigmes qui occupaient le temps aux heures perdues. On voyait les unes et les autres se promener sur le bord des étangs, dans les allées du jardin ou du parc, sur la terrasse ou sur la pelouse, seules ou en troupe, suivant l'humeur où elles étaient, pendant que d'autres chantaient un air ou récitaient des vers, ou lisaient des romans sur un balcon ou en se promenant ou couchées sur l'herbe. Jamais on n'a vu un si beau lieu, dans une si belle saison, rempli de meilleure ni de plus aimable compagnie. »

Mais avant 1650, avant la Fronde, qui divisa toute la société française, Chantilly était un séjour bien plus agréable encore. Jugez-en par cette lettre que Sarrazin écrivait de Chantilly, au commencement de 1648, à Mlle de Rambouillet, devenue Mme de Montausier, qui venait de partir avec son mari pour leur gouvernement de Saintonge et d'Angoumois [1] :

> Ni tout ce qu'on a dit de l'heureuse contrée
> Où messire Honoré [2] fit adorer Astrée,
> Ni tout ce qu'on a peint des superbes beautés
>   De ces grands palais enchantés
> Où l'amoureuse Armide et l'amoureuse Alcine
>   Emprisonnèrent leurs blondins,
> Ni les inventions de ces plaisants jardins
>   Que, malgré Falerine,
> Détruisit le plus fier de tous les Paladins,
>   Tout cela, quoy qu'en veuillent dire
>   Les gens qui nous en ont conté,
> Est moins beau que le lieu dont je vous ay daté,
>   Et d'où je prétens vous écrire
> En stile de roman la pure vérité.

« Le bruit que le zéphir excite parmi les feuilles des bocages quand la nuit va couvrir la terre agitoit doucement la forêt de Chantilly, lorsque, dans la grande route, trois nymphes apparurent au solitaire Tircis. Elles n'étoient pas de ces pauvres nymphes des bois, plus dignes de pitié que d'envie, qui, pour logis et pour habit, n'ont que l'écorce des arbres. Leur

---

1. *Œuvres de M. Sarrazin*, à Paris, in-4°, 1656, p. 231. Cette première édition a été reproduite en deux petits volumes en 1663 et en 1685. En 1674 parurent les *Nouvelles Œuvres de Sarrazin*, en deux parties, contenant de la prose et des vers.
2. Honoré d'Urfé.

équipage étoit superbe et leurs vêtements brillants...
La plus âgée, par la majesté de son visage, imprimoit un profond respect à ceux qui l'approchoient. Celle qui se trouvoit à côté faisoit éclater une beauté plus accomplie que la peinture, la sculpture ni la poésie n'en ont pu jamais imaginer. La troisième avoit cet air aisé et facile que l'on donne aux Grâces.

>Aux deux côtés alloient deux demi-dieux,
>L'un d'un air doux et l'autre audacieux;
>L'un, comme un vray foudre de guerre,
>   Par Mars n'étoit pas égalé;
>L'autre avecque raison pouvoit être appelé
>   Les délices de la terre.

C'est-à-dire, Madame, que hier au soir, entre chien et loup, je rencontray dans la grande route de Chantilly Mme la Princesse, qui s'y promenoit, et qui n'eut jamais tant de santé, accompagnée de Mme de Longueville, qui n'eut jamais tant de beauté, et de Mme de Saint-Loup[1], qui n'eut jamais tant de gaieté, toutes trois en déshabillé et en calèche, suivies des princes de Condé et de Conty... Mme la Princesse m'ayant aperçu m'appela et me dit : « Sarrazin, je « veux que vous alliez tout à cette heure escrire à « Mme de Montausier que jamais Chantilly n'a esté plus « beau, que jamais on n'y a mieux passé le temps, « qu'on ne l'y a jamais davantage souhaitée, et qu'elle

---

1. Mlle Chateignier de La Rocheposay, une des plus jolies personnes, fort courtisée du duc de Candale, le frère de Mlle d'Épernon. Voyez la IIIe partie.

« se mocque d'estre en Saintonge pendant que nous
« sommes icy :

>   Mandez-lui ce que nous faisons,
>   Mandez-lui ce que nous disons.
>   J'obéis comme on me commande,
>   Et voici que je vous le mande.
> Quand l'Aurore, sortant des portes d'Orient,
> Fait voir aux Indiens son visage riant,
> Que des petits oiseaux les troupes éveillées
> Renouvellent leur chant sous les vertes feuillées,
> Que partout le travail commence avec effort,
>   A Chantilly l'on dort.
> Aussi, lorsque la nuit étend ses sombres voiles,
> Que la lune, brillant au milieu des étoiles,
> D'une heure pour le moins a passé la minuit,
>   Que le calme a chassé le bruit,
> Que dans tout l'univers tout le monde sommeille,
>   A Chantilly l'on veille.
>   Entre ces deux extrémités,
>   Que nous passons bien notre vie,
>   Et que la maison de Silvie[1]
>   A d'aimables diversités !
> . . . .
>   Icy nous avons la musique
>   De luths, de violons et de voix ;
>   Nous goûtons les plaisirs des bois,
> Et des chiens et du cor et du veneur qui pique.
>   Tantost à cheval nous volons,
>   Et brusquement nous enfilons
>   La bague au bout de la carrière ;
>   Nous combattons à la barrière ;
>   Nous faisons de jolis tournois, etc.
> . . . .
>   Conterai-je dans cet écrit
> Les plaisirs innocents que goûte notre esprit ?
> Dirai-je qu'Ablancourt, Calprenède et Corneille,

Voyez la jolie gravure de Perelle.

> C'est-à-dire vulgairement
> Les vers, l'histoire, le romant,
> Nous divertissent à merveille,
> Et que nos entretiens n'ont rien que de charmant? etc.

Imaginez par là ce que devait être Chantilly huit ou dix ans auparavant, quand tout y était jeune, quand le grand Condé était encore le duc d'Enghien, Mme de Longueville Mlle de Bourbon, Mme de Montausier Mlle de Rambouillet, quand, au lieu de la guerre civile, une paix florissante ou de glorieuses victoires remplissaient tous les cœurs d'allégresse. Le duc d'Enghien n'y était jamais qu'entouré de jeunes gentilshommes galants et braves, qui plus tard combattirent avec lui à Rocroy, à Fribourg, à Dunkerque, à Lens, et qui alors partageaient ses plaisirs à l'hôtel de Condé et à Chantilly, confidents dévoués de ses desseins et de ses amours. C'étaient le duc de Nemours, tué si vite, et dont le frère, héritier de son titre, de sa beauté et de sa bravoure, périt aussi dans un duel affreux au milieu de la Fronde; Coligny, mort également à la fleur de l'âge dans un duel d'un tout autre caractère; son frère Dandelot, depuis le duc de Châtillon, un des héros de Lens, qui promettait un grand homme de guerre et qui périt à l'attaque de Charenton dans la première Fronde; Laval, le fils de la marquise de Sablé, beau, brave et spirituel, qui se distingua et fut tué au siége de Dunkerque; La Moussaye, son aide de camp et son principal officier dans toutes les batailles, mort jeune encore à Stenay en 1650 ; Chabot, qui épousa la belle et riche héritière des Rohan; Pisani, le fils de la marquise de Rambouillet, mort aussi l'épée à la main; le marquis de Fors Du Vigean, Nangis, Tavannes, Seneçay, tant d'autres parmi lesquels croissait le jeune Montmorency-Boutteville, depuis le duc-maréchal de Luxembourg; toute cette école de Condé entièrement différente de celle de Turenne, à qui le duc d'Enghien souffla de bonne heure son génie et la partie divine de l'art, comme a si bien dit Napoléon, l'instinct de la guerre, le coup d'œil qui saisit le point stratégique d'une affaire, avec l'audace et l'opiniâtreté dans l'exécution : école admirable qui commence à Rocroy et d'où sont sortis douze maréchaux, sans compter tous ces lieutenants généraux qui, jusqu'au bout du siècle, ont soutenu l'honneur de la France. C'était là la jeunesse qui s'amusait à Chantilly, et préludait à la gloire par la galanterie.

On se doute bien que Mlle de Bourbon n'avait pas plus mal choisi que son frère. Elle s'était liée avec la marquise de Sablé, qui devint l'amie de toute sa vie ; mais, beaucoup plus jeune qu'elle, elle avait des compagnes sinon plus chères, au moins plus familières : elle s'était formé une petite société intime, particulièrement composée de Mlle de Rambouillet, de Mlles Du Vigean, et de ses deux cousines, Mlles de Boutteville. Il faut convenir que c'était là un nid de beautés attrayantes et redoutables, encore unies dans leur gracieuse adolescence, mais destinées à se séparer bientôt et à devenir rivales ou ennemies.

Voiture, on le conçoit, prenait grand soin de ces belles demoiselles, et surtout de Mlle de Bourbon : il la célébrait en vers et en prose, sur tous les tons et en toute occasion. Même dans ses lettres écrites à d'autres, il ne tarit pas sur son esprit et sa beauté : « L'esprit de Mlle de Bourbon, dit-il, peut seul faire douter si sa beauté est la plus parfaite chose du monde. » Lui aussi, c'est toujours à un ange qu'il se plaît à la comparer :

> De perles, d'astres et de fleurs,
> Bourbon, le ciel fit tes couleurs,
> Et mit dedans tout ce mélange
> L'esprit d'un ange !

Ailleurs :

> L'on jugeroit par la blancheur
> De Bourbon, et par sa fraîcheur,
> Qu'elle a pris naissance des lys, etc.

C'est à elle encore qu'il adresse cette agréable chanson, destinée sans doute à être chantée à demi-voix, dans un bosquet de Chantilly, devant Mlle de Bourbon endormie :

> Notre Aurore vermeille
> Sommeille ;
> Qu'on se taise à l'entour,
> Et qu'on ne la réveille
> Que pour donner le jour [1] !

---

1. Édit. de 1745, t. Ier, etc. *Notre Aurore vermeille*, jusqu'ici parfaitement inconnue, est en effet Mlle de Bourbon elle-même, selon une

Ces dames s'attardaient-elles un peu trop à la campagne quand Voiture n'y était pas avec elles, il les rappelait à Paris dans des complaintes burlesquement sentimentales [1].

Mais on ne passait pas tout l'été à Chantilly, Mme la Princesse possédait dans le voisinage plusieurs autres terres : Marlou, La Versine, Méru, l'Isle-Adam, lieux alors charmants, et où elle allait assez fréquemment. Il fallait bien aussi visiter M. le cardinal et Mme d'Aiguillon dans leur belle résidence d'été à Ruel, sur les bords de la Seine, entre Saint-Germain et Paris [2]. On trouvait là des plaisirs tout différents de ceux de Chantilly. L'art régnait à Ruel. Il y avait un théâtre comme à Paris, où le cardinal faisait représenter des pièces à machines avec des appareils nouveaux apportés d'Italie. Il donnait de grands ballets mythologiques comme ceux du Louvre et des fêtes d'une magnificence presque royale, tandis qu'à Chantilly, bien plus éloigné de Paris, il y avait sans doute de la grandeur et de l'opulence, mais une grandeur pleine de calme et une opulence qui mettait surtout à son service les beautés de la nature. Ruel était tout aussi animé que le Palais-

---

ancienne tradition conservée par le recueil manuscrit de chansons dit *Recueil de Maurepas*, car vis-à-vis ce premier couplet on y trouve cette note : *Pour mademoiselle de Bourbon endormie.*

1. *Ibid.*, p. 170. Voyez aussi la chanson à Mme la Princesse sur l'air des *Landriri*; *ibid.*, p. 129.

2. Voyez les diverses vues de Ruel par Perelle.

Cardinal. Richelieu y travaillait avec ses ministres ;
il y recevait la cour, la France, l'Europe. Les affaires
y étaient mêlées aux divertissements. La duchesse
d'Aiguillon était digne de son oncle [1], ambitieuse et
prudente, dévouée à celui auquel elle devait tout,
partageant ses soucis comme sa fortune et gouvernant admirablement sa maison. Elle était encore
assez jeune, d'une beauté régulière, et on ne lui
avait pas donné d'intrigue galante. La calomnie ou
la médisance s'était portée sur ses relations avec
Richelieu et même avec Mme Du Vigean. Elle avait
plus de sens que d'esprit, et elle n'était pas le moins
du monde précieuse, quoiqu'elle fréquentât l'hôtel
de Rambouillet. Mme la Princesse n'aimait pas Richelieu : elle ne lui pardonnait pas le sang de son frère
Montmorency, que toutes ses prières et ses larmes
n'avaient pu sauver ; mais elle se laissait conduire à
la politique de son mari. Il fallut bien qu'elle donnât
les mains au mariage du duc d'Enghien avec Mlle de
Brézé, et elle était sans cesse avec ses enfants au
Palais-Cardinal et à Ruel. Elle y était reçue comme
elle ne pouvait pas ne pas l'être, et les poëtes de M. le
cardinal célébraient à l'envi la mère et la fille. Richelieu, comme on le sait, avait cinq poëtes qui tenaient
de lui pension pour travailler à son théâtre : Bois-
Robert, Colletet, l'Étoile, Corneille et Rotrou. On
les appelait les cinq auteurs, et ils ont ainsi fait en

1 Voyez la IIe partie.

commun plusieurs pièces : *l'Aveugle de Smyrne*, *la Comédie des Tuileries*, etc. Cela n'empêchait pas qu'il n'y eût auprès de son Éminence d'autres poëtes encore : Georges Scudéry, Voiture lui-même, qui faisait la cour à Richelieu et célébrait la duchesse d'Aiguillon. C'est à Ruel que, rencontrant dans une allée la reine Anne et interpellé par elle de lui faire quelques vers à l'instant même, Voiture improvisa cette petite pièce, remarquable surtout par la facilité et l'audace, où il ne craignit pas de lui parler de Buckingham. Mais les deux favoris du cardinal étaient Desmarets et Bois-Robert : il les avait mis dans les affaires, et employait leur plume en toute occasion, dans le genre léger comme dans le genre sérieux. Il paraît que Desmarets avait été chargé de faire les honneurs poétiques de Ruel à Mme la Princesse et à sa fille. On trouve en effet dans le recueil, aujourd'hui assez rare et fort peu lu, des œuvres du conseiller du roi et contrôleur des guerres Desmarets, dédiées à Richelieu et imprimées avec luxe[1], une foule de vers assez agréables qui se chantaient dans les ballets mythologiques de Ruel, et dont plusieurs sont adressés à Mlle de Bourbon et à Mme la Princesse. Dans une *Mascarade des Grâces et des Amours s'adressant à Mme la duchesse d'Aiguillon en présence de Mme la Princesse et de Mlle de Bourbon*, les Grâces disent à celle-ci :

1. Paris, in-4º, 1641.

> Merveilleuse beauté, race de tant de rois,
> Princesse, dont l'esclat fait honte aux immortelles,
> Nous ne pensions estre que trois,
> Et nous trouvons en vous mille graces nouvelles.

Ce ne sont là que des fadeurs banales, tandis que les deux petites pièces suivantes ont au moins l'avantage de décrire la personne de Mlle de Bourbon telle qu'elle était alors, avant son mariage, quelques années après le portrait de Ducayer. On y voit Mlle de Bourbon commençant à tenir les promesses de son adolescence, et l'angélique visage, que nous a montré rapidement [1] Mme de Motteville, déjà accompagné des autres attraits de la véritable beauté :

POUR MADEMOISELLE DE BOURBON.

> Jeune beauté, merveille incomparable,
> Gloire de la cour,
> Dont le beau teint et la grace adorable
> Donnent tant d'amour,
> Ah! quel espoir de captiver ton ame,
> Puisque la flamme
> Des plus grands dieux
> Ne peut pas mériter un seul trait de tes yeux! etc.

POUR LA MÊME.

> Beau teint de lis sur qui la rose esclate,
> Attraits doux et perçans
> Qui nous charment les sens,
> Beaux cheveux blonds, belle bouche incarnate;
> Rare beauté, peut-on n'admirer pas
> Vos aimables appas?

1. Voyez le précédent chapitre, p. 127.

Sein, qui rendez tant de raisons malades,
>Monts de neige et de feux,
>Où volent tant de vœux,
Sur qui l'Amour dresse ses embuscades;
Rare beauté, etc.

>Grave douceur, taille riche et légère,
>>Ris qui nous fait mourir
>>De joie et de désir,
>D'où naît l'espoir que ta vertu modère ;
>Rare beauté, etc.

A quelques lieues de Chantilly était la belle terre de Liancourt, dont Jeanne de Schomberg, d'abord duchesse de Brissac, puis duchesse de Liancourt, avait fait un séjour magnifique. C'était une personne du plus grand mérite, qui même a laissé un écrit remarquable [1] destiné à l'éducation de sa petite-fille, Mlle de La Roche-Guyon, mariée en 1659 au fils de La Rochefoucauld. Elle se complaisait et s'entendait dans les arrangements de maison et dans les bâtiments somptueux. Elle acheta, rue de Seine, l'ancien hôtel de Bouillon, et fit élever à sa place l'hôtel de Liancourt, depuis nommé l'hôtel de La Rochefoucauld, qui s'étendait de la rue de Seine à la rue des Augustins, dans l'emplacement aujourd'hui occupé par la rue des Beaux-Arts. « A Liancourt, dit Tallemant [2], la duchesse avait fait tout ce qu'on peut pour des allées et des prairies. Tous les ans elle y ajoutait quelque nouvelle beauté. » En 1656, Silvestre

---

1. *Règlement donné par une dame de haute qualité à madame sa petite-fille*, publié d'abord en 1698, réimprimé en 1779.

2. Tallemant, t. IV, p. 806.

a dessiné et gravé les *différentes vues du chasteau et des jardins, fontaines, cascades, canaux et parterres de Liancourt* [1]. Mme la Princesse allait souvent en visite dans ce beau voisinage. Une année que la petite vérole faisait de grands ravages tout autour de Chantilly et dans les différents domaines de la princesse, Marlou, La Versine, Méru, elle envoya ses enfants avec toute leur jeune société passer quelque temps à Liancourt. Il n'y manquait que Mlles Du Vigean, que leur mère avait rappelées à Paris. Le fils unique de la maison, La Roche-Guyon, était un des amis du duc d'Enghien ; il fut tué en 1646, en servant sous lui à ce siége si meurtrier de Mardyk. On était en automne. Le jour de la Toussaint, ces demoiselles firent leurs dévotions avec l'exactitude accoutumée. Ensuite on se livra à d'honnêtes divertissements, et, faute de mieux, dans ces longs loisirs de la campagne, avec le goût dominant du bel esprit, dans la compagnie et peut-être avec l'aide de quelque secrétaire, Montreuil ou Sarrazin, on se mit à rimer tant bien que mal, en sorte que le jour de la Toussaint même on adressa à Marlou, où était Mme la Princesse, *la Vie et les miracles de sainte Marguerite-Charlotte de Montmorency, princesse de Condé, mis en vers à Liancourt*. Ces vers, dit le manuscrit

---

1. Cotin a fait une exacte *Description de Liancourt* dans ses *Œuvres galantes*, deuxième édition, 1665, p. 108-115.

auquel nous empruntons ces détails [1], furent faits sur-le-champ, et les auteurs paraissent avoir été Mlle de Bourbon et Mlles de Rambouillet, de Boutteville et de Brienne.

> Il nous reste à prier une sainte vivante,
> Une sainte charmante, etc.
>
> . . . .
>
> Sitôt qu'elle nacquit, ses beaux yeux sans pareils
> Parurent deux soleils;
> Son teint fut fait de lis, et sur ses lèvres closes
> On vit naître des roses;
> Puis elle les ouvrit et fit voir en riant
> Des perles d'Orient.
> Elle faisoit mourir par un regard aimable
> Autant que redoutable;
> Puis d'un autre soudain que la sainte jetoit,
> Elle ressuscitoit, etc., etc.

On ne pouvait oublier les deux aimables absentes, Mlles Du Vigean, qui s'ennuyaient à Paris pendant qu'on s'amusait sans elles à Liancourt. On leur écrivit donc une assez longue lettre en vers, où on leur dépeignait et le regret de ne pas les voir et les consolations qu'on se donnait. Ces vers inédits, comme les précédents, sont tout aussi médiocres; mais il ne faut pas oublier que ce sont des impromptus de jeunes filles et de grandes dames.

LETTRE [2] DE Mlle DE BOURBON ET DE Mlles DE RAMBOUILLET, DE BOUTTEVILLE ET DE BRIENNE, ENVOYÉE DE LIANCOURT A Mlles DU VIGEAN, A PARIS.

> Quatre nymphes, plus vagabondes
> Que celles des bois et des ondes,

---

1. Manuscrits de Conrart, in-4º, t. XI, p. 443. — 2. *Ibid.*, p. 851.

A deux qui d'un cœur attristé
Maudissent leur captivité.

Nous qui prétendions en tous lieux
Estre incessamment admirées,
Et que, par un trait de nos yeux,
Nous serions partout adorées ;

. . . .

Tout notre empire a disparu ;
Tout nous fuit ou nous fait la mine ;
A peine estions-nous à Méru,
Qu'il fallut fuir à La Versine.

. . . .

Là, cette peste des beautés,
Là, cette mort des plus doux charmes,
Pour rabattre nos vanités,
Nous donna de rudes alarmes.

Au bruit de ce mal dangereux,
Chacun fuit et trousse bagage ;
Car adieux tous les amoureux,
Si nos beautés faisoyent naufrage !

Pour sauver les traits de l'amour
En lieu digne de son empire,
Nous arrivons à Liancourt,
Où règne Flore avec Zéphyre,

Où cent promenoirs étendus,
Cent fontaines et cent cascades,
Cent prez, cent canaux épandus,
Sont les doux plaisirs des nayades.

Nous pensions dans un si beau lieu
Faire une assez longue demeure.
Mais voicy venir Richelieu [1],
Il en faut partir tout à l'heure.

---

1. Le cardinal, déjà vieux et malade, et que ces jeunes folles fuyaient à l'égal de la petite vérole.

> Voilà celle que les mourants [1]
> Nommoient les astres de la France;
> Mais ce sont des astres errants
> Et qui n'ont guère de puissance.

Ce qu'il y a de plus curieux et de plus inattendu, c'est que la manie de rimer gagna Condé lui-même. Comme nous l'avons dit, il avait beaucoup d'esprit et de gaieté, et il faisait très-volontiers la partie des beaux esprits qui l'entouraient. Au milieu de la Fronde, quand la guerre se faisait aussi avec des chansons, il en a fait plus d'une marquée au coin de son humeur libre et moqueuse. Dans la première guerre de Paris, où Condé, fidèle encore aux vrais intérêts de sa maison, tenait pour la cour, un des chefs les plus ardents du parti contraire était le comte de Maure, cadet du duc de Mortemart, oncle de Mme de Montespan, le mari de la spirituelle Anne Doni d'Attichy, l'intime amie de Mme de Sablé. Le comte opinait toujours, dans les conseils de la Fronde, pour les résolutions les plus téméraires. Les Mazarins le tournaient en ridicule et l'accablaient d'une grêle d'épigrammes. Bachaumont, un des auteurs du célèbre *Voyage de Chapelle et Bachaumont*, avait fait contre lui des triolets qui se terminaient ainsi [2] :

---

1. Les amants passionnés ; style de l'hôtel de Rambouillet.
2. Tallemant, t. II, p. 337, attribue ces couplets à Bachaumont ; Mme de Motteville, t. III, p. 230, les donne sans nom d'auteur, et on les retrouve avec bien d'autres dans une longue mazarinade intitulée : *Triolets de Saint-Germain*, in-4°, 1649.

> Buffle à manches de velours noir
> Porte le grand comte de Maure.
> Sur ce guerrier, qu'il fait beau voir
> Buffle à manches de velours noir !
> Condé, rentre dans ton devoir,
> Si tu ne veux qu'il te dévore.
> Buffle à manches de velours noir
> Porte le grand comte de Maure.

Condé, à ce qu'assure Tallemant, témoin bien informé et nullement suspect, ajouta le couplet suivant :

> C'est un tigre affamé de sang
> Que ce brave comte de Maure.
> Quand il combat au premier rang,
> C'est un tigre affamé de sang.
> Mais il n'y combat pas souvent ;
> C'est pourquoi Condé vit encore.
> C'est un tigre affamé de sang
> Que ce brave comte de Maure.

Il comptait parmi ses meilleurs lieutenants le comte de Marsin, le père du maréchal, bien supérieur à son fils, et qui était un véritable homme de guerre. Condé en faisait le plus grand cas ; mais il ne l'épargnait pas pour cela. Un jour, à table, en buvant à sa santé, il improvisa sur un air alors fort à la mode cette petite chanson [1], qui n'a jamais été publiée, et qui nous semble jolie et piquante :

> Je bois à toi, mon cher Marsin.
> Je crois que Mars est ton cousin,

---

[1]. Bibliothèque de l'Arsenal, *Belles-Lettres françaises*, n° 70, recueil in-fol. intitulé : *Chansons notées*, t. II, p. 66.

> Et Bellone est ta mère.
> Je ne dis rien du père,
> Car il est incertain.
> Tin, tin, trelin, tin, tin, tin.

A Liancourt, n'ayant rien à faire, et impatienté de voir sa sœur et ses belles amies rester si longtemps à l'église le jour de la Toussaint, il leur décocha cette épigramme [1] :

> Donnez-en à garder à d'autres,
> Dites cent fois vos patenôtres,
> Et marmottez en ce saint jour.
> Nous vous estimons trop habiles;
> Pour ouïr des propos d'amour,
> Vous quitteriez bientôt vigiles.

Il avait eu quelque temps avec lui à Liancourt, entre autres amis, le marquis de Roussillon, excellent officier et homme d'esprit, dont il est plus d'une fois question dans les lettres de Voiture, et l'intrépide La Moussaye, qui lui fut fidèle jusqu'au dernier soupir, et pendant la captivité de Condé alla s'enfermer avec Mme de Longueville dans la citadelle de Stenay où il mourut [2]. Roussillon et La Moussaye ayant été forcés de quitter Liancourt pour s'en aller à Lyon, Condé, comme pour imiter la lettre de sa sœur à Mlles Du Vigean, en écrivit ou en fit écrire une du même genre à ses deux amis absents. Nous donnons cette pièce presque entière, parce qu'elle

---

1. Manuscrits de Conrart, in-4°, t. XI, p. 848.
2. II° partie.

est de Condé, ou que du moins Condé y a mis la main, surtout parce qu'elle peint au naturel la vie qu'on menait alors à Liancourt, à Chantilly et dans toutes les grandes demeures de cette aristocratie du XVII° siècle, si mal appréciée, qui, pendant la paix, honorait et cultivait les arts de l'esprit, qui donna aux lettres La Rochefoucauld, Retz, Saint-Évremond, Saint-Simon, sans parler de Mme de Sévigné et de Mme de Lafayette, et qui, la guerre venue, s'élançait sur les champs de bataille et prodiguait son sang pour le service de la France. Voici les vers du futur vainqueur de Rocroy.

LETTRE [1] POUR Mgr LE DUC D'ENGUIEN, ÉCRITE DE LIANCOURT A MM. DE ROUSSILLON ET DE LA MOUSSAYE, A LYON.

Depuis votre départ nous goûtons cent délices
  Dans nos doux exercices;
Même pour exprimer nos passe-temps divers,
  Nous composons des vers.

Dans un lieu, le plus beau qui soit en tout le monde,
  Où tout plaisir abonde,
Où la nature et l'art, étalant leurs beautés,
  Font nos félicités;

Une troupe sans pair de jeunes demoiselles,
  Vertueuses et belles,
A pour son entretien cent jeunes damoiseaux
  Sages, adroits et beaux.

Chacun fait à l'envy briller sa gentillesse,
  Sa grâce et son adresse,
Et force son esprit pour plaire à la beauté
  Dont il est arrêté.

1. Manuscrits de Conrart, *ibid.*

On leur dit sa langueur dedans les promenades,
A l'entour des cascades,
Et l'on s'estime heureux du seul contentement
De dire son tourment.

Douze des plus galans, dont les voix sont hardies,
Disent des comédies
Sur un riche théâtre, en habits somptueux,
D'un ton majestueux.

On donne tous les soirs de belles sérénades,
On fait des mascarades ;
Mais surtout a paru parmi nos passe-temps
Le *Ballet du Printemps*.

. . . .

Les dames bien souvent, aux plus belles journées,
Montent des haquenées,
On volle la perdrix, ou l'on chasse le leu
En allant à Marlou.

Les amants cependant leur disent à l'oreille :
O divine merveille !
Laissez les animaux, puisque vos yeux vainqueurs
Prennent assez de cœurs.

. . . .

Voilà nos passe-temps, voilà nos exercices,
Nos jeux et nos délices.
Pensiez-vous que d'icy vous eussiez emporté
Nostre félicité [1] ?

---

1. S'écrire en vers était devenu l'amusement de toute cette jeune et ingénieuse société. Le t. XIII des Manuscrits de Conrart, in-fol., p. 337, contient une épître en vers au duc d'Enghien, quand il était à Dijon et n'avait pas vingt ans; on lui donne des nouvelles des intrigues galantes de Paris, et on termine ainsi :

« Or, sachez, Monseigneur, que chacun vous renonce,
Si, ce paquet reçu, vous ne faites reponce,
Et si vous n'exprimez avecque de beaux vers
Des dames de Dijon les entretiens divers.
Adieu, vivez content avecque ces galantes.
Nous vous sommes, Seigneur, serviteurs et servantes.
  Escrit trois mois avant juillet
  Dedans l'hôtel de Rambouillet. »

Un sentiment bien naturel nous porte à rechercher quelle a été la destinée de cette cour de jeunes et braves gentilshommes, de gaies et charmantes jeunes filles, qui entouraient alors Mlle de Bourbon et son frère. Nous avons dit celle des hommes : tous se sont illustrés à la guerre; la plupart sont morts au champ d'honneur. Mais que sont-elles devenues leurs aimables compagnes, cet essaim de jeunes beautés que nous avons suivies sur les pas de Mlle de Bourbon à Chantilly, à Ruel, à Liancourt, ces cinq inséparables amies dont nous avons publié des vers moins gracieux que leur figure, Mlle de Rambouillet, Mlle de Brienne, Mlle de Montmorency-Boutteville, Mlles Du Vigean? Elles ont eu les fortunes les plus dissemblables, que nous allons rapidement indiquer.

Marie-Antoinette de Lomélie, fille du comte de Brienne, un des ministres de la reine Anne, épousa, en 1642, le marquis de Gamache, qui devint lieutenant général. On peut voir son portrait tracé par elle-même dans les *Portraits* de Mademoiselle, avec ceux de son père et de sa mère. Elle n'a point fait de bruit; toute sa vie s'est écoulée honnête et pieuse. Elle est morte à l'âge de quatre-vingts ans, en 1704. Elle a constamment entretenu avec Mme de Longueville le commerce le plus amical. C'était la moins brillante des cinq amies; elle a été la plus heureuse.

On sait ce que devint Mlle de Rambouillet. Spirituelle, mais ambitieuse, après avoir épousé Montausier en 1645, elle rechercha, ainsi que son mari, les faveurs de la cour, et elle les obtint en en payant la rançon. Il est assez triste d'avoir commencé par être, dans sa jeunesse, si sévère à ses amants, comme on disait à l'hôtel de Rambouillet, et de ne s'être mariée que par grâce en quelque sorte, comme l'Armande des *Femmes savantes*, pour finir par être une duègne des plus complaisantes. Nommée d'abord dame d'honneur de la reine Marie-Thérèse, elle eut, en 1664, le courage de prendre la place de la vertueuse duchesse de Navailles, qui ne s'était point prêtée aux amours du jeune roi Louis XIV et de Mlle de La Vallière. De là des accusations très-vraisemblables accueillies par la bienveillante Mme de Motteville elle-même, et que plus tard confirma sa faible conduite, quand le roi abandonna Mlle de La Vallière pour Mme de Montespan [1]. C'est au milieu de tous ces

---

1. *Mémoires*, t. VI, p. 105. « Cette dame ne haïssait pas la cour. Elle désirait l'approbation générale, et plus ardemment encore de ceux qui avaient du crédit, car naturellement elle avait de l'âpreté pour tout ce qui s'appelle la faveur. » — *Ibid.*, p. 167. « Selon ce que j'ai dit de madame de Montausier, il est aisé de juger qu'elle devait être agréable au roi, non-seulement parce qu'elle avait de belles qualités, mais à cause que le mérite qui était en elle était entièrement tourné à la mode du monde. » Un jour que la reine mère avait reçu malgré elle mademoiselle de La Vallière, madame de Montausier applaudit à cette condescendance, qui avait pénétré de douleur la reine Marie-Thérèse. *Ibid.* « Je ne puis, en cet endroit, m'empêcher de dire une chose qui peut faire voir combien les gens de la cour pour l'ordinaire ont le cœur et l'esprit gâtés. Dans ce même moment que la reine m'avoit commandé d'aller parler à la reine sa mère, je rencontrai madame de Montausier

bruits que son mari fut nommé gouverneur du Dauphin. Montausier était assurément un homme de mérite, et, comme sa femme, il avait de grandes qualités qu'il gâtait par de grands défauts. Il étalait un faste de vertu sous lequel se cachaient bien des misères. Il ne se gênait pas pour censurer tout le monde, et ne souffrait pas qu'on manquât en rien à ce qu'il croyait lui être dû. Il était brusque, emporté,

qui étoit ravie de ce dont la reine étoit au désespoir. Elle me dit avec une exclamation de joye : Voyez-vous, madame, la reine mère a fait une action admirable d'avoir voulu voir La Vallière. Voilà le tour d'une très-habile femme et d'une bonne politique. Mais, ajouta cette dame, elle est si foible que nous ne pouvons pas esperer qu'elle soutienne cette action comme elle le devroit. Véritablement je fus estonnée de voir, dans la comedie de ce monde, combien la différence des sentiments fait jouer de différents personnages, et ne voulant pas lui répondre, je la quittai... Le duc de Montausier, qui étoit en reputation d'homme d'honneur, me donna quasi en mesme temps une pareille peine, car, en parlant du chagrin que la reine mère avoit eu contre la comtesse de Brancas, il me dit ces mots : Ah! vraiment la reine est bien plaisante d'avoir trouvé mauvais que madame de Brancas ait eu de la complaisance pour le roi en tenant compagnie à mademoiselle de La Vallière. Si elle estoit habile et sage, elle devroit estre bien aise que le roi fust amoureux de mademoiselle de Brancas; car etant fille d'un homme qui est à elle (le comte de Brancas était chevalier d'honneur de la reine mère) et son premier domestique, lui, sa femme et sa fille lui rendroient de bons offices auprès du roi. » Quand vinrent les amours du roi avec madame de Montespan, madame de Montausier ne fut pas plus sévère, *Mémoires de Mademoiselle*, t. V, p. 254 : « Madame de Montespan s'en alloit demeurer dans la chambre qui estoit l'appartement de madame de Montausier, proche de celle du roi ; et l'on avoit remarqué que l'on avoit oté une sentinelle que l'on avoit mise jusque-là dans un degré qui avoit communication du logement du roi à celui de madame de Montespan... On me mande, dit la reine, que c'est madame de Montausier qui conduit cette intrigue, qu'elle me trompe, que le roi ne bougeoit d'avec madame de Montes-

d'une morgue et d'une hauteur insupportables [1]. Chargé, à titre provisoire et par commission, du gouvernement de Normandie, à la mort de M. de Longueville, en 1663, il trancha du prince du sang, et exigea qu'on lui rendît tout ce qu'on rendait à M. de Longueville lui-même. Dur à ses inférieurs, difficile avec ses égaux, il savait parfaitement ménager son crédit et pousser sa fortune. Né protestant, il se convertit par passion pour sa femme, et

pan chez elle. Madame de Montausier dit à la reine : Puisqu'on a voulu faire savoir à Votre Majesté que je donne des maîtresses au roi, que ne peut-on faire contre tout le monde? La reine lui répondit en termes équivoques : J'en sais plus qu'on ne croit, je ne suis la dupe de personne. » Toutes les apparences étaient contre madame de Montausier. Aussi, plus tard, Montespan, qui avait le mauvais esprit de très-mal prendre l'honneur que faisait le roi à sa femme, fit à madame de Montausier une scène des plus désagréables. Madame de Montausier s'en plaignit au roi, qui fit chercher Montespan pour le mettre en prison. Voyez *Mademoiselle*, t. VI, 82 : « Cette affaire fit grand bruit dans le monde, parce que l'outrage étoit extraordinaire à supporter pour une femme qui jusque là avoit eu bonne réputation. M. de Montausier étoit à Rambouillet; il n'apprit pas cette affaire; l'on disoit même qu'on la la lui avoit cachée; d'autres imaginoient qu'il la sçavoit, qu'habilement il lui étoit avantageux de l'ignorer. Peu de temps après il fut fait gouverneur du Dauphin, etc. »

1. S'il est vrai, comme l'assurent plusieurs contemporains, entre autres Segrais, que Montausier ait servi de modèle au *Misanthrope*, c'est que Molière, qui ne savait pas le fond des choses, voyant à la surface de l'humeur, de la hauteur et de la brusquerie, a pris l'apparence d'une vertu difficile pour la réalité. Mais Molière n'a dit son secret à personne, et vraisemblablement il n'y a point ici de secret, excepté celui du génie. Le *Misanthrope* n'est la copie d'aucun original. Bien des originaux ont posé devant le grand contemplateur et lui ont fourni mille traits particuliers ; mais le caractère entier et complet du *Misanthrope* est sa création.

aussi par politique [1]. Mme de Montausier était plus aimable, mais tout aussi soigneuse de ses intérêts. Elle est de cette école dont Mme de Maintenon est la maîtresse consommée, qui recherche plus l'apparence du bien que le bien lui-même, qui s'accommode volontiers de bassesses obscures, habilement couvertes, et met tout son soin, toute son étude à ne se pas compromettre, tandis que les âmes fières et vraiment honnêtes, que la passion égare, ne s'appliquent pas tant à masquer leurs fautes, peu soucieuses de la réputation quand la vertu est perdue. Mme de Montausier s'occupa surtout de sa considération. Elle eut la confiance du roi. Elle devint duchesse. Son sort a été brillant; a-t-il été heureux? Elle se brouilla et se raccommoda plus d'une fois avec Mme de Longueville, selon les circonstances. Elle mourut en 1671, après sa mère, la noble marquise, décédée en 1665, et elle a été enterrée comme elle dans ce couvent des Carmélites de la rue Saint-Jacques, où la plupart des amies de Mlle de Bourbon semblaient s'être donné rendez-vous pendant leur vie et après leur mort.

Mlle de Montmorency-Boutteville, Isabelle-Angélique [2], annonça de bonne heure une beauté du pre-

---

1. Tallemant, t. II, p. 243 : « Notre marquis, voyant que sa religion est un obstacle à ses desseins, en changea. Il dit qu'on se peut sauver dans l'une et dans l'autre; mais il le fit d'une façon qui sentait bien l'intérêt. »

2. Tout le monde l'appelle Élisabeth, et elle est ainsi nommée dans les documents imprimés les plus authentiques; mais dans tous nos manu-

mier ordre qu'elle conserva jusqu'à la fin. Sa cadette, Marie-Louise, lui cédait à peine en beauté, et seulement comme à son aînée, dit Lenet¹ ; elle épousa le marquis de Valençay, et disparut dix ans avant sa sœur, en 1684. Isabelle de Montmorency avait beaucoup d'esprit, et elle joignit à l'éclat de ses charmes d'abord une grande coquetterie, ensuite les plus honteux artifices. Elle débuta par un roman et finit par l'histoire la plus vulgaire. Protégée, ainsi que sa sœur et son frère, par Mme la Princesse, presque élevée avec Mlle de Bourbon et le duc d'Enghien, elle fit ou parut faire quelque impression sur celui-ci ; mais elle enflamma surtout le beau et brave Dandelot. Mme de Boutteville refusa de lui donner sa fille, parce qu'il était protestant et simple cadet, son frère aîné, Coligny, devant succéder à la fortune et au titre des Châtillon. Mais, après la mort de Coligny, Dandelot, qui prit son nom, se sentant appuyé par le duc d'En-

---

scrits elle ne signe jamais Élisabeth, et presque toujours Isabelle. Voyez plusieurs de ses lettres autographes parmi les papiers de Lenet à la Bibliothèque nationale. Une pièce manuscrite, le témoignage juridique donné par Mme de Châtillon devant une commission ecclésiastique déléguée par le pape, dans l'affaire de la canonisation de la mère Madeleine de Saint-Joseph, ne peut laisser aucun doute ; Mme de Châtillon dépose ainsi : « J'ay nom Isabelle Angelique de Montmorancy, je suis natifve de la ville de Paris ; je suis agée de trente-deux ans, fille d'Henry Francois de Montmorancy, comte de Bouteville et autres lieux, et d'Isabelle Angelique de Vienne, sa legitime epouse ; je suis vefve de Gaspard de Coligny, duc de Chastillon... » Et elle signe : « *Moy, Isabelle Angelique de Montmorancy.* » Voyez l'APPENDICE, note première.

1. Lenet, éd. Mich., p. 437.

ghien et par sa sœur, enleva Mlle de Boutteville, bien entendu avec son consentement, et après cela il fallut bien marier les deux fugitifs[1]. Il y a dans Voiture une pièce de vers un peu vive sur cet enlèvement[2], et Sarrazin fit une ballade pour célébrer la méthode des enlèvements en amour[3]. On pouvait croire qu'un mariage si passionnément désiré des deux côtés ferait longtemps le bonheur de l'un et de l'autre. Il n'en fut rien. Coligny, devenu duc de Châtillon, songea beaucoup plus à la guerre qu'à sa femme : il se couvrit de gloire à Lens; mais, comme nous l'avons dit, il périt dans un misérable combat, à Charenton, en 1649. Il faut aussi convenir qu'il s'était dérangé le premier, et en mourant il en demanda pardon à celle dont il avait surtout blessé l'orgueil[4]. La jeune et belle veuve se consola bientôt; elle s'empara du cœur de Condé, vide depuis quelque temps, et s'appliqua à le garder sans donner le sien, ou même en le donnant à un autre, habile dans l'art de mener de front ses intérêts et ses plaisirs. Les mémoires du temps, et particulièrement ceux de La Rochefoucauld, nous la peignent ménageant à la fois et l'impérieux Condé dont elle tirait

---

1. Voyez de longs détails à ce sujet dans Mme de Motteville, t. 1er, p. 292, etc.
2. Œuvres de Voiture, t. II, p. 174, épître à M. de Coligny.
3. Œuvres de Sarrazin, in-4°; Poésies, p. 74.
4. Mme de Motteville, t. III, p. 133, etc.

de grands avantages, et l'ombrageux Nemours qu'elle préférait, s'efforçant de les concilier, et de les gagner l'un et l'autre à la cour avec laquelle elle avait un traité secret. Un peu plus tard, elle se perd dans les intrigues les plus diverses, se liant avec le maréchal d'Hoquincourt et avec l'abbé Fouquet, retenant sur Condé absent le pouvoir de ses charmes, l'essayant sur le jeune roi Louis XIV, épousant en 1664 le duc de Meklembourg dans l'espoir d'une couronne en Allemagne, et laissant après elle la réputation d'avoir été aussi belle, aussi intéressée que la duchesse de Montbazon. Celle-ci possédait sans doute dans un degré supérieur les grandes parties de la beauté ; mais l'autre, moins imposante, était mille fois plus gracieuse. Elles ont été tour à tour les deux plus dangereuses rivales et les mortelles ennemies de Mme de Longueville [1].

Mais voici une personne toute différente, et dont le sort, comme le caractère, forme un parfait contraste avec celui de Mme de Châtillon ; bien belle aussi, mais moins éblouissante et plus touchante ; qui n'avait peut-être pas l'esprit et la finesse de sa séduisante amie d'enfance, mais qui n'en connut jamais les artifices et les intrigues ; qui brilla un moment pour s'éteindre vite, mais qui a laissé un souvenir vertueux et doux ; supérieure peut-être à

---

1. Voyez, sur Mme de Montbazon, le chapitre qui suit, et, sur Mme de Châtillon, l'INTRODUCTION, p. 49-53, et surtout la IIe partie.

Mlle de La Vallière elle-même, car elle aussi elle a aimé et elle a su résister à son cœur, et, sans avoir failli, trompée dans ses affections, elle a voulu finir sa vie comme la sœur Louise de la Miséricorde. Ne la plaignons pas trop : elle a goûté en ce monde un inexprimable bonheur; elle a senti battre pour elle le cœur d'un héros, celui du vainqueur de Rocroy et de Fribourg, de l'ardent et impétueux duc d'Enghien, qui ne pouvait la quitter sans verser des larmes et sans s'évanouir. Sensible à une passion si vraie et qui promettait d'être si durable, mais la désarmant en quelque sorte par le charme d'une vertu modeste et sincère, elle a fait connaître à Condé, une fois du moins en sa vie, ce que c'était que l'amour véritable. Depuis, il n'a plus connu que l'enivrement passager des sens, surtout celui de la guerre, pour laquelle il était né, qui a été sa vraie passion, sa vraie maîtresse, son parti, son pays, son roi, le grand objet de toute sa vie, et tour à tour sa honte et sa gloire.

Cette charmante créature, qui pendant plusieurs années a été l'idole de Condé, est la jeune Mlle Du Vigean. Sa destinée est si touchante, et elle est si intimement liée à celle de Mlle de Bourbon et de Mme de Longueville, qu'on nous pardonnera de nous y arrêter quelques moments.

Mlle Du Vigean était la fille cadette de François Poussart de Fors, d'abord baron, puis marquis Du

Vigean, qui par lui-même était peu de chose[1], et d'Anne de Neubourg, qui fit une assez grande figure sous Louis XIII, grâce à l'amitié de la duchesse d'Aiguillon, nièce de Richelieu. Admise dans le plus grand monde, les lettres et les poésies de Voiture témoignent que Mme Du Vigean y tenait fort bien sa place[2]. Ces succès et la liaison qui en était la source ne pouvaient manquer de lui faire des envieux, et il se répandit sur elle et Mme d'Aiguillon des bruits divers, mais également fâcheux, dont on retrouve un écho non affaibli dans la chronique scandaleuse de Tallemant et dans les chansons du temps[3]. Elle possédait à La Barre, près de Paris, au-dessus de Saint-

---

1. On ne sait trop l'origine et l'histoire des Du Vigean. Nous trouvons un Vigean protestant aux États généraux en 1615, où il joue un certain rôle. *Journal historique et Anecdotes de la cour et de Paris*, parmi les papiers manuscrits de Conrart: in-4°, t. XI, p. 238.

2. Lettre de Voiture à Mme Du Vigean en lui envoyant une élégie qu'il avait faite et qu'elle lui avait demandée, t. 1er, p. 27. C'est aussi Mme Du Vigean qu'il désigne sous le nom de la *belle baronne* dans deux couplets des pages 120 et 127 du tome II. Joignez-y des vers du *Recueil de pièces galantes de madame la comtesse de La Suze et de Pélisson*, t. Ier, p. 171 : « Vers irréguliers sur un petit sac brodé de la main de Mme Du Plessis-Guénégaud et donné à Mme Du Vigean. » Il paraît que les Du Vigean demeuraient d'abord dans le quartier Saint-Germain, ainsi que Mme d'Aiguillon, et qu'ils vinrent habiter rue Saint-Thomas-du-Louvre, car dans les manuscrits de Conrart, in-4°, t. XVII, p. 857, nous rencontrons des vers *Pour Mme Du Vigean lorsqu'elle alla loger rue Saint-Thomas-du-Louvre*. D'abord on la reçoit à l'entrée de la rue ; puis au bas de l'escalier un nain lui présente un flambeau et la chaîne du quartier, enfin une Nymphe lui offre des parfums à la porte de sa chambre.

3. Tallemant, t. II, p. 32, et Bibliothèque de l'Arsenal, *Recueil de chansons historiques*, t. Ier, p. 149.

Denis et d'Enghien, tout près de Montmorency, une charmante maison de plaisance que Voiture a décrite, et où elle recevait magnifiquement la meilleure et la plus haute compagnie, jusqu'à Mme la Princesse et Mlle de Bourbon [1].

Mme Du Vigean avait deux fils et deux filles. L'aîné des fils, le marquis de Fors, était un officier de la plus grande espérance, qui fut tué à l'âge de vingt ans, à ce siége d'Arras où le duc d'Enghien servait en volontaire. Il avait été fait deux fois prisonnier, mais il périt dans une dernière affaire, après des prodiges de valeur. Il fut pleuré par le duc d'Enghien et par tous ses camarades. On lui fit de magnifiques funérailles, et un des poëtes de Richelieu, Desmarets, lui consacra une longue élégie [2]. Son jeune frère, qui servit aussi, finit encore plus tristement : il fut assassiné, sans qu'on sache en quelles circonstances [3].

Quant aux deux sœurs, leur éloge est partout dans les poésies galantes de cette époque. On les vante, à l'égal de Mlle de Boutteville et de Mlle de Bourbon, dans une pièce du recueil manuscrit de Maurepas [4], et Voiture les met dans une revue des beautés de la

1. Œuvres, t. Ier, p. 20-25 : lettre dixième au cardinal de La Valette.
2. Desmarets, Œuvres poétiques, in-4º, 1641, p. 18-21.
3. Voyez l'Appendice, note deuxième.
4. T. II, fol. 301 :

« Doresnavant auprès des Longuevilles,
Près des Vigeans, Beuvrons et Boutevilles, etc. »

cour de Chantilly, adressée à Mme la Princesse[1]. Il se plaît à célébrer la mère et les deux filles, et particulièrement la jeune Du Vigean :

> Baronne, pleine de douceur,
> Êtes-vous mère, êtes-vous sœur
> De ces deux belles si gentilles
>   Qu'on dit vos filles ?
> . . . .
> Sur son visage (de Fors Du Vigean, la sœur ainée) et sur ses pas
> Naissent des fleurs et des appas
> Qu'ailleurs on ne voit point éclore, etc.
>
> Vigean (la plus jeune) est un soleil naissant,
> Un bouton s'épanouissant, etc.
>
> Sans savoir ce que c'est qu'amour
> Ses beaux yeux le mettent au jour,
> Et partout elle le fait naître
>   Sans le connaître [2].

Voici encore quelques mots de Voiture jusqu'ici inintelligibles et qui ont maintenant une application certaine :

> Notre Aurore de La Barre
> Est maintenant un soleil.
> . . . .
> Cette beauté souveraine
> A rallumé mes vieux ans, etc.

Évidemment le poëte veut parler de Mlle Du Vigean la cadette, qui, après avoir été un soleil naissant, une aurore, était devenue en quelques années un soleil même ; et elle est appelée l'Aurore de La Barre, du

---

1. T. 1er, p. 131.
2. *Ibid.*, p. 136.

nom de la maison de plaisance dont elle était le plus aimable ornement.

En écrivant tous ces vers en l'honneur de Mlles Du Vigean, Voiture avait sans doute sous les yeux les devises qu'on avait faites pour elles et pour leur mère, et qui sont conservées dans les papiers de Conrart [1] : « Pour Mme Du Vigean, qui avait perdu son fils aîné, un oranger ayant au pied sa plus haute branche coupée, chargée de fleurs et de fruits : *Quis dolor!* » — « Pour Mlle de Fors, sa fille aînée, une rose entre plusieurs fleurs : *Dat decor imperium.* » — Pour Mlle Du

---

[1]. Bibliothèque de l'Arsenal, manuscrits de Conrart, in-4°, t. XI, p. 855. — Les devises étaient alors à la mode, comme plus tard Mademoiselle y mit les portraits, et Mme de Sablé les maximes et les pensées. Les devises n'avaient rien d'officiel, et en cela elles ressemblaient à ce que l'on appelle aujourd'hui des cachets de fantaisie, qu'il ne faut pas confondre avec les armes des familles. On faisait des devises et des emblèmes pour soi-même et pour les autres ; on les faisait peindre, et ce devenaient de véritables ouvrages d'art. Il y en a à l'Arsenal, *Belles-Lettres françaises*, n° 348, un recueil in-folio sur vélin de toute beauté. Il avait été fait pour Mme la duchesse de La Trémouille, dont on trouve le portrait parmi ceux de Mademoiselle. Chaque devise occupe une feuille entière. On y voit entre autres celles d'Anne d'Autriche, de Mme la Princesse, de Mlle de Montpensier, de la princesse Marie, reine de Pologne, de la duchesse d'Épernon, Marie Du Cambout, de sa belle-fille Anne-Christine de Foix La Valette d'Épernon, la carmélite dont nous avons rappelé la touchante histoire, de Marguerite, duchesse de Rohan, de la marquise de Rambouillet et de sa fille Mme de Montausier, d'Anne de Fors Du Vigean, duchesse de Richelieu, de Gabrielle de Rochechouart, marquise de Thianges, sœur de Mme de Montespan, et de plusieurs autres femmes illustres du xviie siècle. Nous nous bornons à donner la devise de Mme de Longueville. Elle est bien différente de celle de Mlle de Bourbon : c'est une touffe de lis, sur une nichée de serpents, avec ces mots : *Meo moriuntur odore.*

Vigean, sa seconde fille, une bougie allumée et des papillons autour : *Oblecto, sed uro.* » Ajoutons ces deux devises, qui peignent si bien le caractère et déjà la réputation de celles qui en sont le sujet : « Pour Mlle de Rambouillet, une couronne avec cette inscription : *Me quieren todos.* » — « Pour Mlle de Bourbon, une hermine : *Intus candidior.* »

Déjà, en 1635, dans le grand bal donné au Louvre par Louis XIII, où l'on eut tant de peine à faire aller Mlle de Bourbon, et qui fut l'écueil de sa ferveur religieuse, parmi les dames qui y dansèrent avec elle, André d'Ormesson [1] cite Mlles Du Vigean. L'aînée, Anne Fors Du Vigean, était jolie, douce, insinuante [2], et, dit Mme de Motteville, ambitieuse autant qu'adulatrice. On la maria à M. de Pons, qui n'avait pas beaucoup de bien, mais qui prétendait être de l'illustre maison d'Albret. Restée veuve en 1648, maîtresse de la confiance de la duchesse d'Aiguillon, amie intime de sa mère, elle sut adroitement se faire aimer de son neveu, le jeune duc de Richelieu, et elle parvint à s'en faire épouser, malgré la duchesse et malgré la reine, grâce à la protection de Condé et de Mme de Longueville. Cette protection, qui fit sa fortune, elle la devait à des souvenirs d'enfance, surtout au sentiment tendre et profond que Condé et sa sœur avaient eu de bonne heure et qu'ils gardè-

1. Fol. 332 verso.
2. *Mémoires*, t. III, p. 393. Voyez aussi t. IV, p. 39.

rent toute leur vie pour sa cadette, la jeune, belle, honnête et infortunée Mlle Du Vigean.

Les mémoires contemporains ne donnent ni le nom particulier, ni la date précise de la naissance de cette aimable personne. Mais grâce aux documents inédits qui nous ont été communiqués, nous savons que la jeune du Vigean était née en 1622, et qu'elle s'appelait Marthe [1], nom modeste qui répond si bien à son caractère et à sa destinée. Elle était donc à peu près du même âge que Mlle de Bourbon. Elle avait été élevée avec elle, et, quand elles parurent ensemble à la cour, elles jetèrent presque le même éclat. On ne possède d'elle aucun portrait, ni peint ni gravé, ni aucune description qui en puisse tenir lieu. Ses charmes étaient encore relevés par une pudeur pleine de grâces, et les vers que nous avons cités de Voiture la montrent toute jeune, dans l'innocence et la candeur d'une beauté qui s'ignore et qui fait naître l'amour sans l'éprouver elle-même.

Disons avant tout, pour justifier Condé et celle qui accueillit ses premiers hommages, que l'inclination du duc d'Enghien pour la jeune Du Vigean précéda son mariage avec Mlle de Brézé, nièce du cardinal, et remonte jusqu'à l'année 1640, où le jeune duc

---

1. Déposition olographe dans l'affaire de la béatification de la mère Madeleine de Saint-Joseph : « *Je, seur Marthe Poussar du Vigean, ditte de Jésus, agée de 28 ans et de religion trois et demy... Ce 17 novembre 1650.* » Voyez l'Appendice, note deuxième.

menait à Paris, à l'hôtel de Condé, à Chantilly et ailleurs l'aimable vie que nous avons décrite, entouré de ses camarades de l'armée et parmi les charmantes et dangereuses compagnes de Mlle de Bourbon. C'est là qu'il rencontra Mme Du Vigean et ses deux filles, et qu'il commença, dit Lenet, « à prendre pour Mlle Du Vigean une estime et une amitié qui devint plus tard un amour fort passionné et fort tendre [1]. »

A la rigueur, le duc d'Enghien pouvait fort bien s'imaginer qu'il ne lui serait pas impossible d'obtenir de son père et du roi, c'est-à-dire du cardinal de Richelieu, leur consentement à un mariage disproportionné sans doute, mais qui n'avait rien de dégradant. Mlle Du Vigean était fort riche, et sa famille était en grand crédit ; Richelieu la favorisait, et il ne lui eût pas trop déplu de voir un prince du sang descendre un peu de son rang. Le mariage qui fut imposé à Condé quelque temps après n'était pas beaucoup plus relevé que celui-là. Un peu d'illusion était permis à l'âge et à l'impétuosité du jeune duc, et, une fois les affections engagées, elles ne cédèrent qu'au temps et à la nécessité.

Avec un pareil sentiment dans le cœur, on comprend combien le duc d'Enghien a dû souffrir du mariage auquel il fut condamné en 1641. C'est au chagrin de ce mariage qu'on attribua en grande partie la maladie qu'il fit alors. Bien que sa jeune femme,

---

1. *Mémoires de Lenet*, édit. Michaud, p. 550.

Claire-Clémence Maillé de Brézé, fût fort agréable, il ne vécut point avec elle, et forma dès lors le dessein de la répudier dès qu'il le pourrait. Il protesta contre la violence qui lui avait été faite, et consigna cette protestation dans un acte notarié, revêtu de toutes les formes légales et signé par lui, par le président de Vernon, surintendant de sa maison, et par Perrault, alors son secrétaire [1].

Nous avons raconté comment, malgré sa maladie, dès qu'il apprit que la campagne allait s'ouvrir, rien ne put le retenir, ni les prières de sa famille, ni les larmes de sa maîtresse [2]; il partit à peine convalescent et revint couvert de gloire. A son retour, il continua de « donner à Mlle Du Vigean toutes les marques d'une passion tendre et respectueuse [3]. »

En 1642, étant aux eaux de Bourbon avec le cardinal de Richelieu, le duc d'Enghien, au milieu des plus difficiles conjonctures, saisit un prétexte pour s'en venir à Paris, « où la passion qu'il avait pour Mlle Du Vigean l'appelait [4]. »

C'est surtout après la mort du cardinal, dans les années 1643 et 1644, qu'éclatèrent les amours de Condé. La galanterie étant alors à la mode, ces amours n'avaient été un mystère ni un scandale pour personne. La Bibliothèque nationale possède une histoire manuscrite de la régence d'Anne d'Autriche

---

1. Lenet. *ibid.* — 2. Plus haut, page 75.
3. Lenet, *ibid.* — 4. *Ibid.*

dont l'auteur déclare avoir été le témoin de toutes les choses qu'il raconte, et, dans une lettre adressée au prince de Condé, lui dédie en quelque sorte ces mémoires [1]. Il y est plusieurs fois question de la tendresse des deux jeunes gens. Après la campagne de Flandre, où le duc d'Orléans avait pris Gravelines et où Condé avait pris Fribourg, « ces illustres conquérants, dit notre manuscrit [2], ayant apporté leurs lauriers aux pieds de la régente, qui étoit alors à Fontainebleau, se retirèrent, le premier à Paris et l'autre à Chantilly. Si la cour de Fontainebleau surpassoit celle de Chantilly en nombre, celle-cy ne lui cédoit en rien en galanterie et en plaisirs. La princesse de Condé, les duchesses d'Anguyen et de Longueville y estoient venues, accompagnées d'une douzaine de personnes de qualité les plus aimables de France. Outre la beauté du lieu, les jeux et la promenade, la musique et la chasse, et généralement tout ce qui peut faire un séjour agréable, se trouvoient en celui-cy. La jeune Du Vigean y estoit, pour laquelle le duc d'Anguyen avoit alors beaucoup d'estime et

---

1. *Supplément Français*, n° 925. L'auteur paraît s'être appelé Maupassant. « C'est la coutume, dit-il en commençant, de tous ceux qui se meslent de traitter l'histoire, de vouloir paroistre fidèles, désintéressés et exempts de toute passion. Pour moy je ne pretends persuader personne de ma sincerité, mais j'ose bien assurer d'avoir veu la plupart des choses que j'entreprends d'escrire dont plusieurs ont passé par mes mains. »

2. Fol. 30-31.

d'amitié. Elle, de son costé, y respondoit assez, et tout le monde les favorisoit. »

Il faut voir dans les mémoires du temps, les détails de ce curieux épisode de la jeunesse de Condé, les vicissitudes de cette liaison aussi tendre qu'elle était pure, les espérances, les craintes, les jalousies, tous les troubles heureux qui accompagnent l'amour. Mlle Du Vigean avait supplié [1] Condé de dissimuler ses sentiments en public ; elle l'avait engagé, en badinant peut-être, à faire semblant d'aimer Mlle de Boutteville ; mais celle-ci était si belle, et le jeu était si dangereux, que Mlle Du Vigean se hâta de retirer son ordre et de défendre au duc de voir Mlle de Boutteville et de lui parler. Condé obéit encore ; il rompit tout commerce avec sa cousine, et céda la place à Dandelot. Il s'empressa d'autant plus de favoriser ses projets qu'il le redoutait pour les siens. Mlle Du Vigean l'avait averti que son père songeait à

---

[1] *Mémoires de* Mme *de Motteville*, t. Ier, p. 295 : « Le duc d'Enghien avait une si forte passion pour Mlle Du Vigean, que j'ai ouï dire à Mme Du Vigean, sa mère, qu'il lui avait souvent dit vouloir rompre son mariage, comme ayant épousé la duchesse d'Enghien, sa femme, par force, afin d'épouser sa fille, et qu'il avait même travaillé à ce dessein. J'ai ouï dire à Mme de Montausier, qui a su toutes ces intrigues, que ce prince avait fait semblant d'aimer Mlle de Bouteville, par l'ordre exprès de Mlle du Vigean, afin de cacher en public l'amitié qu'il avait pour elle, mais que la beauté de Mlle de Bouteville ayant donné frayeur à Mlle Du Vigean, elle lui avait défendu peu après de la voir et de lui parler, et qu'il lui avait obéi si ponctuellement, que tout à coup il rompit tout commerce avec elle, et que, pour montrer qu'il n'avait nul attachement à sa personne, il l'avait fait épouser à Dandelot. »

la marier à ce même Dandelot, et qu'il avait offert au maréchal de Châtillon une dot très-considérable pour avoir son fils pour gendre [1]. « Cette nouvelle, dit Mme de Motteville, avait donné de furieuses alarmes à ce prince : il en donnait souvent aux ennemis de l'État ; mais son cœur n'était pas si vaillant contre l'amour que contre eux [2]. » Il prit donc l'épouvante, et, pour parer ce coup, il entra si vivement dans la passion de Dandelot qu'il lui conseilla d'enlever Mlle de Boutteville.

Cependant il ne cessait de faire tous ses efforts pour rompre son propre mariage ; il y travailla avec ardeur et persévérance. La duchesse d'Enghien étant tombée malade, il crut toucher au terme de ses vœux ; mais sa femme guérit : il fallait donc obtenir la dissolution juridique de son mariage. La chose était à peu près impossible, car la duchesse d'Enghien était, alors du moins, parfaitement irréprochable, et malgré toutes ses résolutions il en avait eu un fils. Et pourtant telle était la passion de Condé qu'il s'adressa au cardinal Mazarin [3], et celui-ci, qui n'était pas fort scrupuleux, aurait peut-être permis la rupture, s'il n'eût craint que Condé, une fois dégagé, ne songeât à Mademoiselle, et ne devînt beaucoup trop puissant.

On peut juger par-là de la violence du sentiment

---

1. *Ibid.*, p. 294. — 2. *Ibid.*
3. *Mémoires de Mademoiselle*, t. Ier, p. 84.

de Condé. Ce sentiment ne tenait pas seulement à la beauté de Mlle Du Vigean, mais à sa parfaite honnêteté, à sa modestie, à cette tendresse à la fois dévouée et vertueuse, qui l'entraînait assez pour qu'elle se compromît un peu aux yeux du monde, mais sans rien accorder qui ternît dans l'esprit de Condé l'idéal de pureté angélique qu'elle lui représentait. De là cette passion mêlée de respect et d'ardeur qu'il brûlait de satisfaire en dépit de tous les obstacles, et qui ne fut jamais satisfaite. Mme de Motteville, instruite des moindres détails de cette intrigue amoureuse par Mme de Montausier, qui en avait été le témoin et presque la confidente, dit expressément, comme « une chose crue de tout le monde [1], » que Mlle Du Vigean « est la seule que Condé ait véritablement aimée. » Mademoiselle, qui par divers motifs n'aimait pas celles que Condé aimait et qui est accablante sur Mme de Châtillon, s'exprime ainsi sur les amours de Condé et de Mlle Du Vigean : « Elle était très-belle ; aussi cet illustre amant en était-il vivement touché. Quand il partait pour l'armée, le désir de la gloire ne l'empêchait pas de sentir la douleur de la séparation, et il ne pouvait lui dire adieu qu'il ne répandît des larmes ; et lorsqu'il partit pour ce dernier voyage d'Allemagne (où il remporta la victoire de Nortlingen), il s'évanouit lorsqu'il la quitta. »

1. *Mémoires*, t. Ier, p. 302.

Une telle situation était trop violente et trop fausse pour durer bien longtemps ; elle se prolongea même au delà des bornes ordinaires. Mlle Du Vigean ne voulait être que la femme de Condé, et le mariage de celui-ci ne se pouvait rompre : rien n'avançait d'aucun côté, et tout le monde souffrait.

On comprend que les assiduités déclarées de Condé auprès de Mlle Du Vigean intimidaient ceux qui auraient pu prétendre à sa main. Il fut question pour elle de deux mariages. Parmi ses adorateurs était le marquis d'Huxelles, qui depuis épousa Marie de Bailleul, fille du surintendant des finances. D'Huxelles était un militaire fort distingué, qui pensa devenir maréchal de France, et dont les services et la mort prématurée à la suite de ses blessures [1] comptèrent à son fils pour obtenir le bâton. Il songea très-sérieusement à épouser Mlle Du Vigean [2]. Il recula devant les bruits qui n'avaient pu manquer de se répandre, « quoique, dit Lenet, d'où nous tirons ces renseignements, je sache, avec toute la certitude qu'on peut savoir les choses de cette nature, que jamais amour ne fut plus passionné de la part du prince, ni écouté avec plus de conduite, d'honnêteté et de modestie de la part de Mlle Du Vigean. » Et en

1. Le marquis d'Huxelles mourut en 1658 de ses blessures, et un peu de dépit de n'être pas nommé maréchal. Son fils le fut en 1703. Mme d'Huxelles était aimable et spirituelle, et elle mourut très-vieille en 1712.

2. *Mémoires de Lenet*, 1re partie, p. 207.

cela Mme de Motteville et Mademoiselle sont entièrement d'accord avec Lenet.

Mlle Du Vigean avait aussi été recherchée par un autre gentilhomme aimable et brave, le marquis Jacques Stuart de Saint-Mégrin, frère de la belle Saint-Mégrin dont le duc d'Orléans fut si amoureux. Saint-Mégrin aimait depuis longtemps Mlle Du Vigean [1]; mais il n'osait aller sur les brisées de Condé. Plus tard il eut une extrême joie quand il sut qu'il pouvait être écouté, et il fit parler aussitôt aux parents de Mlle Du Vigean. Le mariage n'eut pas lieu : une passion telle que celle que nous venons de raconter devait avoir un autre dénoûment.

On sait qu'après la campagne d'Allemagne de 1645 et la victoire si disputée de Nortlingen, Condé fit encore une grande maladie. C'est alors que désespérant de faire dissoudre son mariage et de vaincre les scrupules vertueux de Mlle Du Vigean, il prit la résolution et pour elle et pour lui de tourner ailleurs ses pensées. Mlle Du Vigean ne se plaignit point; elle ferma l'oreille à toutes les propositions, résista aux conseils et même aux ordres de sa famille, et dans tout l'éclat de la beauté et de la jeunesse elle se jeta aux Carmélites de la rue Saint-Jacques [2]. Condé ne

---

1. *Mémoires de Mademoiselle*, t. Ier, p. 84.
2. Comme alors tout était matière de chansons, on fit sur ce grave et touchant événement les deux couplets suivants, que nous trouvons parmi les *Chansons notées* de l'Arsenal :

chercha point à la revoir, mais il conserva toujours pour elle, dit Lenet, « une mémoire pleine de respect.[1] » L'amour de Condé ne fut donc pas un caprice passager des sens et de l'imagination. Il commença avant son mariage ; il dura quatre longues années ; il persévéra ardent et pur au milieu des camps, et ne s'éteignit que dans le désespoir d'arriver à une fin heureuse, et encore à la suite d'une longue maladie, et après une crise violente d'où le vainqueur de Nortlingen sortit renouvelé, renonçant à jamais à l'amour pour ne plus songer qu'à la gloire et à l'ambition.

On voudrait suivre Mlle Du Vigean au couvent des Carmélites, et savoir en quel temps précis elle y entra, quels emplois elle y occupa et quand elle y

SUR L'AIR : *Laire lan lère.*

Lorsque Vigean quitta la cour,
Les Jeux, les Grâces, les Amours
Entrèrent dans le monastère.
  Laire la laire lan lère,
  Laire la laire lan la.

Les Jeux pleurèrent ce jour-là ;
Ce jour la Beauté se voila,
Et fit vœu d'être solitaire.
  Laire la laire, etc.

1. *Ibid.* Le souvenir que Condé conserva à Mlle Du Vigean était tel que Mademoiselle assure, t. I, p. 88, que si Condé favorisa Chabot dans ses desseins sur Mlle de Rohan, c'est que Chabot avait été son confident auprès de Mlle Du Vigean. « Ainsi, dit-elle, après avoir été servi dans l'occasion qui lui était la plus sensible de sa vie, il ne faut pas s'étonner qu'il prît, avec la chaleur qu'il témoigna, le soin de faire réussir le mariage où Chabot aspirait. »

mourut. Voilà ce que nuls mémoires contemporains ne nous apprennent, et ce que nous pouvons maintenant faire connaître avec certitude. Mlle Du Vigean fit profession en 1649 ; ainsi elle dut entrer aux Carmélites en 1647, puisqu'on ne pouvait faire ses vœux qu'après avoir été un an ou deux postulante et novice ; elle prit en religion le nom de sœur Marthe de Jésus[1] ; elle mourut en 1665 ; elle ne fut jamais prieure ; elle était sous-prieure en 1659, elle cessa de l'être en 1662 ; selon l'usage, elle dut l'être six ans, par conséquent de 1656 à 1662 : d'où il suit que toutes les lettres de Mme de Longueville adressées à la sœur Marthe et à la mère sous-prieure, de 1656 à 1662, le sont à la même religieuse, et que cette religieuse est Mlle Du Vigean, ce qui explique le ton particulièrement affectueux de ces lettres[2]. Enfin nous avons trouvé à la Bibliothèque nationale, dans les portefeuilles du docteur Vallant[3] et dans le fonds de Gaignières[4], deux billets de Mlle Du Vigean, devenue sœur Marthe, à Mme de Sablé, et un autre à cette même marquise d'Huxelles dont elle eût pu tenir la place. Ces billets sont les seules reliques jusqu'à nous parvenues de cette intéressante personne qui,

---

1. Ordinairement on prenait en religion son nom de baptême, comme Louise de La Vallière s'est appelée Louise de la Miséricorde, et Anne-Marie d'Épernon, Anne-Marie de Jésus, etc.

2. Voyez la IIIe partie.

3. T. V. — 4. *Lettres originales*, t. IV.

pour avoir trop plu à un prince, fut réduite à ensevelir dans un cloître sa beauté et sa vertu [1].

Ainsi se terminent bien souvent les plaisirs de la jeunesse, les inclinations les plus nobles, les fêtes du cœur et de la vie. Mlle de Bourbon vit naître, croître et finir les amours de Condé et de Mlle Du Vigean. Villefore[2] dit qu'elle les traversa, mais il n'en apporte aucune preuve; il est au moins bien certain qu'elle s'efforça de réparer, autant qu'il était en elle, le mal que fit son frère à sa jeune et charmante amie. En souvenir d'elle, elle combla sa sœur de bienfaits, et, quand la pauvre délaissée eut été chercher un asile aux Carmélites, elle entretint avec elle un commerce affectueux; elle la visitait et lui écrivait souvent, et, jusqu'à la fin de sa vie, elle la mit dans son cœur à côté de Mme de Sablé.

Mais ne devançons pas l'avenir. Nous en sommes encore aux illusions du bel âge, dans la saison des plaisirs et des amours. Pendant qu'autour d'elle, à l'hôtel de Rambouillet et à l'hôtel de Condé, à Chantilly, à Ruel, à Liancourt, tout respirait l'héroïsme et la galanterie, environnée de jeunes et brillants cavaliers devenus plus tard de grands capitaines, de gracieuses amies qui entraînaient après elles tous les cœurs, que faisait du sien, Mlle de Bourbon? Le donna-t-elle aussi, comme Mlle Du Vigean et Mlle de

1. Voyez l'APPENDICE, note deuxième.
2. P. 42 et 43.

Boutteville? Parmi tant d'adorateurs qui s'empressaient sur ses pas, n'en distingua-t-elle aucun? Tendre et un peu coquette, avec l'âme et les yeux de Chimène, quel Rodrigue la trouva sensible parmi les jeunes héros de la cour de son frère ? A l'âge de dix-neuf ans, elle avait été promise au prince de Joinville, fils de Henri de Lorraine, duc de Guise. C'eût été une puissante alliance que celle qui eût ainsi réuni les Montmorency, les Condé et les Guise ; mais le prince de Joinville mourut en Italie, où il était allé retrouver son père, dans la violente et opiniâtre persécution que ne cessa d'exercer contre les Guise, en souvenir de la Ligue, l'implacable vengeur et le promoteur infatigable de l'autorité royale, le cardinal de Richelieu. On dit qu'il fut aussi question pour elle d'Armand, marquis de Brézé, neveu du cardinal de Richelieu, frère de celle qui fut imposée au duc d'Enghien, l'intrépide marin qui battit deux fois les flottes de l'Espagne, et périt, à vingt-sept ans, d'un coup de canon, au siége d'Orbitello, en 1646. Ce mariage eût mis entre les mains de la maison de Condé, au moyen des deux héroïques beaux-frères, toutes les forces de la France, ses armées de terre et de mer; il échoua par des motifs sur lesquels on ne s'accorde point [1].

Mlle de Bourbon attirait à la fois et décourageait. Il n'y avait pas un gentilhomme qui n'eût donné sa

---

1. Villefore, p. 37 et 38.

vie pour un de ses regards; mais nul n'était assez téméraire pour aspirer à sa main. On soupira donc beaucoup pour elle, plusieurs même lui adressèrent de plus particuliers hommages. On nomme, entre autres, le duc de Beaufort, plus brave que spirituel, loyal, assez chevaleresque, qui, poliment éconduit, alla tomber aux pieds de Mme de Montbazon et la servit jusqu'à la mort; on cite surtout Maurice de Coligny, le fils du maréchal de Châtillon, l'aîné de Dandelot, qui s'était distingué à la guerre, sans avoir jeté un grand éclat, mais qui possédait un bien grand mérite aux yeux d'une jeune fille, celui de la plus ardente passion. En 1642, M. le Prince et Mme la Princesse, ne trouvant pas un seul seigneur un peu jeune dans tout le royaume auquel la politique leur permît de donner Mlle de Bourbon, lui proposèrent le plus grand seigneur de France après les princes du sang, le duc de Longueville : il était veuf de Louise de Bourbon, fille du comte de Soissons, dont il avait eu Marie d'Orléans, qui avait déjà dix-sept ou dix-huit ans; il en avait quarante-sept, et même à cet âge il passait pour encore attaché à Mme de Montbazon. Mlle de Bourbon résista, ou du moins elle témoigna d'abord une vive répugnance ; il fallut bien céder; elle prit alors son parti avec la résolution qu'elle montrait dans toutes les grandes circonstances. Elle épousa donc, le 2 juin 1642, à vingt-trois ans, le cœur et l'esprit remplis de poésie et de galanterie, un homme beaucoup plus âgé qu'elle, et qui n'était pas même assez touché de ses charmes pour avoir entièrement renoncé à une ancienne maîtresse.

Les fêtes de ce mariage furent encore plus brillantes que celles du mariage du duc d'Enghien. Mlle de Bourbon marcha à l'autel avec une sorte d'intrépidité, et elle parut presque gaie à l'hôtel de Longueville, occupant trop les spectateurs de son éblouissante beauté pour qu'on remarquât la violence qu'elle se faisait. C'est son historien, le janséniste Villefore, qui nous a conservé cette tradition. Trompeuse apparence! gaieté, courage, éclat mensongers! Un an s'était à peine écoulé que la blanche robe de la jeune mariée avait déjà des taches de sang, et que, sans même avoir donné son cœur, longtemps encore inoccupé, elle faisait naître involontairement la plus tragique querelle, où Coligny, qui avait soupiré pour elle, périssait, à la fleur de l'âge et peut-être sous ses yeux, de la main d'un de ces Guise auxquels elle avait été un moment destinée. Prélude sinistre des orages qui l'attendaient, première aventure qui consacra d'abord sa beauté d'une manière funeste, et lui conquit, à vingt-quatre ans, dans le monde de la galanterie, un renom, une popularité même presque égale à celle que la victoire avait faite à son frère, le duc d'Enghien.

CHAPITRE III

1642 A 1644

POÉSIE ET GALANTERIE. — ÉTAT DES AFFAIRES EN 1643. BATAILLE DE ROCROY. — MAZARIN ET LES IMPORTANTS. — MADAME DE MONTBAZON. — LETTRES ATTRIBUÉES A MADAME DE LONGUEVILLE. — DUEL DE COLIGNY ET DE GUISE. — UNE NOUVELLE INÉDITE DU XVIIe SIÈCLE.

Voilà donc Mlle de Bourbon mariée le 2 juin 1642. « Ce lui fut une cruelle destinée : M. de Longueville était vieux, elle était fort jeune et belle comme un ange. » Ainsi s'exprime, sur ce mariage, Mademoiselle, fidèle interprète de l'opinion contemporaine [1].

Henri II, duc de Longueville, descendait de ce fameux comte de Dunois dont le nom est lié à celui de Jeanne d'Arc dans les grandes guerres de l'indépendance sous Charles VII. Il était fils de Henri d'Orléans, premier du nom, prince souverain de Neuchâtel et Vallengin, homme de guerre digne de ses ancêtres, qui porta à la Ligue un coup mortel par la victoire de Senlis. Sa mère était Catherine de Gonzague, sœur du duc de Nevers, le père des deux célèbres princesses, Marie, reine de Pologne, et Anne, la Palatine. Né en 1595, Henri II avait d'abord

1. *Mémoires*, édition d'Amsterdam, 1735; t. Ier, p. 45.

épousé Louise de Bourbon, fille du comte de Soissons, grand maître de France, morte en 1637, et dont il avait eu Marie d'Orléans, Mlle de Longueville, qui, ayant vingt-cinq ans, en 1650, au milieu de la Fronde, y joua aussi un certain rôle, et finit par épouser le duc de Nemours, frère de celui qui fut tué par le duc de Beaufort. Ainsi, quand le duc de Longueville prit une seconde femme en 1642, il avait quarante-sept ans, et il lui apportait pour belle-fille une personne presque de son âge, d'un caractère tout différent du sien, assez belle, spirituelle, mais dépourvue de toute sensibilité, qui devint bientôt le censeur de sa belle-mère et son ennemie dans le sein de la famille, et jusques auprès de la postérité dans les mémoires aigrement judicieux qu'elle a laissés sur la Fronde.

Le duc de Longueville était un vrai grand seigneur. Il était galant et brave [1], libéral jusqu'à la magnificence, d'un caractère noble et généreux mais faible, s'engageant aisément, se dégageant volontiers, au fond sans passion et sans ambition, et possédant tout ce qu'il faut pour briller au second rang, mais incapable du premier. Il commença par faire un peu d'opposition à Richelieu, puis il se soumit assez vite ; plus tard, il entra dans la Fronde ; il partagea la captivité de ses deux beaux-frères, et, à peine

---

1. On a un beau portrait de M. de Longueville, peint par Champagne et gravé par Nanteuil, en tête de *la Pucelle* de Chapelain, in-fol., 1656.

hors de prison, il se raccommoda avec la cour. La nature l'avait fait pour suivre la route que ses pères lui avaient tracée et pour servir la couronne dans de grandes charges militaires et civiles, qu'il eût fort dignement remplies. Le malheur de sa vie a été d'être presque toujours jeté, par sa faute et celle des autres, dans des entreprises et des aventures au-dessus de sa portée, et où ses qualités parurent moins que ses défauts.

Ajoutons que M. de Longueville, de mœurs assez légères, avait eu, dans sa première jeunesse, de Jacqueline d'Illiers, devenue abbesse de Saint-Avit, près Châteaudun, une fille naturelle, Catherine-Angélique d'Orléans, qui fut successivement religieuse en différentes maisons, et mourut abbesse de Maubuisson, à l'âge de quarante-sept ans, en 1664. Déjà sur le retour, il s'était épris de la duchesse de Montbazon, qui avait fort bien accueilli cette conquête utile, et la retint, dit-on, même après le second mariage de M. de Longueville, malgré le mécontentement de Mme la Princesse et les reproches, souvent très-vifs, qu'elle adressait à son gendre.

Il faut en convenir, il n'y avait pas là de quoi captiver le cœur et l'imagination d'une jeune femme, telle que nous avons dépeint Mlle de Bourbon. Avec ses instincts de fierté et d'héroïsme, ses délicatesses d'esprit et de cœur, ses principes et ses habitudes de précieuse, elle ne pouvait admirer M. de Longueville, et comme elle était faite, l'admiration était pour elle le chemin de l'amour. Elle devait être blessée qu'avec ce qu'elle était à tous égards on lui donnât une rivale ; et ce qui pouvait la blesser davantage, c'est que cette rivale, si peu digne de lui être comparée par son caractère, était la plus grande beauté du jour, en sorte que l'infidélité au moins apparente de M. de Longueville ressemblait à une préférence offensante pour ses charmes ; et, nous l'avons dit, Mlle de Bourbon n'était pas seulement tendre, elle était glorieuse et un peu coquette. Cependant, comme elle n'aimait pas son mari, sa douceur, aisément soutenue par son indifférence, la sauva de l'irritation. Seulement elle se crut autorisée à se laisser adorer en toute sécurité de conscience, et elle continua de vivre à l'hôtel de Longueville, comme elle le faisait à l'hôtel de Condé, avec la même cour de jeunes et gracieuses amies, de jeunes et brillants cavaliers [1].

1. L'hôtel des ducs de Longueville n'est pas du tout celui qu'après la mort de son mari Mme de Longueville acheta des d'Épernon, rue Saint-Thomas-du-Louvre, à côté de l'hôtel de Rambouillet, où elle a résidé avec ses enfants, et qui a porté son nom depuis 1664 jusqu'à la fin du xviie siècle. La demeure des Longueville était l'ancien hôtel d'Alençon (voyez Sauval, t. I, p. 65 et 70, surtout p. 119). Il était situé rue des Poulies, parmi les riches hôtels qui bordaient le côté droit de cette rue depuis la rue Saint-Honoré jusqu'à la Seine, et qui, avec leurs dépendances et leurs jardins, s'étendaient jusqu'au Louvre. Il était à peu près vis-à-vis la rue des Fossés-Saint-Germain-l'Auxerrois. Il avait à sa droite, vers la Seine, le Petit-Bourbon, qui, après avoir servi de de-

Les fêtes du mariage étaient à peine terminées, que Mme de Longueville fit une petite maladie. La petite vérole, alors si redoutée, qui l'avait chassée de Chantilly, et contre laquelle elle avait fait à Liancourt d'assez mauvais vers [1], l'atteignit dans l'automne de 1642, et mit en péril le charmant visage. Tout Rambouillet s'émut. La marquise de Sablé, trop fidèle à cette peur de la contagion, qui a été le ridicule de sa vie, ne put obtenir d'elle-même, malgré la tendresse la plus sincère, de soigner l'intéressante malade; mais Mlle de Rambouillet ne l'abandonna point [2], et ce fut une sorte de joie publique

meure et de place forte dans Paris aux aînés de la maison de Bourbon, était devenu un bâtiment royal, une sorte d'appendice du Louvre, où le jeune roi Louis XIV donna plusieurs fois de grands bals, et dont la salle de théâtre fut prêtée à Molière pour y jouer quelque temps la comédie à son arrivée à Paris. A gauche, sur la même ligne, après l'hôtel de Longueville, venaient les hôtels de Villequier et d'Aumont, et un peu plus rapprochés de l'église et de la maison de l'Oratoire, les hôtels de la Force et de Créqui. Quand donc, en 1663, Louis XIV, entré en pleine possession de l'autorité royale et voulant signaler son règne par de grands monuments, entreprit d'achever le Louvre et de lui donner une façade digne du reste de l'édifice, il lui fallut abattre, avec le Petit-Bourbon, une partie des hôtels de la rue des Poulies, entre autres celu de Longueville. C'était le plus ancien et le plus considérable. Il se composait d'un grand bâtiment d'entrée, d'une vaste cour, de l'hôtel proprement dit et d'immenses jardins. Ceux de nos lecteurs qui désireraient s'assurer de l'exactitude de ces détails n'ont qu'à jeter les yeux sur l'excellent plan de Gomboust, qui représente admirablement le Paris du XVIIe siècle en 1652.

1. Voyez plus haut, p. 181.
2. Il est vraiment inconcevable qu'une femme d'autant d'esprit que Mme de Sablé ait poussé la peur de la maladie et de la contagion aussi

lorsqu'on apprit que Mme de Longueville avait été épargnée, et que, si elle avait perdu la première fraîcheur de sa beauté, elle en avait conservé tout l'éclat. Ce sont les propres paroles de Retz [1], et le galant évêque de Grasse, Godeau, les confirme par les compliments alambiqués en manière de sermon qu'il adresse à ce sujet à Mme de Longueville [2].

Pendant cette indisposition, M. de Longueville n'était pas auprès de sa femme. Le cardinal de Richelieu venait de l'envoyer prendre le commandement de l'armée d'Italie à la place du duc de Bouillon, l'aîné de Turenne, qui, compromis dans l'affaire du grand-écuyer Cinq-Mars, avait été arrêté par ordre du cardinal à la tête de son armée, conduit de

loin que le témoignent tous les auteurs contemporains, Voiture, Tallemant, Mademoiselle, etc. Sa faiblesse en cette occasion et la fidélité de Mlle de Rambouillet nous sont attestées par plusieurs lettres inédites de ces deux dames, que nous trouvons à la bibliothèque de l'Arsenal dans les papiers de Conrart, in-4°, t. XIV.

1. Mademoiselle a beau dire, t. Ier, p. 47, que Mme de Longueville resta marquée de la petite vérole, Retz affirme le contraire. Édit. d'Amsterdam, 1731, t. Ier, p. 185 : « La petite vérole lui avait ôté la première fleur de la beauté, mais elle lui en avait laissé tout l'éclat. »

2. *Lettres de Mgr Godeau sur divers sujets*, Paris, 1713, lettre 76, p. 243 : « De Grasse, ce 13 décembre 1642... Pour votre visage, un autre se réjouira avec plus de bienséance de ce qu'il ne sera point gâté. Mlle Paulet me le mande. J'ai si bonne opinion de votre sagesse, que je crois que vous eussiez été aisément consolée si votre mal y eût laissé des marques. Elles sont souvent des cicatrices qu'y grave la divine miséricorde pour faire lire aux personnes qui ont trop aimé leur teint que c'est une fleur sujette à se flétrir devant que d'estre épanouie, etc. »

Cazal à Lyon au château de Pierre-Encise, et se trouva encore très-heureux de racheter sa vie par l'abandon de sa place forte de Sédan.

L'hiver de 1643 s'écoula pour Mᵐᵉ de Longueville dans les agréables occupations qui avaient charmé son adolescence. Elle était sans cesse au Louvre, à l'hôtel de Condé, à la Place-Royale ou à l'hôtel de Rambouillet, dont l'éclat s'accroissait chaque jour. C'était à peu près le temps de la *Guirlande de Julie.* Tallemant s'était proposé d'ajouter au recueil des poésies de Voiture beaucoup d'autres pièces de l'hôtel de Rambouillet. En vérité, nous pourrions le suppléer à l'aide des manuscrits de Conrart, qui était aussi un des habitués de l'illustre hôtel. Nous puiserions à pleines mains dans ces manuscrits inépuisables, et nous n'aurions que l'embarras du choix. Mais si tous ces vers peignent à merveille la société du xvııᵉ siècle, amoureuse de l'esprit comme de la bravoure, enivrée d'héroïsme et de galanterie, ils charmeraient peut-être médiocrement celle d'aujourd'hui, et nous avons déjà mis les lecteurs à une épreuve que nous n'oserions renouveler. Disons seulement que Mᵐᵉ de Longueville fut encore plus entourée que Mˡˡᵉ de Bourbon de cet encens poétique [1] un peu fade, il est vrai, mais qui rarement

---

[1]. On nous permettra de donner du moins quelques courts échantillons de ces poésies. Manuscrits de Conrart, in-4°, t. XVII, p. 721, un poëte, dont nous ignorons le nom, s'exhorte lui-même à composer un

a déplu aux beautés les plus spirituelles. Nous avons sous les yeux des poésies de toute sorte et de toute main qui la représentent tantôt aux bals du Louvre et

bel épithalame pour le mariage de M. de Longueville et de Mlle de Bourbon :

> « D'Orléans la gente pucelle
> N'était si bonne ni si belle
> Que la pucelle de Bourbon,
> Et pour bien louer cette dame,
> Je ne sais quel épithalame
> Se pourra trouver assez bon.
> Pour qui l'entreprendra je tremble.
> Mettez tous les beaux mots ensemble ;
> Parlez de ciel et de soleil,
> D'or, de perles, de lis, de roses :
> Toutes ces magnifiques choses
> Au sujet n'ont rien de pareil. »

A propos d'épithalame, on a celui qu'un poëte très-médiocre, nommé Arbinet, composa et imprima en 1642 : *le Génie de la maison de Longueville, sur le mariage de Mgr le duc de Longueville et de Mlle de Bourbon*, in-4°, Paris, 1642.

> « Qui pourroit exprimer le nombre de ses charmes ?
> De combien de vertus, de combien de trésors
> Les Dieux ont-ils orné son esprit et son corps ?
> Ses cheveux, ces beaux flots brillants d'or et de flamme,
> Sont autant de liens pour captiver une ame.
> Ses yeux ont la clarté d'un astre sans pareil,
> Et sa bouche des fleurs ternit l'éclat vermeil, etc. »

Au t. XXIV des manuscrits de Conrart, p. 647, sont des vers attribués à Desmarets, mais qui ne se peuvent trouver dans son recueil, puisque ce recueil est de 1641 et antérieur au mariage. Desmarets compare M. de Longueville à son ancêtre Dunois, qui passait pour avoir fait la cour à la Pucelle d'Orléans :

> « Vous brûlez comme lui, mais d'un feu différent ;
> Il brûla pour l'amour d'une sainte pucelle ;
> Vous, pour une aussi sainte et d'un cœur aussi grand,
> Mais plus noble, plus douce et mille fois plus belle. »

du Luxembourg ¹, tantôt au Cours avec ses deux belles amies, Mlles Du Vigean ², tantôt suivant son

> Est-ce au nom de M. de Longueville, ou n'est-ce pas plutôt au nom de quelque amant déguisé, qu'ont été faits ces vers. *Ibid.*, t. XVII, p. 823 :
>
>> POUR LE ROI DES SARMATES A Mlle DE BOURBON.
>> « Adorable beauté qui, dessous votre empire,
>> Voyez brûler les dieux d'une secrète ardeur ;
>> Si vous ne voulez pas soulager mon martyre,
>> Au moins lisez ces vers où j'ai peint sa grandeur.
>> Je suis bien malheureux si votre esprit estime
>> Que plutôt que parler un amant doit mourir,
>> Et que, contre l'honneur, c'est faire un même crime
>> De lui prêter l'oreille et de le secourir, etc. »

1. Manuscrits de Conrart, in-4º, t. X, p. 945 : Un poëte inconnu écrit au nom de Mme de Longueville et de ses amies de l'hôtel de Rambouillet, au duc d'Enghien, qui était alors à l'armée de Flandre et d'Allemagne, pour lui raconter leurs occupations, leurs brillantes toilettes et leurs succès au bal :

> « Madame votre sœur m'oblige à vous écrire,
> Et dans une prison qui vaut bien un empire,
> C'est-à-dire, Seigneur, dedans son cabinet,
> M'enferme seule à seule avecque Rambouillet.
> Notre charge, Seigneur, est de vous rendre conte
> Et dire franchement, et sans aucune honte,
> La peur qu'ont nos beautés de manquer de galants,
> Tandis que vous errez parmi les Allemands.
> . . . .
> Mademoiselle enfin, comme chef de cabale,
> Avec un des Elbeuf fit le tour de la sale ;
> Puis prit pour le second le prince Palatin,
> Qui prit soudainement la duchesse d'Enghien.
> Elle fit dignement ; car, au lieu d'un Vieuxville,
> Elle prit l'un de nous. C'est lors que Longueville,
> Comme un soleil levant venant faire son tour,
> A ravi tout l'éclat des dames de la cour.
> Elle ne manqua pas de prendre Roquelaure
> Afin qu'il fit danser l'agréable de Faune (Mlle Fors, Du Vigean l'aînée).
> Après, les Saint-Simon, les Brissac, Miossen (pour Miossens)
> Prirent et Rambouillet et la jeune Vigean. »

2. Manuscrits de Conrart, t. XIII, p. 340, un poëte inconnu au duc d'Enghien :

> « Si nous avions ou rimes ou rimeur,
> Nous vous dirions, très illustre seigneur,

mari dans son gouvernement de Normandie, et rappelée par l'hôtel de Rambouillet [1], partout poursuivie de soins et d'hommages, et montrant partout une douceur pleine de charme, avec la nonchalance qui ne l'abandonnait guère lorsque son cœur n'était pas

> Combien de maux nous cause votre absence.
> . . . .
> Nous vous dirions que votre aimable sœur
> Est maintenant fort pleine de douceur;
> Et quelque froid semblant ou mine qu'elle face,
> L'heureux flambeau d'hymen a su fondre sa glace.
> Nous vous dirions que, durant ces beaux jours,
> On voit briller dans le milieu du Cours
> Son char plus beau que celui de l'Aurore.
> A ses côtés étaient Marton et Fore, etc. »

Ce dernier vers, qui s'applique évidemment à Mlles Du Vigean, est une preuve de plus que la jeune Du Vigean s'appelait Marthe. Dans une autre pièce de vers adressée à Mlles Du Vigean, et qui pourrait bien être de Condé, manuscrits de Conrart, in-4°, t. X, p. 1033, la jeune Du Vigean est encore appelée Marthe :

> « Hélas ! ô grands dieux ! se dit-on,
> Qu'est devenue Fore et Marton ?
> Et quelques-uns disent encore :
> Qu'est devenue Marton et Fore ?
> . . . .
> Et tout cela n'approche pas
> De la fraîcheur et des appas
> De Marton, la douce pucelle,
> Ni de Fore, à mes yeux si belle, etc. »

1. Manuscrits de Conrart, in-4°, t. X, p. 968 :

> « Princesse au teint de satin blanc,
> Princesse du plus noble sang
> Qui régna jamais dans le monde,
> Et dont l'aimable tresse blonde
> Surpasse en beauté les rayons
> De l'astre par qui nous voyons :
> Bien que de l'aimable demeure
> Que nous habitons à cette heure,
> Les ennuis qui troublent les sens
> Sembleraient devoir être absents,

occupé. Et il ne l'était pas encore, ou il ne l'était qu'à la surface. Elle n'aimait point, mais elle avait distingué dans la foule de ses adorateurs Maurice, comte de Coligny, le frère aîné de Dandelot, le fils du maréchal de Châtillon, qui avait soupiré pour elle avant son mariage, et ne s'était pas retiré devant

>   Quand nous pensons à votre absence,
>   Tout nous déplaît et nous offence.
>   Nous avons beau jeter les yeux
>   Sur un jardin délicieux,
>   Ou charmer notre esprit malade
>   Des plaisirs de la promenade,
>   Ouïr des rossignols chantants,
>   Voir des ruisseaux et des étangs,
>   Des fontaines et des cascades,
>   Des arbres et des palissades :
>   Tous ces plaisirs n'ont point d'appas,
>   Puisque nous ne vous voyons pas.
>   Nous ne voyons point cette grâce
>   En quoi nulle ne vous surpasse,
>   Ni cette admirable beauté
>   Par qui tout cœur est arrêté,
>   Et cette majesté divine,
>   Cette taille, ni cette mine,
>   Ni ce port noble et gracieux;
>   Bref, l'on ne voit point dans ces lieux
>   Cette merveilleuse personne,
>   Digne qu'on ferme sa couronne.
>   Mais s'il vous plaît nous consoler,
>   Ne pouvant de loin nous parler,
>   A vos servantes, quoiqu'indignes,
>   Envoyez quelque peu de lignes;
>   Que nous admirions dans l'écrit
>   Des marques de ce bel esprit
>   Dont il est tant de bruit en France, etc. »

Ces vers inédits pourraient bien être de Sarrazin, car on trouve dans ses *Nouvelles Œuvres*, t. II, p. 255, des vers adressés à Mme de Longueville pour la remercier d'une lettre que, pendant une absence, elle avait écrite à ses amies de l'hôtel de Rambouillet, et qui pourrait bien être la lettre ici réclamée. Il serait assez naturel que l'auteur du remerciement fût aussi celui de la plainte et de la réclamation.

un mari de quarante-sept ans, peu jaloux, et même encore dans les chaînes d'une autre.

« Je ne sais, dit Lenet[1], si Coligny s'attacha à Mlle de Bourbon par sa beauté, par son esprit ou par le respect qu'il lui devait ; mais je sais bien que quoiqu'il ne la vît qu'en plein cercle, en présence de la Princesse ou du Duc, on ne laissa pas dans la suite du temps de dire qu'il avait des sentiments d'amour pour elle. » D'ailleurs pas un mot sur Coligny, sur son caractère, son esprit, sa personne. Tout ce que nous savons, c'est qu'il était un des amis particuliers de La Rochefoucauld, et surtout du duc d'Enghien[2] qui l'employa dans plus d'une négociation délicate. Nous avouons qu'un tel silence n'est guère en sa faveur ; mais répondons-nous à nous-mêmes que Coligny était jeune, qu'il n'avait pas eu le temps de se faire connaître, et qu'il a été naturellement éclipsé par son cadet Dandelot, qui succéda à son titre et prit sa place auprès de Condé. Dans l'absence de tout autre document, un manuscrit de la Bibliothèque nationale, auquel déjà nous avons eu recours[3], nous fournit quelques détails dont nous ne garantissons point l'exactitude, mais qu'il ne nous est pas permis de négliger, faute de mieux. Ce manuscrit

---

1. Édit. Michaud, partie inédite, p. 450.
2. *Mémoires de La Rochefoucauld*, collection Petitot, t. LI, p. 370 et 386.
3. Plus haut, p. 205.

nous représente Coligny comme très-bien fait, sans avoir pourtant une tournure fort élégante; spirituel et ambitieux, mais d'un mérite au-dessous de son ambition. L'auteur, prenant l'apparence pour la réalité, suppose aussi que Mme de Longueville partageait les sentiments de Coligny, parce qu'elle ne les rebutait pas, et il peint de couleurs assez romanesques les commencements de leurs prétendues amours. Nous donnons le passage entier en l'abandonnant au jugement du lecteur [1] :

« Anne de Bourbon, duchesse de Longueville, estoit alors une des plus aimables personnes du monde, tant par les charmes de son esprit que par ceux de sa beauté. Coligny, fils aisné du maréchal de Châtillon, l'aimoit passionnément, et l'on dit qu'il estoit aimé. C'estoit un garçon de fort belle taille, mais qui avoit plutost l'air d'un Flamand que d'un François. Il avoit de l'esprit infiniment et des pensées vastes et grandes, mais on croit que sa valeur [2] n'égaloit pas son ambition. Avant même le mariage de cette princesse, il estoit au mieux avec elle. On dit qu'il se servit d'un moyen assez fin et fort extraordinaire pour lui déclarer sa passion. Le roman de *Polexandre* [3] estoit fort à la mode et fort en vogue,

1. Bibliothèque nationale, *Supplément français*, n° 925.
2. *Sa valeur*, pour ce qu'il valait, son mérite. Il ne peut pas être ici question de courage, un Coligny, un ami de Condé n'ayant jamais pu être soupçonné d'en manquer.
3. Le *Polexandre* de Gomberville parut en 1637. Ce roman eut un

mais principalement à l'hostel de Condé, qu'on regardoit alors comme le temple de la galanterie et des beaux esprits. Le duc d'Enghien lisoit ce livre à toute heure, et y trouvant une lettre tendre et passionnée il la montra à Coligny, pour lequel il n'avoit rien de caché. Celuy-ci sçut profiter d'une occasion si favorable, et proposa au duc d'Enghien d'en faire une copie pour la mettre adroitement dans la poche de la duchesse. Il ne se passoit presque pas de jour qu'il n'y eût à l'hostel de Condé quelque espèce de feste et l'on y dansoit presque tous les soirs. La proposition fut acceptée, et Coligny s'estant volontiers chargé de copier cette lettre, il la donna au duc d'Enghien. Ce jour-là, tout le monde estoit paré, et la duchesse brilloit de mille rayons. Le bal commença de bonne heure, et le duc, ayant pris la main de sa sœur, exécuta aysément leur dessein. Je ne scay pas davantage, mais il y a apparence que la lettre fut lue et que la duchesse ne s'en plaignit pas. »

Pendant que les jeunes gens se livraient ainsi aux plaisirs de la galanterie, de graves événements changeaient la face de la cour et de la France.

Richelieu était mort le 2 décembre 1642, après avoir vu Cinq-Mars monter sur un échafaud, le comte de Soissons enseveli dans sa victoire de la

grand succès et en peu de temps plusieurs éditions; la meilleure et la plus complète est celle de 1645, en cinq parties formant huit volumes.

BATAILLE DE ROCROY.

Marfée, et le duc de Bouillon contraint de rendre à la royauté la principauté de Sédan. A peine avait-il fermé les yeux, que ses ennemis avaient repris leurs desseins et leurs espérances. Fidèle à son ministre jusqu'après sa mort, Louis XIII les contint quelque temps. Il employa Mazarin, que le cardinal lui avait donné, et continua sa politique en l'adoucissant; mais il ne lui survécut pas même une année. Le 14 mai 1643, il alla le rejoindre, laissant un roi de quatre ans, la régence aux mains d'une femme, notre frontière du nord menacée, les factions frémissantes, et, pour soutenir le fardeau des affaires, le duc d'Orléans et le prince de Condé heureusement unis dans le conseil de régence, Mazarin à la tête du cabinet, et le duc d'Enghien à la tête de l'armée. C'en fut assez pour sauver la France.

Le duc d'Enghien reçut en Flandre, avant tout le monde, par un courrier extraordinaire, la nouvelle de la mort du roi. Il craignit que cette nouvelle n'enflât le courage des Espagnols et ne diminuât celui des Français; il prit la résolution de la cacher et de précipiter l'inévitable bataille où devaient se jouer les destinées de la patrie. Perdue, elle introduisait l'ennemi dans le cœur du pays; mais, gagnée, elle imprimait à l'Espagne et à l'Europe entière une terreur nécessaire au début d'un règne nouveau, elle affermissait la régence d'Anne d'Autriche, elle mettait la royauté au-dessus de toutes les factions, sans compter qu'elle élevait très-haut la fortune de la maison de Condé. Le duc d'Enghien soumit l'affaire au conseil des généraux, mais pour la forme, déclarant qu'il prenait sur lui l'événement, et le lendemain 19 mai, pendant que l'on portait à Saint-Denis le corps de Louis XIII, il livra la bataille de Rocroy. Elle dura une journée entière. Quelque temps compromise par le maréchal de l'Hôpital qu'on lui avait donné pour le conduire, elle fut gagnée par Condé lui-même, qui n'avait pas encore vingt-deux ans, grâce à une manœuvre qui révéla d'abord le grand capitaine et inaugura une nouvelle école guerrière [1]. Condé s'était chargé, avec Gassion, du commandement de l'aile droite. Il avait confié sa gauche à La Ferté-Seneterre ainsi qu'au maréchal de l'Hôpital qui représentait la vieille école. Il avait mis Espenan au centre avec l'infanterie, et placé la réserve entre les mains de Sirot [2], officier d'une bravoure à toute épreuve comme Gassion. Dirigée par Condé en personne, l'aile droite française renversa tout ce qui était devant elle et poussa vigoureusement l'ennemi. Pendant ce temps, l'aile gauche de La Ferté-Se-

---

1. Je m'appuie sur la relation donnée par Lenet, qui est à peu près celle qui fut envoyée dans le temps par les ordres du duc d'Enghien à son père, le prince de Condé. Lenet, édit. Michaud, p. 479, etc. Voyez plus bas le commencement du chapitre IV.

2. Claude de Letouf de Pradines, baron de Sirot, gentilhomme bourguignon, né vers 1600, blessé mortellement en 1652 au pont de Gergeau, dans les guerres de la Fronde.

neterre et du maréchal de l'Hôpital était fort mal traitée, ses deux commandants mis hors de combat, et, en s'ébranlant, elle menaçait d'entraîner dans sa déroute le centre, où Espenan tenait toujours ferme, mais demandait à grands cris du renfort. Un autre, avant Condé, n'eût pas manqué de revenir sur ses pas, de retraverser, dans une attitude équivoque, l'espace glorieusement parcouru, et de se porter ainsi au secours de sa gauche et de son centre, en ménageant sa réserve pour achever la victoire ou pour couvrir et réparer la défaite. Condé prit un tout autre parti : au lieu de reculer, il avance encore; puis, arrivé à la hauteur des lignes ennemies où était placée l'infanterie italienne, wallonne et allemande, il tourne à gauche, se jette sur cette infanterie, lui passe sur le ventre, et vient fondre sur les derrières de l'aile victorieuse, après avoir fait dire à Sirot de marcher avec toute sa réserve au secours de d'Espenan et de l'Hôpital, et de rétablir à tout prix le combat, ce que fit admirablement Sirot. Ainsi prise entre deux feux, l'armée ennemie céda à gauche comme à droite, et la journée fut gagnée. Mais ce n'était pas assez d'avoir délivré la France du danger présent, il fallait en ce même jour délivrer en quelque sorte l'avenir en détruisant ce qui faisait la force et le prestige des armées espagnoles, la vieille infanterie vraiment espagnole, qui formait la réserve en sa qualité de troupe d'élite, et, selon les règles de l'ancienne stratégie et la politique du cabinet de Madrid, avait été précieusement ménagée et n'avait pas encore donné, c'est-à-dire était restée inutile. Elle n'eut plus qu'à mourir. Condé l'assaillit de toutes parts avec ses escadrons victorieux, avec tout ce qu'il put ramasser d'infanterie, surtout avec son artillerie, et il finit, après une mémorable résistance, par la démolir de fond en comble [1] : elle périt presque tout entière à Rocroy.

Au bruit de cette bataille, où tout était merveilleux, la jeunesse du général, la hardiesse et la nouveauté des manœuvres, la grandeur des résultats, la cour et Paris ressentirent des transports d'enthousiasme. On avait redouté les derniers désastres, et on était sauvé, et on était victorieux, et on voyait s'ouvrir devant soi une longue suite de semblables victoires que promettait un pareil début. Depuis Henri IV, la France avait eu sans doute d'excellents généraux qui connaissaient bien leur métier et

---

[1]. Bossuet, dans son admirable récit de la bataille de Rocroy, en a parfaitement peint la fin, la destruction de l'infanterie espagnole; mais il n'a pas même indiqué la manœuvre qui décida du sort de la journée. Il est à regretter que Napoléon n'ait pas fait sur les campagnes de Condé le même travail que sur celles de Turenne et de Frédéric, et qu'après avoir incidemment jugé, avec la supériorité du maître, et dignement relevé la judicieuse audace qui remporta la bataille de Nortlingen, où Condé ne craignit pas d'engager la seule aile qui lui restait pour rétablir le combat, au lieu de l'employer à faire une retraite bien difficile devant la cavalerie de Jean de Vert, il n'ait pas même consacré un chapitre à l'examen de la bataille de Rocroy, qui commence la nouvelle école militaire.

avaient eu des succès en Allemagne et en Italie; mais voici qu'il s'élevait un général de vingt-deux ans qui les effaçait tous, et créait une nouvelle manière de faire la guerre où l'audace était au service du calcul, comme Descartes et Corneille, qu'on me passe cette comparaison, venaient de créer une philosophie et une poésie nouvelles pour servir de solide fondement ou d'éclatant interprète à des sentiments et à des pensées sublimes. Rocroy répond au *Cid,* à *Cinna* et à *Polyeucte,* ainsi qu'au *Discours de la Méthode,* dans l'histoire de la grandeur française : époque incomparable que nulle autre n'a égalée, et dont n'approche pas même celle du consulat après Marengo, parce qu'au milieu de toutes ses splendeurs le consulat n'a eu ni Descartes ni Corneille !

On se figure aisément l'ivresse de l'hôtel de Condé, quand un des camarades du duc d'Enghien dans les amusements de Chantilly et de Liancourt, La Moussaye, qui lui avait servi d'aide de camp pendant toute la journée, apporta la triomphante nouvelle. Toutes les muses de Rambouillet, grandes et petites, chantèrent les exploits de leur brillant disciple. Les drapeaux espagnols pris à Rocroy furent étalés pendant plusieurs jours dans les grandes salles de l'hôtel de Condé, avant d'être transportés à Notre-Dame. Le peuple se pressait pour les contempler. Et en même temps que l'orgueil patriotique faisait battre tous les cœurs, on était ému jusqu'aux larmes en apprenant que le jeune capitaine, aussi humain et aussi pieux que brave, avait fait fléchir le genou à toute l'armée sur le champ de bataille pour remercier Dieu, qu'ensuite il avait pris soin des blessés, vainqueurs ou vaincus, comme s'ils étaient de sa propre famille, les consolant, les encourageant, leur distribuant les plus abondants secours sans jamais les humilier, et qu'il avait demandé pour ses lieutenants toutes les récompenses, ne voulant pour lui que la gloire, comme les héros des tragédies et des romans dont il était épris avec tout son siècle, le Cid, Polexandre, Cyrus. Bientôt on sut qu'après quelques jours donnés à la religion et à l'humanité, le duc d'Enghien avait repris la poursuite de l'ennemi, et qu'il était déjà sous les murs de Thionville.

La maison de Condé avait besoin de l'éclat et de la force que lui renvoyait la victoire de Rocroy pour faire face à ses propres ennemis, et tirer satisfaction de l'insulte qui venait de lui être faite dans la personne de Mme de Longueville.

Il faut se faire une idée juste de la situation des affaires et de celle des partis qui se disputaient le gouvernement, pour saisir l'importance d'une aventure qui en elle-même semble assez peu de chose.

Depuis la mort de Richelieu, il s'était formé une

faction puissante composée de tous ceux que l'impérieux cardinal avait sacrifiés à ses desseins, qu'il avait exilés de la cour ou de la France, et qui, leur redoutable ennemi au cercueil, brûlaient de s'emparer de ses dépouilles. Ils croyaient pouvoir compter sur la reine Anne, car elle aussi elle avait été opprimée, et c'était pour son service qu'ils avaient encouru la persécution. La faveur de la régente leur paraissait une dette, et ils la réclamaient d'une façon qui peu à peu blessa la reine et la tourna contre eux. A mesure qu'ils perdaient du terrain auprès d'elle, Mazarin en gagnait. Il était jeune encore, beau, doux, insinuant, fidèle à la politique de Richelieu, son maître, mais la pratiquant différemment; d'un esprit moins élevé et moins vaste, n'unissant pas, comme son incomparable devancier, le génie de l'administration dans toutes ses branches à celui de la politique générale; particulièrement diplomate, mais diplomate du premier ordre, et ayant attaché son nom aux deux plus grands traités du XVIIe siècle, le traité de Westphalie et celui des Pyrénées; inépuisable en ressources et en expédients; préférant toujours l'artifice à la violence, ménageant tout le monde, traitant avec tous les partis, aimant mieux les corrompre que d'avoir à les exterminer; s'appliquant, surtout en 1643, à pénétrer dans le cœur de la reine, comme aussi l'avait tenté Richelieu, mais possédant bien d'autres moyens pour y réussir. Le beau cardinal [1] réussit donc. Une fois maître du cœur [2], il dirigea aisément l'esprit de la reine, et lui enseigna l'art difficile de poursuivre toujours le même but, la suprématie de l'autorité royale, à l'aide des conduites les plus diverses, selon la diversité des circonstances. Dans le commencement, tout son effort fut de se maintenir et d'écarter les Importants. On appelait ainsi les chefs des mécontents, à cause des airs d'importance qu'ils se donnaient, blâmant à tort et à travers toutes les mesures du gouvernement, affectant une sorte de mélancolie, de profondeur et de sublimité quintessenciée, qui les séparait des autres hommes. Ils régnaient dans les salons, et ils exerçaient une autorité considérable à la cour et dans tout le royaume, parce qu'ils avaient à leur tête les deux grandes maisons de Vendôme et de Lorraine.

Le duc de Beaufort, le second fils du duc César de Vendôme, portait fièrement le nom de petit-fils de Henri IV; il avait de la bravoure et de l'honneur. Pendant les plus mauvais jours, il avait montré une fidélité chevaleresque à la reine, qui, avant d'avoir apprécié Mazarin, penchait fort de son côté, et il

1. On ne possède, ou du moins nous ne connaissons aucun portrait peint ou gravé de Mazarin jeune. Il n'avait que quarante et un ans en 1643, et un portrait de M. Lasne le représente alors avec une figure belle encore, où la finesse est jointe à la grandeur.

2. Voyez, sur ce point délicat, M. Walckenaër, *Mémoires sur Mme de Sévigné*, t. Ier, p. 213, surtout la lettre à peu près décisive d'Anne à Mazarin, que le premier il a donnée, t. III, *supplément*, p. 471.

l'eût peut-être emporté s'il n'eût gâté ses affaires par des prétentions excessives et une hauteur bien peu habile avec une Espagnole, qu'il fallait flatter longtemps avant de la gouverner. Il n'avait d'ailleurs aucun génie, et il eût échoué d'une façon misérable au premier rang : il n'était fait que pour le rôle qu'il a joué depuis, celui d'un héros de théâtre.

La maison de Guise épuisée ne possédait en ce moment aucun homme supérieur. Longtemps exilée, elle avait perdu en Italie son chef, Charles de Lorraine, en 1640, et, en 1639, le prince de Joinville, auquel on avait autrefois songé pour Mlle de Bourbon. A la mort de ce prince, celui de ses frères qui venait après lui était ce Henri de Guise, d'abord archevêque de Reims, puis duc de Guise, si célèbre par ses aventures, sa bravoure et sa légèreté, qui eut toutes les ambitions, forma toutes les entreprises, et ne réussit à rien, pas même à être un héros de roman, quoi qu'on ait dit. Voyez en effet, je vous prie, si c'est ici la vie d'un chevalier, d'un ancien paladin, comme l'appelle Mme de Motteville [1], et s'il fit l'amour comme dans les romans, ainsi que le prétend Mademoiselle [2]. Après la mort de son père et de son frère aîné, il fait sa paix avec Richelieu et revient à la cour; un an à peine écoulé, il conspire contre Richelieu avec le comte de Soissons, et il est forcé de quitter la France. Pendant qu'il était archevêque de

1. T. II, p. 108. — 2. *Mémoires*, t. Ier, p. 231.

Reims, il s'était épris de la belle Anne de Gonzague, depuis la princesse Palatine ; il s'était engagé avec elle par une promesse de mariage authentique, et lorsque Anne de Gonzague, comptant sur sa parole, fait la folie de s'enfuir pour aller le rejoindre à Bruxelles, se faisant déjà appeler Mme de Guise [1], elle le trouve marié à la comtesse de Bossu, dont il se lasse bientôt et qu'il quitte à son tour pour revenir à Paris, quand Richelieu et Louis XIII ne sont plus. Là, il fait une cour bien facile à Mme de Montbazon. Un peu après, il devient éperdument amoureux de Mlle de Pons, une des filles d'honneur de la reine Anne, fort jolie et fort coquette ; il veut l'épouser ; il s'en va solliciter à Rome la rupture de son premier mariage, et par occasion, pour conquérir une couronne à sa nouvelle maîtresse, il court se mettre à la tête de l'insurrection de Naples. Il arrive à travers mille hasards, déploie la valeur la plus brillante, sans aucun talent ni politique ni militaire, est fait prisonnier par les Espagnols, supplie Condé, malheureusement alors tout-puissant en Espagne, d'obtenir sa délivrance, lui promettant un dévouement à toute épreuve ; et, après qu'il a retrouvé sa liberté, grâce à l'intervention de Condé, au lieu de le servir comme il s'y est engagé par une déclaration publique, il l'abandonne, passe à Mazarin, prend part à tout

---

[1]. Sur Anne de Gonzague, princesse palatine, et sur son mariage secret avec Henri de Guise, voyez la IIe partie et l'APPENDICE.

ce qui se fait contre son libérateur, intente à cette même Mlle de Pons, dont il voulait faire une reine de Naples, un procès honteux, pour ravoir les meubles et les pierreries qu'il lui avait donnés, devient grand chambellan, et n'est bon qu'à parader dans les fêtes et les tournois de la cour, et à faire dire, quand on le voit passer avec Condé : voilà le héros de la fable à côté du héros de l'histoire ; emportant avec lui au tombeau, en 1664, cette illustre maison de Guise qui méritait de finir autrement. En 1643, à son arrivée à Paris, il était tombé dans le parti des Importants, et il était merveilleusement fait pour être un des chefs de ce parti, car il était vain, brillant et incapable.

Les femmes occupaient une grande place dans cette Fronde anticipée du commencement de la régence.

La reine Anne avait eu autrefois pour amies la célèbre duchesse de Chevreuse et Mlle d'Hautefort, devenue depuis la maréchale duchesse de Schomberg. Ces deux dames n'avaient en commun qu'une grande beauté, de l'ambition, et une disgrâce courageusement supportée. Marie d'Hautefort [1] était, avec

---

1. Mme de Motteville la peint ainsi, t. Ier, p. 47 : « Ses yeux étaient bleus, grands et pleins de feu ; ses dents blanches et égales, et son teint avait le blanc et l'incarnat nécessaire à une beauté blonde. » C'est l'*Olympe* des portraits de Mademoiselle, dans l'édition de 1663. Son nom de précieuse était HERMIONE, *Grand Dictionnaire des Prétieuses*, t. Ier, p. 218. Scarron l'a beaucoup célébrée. Mariée en 1646 au maré-

Mme de Sablé, un des modèles de la vraie précieuse, et qui avait égalé sa conduite à ses maximes. Fille d'honneur de la reine, Louis XIII avait eu pour elle cet amour platonique, alors à la mode, dont il aima aussi Mlle de La Fayette. Richelieu, après avoir essayé inutilement de la gagner, l'avait brouillée avec son royal amant et fait exiler de la cour. La reine Anne l'avait aimée presque autant que le roi, et, aussitôt qu'elle avait été libre et maîtresse d'elle-même, elle lui avait écrit de sa main : « Venez, ma chère amie, je meurs d'impatience de vous embrasser. » Mlle d'Hautefort était accourue ; mais, quand elle avait voulu parler de Mazarin comme autrefois de Richelieu, elle avait trouvé une audience moins favorable, et, n'ayant pas su s'accommoder à la situation nouvelle, ses tendresses impérieuses avaient bientôt fatigué. Mme de Chevreuse avait eu la beauté [1] de Mlle d'Hautefort, mais non pas ses vertus. Marie de Rohan Montbazon, fille du duc Hercule de Montbazon, d'un premier lit, d'abord mariée au connétable de Luynes, veuve de très-bonne heure, était entrée dans la maison

chal Charles de Schomberg, elle le suivit dans son gouvernement des Trois-Évêchés, rencontra à Metz le jeune Bossuet et protégea ses débuts. Après la mort du maréchal, elle vécut dans la retraite et mourut en 1691. Nous la retrouverons dans la IIIe partie.

1. Pour juger de sa beauté, il ne faut pas la voir comme Retz à près de cinquante ans, ni telle que la montrent la plupart de ses portraits, sur le retour de l'âge, avec le bonnet de veuve après la mort de son second mari ; il faut la voir jeune et brillante, sinon du temps du con-

de Lorraine en épousant le duc de Chevreuse. Victime de sa fidélité à la reine, bannie par Richelieu, elle avait longtemps erré en Europe, et elle rapportait en France les prétentions d'une émigrée. Tout entière à la galanterie, dévouée à l'amant du jour, elle remua ciel et terre pour renverser Mazarin et mettre à sa place Châteauneuf, ancien garde des sceaux, qui passait dans le parti pour un homme d'une capacité supérieure et en état d'être premier ministre. Elle exigeait aussi une grande situation pour La Rochefoucauld, qui lui avait été plus ou moins tendrement attaché, et qui en était encore à cette sentimentalité romanesque, à la façon du duc de Guise, dont le fond est presque toujours une vanité, honteuse d'elle-même, dont le dernier mot devait être ici, au bout des intrigues de la Fronde, le livre des *Maximes*.

Mazarin se défendait, comme nous l'avons dit, en s'insinuant peu à peu dans le cœur de la reine, et aux attaques des maisons de Vendôme et de Lorraine il opposait le poids des anciens partisans de Richelieu, nombreux encore et accrédités, surtout la

nétable de Luynes, au moins dans les commencements de son second mariage. Née en 1604, mariée en 1617, veuve en 1619, remariée en 1622, à dix-huit ans, elle a eu quinze à vingt ans du plus grand éclat. Sa taille était charmante. Elle avait les yeux bleus, les cheveux d'un blond châtain, et le plus beau sein. C'est ainsi que la représentent plusieurs portraits du temps que possède M. le duc de Luynes, et un charmant portrait gravé de Daret.

maison de Condé, avec ses alliances et ses amitiés, les Montmorency, les Longueville, les Brézé, les Ventadour, les Châtillon. C'en était fait de Mazarin dans ces commencements difficiles, si le prince de Condé n'était pas demeuré inébranlablement attaché à l'autorité royale. Il soutint l'incertain duc d'Orléans, qui, après avoir mis la main dans plus d'une intrigue contre Richelieu et s'être sauvé lui-même en livrant ses amis, était tenté de reprendre ses allures équivoques. M. le Prince était trop politique pour ne pas comprendre qu'il lui valait bien mieux être le puissant protecteur que l'adversaire inégal de la royauté; qu'en ce cas il fallait la défendre avec énergie, et que son rang l'élèverait toujours bien au-dessus d'un ministre, quand ce ministre n'était pas Richelieu; et si personne alors ne contestait la capacité de Mazarin, personne aussi ne soupçonnait toute sa portée. Chef du conseil et gouverneur de Paris, M. le Prince s'appliqua, de concert avec Monsieur, lieutenant-général du royaume, à déjouer toutes les trames des Importants, et par là il s'en fit d'ardents ennemis.

Leur haine pour la maison de Condé rejaillissait à peine sur Mme de Longueville. Sa douceur dans toutes les choses où son cœur n'était pas sérieusement engagé, sa parfaite indifférence politique à cette époque de sa vie, avec les grâces de son esprit et de sa figure, la rendaient aimable à tout le monde et la protégeaient contre l'injustice des partis. Mais, en dehors des affaires d'État, elle avait une ennemie, et une ennemie redoutable, dans la duchesse de Montbazon. Nous avons dit que Mme de Montbazon avait été la maîtresse de M. de Longueville ; il faut la faire un peu plus connaître, car elle est un des principaux personnages du drame que nous avons à raconter.

Marie de Bretagne, née vers 1612, morte à quarante-cinq ans en 1657, était la fille aînée de cette fameuse comtesse de Vertus, dont le père était La Varenne Fouquet, maître d'hôtel et serviteur très-complaisant d'Henri IV. Le comte de Vertus, de l'illustre maison de Bretagne, avait épousé Mlle de La Varenne à cause de son extrême beauté, et il s'était empressé de la tirer de Paris et de l'emmener chez lui. Il n'y gagna rien, et Tallemant[1] nous a raconté de la belle et folle comtesse une histoire galante terminée de la plus tragique manière. La fille était digne de la mère par sa beauté, et elle la laissa bien loin derrière elle par ses vices. Mariée en 1628 au duc de Montbazon, le père de Mme de Chevreuse, lorsqu'il était déjà vieux et qu'elle était encore au couvent, elle se mit bientôt à son aise. L'esprit n'était pas son plus brillant côté, et le peu qu'elle en avait était tourné à la ruse et à la perfidie. « Son esprit, dit l'indulgente Mme de Motteville[2], n'était

---

1. Tallemant, t. III, p. 407. — 2. *Mémoires*, t. Ier, p. 46.

pas si beau que son corps; ses lumières étaient bornées par ses yeux, qui commandaient qu'on l'aimât. Elle prétendait à l'admiration universelle. » Sur son caractère, tous les témoignages sont unanimes. Retz, qui la connaissait bien, en parle en ces termes [1] : « Mme de Montbazon était d'une très-grande beauté. La modestie manquait à son air. Son jargon eût suppléé dans un temps calme à son esprit. Elle eut peu de foi dans la galanterie, nulle dans les affaires. Elle n'aimait rien que son plaisir, et au-dessus de son plaisir son intérêt. Je n'ai jamais vu une personne qui ait conservé dans le vice si peu de respect pour la vertu. » Souverainement vaine et aimant passionnément l'argent, c'est à l'aide de sa beauté qu'elle poursuivait l'influence et la fortune. Elle en prenait donc un soin infini, comme de son idole et aussi comme de sa ressource et de son trésor. Elle l'entretenait et la relevait par toutes sortes d'artifices, et elle la conserva presque entière jusqu'à sa mort. Mme de Motteville assure que dans ses dernières années elle était « aussi enchantée de la vanité que si elle n'avait eu que vingt-cinq ans [2]; » qu'elle avait le même désir de plaire, et qu'elle portait son deuil

---

1. T. Ier, p. 221. Il en cite, ainsi que Tallemant et même Mme de Motteville, des choses incroyables. Les recueils de chansons du temps abondent en épigrammes outrageantes contre elle. Voyez le *Recueil de Maurepas* à la Bibliothèque nationale et les recueils de *Chansons historiques* de la bibliothèque de l'Arsenal.

2. T. V, p. 246.

avec tant d'agrément que « l'ordre de la nature se trouvait changé, puisque beaucoup d'années et de beauté se pouvaient rencontrer ensemble. » Dix ans auparavant, en 1647, à trente-cinq ans, lorsque Mazarin donna une comédie à machines et en musique, à la mode d'Italie, c'est-à-dire un opéra, le soir il y eut un grand bal, et la duchesse de Montbazon y parut parée de perles et avec une plume rouge sur la tête, dans un tel éclat qu'elle ravit toute l'assemblée, « montrant par là que des beaux l'arrière-saison est toujours belle [1]. » On peut penser ce qu'elle était en 1643, à trente et un ans.

Des deux conditions de la beauté parfaite, la force et la grâce [2], Mme de Montbazon possédait la première au suprême degré; mais cette qualité étant presque seule ou tout à fait dominante laissait quelque chose à désirer, c'est-à-dire précisément ce qui fait le charme de la beauté. Elle était grande et majestueuse, même à ce point que Tallemant, qui exagère toujours et ment rarement, dit : « C'était un colosse [3]. » Elle possédait tout le luxe des attraits de l'embonpoint. Sa gorge rappelait celle des statues antiques, avec un peu d'excès peut-être. Ce qui frappait le plus en sa figure était des yeux et des cheveux très-noirs sur un fond d'une éblouissante blancheur.

1. T. Ier, p. 410.
2. Voyez l'*Introduction*, p. 4, etc.
3. T. III, p. 410.

Le défaut était un nez un peu fort, avec une bouche trop enfoncée qui donnait à son visage une apparence de dureté [1]. On voit que c'était juste l'opposé de Mme de Longueville. Celle-ci était grande et ne l'était pas trop. La richesse de sa taille n'ôtait rien à sa délicatesse. Un embonpoint tempéré laissait déjà paraître et retenait dans une mesure exquise la beauté des formes de la femme. Ses yeux étaient du bleu le plus doux; son abondante chevelure du plus beau blond cendré. Elle avait le plus grand air, et malgré cela son trait particulier était la grâce. Ajoutez la suprême différence des manières et du ton. Mme de Longueville était dans tout son maintien la dignité, la politesse, la modestie, la douceur même, avec une langueur et une nonchalance qui n'étaient pas son moindre charme. Sa parole était rare ainsi que son geste; les inflexions de sa voix étaient une musique parfaite [2]. L'excès, où jamais elle ne tomba, eût été plutôt une sorte de mignardise. Tout en elle était esprit, sentiment, agrément. Mme de Montbazon, au

---

1. Sur la beauté de Mme de Montbazon, nous avons uni ce que disent Tallemant, t. III, p. 411, et Mme de Motteville, t. Ier, p. 146. Le lecteur peut juger de la vérité de notre description en allant voir à Versailles, dans la curieuse galerie de l'attique du nord, sous le n° 2030, un petit tableau où Mme de Montbazon est représentée en buste, vers l'âge de trente-cinq à quarante ans, avec un collier de perles, un beau front très-découvert, de beaux yeux noirs, une gorge magnifique; mais le tout un peu fort et sans beaucoup de distinction. Ce tableau semble l'original du portrait gravé de Le Blond.

2. Villefore, p. 32.

contraire, avait la parole libre, le ton leste et dégagé, de la morgue et de la hauteur.

Ce n'en était pas moins une créature très-attrayante, quand elle voulait l'être, et elle eut un grand nombre d'adorateurs, et d'adorateurs heureux, depuis Gaston, duc d'Orléans, et le comte de Soissons, tué à la Marfée, jusqu'à Rancé, le jeune et galant éditeur d'Anacréon et le futur fondateur de la Trappe. M. de Longueville avait été quelque temps l'amant en titre, et il lui faisait des avantages considérables. Quand il épousa Mlle de Bourbon, Mme la Princesse exigea, sans être il est vrai bien fidèlement obéie, qu'il rompît tout commerce avec son ancienne maîtresse. De là dans cette âme intéressée une irritation que redoubla la vanité blessée, lorsqu'elle vit cette jeune femme avec son grand nom, un esprit merveilleux, un agrément indéfinissable, s'avancer dans le monde de la galanterie, entraîner sans le moindre effort tous les cœurs après elle, et lui enlever ou partager du moins cet empire de la beauté dont elle était si fière, et qui lui était si précieux. D'un autre côté, le duc de Beaufort n'avait pu se défendre pour Mme de Longueville d'une admiration passionnée qui avait été très-froidement reçue. Il en avait eu du dépit, et cette blessure saigna longtemps, c'est son ami La Châtre qui nous l'apprend [1],

---

1. *Mémoires* de La Châtre dans la collection Petitot, t. LI, p. 230.

même après qu'il eut porté ses hommages à Mme de Montbazon. Celle-ci, comme on le pense bien, aigrit encore ses ressentiments. Enfin le duc de Guise, récemment arrivé à Paris, s'était mis à la fois dans le parti des Importants et au service de Mme de Montbazon, qui l'accueillit fort bien, en même temps qu'elle s'efforçait de garder ou de rappeler M. de Longueville, et qu'elle régnait sur Beaufort, dont le rôle auprès d'elle était un peu celui de cavalier servant. On le voit, Mme de Montbazon disposait ainsi, par Beaufort et par Guise, comme aussi par sa belle-fille, Mme de Chevreuse, de la maison de Vendôme et de la maison de Lorraine, et elle employa tout ce crédit au profit de sa haine contre Mme de Longueville. Elle brûlait de lui nuire; elle en trouva l'occasion.

Un jour qu'elle avait chez elle une nombreuse compagnie, on ramassa deux lettres qui n'avaient pas de signature, mais qui étaient d'une écriture de femme et d'un style peu équivoque. On se mit à les lire, on en fit mille plaisanteries, on en rechercha l'auteur. Mme de Montbazon prétendit qu'elles étaient tombées de la poche de Maurice de Coligny, qui venait de sortir, et qu'elles étaient de la main de Mme de Longueville. Le mot d'ordre une fois donné, tous les échos du parti des Importants le répandirent, et cette aventure devint l'entretien de la cour. Voici quelles étaient les deux lettres trouvées chez Mme de Montbazon; une frivole curiosité nous les a très-fidèlement conservées[1] :

I.

« J'aurais beaucoup plus de regret du changement de votre conduite si je croyais moins mériter la continuation de votre affection. Je vous avoue que, tant que je l'ai crue véritable et violente, la mienne vous a donné tous les avantages que vous pouviez souhaiter. Maintenant, n'espérez pas autre chose de moi que l'estime que je dois à votre discrétion. J'ai trop de gloire pour partager la passion que vous m'avez si souvent jurée, et je ne veux plus vous donner d'autre punition de votre négligence à me voir que celle de vous en priver tout à fait. Je vous prie de ne plus venir chez moi, parce que je n'ai plus le pouvoir de vous le commander. »

II.

« De quoi vous avisez-vous après un si long silence? Ne savez-vous pas bien que la même gloire qui m'a rendue sensible à votre affection passée me défend de souffrir les fausses apparences de sa continuation ! Vous dites que mes soupçons et mes inégalités vous rendent la plus malheureuse personne du monde; je vous assure que je n'en crois rien, bien

---

[1]. Mademoiselle, t. Ier, p. 62 et 68.

que je ne puisse nier que vous ne m'ayez parfaitement aimée, comme vous devez avouer que mon estime vous a dignement récompensé. En cela, nous nous sommes rendu justice, et je ne veux pas avoir dans la suite moins de bonté, si votre conduite répond à mes intentions. Vous les trouveriez moins déraisonnables si vous aviez plus de passion, et les difficultés de me voir ne feraient que l'augmenter au lieu de la diminuer. Je souffre pour n'aimer pas assez et vous pour aimer trop [1]. Si je vous dois croire, changeons d'humeur; je trouverai du repos à faire mon devoir, et vous devez y manquer pour vous mettre en liberté. Je n'aperçois pas que j'oublie la façon dont vous avez passé avec moi l'hiver, et que je vous parle aussi franchement que j'ai fait autrefois. J'espère que vous en userez aussi bien, et que je n'aurai point de regret d'être vaincue dans la résolution que j'avais faite de n'y plus retourner. Je garderai le logis trois ou quatre jours de suite, et l'on ne m'y verra que le soir : vous en savez la raison. »

Ces lettres n'étaient pas controuvées. Elles avaient été réellement écrites par Mme de Fouquerolles au beau et élégant marquis de Maulevrier [2], qui avait eu la sottise de les perdre dans le salon de Mme de Montbazon. Maulevrier, tremblant d'être reconnu et

---

1. Il me semble qu'il faudrait mettre : « Je souffre pour aimer trop, et vous pour n'aimer pas assez. »
2. Voyez Mademoiselle, Mme de Motteville et La Rochefoucauld.

d'avoir compromis Mᵐᵉ de Fouquerolles, courut chez un des chefs du parti des Importants, La Rochefoucauld, qui était son ami, lui confia son secret, et le supplia de s'entremettre pour assoupir cette affaire. La Rochefoucauld fit comprendre à Mᵐᵉ de Montbazon qu'il était de son intérêt de faire ici la généreuse, car on reconnaîtrait bien aisément l'erreur ou la fraude, dès qu'on en viendrait à confronter l'écriture de ces lettres avec celle de Mᵐᵉ de Longueville; qu'il lui fallait donc prévenir un éclat qui retomberait sur elle. Mᵐᵉ de Montbazon remit les lettres originales à La Rochefoucauld, qui les fit voir à M. le Prince et à Mᵐᵉ la Princesse, à Mᵐᵉ de Rambouillet et à Mᵐᵉ de Sablé, particulières amies de Mᵐᵉ de Longueville, et, la vérité bien établie, les brûla en présence de la reine, délivrant Maulevrier et Mᵐᵉ de Fouquerolles de l'inquiétude mortelle où ils avaient été pendant quelque temps [1].

Peut-être eût-il été sage de s'en tenir là. C'était l'avis un peu intéressé du faible et prudent M. de Longueville, qui voulait ménager Mᵐᵉ de Montbazon, et ne croyait pas que l'honneur de sa femme eût beaucoup à gagner à un plus grand éclat. Mᵐᵉ de Longueville n'était pas non plus fort animée; mais Mᵐᵉ la Princesse, avec son humeur altière et dans le premier enivrement des succès de son fils, exigea une réparation égale à l'offense, et déclara haute-

---

1. *Mémoires* de La Rochefoucauld, collection Petitot, t. LI, p. 387.

ment que, si la reine et le gouvernement ne prenaient pas en main l'honneur de sa maison, elle et tous les siens se retireraient de la cour : elle s'indignait à la seule idée qu'on pût mettre un moment sa fille en balance avec la petite-fille d'un cuisinier, disait-elle, voulant parler de La Varenne, père de la comtesse de Vertus, qui avait été maître d'hôtel de Henri IV. En vain tout le parti des Importants, Beaufort et Guise à leur tête, s'agitèrent et menacèrent; en vain M™° de Chevreuse, qui n'avait pas encore perdu tout son crédit auprès de la reine, soutint vivement sa belle-mère : Mazarin était trop habile pour se mettre sur les bras deux ennemis à la fois, et pour se brouiller avec les Condé sans aucun espoir d'acquérir ou de désarmer les Lorrains et les Vendôme. Il tourna aisément la reine du côté de M™° la Princesse. M™° de Longueville était allée passer les premiers moments de cette désagréable aventure à La Barre, auprès de ses chères amies, M¹¹ᵉˢ Du Vigean. La reine elle-même alla l'y voir, et lui promit sa protection. On décida que la duchesse de Montbazon se rendrait chez M™° la Princesse, à l'hôtel de Condé, et lui ferait une réparation publique. M™° de Motteville raconte avec beaucoup d'agrément tout ce qu'il fallut de diplomatie pour ménager et régler ce que dirait M™° de Montbazon et ce que répondrait M™° la Princesse. « La reine était dans son grand cabinet, et M™° la Princesse était avec elle, qui, tout émue et toute terrible, faisait de cette affaire un crime de lèse-majesté. M°** de Chevreuse, engagée par mille raisons dans la querelle de sa belle-mère, était avec le cardinal Mazarin pour composer la harangue qu'elle devait faire. Sur chaque mot, il y avait un pourparler d'une heure. Le cardinal, faisant l'affairé, allait d'un côté et d'autre pour raccommoder leur différend, comme si cette paix eût été nécessaire au bonheur de la France et au sien en particulier. Il fut arrêté que la criminelle irait chez M°** la Princesse le lendemain, où elle devait dire que le discours qui s'était fait de la lettre était une chose fausse, inventée par de méchants esprits, et qu'en son particulier elle n'y avait jamais pensé, connaissant trop bien la vertu de M°** de Longueville et le respect qu'elle lui devait. Cette harangue fut écrite dans un petit billet qui fut attaché à son éventail, pour la dire mot à mot à M°** la Princesse. Elle le fit de la manière du monde la plus fière et la plus haute, faisant une mine qui semblait dire : « Je me moque de ce que je dis. »

Mademoiselle [1] nous donne les deux discours prononcés : « Madame, je viens ici pour vous protester que je suis très-innocente de la méchanceté dont on m'a voulu accuser : il n'y a aucune personne d'honneur qui puisse dire une calomnie pareille. Si

---

1. Tome Ier, p. 65.

j'avais fait une faute de cette nature, j'aurais subi les peines que la reine m'aurait imposées; je ne me serais jamais montrée dans le monde et vous en aurais demandé pardon. Je vous supplie de croire que je ne manquerai jamais au respect que je vous dois et à l'opinion que j'ai de la vertu et du mérite de Mme de Longueville. » Mme la Princesse répondit : « Madame, je reçois très-volontiers l'assurance que vous me donnez de n'avoir nulle part à la méchanceté que l'on a publiée; je défère trop au commandement que la reine m'en a fait. »

On trouve dans le journal manuscrit d'Olivier d'Ormesson [1] quelques détails qui ajoutent au piquant de cette scène de comédie. Elle eut lieu le 8 août. Le cardinal Mazarin y assistait, comme témoin de la part de la reine. Mme de Montbazon ayant commencé son discours sans dire madame, Mme la Princesse s'en plaignit, et l'autre dut recommencer avec l'addition respectueuse. Un pareil raccommodement ne finissait rien, et quelques jours après la guerre recommença.

Outre la satisfaction qu'elle venait de recevoir, Mme la Princesse avait demandé et obtenu la permission de ne se point trouver en même lieu que la duchesse de Montbazon. A quelque temps de là, Mme de Chevreuse invita la reine à une collation dans le jardin de Renard. Ce jardin était le rendez-vous

---

1. Folio 22.

de la belle société. Il était au bout des Tuileries, avant la porte de la Conférence qui conduisait au Cours-la-Reine, c'est-à-dire à l'angle gauche de la place Louis XV, sur le terrain occupé depuis par deux de ces fossés qui jusqu'à ce jour ont gâté cette magnifique place qu'il serait si aisé de rendre la plus belle de l'Europe. L'été, en revenant du Cours, qui était la promenade du grand monde, et où les beautés du jour faisaient assaut de toilette et d'éclat, on venait se reposer au jardin de Renard, y prendre des rafraîchissements, et entendre des sérénades à la manière espagnole. La reine se plaisait fort à s'y promener dans les belles soirées d'été. Elle voulut que Mme la Princesse y vînt avec elle partager la collation que lui offrait Mme de Chevreuse, l'assurant bien que Mme de Montbazon n'y serait pas; mais celle-ci y était, et prétendait même faire les honneurs de la collation comme belle-mère de celle qui la donnait. Mme la Princesse feignit de vouloir se retirer pour ne pas troubler la fête; la reine ne pouvait pas ne la point retenir, puisqu'elle était venue sur sa parole. Elle fit donc prier Mme de Montbazon de faire semblant de se trouver mal et de s'en aller pour la tirer d'embarras. La hautaine duchesse ne consentit pas à fuir devant son ennemie, et elle demeura. La reine offensée refusa la collation et quitta la promenade avec Mme la Princesse. Le lendemain, un ordre du roi enjoignait à Mme de Montbazon de sortir de Paris.

Cette disgrâce déclarée irrita les Importants. Ils se crurent humiliés et affaiblis et il n'y eut pas de violences et d'extrémités qu'ils ne rêvèrent. Le duc de Beaufort, frappé à la fois dans son crédit et dans ses amours, jeta les hauts cris, et le bruit courut qu'il y avait eu un complot pour assassiner Mazarin [1]. Dans ces conjonctures, le cardinal se montra le digne héritier de Richelieu. Quoiqu'il demandât surtout ses succès à la patience, à l'habileté et à l'intrigue, il n'était pas dépourvu de courage, et il sut prendre son parti. Il était déjà assez bien avec la reine, et il commençait à lui paraître nécessaire, ou du moins fort utile. Il lui représenta doucement mais fortement ce qu'elle devait à l'état et à l'autorité royale menacée ; qu'il fallait préférer l'intérêt de son fils et de sa couronne à des amitiés convenables peut-être en d'autres temps, mais qui étaient devenues dangereuses. Il l'emporta, et la ruine des Importants fut décidée. Le 2 septembre, on arrêta le duc de Beaufort au Louvre même, et on le conduisit à Vincennes. On ôta le commandement des Suisses à La Châtre, ami de Beaufort. L'évêque de Beauvais, qui avait eu un moment la confiance de la reine et s'était mis en tête de succéder à Richelieu, fut renvoyé à son église ; le duc de Vendôme, ainsi que le duc de Mercœur, son fils aîné, exilés, et Mme de Chevreuse reléguée à

---

1. Voyez les *Mémoires* du temps, et surtout ceux de Campion.

Tours. Ces mesures, exécutées à propos, dissipèrent le parti des Importants. Les discordes intestines qui menaçaient le nouveau règne durent attendre des jours plus favorables. Mazarin, bientôt sans rival auprès de la reine, continua au dedans et surtout au dehors la politique de son prédécesseur, et la royauté, ainsi que la France, comptèrent une suite de belles années, grâce à l'union des princes du sang avec la couronne, aux ménagements habiles du premier ministre, à la prudence du prince de Condé et au génie militaire du duc d'Enghien.

Celui-ci était revenu à Paris à la fin de la campagne, après avoir pris Thionville et plusieurs autres places, et promené sur le Rhin l'armée française victorieuse. La reine l'avait reçu comme le libérateur de la France. Mazarin, qui tenait plus à la réalité qu'à l'apparence du pouvoir, lui fit dire que toute son ambition était d'être son chapelain, et son homme d'affaires auprès de la reine. De loin, le duc d'Enghien avait applaudi à tout ce qu'on avait fait, et il revenait brûlant encore pour Mlle Du Vigean, et furieux qu'on eût osé insulter sa sœur. Il adorait sa sœur, et il aimait Coligny. Il connaissait et il avait favorisé sa passion. Engagé lui-même dans un amour aussi ardent que chaste, il savait que sa sœur pouvait bien n'avoir pas été insensible aux empressements de Maurice ; mais il se révoltait à la pensée qu'on lui attribuât les lettres d'une Mme de Fouquerolles, et il le prit sur un ton qui arrêta les plus insolents.

Parmi les amis du duc de Beaufort et de Mme de Montbazon était au premier rang le duc de Guise, devenu le chef de la maison de Lorraine en France. On l'avait ménagé ainsi que toute sa famille à cause de Monsieur, Gaston, duc d'Orléans, qui avait épousé en secondes noces une princesse de cette maison, la belle Marguerite [1]. Le duc de Guise était tel que nous l'avons dépeint. Il avait déjà fait plus d'une folie, mais il n'avait pas encore honteusement échoué dans toutes ses entreprises; son incapacité n'était pas déclarée; il avait tout le prestige de son nom, de la jeunesse, de la beauté et d'une bravoure portée jusqu'à la témérité. Serviteur avoué de Mme de Montbazon, il avait épousé sa querelle, sans être entré néanmoins dans les violences de Beaufort, et il était resté debout en face des Condé victorieux.

Coligny avait eu la sagesse de se tenir à l'écart pendant l'orage, de peur de compromettre encore davantage Mme de Longueville en se portant ouvertement son défenseur; mais quelques mois s'étant écoulés, il crut pouvoir se montrer, et, comme le dit l'ouvrage inédit sur la régence que nous avons plusieurs fois cité [2], « la prison du duc de Beaufort lui

---

[1]. Deuxième fille du duc François. Ce mariage, contracté en 1632, est un roman qu'on peut lire dans tous les mémoires du temps.

[2]. Bibliothèque royale, *Supplément français*, n° 925, fol. 11.

ostant les moyens de tirer avec lui l'espée, il s'adressa au duc de Guise. »La Rochefoucauld s'exprime ainsi[1] : « Le duc d'Enghien, ne pouvant témoigner au duc de Beaufort, qui était en prison, le ressentiment qu'il avait de ce qui s'était passé entre Mme de Longueville et Mme de Montbazon, laissa à Coligny la liberté de se battre avec le duc de Guise, qui avait été mêlé dans cette affaire. » Le duc d'Enghien connut donc et approuva ce que fit Coligny. Pour Mme de Longueville, il est absurde de supposer qu'elle voulut être vengée et poussa Coligny, car tout le monde lui attribue une conduite fort modérée en opposition avec celle de Mme la Princesse. Loin d'envenimer la querelle, elle était d'avis de l'étouffer, et Mme de Motteville réfute elle-même le bruit qu'elle rapporte en disant : « La jalousie qu'elle avait contre la duchesse de Montbazon, étant proportionnée à son amour pour son mari, ne l'emportait pas si loin qu'elle ne trouvât plus à propos de dissimuler cet outrage. »

La Rochefoucauld nous donne un renseignement qui explique ce qui va suivre : Coligny relevait d'une longue maladie ; il était faible encore, et il n'était pas très-adroit à l'escrime [2]. C'est dans cet état qu'il s'attaqua au duc de Guise, qui, comme tous les héros de parade, était d'une rare habileté dans ce genre d'exercices.

Disons quelques mots des seconds qu'ils se choi-

---

1. *Mémoires*, p. 391. — 2. *Ibid.*, même page

sirent; ils en valent la peine à tous égards. Les seconds étaient alors des témoins qui se battaient. Coligny prit pour second, et pour faire l'appel, comme on disait alors; Godefroi, comte d'Estrades, d'une bravoure froide et éprouvée. D'Estrades avait commencé à servir en Hollande sous Maurice de Nassau. Il s'était distingué dans plusieurs semblables rencontres. Un jour, à ce que raconte Tallemant [1], se battant contre un matamore qui se mit sur le bord d'un petit fossé et dit à d'Estrades : Je ne passerai pas ce fossé. Et moi, dit d'Estrades en faisant une raie derrière soi avec son épée, je ne passerai pas cette raie. Ils se battent : d'Estrades le tue. Il fut employé tour à tour et avec un égal succès à la guerre et dans la diplomatie, et devint maréchal de France en 1675. Le second du duc de Guise était le marquis de Bridieu, gentilhomme Limousin, brave officier, très-attaché à la maison de Lorraine, qui, en 1650, défendit admirablement une importante place forte de la frontière de Flandre contre l'armée espagnole et contre Turenne, et pour cette belle défense, où il y eut vingt-quatre jours de tranchée ouverte, fut fait lieutenant-général [2].

On convint que l'affaire aurait lieu à la Place-Royale [3], théâtre accoutumé de ces sortes de combats,

---

1. Tome V, p. 230. — 2. Voyez la IIe partie.

3. La Place-Royale, avec ses environs, était le beau quartier d'alors. Commencée en 1604 (*Les Antiquités et choses plus remarquables de*

qu'ils avaient mille fois teint du meilleur sang. C'est aussi à la Place-Royale qu'habitaient les plus grandes dames, la fleur de la galanterie, Marguerite de Rohan, Mme de Guimenée, Mme de Chaulnes, Mme de Saint-Géran, Mme de Sablé, la comtesse de Maure et tant

Paris, 1608, par Bonfons et par Du Breuil, p. 430) sur les ruines du palais des Tournelles, par Henri IV, elle fut achevée en 1612 (*Le Théâtre des Antiquités de Paris*, par le père Du Breuil, in-4°, 1613, p. 1050). C'est, comme on le sait, un grand carré ou plutôt un rectangle bordé de tous côtés par trente-sept pavillons soutenus par des piliers formant une galerie qui règne tout autour de la place. Au milieu était un vaste préau divisé en six beaux tapis de gazon. Au centre était la statue équestre de Louis XIII. La statue était de Biard, et le cheval de Daniel de Volterre. Sur une des faces du piédestal de marbre blanc, on lisait cette inscription : « Pour la glorieuse et immortelle mémoire « du très-grand et invincible Louis le Juste, XIIIe du nom, roi de France « et de Navarre, Armand, cardinal de Richelieu, son principal ministre, « a fait élever cette statue pour marque éternelle de son zèle, de sa « fidélité et de sa reconnaissance, en 1639. » Sous Louis XIV, ce beau *square* fut entouré d'une grille d'un travail excellent. Lemaire disait, en 1685, t. III, p. 307 : « On y fait presentement une balustrade de fer admirablement travaillée, qui regnera tout autour et qui renfermera un jardin très agreable, dans lequel il y aura quatre grands bassins d'eaux aux quatre coins. Les particuliers qui y ont des hotels contribuent pour cette dépense chacun la somme de mille livres : la ville fournira le reste. » Germain Brice, dans la 1re édition de son curieux ouvrage qui parut en 1685, comme celui de Lemaire, dit la même chose, ajoutant que les habitants seuls de la place auront le droit de jouir du jardin que l'on prépare : « Personne n'entrera que ceux des maisons qui en auront la clef. » Dans la seconde édition de Brice, de 1687, la belle grille n'est pas encore posée ; elle l'est dans l'édition qui suit, de 1701 ; on la voit dans La Caille, en 1714, et dans la gravure de Defer, en 1716. Pour le jardin et les quatre bassins, ils ne sont pas même encore dans le plan de Turgot, en 1740. C'est la Restauration qui a accompli les desseins de l'administration de Louis XIV.

Que d'événements publics et domestiques n'a pas vus cette place

d'autres, sous les yeux desquelles ces légers et vaillants gentilhommes se plaisaient à croiser le fer. Beaucoup d'entre eux y avaient laissé leur vie. Dans le premier quart du XVIIe siècle, le duel était une mode à la fois utile et désastreuse, qui entretenait

pendant tout le XVIIe siècle, que de nobles tournois, que de duels atroces, que d'aimables rendez-vous! Quels entretiens n'a-t-elle pas entendus dignes de ceux du Décaméron, que Corneille a recueillis dans une de ses premières comédies et dans plusieurs actes du *Menteur!* Que de gracieuses créatures ont habité ces pavillons! quels somptueux ameublements, que de trésors d'un luxe élégant n'y avaient-elles pas rassemblés! Que d'illustres personnages en tout genre n'ont pas monté ces beaux escaliers! Richelieu et Condé, Corneille et Molière ont cent fois passé par là. C'est en se promenant sous cette galerie que Descartes, causant avec Pascal, lui a suggéré l'idée de ses belles expériences sur la pesanteur de l'air. C'est là aussi qu'un soir, en sortant de chez Mme de Guimenée, le mélancolique de Thou reçut de Cinq-Mars l'involontaire confidence de la conspiration qui devait les mener tous deux à l'échafaud. C'est là enfin que naquit Mme de Sévigné et c'est à côté qu'elle habitait. En arrivant à la Place-Royale par sa véritable entrée, la Rue-Royale, du côté de la rue Saint-Antoine, on trouvait, à l'angle de droite, l'hôtel de Rohan, occupé longtemps par la vieille duchesse douairière, veuve de ce grand duc de Rohan, l'un des premiers généraux et le plus grand écrivain militaire de son siècle. A l'angle de gauche était l'hôtel de Chaulnes, dont Bois-Robert a célébré les magnifiques appartements, et qui plus tard a passé aux Nicolaï. Aux deux autres coins de la place étaient, à droite, du côté de la rue des Tournelles et du boulevard, le vaste et somptueux hôtel de Saint-Géran, et à gauche, du côté de la rue Saint-Louis, l'hôtel qu'habitait Richelieu avant d'avoir fait bâtir et achever le Palais-Cardinal. Les quatre galeries étaient remplies par des hôtels qui n'étaient pas indignes de ceux-là. Il y avait l'hôtel du maréchal de Lavardin, celui de M. de Nouveau, celui de Villequier, capitaine aux gardes, qui le vendit à M. des Hameaux, lequel en 1680 le revendit aux Rohan-Chabot, et de là cet hôtel, même en passant par d'autres mains, a gardé le nom d'hôtel Chabot. M. Walckenaër, dans son *La Bruyère*, p. 743, dit que le comte de Montgomery et l'infortuné

les mœurs guerrières de la noblesse, mais qui la moissonnait presqu'à l'égal des combats, et pour les causes les plus frivoles. Tirer l'épée pour une bagatelle était devenu l'accompagnement obligé des belles manières, et comme la galanterie avait ses élégants, le duel avait ses raffinés. En quelques années, neuf

marquis de Langlade, si célèbre dans l'histoire des condamnations injustes, demeuraient ensemble à la Place-Royale. Brice, dès 1685, indique l'hôtel du marquis de Dangeau, et en 1713, à droite, en entrant par la rue Saint-Antoine, l'hôtel du baron de Breteuil, introducteur des ambassadeurs, et de l'autre côté la maison du président Carrel. Nous savons certainement que Mme de Sablé logeait à la Place-Royale, ainsi que la comtesse de Maure, avec Mlle de Vandy; mais la difficulté serait de découvrir les habitants de tous les autres pavillons et de faire ainsi une histoire exacte et complète de la Place-Royale jusqu'à la fin du XVIIe siècle. Nous indiquons ce sujet d'études à quelque élève de l'École des chartes ou à quelque jeune artiste; ils y trouveraient la matière des plus fines recherches ainsi que des descriptions les plus charmantes, et une gloire modeste ne leur manquerait pas après quelques années du travail le plus attrayant. Nous nous permettrons de leur signaler, outre Félibien, t. II, Sauval, t. II, p. 624, le plan de Gomboust de 1652 et les plans postérieurs, les ouvrages suivants : 1° *La Guide de Paris*, etc., par le sieur de Schayes, 1647; 2° *Le Livre commode contenant les adresses de la ville de Paris, par Abraham Pradel, philosophe et mathématicien*, Paris, petit in-8°; 3° l'*Almanach Royal de* 1699; 4° la suite des diverses éditions de G. Brice, de 1685 à 1725; 5° la pièce de vers de Scarron, *Adieux au Marais et à la Place-Royale*, édit. d'Amsterdam, de 1752, t. VII, p. 29-35; 6° un manuscrit de la Bibliothèque nationale, fonds de Lancelot, n° 7905, où se trouve un *Supplément des Antiquités de Paris, avec tout ce qui s'est fait et passé de plus remarquable depuis* 1610 *jusques à présent*, par D. H. J., avocat en parlement. Jusques à présent est à peu près 1640. Terminons par cette dernière remarque : il n'y a qu'un seul hôtel de la Place-Royale qui soit resté dans la même famille de 1612 jusqu'à nos jours, à savoir, l'hôtel qui porte le n° 25, et qui, de père en fils, est arrivé à son propriétaire actuel, M. le comte de l'Escalopier.

cents gentilshommes avaient péri dans des combats particuliers. Pour arrêter ce fléau, Richelieu avait fait rendre au roi l'édit terrible qui punissait la mort par la mort et envoyait les provocateurs de la Place-Royale à la place de Grève. Richelieu fut inflexible, et l'exemple de Montmorency-Boutteville, décapité avec son second, le comte Deschappelles, pour avoir provoqué Beuvron et s'être battu avec lui à la Place-Royale en plein midi, imprima une terreur salutaire et rendit assez rares les infractions à l'édit. Coligny brava tout; il fit appeler Guise, et, au jour marqué, les deux nobles adversaires, assistés de leurs seconds, d'Estrades et Bridieu, se rencontrèrent à la Place-Royale.

Nous pouvons donner les moindres détails du combat, grâce aux divers mémoires contemporains, grâce surtout à deux documents nouveaux, le manuscrit déjà cité sur la régence et le journal inédit d'Olivier d'Ormesson.

C'est le 12 décembre au matin [1] que d'Estrade alla appeler le duc de Guise de la part de Coligny. Le rendez-vous fut pris pour le jour même, à la Place-Royale, à trois heures [2]. Les deux adversaires ne firent rien paraître de toute la matinée, et à trois heures ils étaient au rendez-vous. On prête [3] au duc

1. C'est d'Ormesson qui donne cette date.
2. D'Ormesson, le manuscrit sur la Régence, dont l'auteur semble un nommé Maupassant.
3. La Rochefoucauld.

de Guise un mot qui répand sur cette scène une grandeur inattendue, fait comparaître à la Place-Royale et met aux prises une dernière fois les deux plus illustres combattants des guerres de la Ligue dans la personne de leurs descendants. En mettant l'épée à la main, Guise dit à Coligny : « Nous allons décider les anciennes querelles de nos deux maisons, et on verra quelle différence il faut mettre entre le sang de Guise et celui de Coligny. » Coligny porta à son adversaire une large estocade, dit le journal de d'Ormesson [1]; mais, faible comme il était, le pied de derrière lui manqua, et il tomba sur le genou. Guise alors passa sur lui et mit le pied sur son épée. Coligny, désarmé, ne voulut pas demander la vie. Guise lui aurait dit [2] : « Je ne veux pas vous tuer, mais vous traiter comme vous méritez, pour vous être adressé à un prince de ma naissance, sans vous en avoir donné sujet », et il le frappa du plat de son épée [3]. Coligny, indigné, ramasse ses forces, se rejette en arrière, dégage son épée et recommence la lutte [4]. Dans cette seconde rencontre, Guise fut blessé légèrement à l'épaule [5] et Coligny à la main; mais Guise, passant une seconde fois sur Coligny, se saisit de son épée, dont il eut la main un peu coupée, et en la lui enlevant lui porta un grand coup dans

---

1. Fol. 28, verso. — 2. D'Ormesson.
3. D'Ormesson, Maupassant et La Rochefoucauld.
4. D'Ormesson. — 5. D'Ormesson; Maupassant dit au côté droit.

le bras qui le mit hors de combat. Pendant ce temps, d'Estrades et Bridieu s'étaient blessés grièvement [1].

Telle fut l'issue de ce duel, le dernier, je crois, des duels célèbres de la Place-Royale. Il fut déféré au parlement, conformément à l'édit de Richelieu, mais les poursuites de la justice s'arrêtèrent devant le crédit de Condé, et surtout devant [2] l'état déplorable où l'on sut bientôt qu'était Coligny, le principal coupable, puisqu'il avait été le provocateur. La preuve que Coligny était d'intelligence avec Condé, c'est qu'il trouva un asile dans sa maison de Saint-Maur. Là, il languit quelque temps [3] et mourut dans le désespoir d'avoir si mal soutenu la cause de sa propre maison et celle de Mᵐᵉ de Longueville.

1. D'Ormesson, Maupassant, La Rochefoucauld, Motteville.
2. Maupassant dit que le duc de Guise et Coligny comparurent au parlement et se justifièrent, le duc de Guise avec le plus grand succès, et Coligny de très-mauvaise grâce ; mais d'Ormesson, si bien informé de tout ce qui se passa de son temps au conseil d'État et au parlement, n'a pas un seul mot là-dessus, et rien n'est plus invraisemblable, Coligny étant promptement tombé dans un état désespéré.
3. La Rochefoucauld dit que Coligny mourut quatre ou cinq mois après ; il faut dire quatre ou cinq jours. Voici en effet ce que nous trouvons dans le journal d'Olivier d'Ormesson, fol. 29 : « Le mardi 29 décembre vint me voir le marquis de Pardaillan et me dit que M. de Colligny estoit à Saint-Maur, et avoit pensé mourir de la gangrène qui s'étoit mise à son bras. » — « Le mercredi 30 décembre (d'Ormesson a mis par erreur janvier), M. de Colligny estoit hors d'espérance, sa plaie ne faisant ni chair ni pus, à cause de sa mauvaise constitution naturelle. M. le duc d'Anguien y estoit allé pour le résoudre à avoir le bras coupé. »

Cette affaire, avec ses dramatiques circonstances et son dénoûment tragique, eut un immense et douloureux retentissement dans Paris et dans la France entière. Elle ranima un moment les divisions des partis, et suspendit les divertissements et les fêtes de l'hiver de 1644 [1]; elle n'occupa pas seulement les familles intéressées et la cour, elle frappa vivement toute la haute société, et demeura quelque temps l'entretien des salons. On pense bien qu'en se répandant elle se grossit de proche en proche d'incidents imaginaires. D'abord on supposa que Mme de Longueville aimait Coligny. Il le fallait pour le plus grand intérêt du récit. De là cette autre invention, qu'elle-même avait armé le bras de Coligny, et que d'Estrades, chargé d'appeler le duc de Guise, ayant dit à Coligny que le duc pourrait bien désavouer les propos injurieux qu'on lui prêtait, et qu'ainsi l'honneur serait satisfait, Coligny lui aurait répondu : « Il n'est pas question de cela; je me suis engagé à Mme de Longueville de me battre contre lui à la Place-Royale, je n'y puis manquer [2]. » On ne pouvait s'arrêter en si beau chemin, et Mme de Longueville n'aurait pas été la sœur du vainqueur de Rocroy, une héroïne digne de soutenir la comparaison avec celles d'Espagne, qui voyaient mourir leurs amants à leurs pieds dans les tournois, si elle n'eût assisté au

1. Mademoiselle, *Mémoires*, t. Ier, p. 74.
2. Madame de Motteville, t. Ier, p. 201.

combat de Guise et de Coligny. On assura donc que le 12 décembre elle était dans un hôtel de la Place-Royale, chez la duchesse de Rohan, et que là, cachée à une fenêtre, derrière un rideau, elle avait vu la terrible rencontre.

Alors, comme aujourd'hui, c'était la poésie, c'est-à-dire la chanson, qui mettait le sceau à la popularité d'un événement. Quand l'événement était funeste, la chanson était une complainte burlesquement pathétique et toujours un peu railleuse. Telle est celle-ci, qui courut toutes les ruelles, et fut réellement chantée, car nous la trouvons dans le *Recueil de chansons notées* de l'Arsenal [1] :

> Essuyez vos beaux yeux,
> Madame de Longueville;
> Essuyez vos beaux yeux,
> Coligny se porte mieux.
> S'il a demandé la vie,
> Ne l'en blâmez nullement;
> Car c'est pour être votre amant
> Qu'il veut vivre éternellement.

Après la chanson, le roman ; Mme de Longueville eut aussi le sien. Un bel esprit du temps, dont le nom nous est inconnu, composa en cette occasion une nouvelle, où, sous des noms supposés, et mêlant le faux au vrai, il raconte la touchante aventure qui occupait alors tout Paris. Nous avons découvert cette nouvelle inédite du milieu du xviie siècle à la biblio-

---

[1]. Elle est aussi dans Mme de Motteville, *ibid.*

thèque de l'Arsenal et à la Bibliothèque nationale [1]. Elle a pour titre : *Histoire d'Agésilan et d'Isménie*, c'est-à-dire histoire de Coligny et de Mme de Longueville. Elle a l'avantage d'être fort courte. Nous n'osons pourtant la donner tout entière, et nous nous bornerons à faire connaître rapidement ce petit monument de la célébrité naissante de Mme de Longueville.

Bien entendu, Isménie aime le plus tendrement du monde Agésilan, et elle l'aimait avant d'avoir été mariée à Amilcar, le duc de Longueville, par l'ordre de son père et de sa mère, Antenor et Simiane, M. le Prince et Mme la Princesse. Isménie a pour ennemie Roxane, Mme de Montbazon, jalouse de sa beauté, et ici viennent deux portraits d'Isménie et de Roxane, qui sont d'une exactitude tout à fait historique. « Roxane étoit piquée des louanges qu'on donnoit à Isménie de sa beauté, qui véritablement estoit des plus grandes. Ses cheveux d'un blond cendré, ses yeux bleus, la blancheur de son teint et sa taille estoient incomparables; son esprit doux, insinuant,

1. Bibliothèque de l'Arsenal, petit in-4°, coté sur le dos : « *Fr. Jurisprudence*, 19 (B). « Il contient : 1° Avis donné au roy pour la réforme des abbayes et prieurés en commande ; 2° Fable du Lion et du Renard ; 3° Histoire de M. de Coligny et de Mme de Longueville. — Bibliothèque nationale, fonds Clerambault, *Mélanges*, vol. 261, in-12, comprenant une foule de chansons, les lettres de Mme de Courcelles, de prétendues lettres de diverses dames à Fouquet, et au milieu l'Histoire d'Agésilan et d'Isménie. En comparant les deux manuscrits, nous n'y avons rencontré que de petites variantes de style parfaitement indifférentes.

parlant agréablement sur toutes sortes de sujets, lui donnoit l'approbation de tout le monde. Roxane, qui a une beauté et une humeur différente, n'avoit pas des approbateurs sur sa grâce en si grand nombre qu'Isménie, bien que sur la beauté les esprits fussent partagés. Ses cheveux étoient bruns sur un teint blanc et uni; ses yeux noirs et bien fendus, d'où il sortoit un feu à pénétrer jusque dans les cœurs les plus insensibles; sa mine, haute et fière, la faisoit plutôt craindre qu'aimer; son esprit étoit cruel, plein de violence. Il ne falloit pas se partager avec elle. »

Voici une conversation des deux amants moins longue, grâce à Dieu, que celles de l'Astrée et du grand Cyrus, mais qui a leur agréable fadeur, leur sentimentale mélancolie : « Pensive à son malheur, Isménie se promenoit le long d'un ruisseau qui arrose le bois de Mirabelle (Chantilly). Elle vit tout d'un coup sortir un homme de l'épaisseur du bois, et, pâle et défait, se jeter à ses genoux. Elle connut d'abord que c'étoit Agésilan qui lui dit : Quoi! ma princesse, m'abandonnerez-vous après tant de promesses de votre fermeté? En refusant le parti qu'on vous offre, ne ferez-vous pas connoître à tout le monde que ma princesse a autant de fidélité que de beauté, et que sa parole est inébranlable quand elle l'a donnée? S'il vous reste encore quelque souvenir du malheureux Agésilan et des tendresses que vous aviez pour luy, donnez-luy un mois avant que d'accomplir ce mariage. Le terme est court pour une si grande disgrace qui me coûtera la vie. Agésilan, dit Isménie, Dieu sçait, si mes sentiments estoient suivis, si je serois jamais à d'autres qu'à vous! J'ay fait pour cela plus que le devoir ne m'obligeoit: j'ay résisté longtemps aux ordres d'Anténor et de Simiane. J'ay passé des jours et des nuits en pleurs de la perte que je faisois de mon cher Agésilan. Tout ce que je puis faire pour luy est de luy conserver toujours mon estime et mon amitié. Elle l'embrassa pour la dernière fois, et se retira dans le château sans attendre sa réponse. »

Agésilan désespéré va rejoindre l'armée commandée par le frère d'Isménie, Marcomir, le duc d'Enghien, et nous assistons à un récit de la bataille de Rocroy en général assez exact, à deux défauts près. L'auteur n'a pas l'air d'avoir connu la manœuvre hardie et savante qui décida la victoire, et que nous avons essayé de décrire. On se doute bien aussi qu'il donne à Coligny dans cette grande journée un rôle qu'il n'a pas eu. Dans la nouvelle, Agésilan prend la place de Gassion et commande l'aile droite, tandis que Gassion y commande la gauche et remplace La Ferté-Seneterre et le maréchal de l'Hôpital; car c'est bien, je crois, Gassion qu'il faut reconnaître sous le nom d'Hilla ou Hillarius, « vieux maestre de camp, à présent[1] maréchal de camp, soldat de fortune, mais qui avoit passé par toutes les charges, ayant beaucoup de cœur et de fermeté. » Marcomir avait confié l'aile droite à Agésilan « comme étant assuré de sa fidélité et de son grand cœur. » Agésilan cherche la mort, et, selon les règles du roman, il ne trouve que la gloire, il est vrai, avec beaucoup de blessures qui expliqueront plus tard sa langueur et sa faiblesse. Entre autres exploits, il a une rencontre particulière avec Alaric, roi des Goths. Marcomir, de son côté, fait des actions extraordinaires et tue de sa main le chef de l'armée ennemie. Comme Agésilan-Coligny est mis ici à la place de Gassion, ainsi d'Estrades, ami de Coligny, est substitué, sous le nom de Théodate, au brave Sirot, qui commanda la réserve et contribua tant au succès de la bataille.

La nouvelle peint fidèlement la conduite d'Enghien-Marcomir après la victoire. « Après avoir rendu grâce à Dieu d'une si grande victoire, Marcomir retourna dans son camp. Il fut légèrement blessé, eut deux chevaux tués sous lui, et fit dans cette action tout ce qu'un bon général et un grand capitaine peut faire : il eut grand soin des blessés et il les visitoit tous les jours. » Il ne pouvait manquer de prendre un soin particulier d'Agésilan, son parent, et de Théodate ; il les ramena avec lui à

1. *A présent* montre que la nouvelle a été composée avant la mort de Gassion, tué devant Lens en 1647.

Lutétie, où ils reçurent toutes les louanges que leurs belles actions méritaient.

Dans la nouvelle, comme dans quelques mémoires, c'est Roxane, Mme de Montbazon, qui invente et contrefait les deux fameuses lettres pour déshonorer et perdre Isménie. Elle exige de son amant Florizel, le duc de Guise, qu'il soutienne que ces lettres sont véritables, et, ne pouvant obtenir de sa loyauté une pareille indignité, elle lui demande au moins de s'en exprimer avec doute. Florizel a la faiblesse d'y consentir ; ses paroles sont promptement exagérées et envenimées, et de toutes parts le bruit s'accrédite que Florizel défend très-haut la vérité de ces lettres et se déclare prêt à la soutenir à Agésilan lui-même, « en quelle manière il le voudroit. » Indignation de la reine Amalasonte, Anne d'Autriche, contre Isménie qu'elle croit coupable ; grande colère d'Anténor et de Simiane, M. le Prince et Mme la Princesse, contre leur fille, et désespoir de celle-ci, car les deux lettres imaginées par Roxane sont bien autrement fortes que celles que Mme de Fouquerolles avait écrites à Maulevrier, et qui furent attribuées à Mme de Longueville. Première lettre : « Je ne puis vous souffrir plus longtemps dans la tristesse où vous estes. Votre constance m'a entièrement gagnée. Trouvez-vous ce soir dans l'allée des Sicomores, proche des bains de Diane. Je vous dirai ce que je veux faire pour vous. » Autre lettre : « Je croy que vous estes content de moy, cher Agésilan ; mais si la promenade des Sicomores vous a plu, celle où je vous ordonne de venir ne vous plaira pas moins. Venez seul, à dix heures du soir, par la porte du jardin ; vous trouverez Lydie, qui vous conduira où je seray. Adieu. »

Ces deux rendez-vous sont assez bien imaginés pour expliquer l'irritation d'Isménie, et comment elle pousse elle-même Agésilan à la venger, et lui ménage un second habile dans Théodate. Le duel avait été résolu « dans un conseil chez Isménie, où Marcomir et Agésilan estoient. » Les préparatifs de la rencontre et les détails sont moins saisissants et moins romanesques dans le roman que dans l'histoire. La scène y est fidèlement racontée, mais fort abrégée en ce qui regarde les deux principaux adversaires ; l'intervention du duc d'Enghien est plus marquée.

« La partie fut liée à deux heures de l'après-midi, à la place des Nymphes (Place-Royale). Florizel y viendroit avec un second, un page et un laquais ; Agésilan et Théodate en feroient de même ; les deux carrosses se rencontreroient devant le logis de Caliste, et les cochers se battroient à coups de fouet pour prétexter que c'étoit une rencontre. Les choses furent exécutées ainsi qu'elles avoient été projetées, et les balcons et les fenêtres des maisons étoient remplis de dames. Chrysante et Théodate (Bridieu et d'Estrades) furent les premiers qui mirent l'épée à la main. Chrysante est un gentilhomme de mérite, brave et un des plus forts hommes du monde. Il est gouverneur d'une place considérable sur la frontière des Belges. Théodate lui donna d'abord un coup d'épée dans le corps; il en reçut un en même temps dans le bras. Chrysante, se sentant incommodé par la perte du sang, voulut se servir de ses forces et venir aux prises avec Théodate; il l'embrassa avec les deux bras, et le pressa avec tant de violence que, nonobstant sa grande blessure, il eût étouffé Théodate, si celui-ci n'eust fait un effort pour se tirer de ses mains. Il fut si grand qu'ils tombèrent tous deux à terre, sans avantage, et furent séparés dans cet instant par des personnes de qualité qui arrivèrent sur le lieu. Cependant Florizel et Agésilan estoient tous deux aux mains. Théodate croyoit estre assez à temps pour les séparer, lorsqu'il vit le pauvre Agésilan par terre, désarmé. Florizel le quitte pour venir au-devant de Théodate, pour l'embrasser et lui demander son amitié; il lui dit : Je suis fâché du mauvais état où vous trouverez Agésilan. Il m'a querellé de gaieté de cœur; je vous proteste, avec vérité, que jamais je ne l'ai offensé. Théodate répondit assez succinctement à ce compliment, estant pressé de se rendre auprès d'Agésilan, qu'il trouva sans connoissance par le mécontentement que ce désavantage lui causa, lequel le conduisit jusques au cercueil. Dans cet instant, Marcomir et plusieurs princes et seigneurs de la cour arrivèrent dans la place des Nymphes. Marcomir fit mettre Agésilan et Théodate dans un de ses carrosses, et leur donna un appartement dans son hôtel, pour la seureté de leurs personnes. »

« Il n'y avoit que peu de jours que le sénat de Lutétie avoit vérifié le décret contre les duels, qui condamnoit à mort tous ceux qui se battoient. Amalasonte, voulant que l'édit fût exécuté suivant sa teneur, fit décréter prise de corps contre Agésilan et Théodate comme agresseurs, et les poursuites furent moins rigoureuses contre Florizel et Chrysante. Marcomir s'en plaignit hautement, et l'appréhension qu'Amalasonte eut que cela produisît une guerre civile, toute la cour ayant pris parti de part et d'autre, fit qu'elle commanda que l'affaire passeroit pour une rencontre fortuite et que le roy feroit expédier des lettres de grâce; ce qui fut exécuté, et les partys furent d'accord. »

Ici le roman reprend ses droits, et, ramenant Mme de Longueville auprès du lit de Coligny mourant, met dans la bouche de l'un et de l'autre des discours de ce pathétique facile qui ne manque jamais son effet sur le commun des lecteurs, moins sensibles à l'art véritable qu'à ce qu'il y a de touchant dans ces sortes de situations.

« Les blessures qu'Agésilan avoit reçues empiroient tous les jours. Les chirurgiens les jugeoient mortelles. Théodate ne garda pas le lict de la sienne. Il étoit continuellement près d'Agésilan, lequel, sentant diminuer ses forces, dit à Théodate : J'ay une prière à vous faire, qui est d'obliger Isménie de me venir voir pour la dernière fois, et que vous soyez seul témoin de ce que j'ay à lui dire. Les médecins et les chirurgiens assurèrent Théodate qu'Agésilan ne pouvoit pas passer la journée, ce qui l'obligea de se haster d'aller trouver Isménie et la disposer de venir dire le dernier adieu à Agésilan, ce qu'elle fit avec une douleur extrême. D'abord qu'Agésilan la vit, la couleur lui revint au visage, et l'émotion qu'il eut en voyant ce qu'il aymoit chèrement lui donna la force de dire : Madame, depuis que je vous ay perdue, je n'ay rien tant désiré que de mourir pour votre service. Dieu a exaucé mes prières. Je ne pouvois estre heureux ne vous possédant pas. Ma passion étoit trop forte pour rester content dans le monde. J'ay à vous rendre grâces de la bonté que vous avés d'agréer que je vous dise que je meurs à vous, et fort content de ne plus troubler votre repos. Et, luy tendant la main : Adieu, ma chère Isménie, et il rendit l'esprit dans cet instant. Après le dernier adieu qu'Agésilan fit à Isménie, qui fut aussi le dernier soupir de sa vie, Isménie demeura immobile quelque temps. Puis tout d'un coup elle se jette sur le corps d'Agésilan, l'embrasse, lui prend les mains, les arrose de ses larmes, et, commençant d'avoir la voix libre, elle dit : « Faut-il que je survive au plus fidèle et sincère amant qui ait jamais esté au monde? Est-ce là, mon cher Agésilan, la récompense que tu devois attendre de l'ingrate Isménie? Tu n'as aimé qu'elle, et dans le même temps qu'elle t'a quitté, ton désespoir t'a fait chercher la mort dans les batailles où ton grand cœur, ta réputation et tes grandes actions ont esté immortelles; et après cela tu viens mourir devant mes yeux et me dis que tu n'as jamais eu de joye depuis m'avoir perdue, et que tu meurs content puisque tu ne me peux posséder!.... Reçois, cher et fidèle amy, ces larmes et le regret immortel de ta perte, qui me percera le cœur mille fois par jour. Reçois cette amende honorable que je te fais de toutes mes rigueurs et de tous les déplaisirs que je t'ai causés. Ah! misérable que je suis! que deviendray-je? où iray-je? Non, il faut mourir de regret et d'amour. Je ne te quitteray plus, je veux demeurer auprès de toy. » Et, l'embrassant, elle baisoit ses yeux et son visage avec des transports de tendresse capables de faire fendre le cœur à tout le monde. »

Mais, rappelons-le en finissant, tous ces tendres sentiments sont de poétiques inventions de l'auteur de la nouvelle. Pour rendre Mme de Longueville plus touchante, on l'a représentée partageant la passion qu'elle inspirait; mais rien ne nous autorise à supposer qu'elle eût en effet de l'amour pour Coligny.

Elle l'aimait comme un des compagnons de son enfance, comme un des camarades de son frère, comme un gentilhomme presque de son rang dont elle n'avait aucune raison de repousser les hommages, et qui lui plaisait par une tendresse persévérante et dévouée. Elle lui permettait de soupirer pour elle et de se déclarer son chevalier à la manière espagnole, selon les principes de Mᵐᵉ de Sablé et des précieuses de l'hôtel de Rambouillet, qui ne défendaient pas aux hommes de les servir et de les adorer, mais de la façon la plus respectueuse. Telles étaient les mœurs de cette époque. Un gentilhomme ne passait pas pour honnête homme s'il n'avait pas une maîtresse, c'est-à-dire une dame à laquelle il adressait de particuliers hommages et dont il portait les couleurs dans les fêtes de la paix et sur les champs de bataille. Il n'y avait pas une beauté, si vertueuse qu'elle fût, qui n'eût des amants, c'est-à-dire des soupirants en tout bien et en tout honneur. La duchesse d'Aiguillon, présentant son jeune neveu, le duc de Richelieu, à Mˡˡᵉ Du Vigean l'aînée, la priait d'en faire un honnête homme, et pour cela elle exhortait le plus sérieusement du monde le jeune duc à devenir amoureux de la belle dame[1]. Mᵐᵉ de Longueville souffrait ainsi les empressements de Coligny. Sa coquetterie en était flattée, sa vertu ni même

---

1. Mᵐᵉ de Motteville, t. IV, p. 42.

sa réputation n'en étaient effleurées. Ajoutez qu'elle était entourée des meilleurs exemples. La jeune Du Vigean, sa plus chère amie, résistait au vainqueur de Rocroy ; Mlle de Brienne était tout entière à son mari, M. de Gamache ; Julie de Rambouillet ne se pressait pas de se rendre à la longue passion de Montausier, et Isabelle de Montmorency elle-même ne faisait encore que prêter l'oreille aux doux propos d'amour de Dandelot. Retz affirme seul que Coligny était aimé, il dit le tenir de Condé lui-même ; mais qui ne connaît la légèreté de Retz? qui voudrait s'en rapporter à son témoignage quand il est seul, et sur des choses où il n'a pas été personnellement mêlé? En 1643, Retz n'avait guère le secret que de ses propres intrigues. Mme de Motteville si bien informée, qui plus tard ne dissimulera pas la chute de Mme de Longueville, peut être crue lorsqu'elle affirme qu'en 1643 [1] « elle était encore dans une grande réputation de vertu et de sagesse », et que tout son tort était « de ne pas haïr l'adoration et la louange. » Enfin nous avons un témoignage décisif, celui de La Rochefoucauld. Il était à la fois l'ami de Maulevrier et celui de Coligny ; il savait donc le fin de toute cette affaire. Or, lui qui un jour se tournera contre Mme de Longueville, révélera ses faiblesses, grossira ses fautes, s'efforcera de ternir son caractère, déclare que, jusqu'à une certaine époque à laquelle nous ne

---

1. Mme de Motteville, t. Ier, p. 174-197.

sommes pas encore parvenus, tous ceux qui essayèrent de plaire à la sœur de Condé le *tentèrent inutilement* [1]. Après Coligny, le brave et présomptueux Miossens, depuis le maréchal d'Albret, fit une cour assez vive à Mme de Longueville, et il échoua comme les autres. Elle était trop jeune encore et trop près des habitudes de sa pure et pieuse adolescence ; elle n'avait pas encore atteint l'âge fatal aux intentions les plus vertueuses : son heure n'était pas venue. Elle vint plus tard, quand Mme de Longueville eut plus connu le monde et la vie, et respiré plus longtemps l'air de son siècle, quand son frère avait oublié la chaste grandeur de ses premières amours, quand l'amie qui la pouvait soutenir, la belle et noble Mlle Du Vigean, n'était plus à côté d'elle, quand son mari était éloigné, quand enfin, lasse de combattre et plus que jamais éprise du bel esprit et des apparences héroïques, elle rencontra un personnage jeune encore et assez beau, d'une bravoure brillante, qui passait pour le modèle du dévouement chevaleresque, qui sut habilement intéresser son amour-propre dans ses projets ambitieux et la séduire par l'appât de la gloire. La Rochefoucauld fut le premier qui toucha l'âme de Mme de Longueville ; il le dit, et nous l'en croyons. Les commencements de leur liaison sont un peu avant ou un peu après l'ambassade de Munster, leur intimité à la fin de 1647 ou au début de 1648,

---

1. *Mémoires* de La Rochefoucauld, coll. Petitot, t. LI, p. 393.

l'éclat de leurs amours de 1648 à 1652. En 1643 M™ de Longueville en était encore à la noble et gracieuse galanterie qu'elle voyait partout en honneur, qu'elle entendait célébrer à l'hôtel de Rambouillet comme à l'hôtel de Condé, dans les grands vers de Corneille comme dans les petits vers de Voiture. Elle se complaisait à faire sentir le pouvoir de ses charmes. Mille adorateurs s'empressaient autour d'elle. Coligny était peut-être un peu plus près de son cœur, il n'y était pas entré. Mais on ne badine pas impunément avec l'amour. Un jour il coûtera bien des larmes à M™ de Longueville. Ici sa victime fut l'aîné des Châtillon, qui périt à la fleur de l'âge, de la main de l'aîné des Guise, pour venger celle qu'il aimait. Cette tragique aventure, bientôt répandue par tous les échos des salons, par la chanson et par le roman, jeta d'abord un sombre éclat sur la destinée de M™ de Longueville, et lui composa de bonne heure une renommée à la fois aristocratique et populaire qui la préparait merveilleusement à jouer un grand rôle dans cette autre tragi-comédie, héroïque et galante, qu'on appelle la Fronde.

CHAPITRE IV

1644 A 1649

CAMPAGNES DE CONDÉ EN FLANDRE ET SUR LE RHIN. — CONGRÈS ET PAIX DE MUNSTER. — MADAME DE LONGUEVILLE A MUNSTER. — SON PORTRAIT PAR VAN HULL. — SON RETOUR EN FRANCE. SON FRÈRE LE PRINCE DE CONTI. — SONNETS DE VOITURE ET DE BENSERADE. — LA ROCHEFOUCAULD. COMMENCEMENT DE SA LIAISON AVEC MADAME DE LONGUEVILLE. — LA PREMIÈRE FRONDE. BELLE CONDUITE DE CONDÉ. — MADAME DE LONGUEVILLE A L'HOTEL DE VILLE. NAISSANCE DE CHARLES DE PARIS, COMTE DE SAINT-PAUL. — PAIX DE 1649.

Nous avons traversé les années les plus vraiment belles de la jeunesse de Mme de Longueville, celles où l'éclat de ses succès ne coûte rien encore à la vertu. Le temps approche où elle va succomber aux mœurs de son siècle et aux besoins longtemps combattus de son cœur. L'amour qu'elle répandait autour d'elle, elle va le ressentir à son tour, et à vingt-huit ou vingt-neuf ans s'engager dans une liaison fatale, qui lui fera oublier tous ses devoirs à la fois et tournera ses plus brillantes qualités contre elle-même, contre sa famille et contre la France.

Pour mesurer la faute de Mme de Longueville, il faut bien savoir à quelle grandeur était successivement parvenue la maison de Condé en servant fidèlement la royauté et la patrie.

La France ne compte pas dans son histoire de

plus glorieuses années que les six premières années de la régence d'Anne d'Autriche et du gouvernement de Mazarin, tranquille au dedans après la défaite du parti des Importants, triomphante sur tous les champs de bataille, de 1643 à 1649, depuis la victoire de Rocroy jusqu'à celle de Lens, liées entre elles par tant d'autres victoires et couronnées par le traité de Westphalie. C'est la maison de Condé qui remplit cette mémorable époque presque tout entière, ou y joue du moins le premier rôle. Dans le conseil, M. le Prince seconde Mazarin, comme il avait fait Richelieu, et partage avec lui le gouvernement. L'intrépide Brézé, ouvrant la liste des grands amiraux du XVIIe siècle, tient en échec ou disperse dans la Méditerranée les flottes de l'Espagne. M. de Longueville, chargé de la plus grande ambassade du temps, met dans la balance diplomatique le poids de son nom, de sa modération et de sa magnificence. Pour le jeune Condé, qui n'a lu, au moins dans Bossuet, ses campagnes en Flandre et sur le Rhin? Nous avons fait voir quelle fut en 1643, pour la France, l'importance de la victoire de Rocroy; celles qui suivirent n'étaient pas moins nécessaires, et c'est à ce point de vue qu'il nous est commandé d'y insister.

Depuis quelque temps, il est presque reçu de parler de Condé comme d'un jeune héros qui doit tous ses succès à l'ascendant d'un irrésistible courage. Prenons garde de faire un paladin du moyen âge, ou un brillant grenadier comme tel ou tel maréchal de l'Empire, d'un capitaine de la famille d'Alexandre, de César et de Napoléon. Sans doute Condé avait reçu comme eux le génie de la guerre, et, ainsi qu'Alexandre, il excellait surtout dans l'exécution et payait avec ardeur de sa personne; mais il semble que l'éclat de sa bravoure ait mis un voile sur la grandeur et l'originalité de ses conceptions, comme son extrême jeunesse à Rocroy a fait oublier que depuis bien des années il étudiait la guerre avec passion et avait déjà fait trois campagnes sous les maîtres les plus renommés. Si c'était ici le lieu, et si j'osais braver le ridicule de m'ériger en militaire, j'aimerais à comparer les campagnes de Condé en Flandre et sur le Rhin avec celles du général Bonaparte en Italie. Elles ont d'admirables rapports : la jeunesse des deux généraux [1], celle de leurs principaux lieutenants, la grandeur politique des résultats, la nouveauté des manœuvres, le même coup d'œil stratégique, les mêmes calculs servis par la même audace, par la même activité, par la même opiniâtreté. C'est dégrader l'art de la guerre que de mesurer les succès militaires sur la quantité des combattants, car à ce compte Tamerlan et Gengis-Khan seraient les deux plus grands capitaines du monde.

1. Napoléon avait vingt-six ans à son premier combat, celui de Montenotte, et trente à son dernier, celui de Marengo. Condé n'avait pas tout à fait vingt-deux ans à Rocroy et il en avait vingt-sept à Lens.

Le général de l'armée d'Italie n'a guère eu, ainsi que Condé, plus de vingt à vingt-cinq mille hommes en ligne dans ses plus grandes batailles [1]. J'oserais dire, à l'honneur de Condé, qu'il a toujours eu devant lui les meilleures troupes et les meilleurs généraux de son temps, entre autres Mercy, le premier capitaine de l'Allemagne au XVIIe siècle [2]. Une fois il n'eut dans sa main qu'une armée composée de différentes nations, dont les jalousies et même les défections trahirent ses plus grands desseins. Une autre fois il commandait à des troupes fatiguées et découragées, dont toute la force était dans sa seule personne. Et puis, ce qui est à mes yeux le signe le plus certain du grand homme, il a fondé une école

---

1. Le général Bonaparte entra en Italie en 1796 avec 30,000 hommes présents sous les armes; il avait à peine 15 à 20,000 hommes à Montenotte: il en avait 20,000 à Castiglione, 13,000 seulement à Arcole, 16,000 tout au plus à Rivoli. Il est vrai qu'à Marengo il avait 28,000 hommes; mais qui voudrait comparer, pour la conception et l'exécution, Marengo avec Arcole et Rivoli? Ce sont là les deux affaires les plus savantes et les plus hardies des campagnes d'Italie, les plus semblables à celles de Rocroy et de Fribourg.

2. Le général Bonaparte est loin d'avoir eu affaire à des adversaires tels que Mercy. Beaulieu, se croyant trop fort, à ce qu'il paraît, avait tellement dispersé ses troupes qu'à Montenotte il ne combattit qu'avec la moitié de son armée. Wurmser, à Castiglione, fit la même faute. D'Alvinzy leur était fort supérieur, et à Arcole et à Rivoli il ne céda qu'à la grandeur inattendue des manœuvres du général français. Melas se battit à merveille à Marengo, comme aussi le général Bonaparte, mais sans que ni l'un ni l'autre ait inventé aucune manœuvre remarquable, et cette bataille était perdue sans l'arrivée de Desaix, comme celle de Waterloo le fut parce que Grouchy n'était pas Desaix.

immense : il a laissé à la France plusieurs grands généraux formés à ses leçons, dressés de ses mains, et qui, loin de lui et après lui, ont gagné des batailles. On lui doit une grande partie de Turenne, qui, en le voyant agir à Fribourg et à Nortlingen, ajouta de plus en plus l'activité et l'audace à ses autres qualités. On lui doit Luxembourg et Conti. On lui en doit beaucoup d'autres; qui peut-être eussent égalé ceux-là, et donnaient les plus hautes espérances trop tôt moissonnées, Gèvres, Laval, La Moussaye, Châtillon. Joignez à tout cela cette magnanimité de l'homme bien né et bien élevé qui, au lieu de s'attribuer à lui seul l'honneur du succès, le répand sur tous ceux qui ont bien servi, et se complaît à célébrer Gassion et Sirot après Rocroy, Turenne après Fribourg et Nortlingen, et Châtillon après Lens [1].

1. Je ne connais rien de plus noble que les dépêches de Condé annonçant ses différentes victoires: Il y parle très-peu de lui et beaucoup des autres. Dans sa retraite de Chantilly, ses amis l'engageaient à écrire ses mémoires militaires; il s'y refusa, disant qu'il serait obligé de blâmer quelquefois des généraux estimables et de dire quelque bien de lui-même. Jamais personne n'a été moins charlatan. A cet égard, Turenne était semblable à Condé. Ce qui me gâte un peu les mémoires de Napoléon, surtout devant les mémoires de César, est cette ardente et continuelle préoccupation de sa personne, qui partout ne voit que soi, rapporte tout à soi, n'avoue aucune faute, relève les moindres actions, ne loue guère que les hommes médiocres, rabaisse les mérites éminents, traite Moreau et Kléber comme il eût fait quelques-uns de ses maréchaux, et se dresse partout un piédestal. Mais il ne faut pas oublier que Napoléon écrivait dans l'exil et dans le malheur, et qu'il en était réduit à défendre sa gloire. — Voyez dans Lenet, édit. Michaud, plusieurs lettres de Condé à Mazarin après Fribourg, après Lerida, après

Condé vainquit à Rocroy par la manœuvre très-simple que nous avons indiquée [1]. Le problème était d'arriver le plus tôt et avec le plus de forces sur le point qui devait décider de l'affaire. Il était clair que l'aile gauche de l'ennemi étant dispersée, mais son aile droite étant victorieuse et menaçant de tout écraser, il fallait à tout prix l'arrêter et la détruire. Pour arriver sur elle le plus tôt possible, à la hauteur du champ de bataille où se trouvait Condé, le chemin le plus court était de se frayer un passage à travers l'armée espagnole, en enfonçant sa dernière ligne, composée d'infanterie, et de tomber après comme la foudre sur les derrières de l'aile triomphante. Si l'infanterie qu'il s'agissait de culbuter eût été celle du comte de Fontaine, elle eût tenu ferme, barré le chemin à Condé, et il était perdu; mais il savait que cette infanterie était un mélange de troupes italiennes, wallonnes et allemandes : il espéra donc en venir à bout à force d'énergie. Voilà pourquoi il chargea lui-même et fit des prodiges de valeur commandés par le calcul le plus sévère. Plus tard, lorsqu'on lui faisait des compliments sur son courage, il disait avec esprit et profondeur qu'il n'en

la prise d'Ipres et la reprise de Furnes, surtout après la bataille de Lens. En rendant compte de cette dernière affaire, le secrétaire du Prince avait mis : *nostre victoire*. Condé effaça ce dernier mot, et le remplaça par celui de *combat*. (Partie inédite des *Mémoires* de Lenet, p. 499-515.)

1. Plus haut, chap. III, p. 231-234.

avait jamais montré que lorsqu'il l'avait fallu. Il est vrai que les héros seuls ont de l'audace à volonté. Il se conduisit à peu près de même l'année suivante, en 1644, dans les combats de géants qu'il livra à Mercy autour de Fribourg. Impossible de séparer aucune des divisions de l'armée impériale, adhérentes entre elles et formant une masse à la fois mobile et serrée derrière des retranchements formidables. Il les attaqua lui-même avec cette furie française à qui tout cède [1]; en même temps, il envoya Turenne, la nuit, à une très-grande distance, à travers des gorges effroyables, comme Bonaparte dans les marais d'Arcole [2], pour prendre en flanc et sur ses derrières l'armée ennemie, qui était perdue, si Mercy, averti à temps et confondu d'une telle manœuvre, ne se fût bien vite échappé. Au second combat de Fribourg, Condé renouvela cette même manœuvre en envoyant Turenne à une distance bien plus grande encore que la première fois, afin de fermer toute issue à

1. C'est à l'attaque des lignes de Fribourg qu'il jeta dans les retranchements ennemis son bâton de commandement, indiquant par là sa résolution de vaincre ou de périr.

2. La manœuvre de Napoléon quittant Vérone pour aller tourner Caldiero, qu'il ne pouvait emporter de front, et surprendre Alvinzy sur ses derrières dans des marécages où la valeur pouvait compenser le petit nombre, a été beaucoup louée, et elle ne peut pas assez l'être. Tout y est, prudence et audace. Le général Bonaparte, se sachant perdu s'il ne passait le pont d'Arcole, y fit tuer ses meilleurs lieutenants et manqua de s'y faire tuer lui-même. Là, il fut doublement grand par le génie qui conçoit et par l'héroïsme qui exécute, et il se plaça au rang des Alexandre et des Condé.

Mercy pendant qu'il l'attaquait de front, et de l'écraser dans son camp ou de le forcer à capituler. Le vigilant Mercy échappa une seconde fois; mais sa retraite, tout admirable qu'elle est, n'en ressembla pas moins à une déroute, car il perdit non-seulement l'honneur des armes et le champ de bataille, mais toute son artillerie et une partie de ses troupes.

En 1645, Mercy et Condé se retrouvèrent en présence. Mercy venait de battre Turenne à Mariendal. Cette victoire avait enflé le courage des Impériaux, et l'Empereur et le roi de Bavière ne voulaient plus faire la paix. Condé, en allant prendre de nouveau le commandement d'une armée battue, comme il avait fait l'année précédente, la trouva composée de 5,000 Weymariens, reste de Mariendal, de 4,000 Suédois, de 6,000 Hessois, et il amenait avec lui 8,000 Français. Avec ces 23,000 hommes, il conçut le plan de campagne que Moreau exécuta depuis en partie et qu'accomplit Napoléon. Il résolut de livrer à Mercy une grande bataille, et, après l'avoir dispersé, de marcher sur Munich et sur Vienne et de dicter la paix à l'Empereur dans sa capitale. Ce plan échoua parce que Condé était à la tête d'une armée combinée, que les Suédois et les Hessois refusèrent de suivre aussi loin le général français, et que les Suédois même se retirèrent. Condé ne pouvait attendre aucun secours de la France, qui s'était épuisée pour faire cinq armées en Espagne, en Italie, en

Lorraine, en Flandre et sur le Rhin. Il renonca donc à sa plus grande conception militaire avec douleur et en frémissant, comme Annibal lorsqu'il fut forcé de quitter l'Italie; il voulut exterminer du moins l'armée de Mercy. Celui-ci, qui savait à qui il avait affaire, avait pris une position tout aussi forte que celle de Fribourg et qui le mettait à l'abri des deux manœuvres favorites de Condé : couper l'armée ennemie ou aller la surprendre au loin en flanc ou sur ses derrières. Turenne déclara qu'attaquer un ennemi ainsi retranché, c'était courir à sa ruine, et Napoléon, qu'on n'accusera pas de timidité, est de l'avis de Turenne [1]. Condé répondit en politique plus qu'en militaire qu'en vain on entreprendrait, quelque manœuvre qu'on pût employer, de faire sortir Mercy d'une position savamment choisie, qu'il fallait donc ou l'attaquer ou se retirer, et que se retirer serait de l'effet le plus déplorable dans l'ébranlement de toutes nos alliances, après la déroute de Mariendal et la défection des Suédois. La France avait besoin d'une victoire. Condé gagna celle de Nortlingen, mais il la gagna grâce à deux accidents sur lesquels il n'avait pas le droit de compter, grâce aussi à l'inspiration d'un grand caractère. Il faut avouer que, dans l'exécution, jamais Condé ne fut plus grand. D'abord il comprit que toute l'affaire reposait sur le centre de Mercy et qu'il fallait en avoir raison à tout prix. Il se

---

1. *Mémoires*, t. V, p. 20.

chargea lui-même de l'attaque. Il eut un cheval tué sous lui, deux de blessés, vingt coups dans ses armes et dans ses habits. Marsin, qui sous lui commandait le centre français, fut dangereusement blessé, et l'intrépide La Moussaye mis hors de combat. Les Français et les Impériaux, tour à tour vainqueurs et vaincus, firent des prodiges de courage. Ce fut une effroyable boucherie. Mercy y périt. Sur ces entrefaites, Jean de Wert, qui commandait l'aile gauche impériale, descend de la hauteur qu'il occupe, écrase l'aile droite française, disperse notre réserve malgré les efforts de ses deux chefs, Chabot et Arnauld [1]. C'en était fait de l'armée tout entière, si, au lieu de s'amuser à poursuivre les fuyards et à piller les bagages, Jean de Wert se fût jeté sur les derrières de notre centre à moitié détruit, et pressé notre aile gauche entre ses escadrons victorieux et la division encore intacte du général Gleen. Cette faute et la mort de Mercy sauvèrent Condé, parce qu'il sut en profiter avec une promptitude incomparable. Il vit qu'après avoir perdu son aile droite, sa réserve et une grande partie de son centre, tenter de faire sa retraite avec son aile gauche était une opération en apparence prudente, en réalité téméraire, devant un

---

1. Ce même Arnauld, le maistre-de-camp des carabiniers, dont nous avons tant de jolis vers dans le genre de ceux de Voiture, et dont Mme de Rambouillet regrette l'absence pour répondre à Godeau dans son style. Voyez plus haut, chap. II, p. 137.

ennemi qui avait encore de grandes masses d'infanterie, beaucoup d'artillerie et une cavalerie redoutable, qu'il valait donc mieux maintenir le combat, et qu'en s'exposant à périr il était possible de vaincre. Ce coup d'œil rapide d'une âme forte qui saisit et embrasse l'unique moyen de salut, quelque périlleux qu'il soit, est le trait caractéristique du génie de Condé. Tout blessé qu'il était, harassé de fatigue, mais puisant une vigueur nouvelle dans la grandeur de sa résolution, il se met à la tête de l'aile gauche de Turenne, se précipite, comme s'il était au début de l'affaire, sur l'aile droite de l'ennemi, l'enfonce, fait prisonnier son commandant; puis, tournant à droite, se jette sur le centre des Impériaux, dégage le sien, le rallie, le ramène au combat, et, maître du champ de bataille, s'apprête à faire face à Jean de Wert, qui, revenant de sa poursuite inutile, apprenant la mort de Mercy [1] et la prise de Gleen, consterné du désastre produit par son absence, n'ose ni attaquer ni attendre Condé, se borne à recueillir les débris de l'armée et se sauve à Donawerth. Condé avait encore eu dans ce second combat un cheval tué sous lui; il avait reçu un coup de pistolet, et il manqua de ne pas survivre à sa victoire. C'est alors qu'il fit cette grande maladie au sortir de laquelle il se

---

1. Qu'il me soit permis de rappeler ici que Mercy, comme Fontaine, dont les Espagnols ont fait le comte de Fuentès, sont deux gentilshommes français, l'un lorrain, l'autre bourguignon.

trouva avoir perdu avec son sang et ses forces toute sa passion pour Mlle du Vigean [1].

Condé est du petit nombre des capitaines qui n'ont pas moins excellé dans l'art des siéges que dans celui des combats [2]. En 1643, après Rocroy, il avait pris Thionville, une des premières places fortes du temps. En 1644, il avait pris Philipsbourg, qui commandait le Haut Rhin. En 1646, ayant eu la sagesse de consentir à servir sous le duc d'Orléans pour ménager les ombrages et la vanité de ce prince, et n'ayant eu le commandement de l'armée qu'à la fin de la campagne, il la termina par un siége mémorable, où il se couvrit de gloire ; il prit Dunkerque le 11 octobre 1646 [3].

---

1. Voyez plus haut, à la fin du chap. II.
2. En Italie, Napoléon n'a pas fait de siége proprement dit. Mantoue, souvent investie, est tombée à la suite de Rivoli.
3. Le prince de Condé a laissé un nom dans la science de la fortification. Il l'avait étudiée de bonne heure étant encore à Bourges, sous l'ingénieur Sarrazin, qui fit de Montrond une place difficile à prendre. Lorsqu'il alla en Bourgogne, il s'occupa avec le plus grand soin de cette partie de l'art militaire. On conserve au dépôt des fortifications un atlas des places de Bourgogne de la main même de Condé : *Plan des villes capitales et frontières du duché de Bourgogne, Bresse et Gex, fait à Dijon, le 7e janvier* 1640, avec cette dédicace :

« A MONSIEUR MON PÈRE.

« Monsieur,

« Cet ouvrage que je vous présente vous appartient, puisque tout ce qui est à moy est à vous. Il n'a pas été en mon pouvoir de vous voir commander les armées sans penser à la guerre, et je n'ay peu me souvenir que l'estude, que j'avois commencée des fortifications, vous

Accoutumé à réparer les défaites des autres, Condé alla remplacer en 1647 le comte d'Harcourt, qui venait d'échouer devant Lerida. Mazarin avait voulu plusieurs fois envoyer Condé en Catalogne; son père, M. le Prince, s'y était toujours opposé, et tous ses amis le dissuadèrent d'accepter ce commandement. Il montra certes une grande déférence envers Mazarin en quittant le théâtre ordinaire de ses exploits pour un pays où il fallait faire une petite guerre peu en rapport avec son génie, avec une ombre d'armée incapable de livrer une bataille, et bonne tout au plus à se soutenir devant l'ennemi. Quand tout le monde s'était moqué du comte d'Har-

---

avoit esté agréable, sans la continuer. Si vous daignés recevoir en bonne part ces petits essays de mon esprit et de ma main, je ne desire point d'autre approbation de mon travail, comme je n'auray jamais d'autre volonté que de vivre et mourir dans l'obéissance, et dans tous les respects que vous doit celuy qui est,

« Monsieur,

« Vostre très-humble et très-obéissant fils et serviteur,
« Louis de Bourbon. »

Suivent onze plans sur vélin des places de la Bourgogne avec des remarques.

Les grands siéges que Condé entreprit avec succès, particulièrement ceux de Thionville et de Dunkerque, firent l'admiration et l'entretien des gens du métier. Depuis son retour en France, en 1660, il ne cessa d'être consulté sur tous les projets de fortification, et son nom ainsi que ses avis paraissent dans la correspondance officielle de la guerre, surtout en 1664, 1670 et 1673 jusqu'en 1675, où il se retira entièrement du service et laissa Vauban agir seul. Fontenelle, dans l'éloge de Sauveur, dit que c'est dans ses fréquentes visites à Chantilly et dans les conversations de Condé que Sauveur prit l'idée de son traité de fortification.

court, qui n'avait pu prendre Lerida, Condé avait eu le bon sens et la générosité de défendre cet excellent général; il s'était d'avance défendu lui-même. En effet, arrivé à son tour devant Lerida, et n'ayant reçu de France ni les secours de troupes qu'on lui avait promis, ni les munitions et l'artillerie qui lui étaient absolument nécessaires, n'ayant pas assez de forces pour aller au-devant de l'armée espagnole et ne pouvant songer à prendre d'assaut Lerida avec des soldats éteints, il eut le courage de lever le siége et de faire une bonne retraite, préférant le salut de l'armée à sa propre réputation. Cette conduite, soutenue avec sa hauteur accoutumée, lui fit le plus grand honneur, et prouva qu'il était maître de lui et savait employer tour à tour la prudence ou l'audace, selon les circonstances.

C'est ainsi qu'en 1648, à Lens, trouvant l'archiduc Léopold dans une position formidable, comme celle de Mercy à Nortlingen, il reconnut qu'il serait d'une souveraine imprudence de tenter une seconde fois la fortune; et, sachant bien qu'il n'avait plus affaire à Mercy, il entreprit d'attirer l'archiduc Léopold et le général Beck sur un terrain plus favorable, dans une plaine où la principale force de l'armée française, la gendarmerie, commandée par Châtillon, devait avoir un grand avantage. Du côté des Espagnols étaient le nombre, l'abondance et la discipline; du côté des Français, la misère et l'audace. L'archiduc avait son centre adossé à des bourgs et à des hameaux formant des retranchements naturels. Sa droite, composée de tout ce qui restait de vieilles bandes nationales, s'appuyait à la ville de Lens. L'aile gauche était postée sur une éminence à laquelle on ne pouvait arriver qu'à travers les plus étroits sentiers. Il fallait manœuvrer avec un art infini pour faire abandonner à l'ennemi cette position inexpugnable. Condé commanda une fausse retraite, qu'expliquait parfaitement la faiblesse de l'armée française. Beck trompé détache la cavalerie lorraine pour inquiéter, et, s'il se peut, tailler en pièces notre arrière-garde, qui est assez promptement enfoncée et s'enfuit en désordre. Châtillon marche à son aide avec sa gendarmerie; elle ramène vivement les Lorrains et menace d'en faire un carnage. On ne pouvait les abandonner. L'archiduc envoie à leur secours toute sa cavalerie. Le combat s'engage; toute l'armée ennemie s'ébranle et descend dans la plaine. C'est là ce que voulait Condé. Cette manœuvre, qui eût échoué à Nortlingen, réussit à Lens. L'armée impériale avait encore l'immense désavantage d'être obligée de se former à mesure qu'elle avançait, tandis que l'armée française était depuis le matin rangée en bon ordre au bout de la plaine, sur un terrain bien choisi. Condé comptait particulièrement sur la gendarmerie de Châtillon; il l'avait rappelée bien vite après le premier engagement, et l'avait mise à la seconde ligne pour lui donner le temps de se rafraîchir ; puis, quand les deux corps de bataille en furent venus aux prises, il la lança de nouveau avec son intrépide général, et, après avoir été si utile au début de la journée, elle la décida en renversant tout ce qu'elle rencontra devant elle. Restait l'infanterie espagnole, qui ne montra pas la même opiniâtreté qu'à Rocroy, et demanda la vie. Le vieux général Beck se conduisit comme Fontaine et Mercy : il se battit en lion, fut blessé et pris, et mourut de désespoir. L'archiduc Léopold, après s'être fort bien conduit, se sauva dans les Pays-Bas avec le comte de Fuensaldaigne.

La victoire de Lens était aussi nécessaire et elle fut tout aussi utile que celle de Rocroy : on lui doit la reprise des négociations de Munster et la conclusion du traité de Westphalie. Ce traité est le suprême résultat des cinq grandes campagnes de Condé en Flandre et sur le Rhin. Condé était là en quelque sorte le négociateur armé, M. de Longueville était à Munster le négociateur pacifique.

Le père Bougeant, dans son estimable histoire du traité de Westphalie [1], suppose que Mazarin envoya

---

1. *Histoire des Guerres et des Négociations qui précédèrent le Traité de Westphalie*, 3 vol. in-4º. A cet ouvrage il faut joindre les *Négociations secrètes touchant la paix de Munster et d'Osnabrug, ou Recueil général des préliminaires, instructions, lettres, mémoires concernant ces négociations, depuis leur commencement jusqu'à leur conclusion en* 1648, 2 vol. in-fol., La Haye, 1725. — Dans le t. XXX des

le duc de Longueville à Munster « pour éloigner de la cour un prince capable d'y exciter des troubles. » Mais en 1645 Mazarin n'avait plus de troubles à redouter, et le duc de Longueville n'était pas homme à en faire naître : il se laissait conduire alors, ainsi que tout le reste de la famille, à la politique de son chef, M. le Prince. Il est bien plus à croire que c'est le crédit de ce dernier qui fit donner l'ambassade de Munster à son gendre. Mazarin ne l'avait pas choisi pour sa capacité, bien qu'il n'en fût pas dépourvu, mais pour faire marcher ensemble d'Avaux et Servien, qui ne s'entendaient guère, et donner de l'éclat à la légation française. Il demeurait toujours le maître des négociations, et les Condés devaient être flattés d'être à la tête de la plus importante affaire diplomatique, comme ils avaient déjà le commandement de la

---

Mélanges de Clerambault, à la Bibliothèque nationale, se trouve un dépouillement bien fait de toute la correspondance du cabinet français et de l'ambassade. En voici quelques extraits :

Année 1645. 3 Juin, Mazarin à M. de Longueville, encore à Paris, pour le complimenter sur la grossesse de sa femme et le presser de hâter son départ pour Munster. A peine arrivé, M. de Longueville écrit à Mazarin, le 2 juillet, pour lui dire qu'il a réconcilié d'Avaux et Servien.

Année 1646. 22 Juin, Mazarin annonce à M. de Longueville le départ de Mme de Longueville. 24 Juillet, M. de Longueville avertit Mazarin qu'il va au-devant de Mme de Longueville. 23 Octobre, M. de Longueville remercie Mazarin de la promesse qu'il lui a faite de la charge de colonel général des Suisses.

Année 1647. 16 Janvier, Mazarin à M. de Longueville : Le Roi lui envoie un gentilhomme, ainsi qu'à Mme de Longueville, pour lui annoncer la mort de M. le Prince. 15 Mars, Mazarin mande à M. de Lon-

flotte de la Méditerranée et celui de l'armée du Rhin.

M. de Longueville avait à poursuivre le grand objet que se proposait le cabinet français depuis Henri IV, l'affaiblissement de l'Empire au profit de la France. C'est dans ce dessein que le roi très-chrétien, le cardinal Richelieu et le cardinal Mazarin avaient été vus s'alliant au protestant Gustave-Adolphe, l'attirant dans le cœur de l'Allemagne, lui et après lui ses lieutenants, et soutenant la Hollande protestante contre la catholique Espagne. Cette lutte, qui parut avec tant d'éclat sur les champs de bataille pendant trente années, eut lieu aussi pendant plus de douze ans à Osnabrük et à Munster. D'un côté étaient l'Autriche, l'Espagne, la Bavière, avec les électeurs ecclésiastiques de Mayence et de Cologne; de l'autre, les puissances protestantes, le Brande-

---

gueville qu'on ne peut lui donner la charge de colonel général des Suisses, qu'on lui donne en compensation le château de Caen. 25 Mars, M. de Longueville à la Reine, sur la charge de colonel général des Suisses. *Item*, à Mazarin sur le même sujet. Mécontentement de M. de Longueville; il demande un congé; on le lui accorde. 17 Mai, M. de Longueville remercie Mazarin du congé qu'il lui a procuré; il ne partira que quand il sera temps. 22 Juin, Mazarin se plaint à M. de Longueville de sa dernière lettre où il est taxé de ne pas vouloir la paix; il proteste du contraire, et montre son ressentiment de la manière dont les Espagnols ont agi. « La France veut la paix et la fera glorieuse. » 1er Juillet, M. de Longueville assure son Éminence que sa lettre est entièrement éloignée de l'interprétation qu'il lui a donnée; qu'il n'est pas connu de lui, ce qui l'a obligé de souhaiter son retour en France. Même jour, d'Avaux écrit à Mazarin qu'il n'a eu aucune part à la lettre de M. de Longueville. 13 Juillet, Mazarin à

bourg, la Saxe, la Hesse, avec leurs alliés, la Hollande, la Suède et la France. Le parti protestant voulait obtenir le plus de concessions, et le parti catholique en faire le moins possible. On avançait et on reculait selon les vicissitudes de la guerre. Dès l'année 1640, Richelieu avait désigné l'homme qui avait toute sa confiance, Mazarin, et le comte d'Avaux, de la puissante famille parlementaire des de Mesme, pour représenter la France à Munster. Quand Mazarin succéda à Richelieu dans le ministère, il nomma à sa place le comte Abel Servien, oncle de l'habile et judicieux Lyonne qui lui était ce qu'il avait été lui-même à Richelieu. Il maintint d'Avaux, qui avait de l'esprit et de la pénétration, de la droiture et de la noblesse, avec une piété qui le faisait bien venir des puissances catholiques, mais le portait un peu trop à

M. de Longueville : Il est bien aise que l'intention de sa lettre ait été telle qu'il l'a dit ; il ne souhaite au monde rien avec tant de passion que la paix, et voudrait que Pegnaranda (l'ambassadeur d'Espagne) partît de Munster pour lui donner cette occasion de faire un tour à Paris. Même jour, Mazarin témoigne à d'Avaux le plaisir qu'il a de s'éclaircir avec ses amis. Même jour, dépêche importante de Mazarin à Servien où il expose toute sa pensée : Traiter avec l'Allemagne, ou en obtenir au moins une trêve dans les Pays-Bas. « Si on n'avoit rien à faire en Flandre et en Allemagne, on feroit avec facilité la guerre en Espagne et en Italie. » 22 Juillet, M. de Longueville à Mazarin : On ne peut satisfaire les Suédois sans leur donner des assurances positives de l'établissement du luthéranisme. Les protestants proposent de conclure sans la France. Le départ du comte de Trautmansdorf (ambassadeur impérial) lui donnant la liberté de s'en aller, il la prendra le plus tôt qu'il pourra. 29 Juillet, Mazarin prie M. de Longueville de différer son dé-

s'accommoder avec elles et à rechercher l'avantage de l'Église plus que ne le voulait la politique. Servien seul était dépositaire de la pensée de Mazarin, et Mazarin, comme son devancier, ne connaissait qu'un intérêt, celui de la grandeur de la France. Il voulait d'abord obtenir de l'Empire l'Alsace tout entière, avec quelques places fortes sur le Rhin, pour achever le légitime développement de la France de ce côté. Il avait encore une autre ambition que lui avait léguée Richelieu et qu'il légua à Lyonne : c'était d'arracher à l'Espagne l'échange de la Catalogne, où Richelieu et lui avaient habilement porté la guerre, contre les Pays-Bas, sans lesquels la France n'a réellement pas de frontière du Nord, et peut voir, après une bataille malheureuse, une armée ennemie arriver sans obstacle sous les murs de Paris. Telles

part. 9 Août, Mazarin à M. de Longueville : Comme on doit se conduire avec les Suédois. On a arrêté et conduit à Nancy un gentilhomme de M. de Vandosme, qui portait des lettres à l'Archiduc. Les Espagnols sont très-éloignés de la paix. Le roi d'Espagne fait changer la manière d'agir de l'Empereur. Trautmansdorf pourrait bien avoir conclu quelque chose d'avantageux pour la Suède aux dépens de la France. 19 Août, M. de Longueville à Mazarin : Les Napolitains ont chassé les Espagnols. Pegnaranda ne fera rien qu'à la fin de la campagne. Il prendra ce temps pour aller voir Son Éminence. 30 Août, Mazarin exprime à M. de Longueville quelque crainte sur le dessein de son voyage. 30 Août, lettre confidentielle de Lyonne à Servien : il le prie de découvrir les cabales que M. d'Avaux a faites contre Son Éminence. Ordre est donné à M. de Turenne d'abolir le nom de Weymariens. On ne doit pas différer de conclure la paix pour l'absence de M. de Longueville. M. d'Avaux cherche la protection de M. le Prince et de M. le duc d'Orléans. 6 Sep-

étaient les pensées qui occupaient l'esprit de Mazarin, et qu'il poursuivait à la fois par les négociations et par les armes, avec la douceur et la constance qui caractérisent ce grand homme d'État.

M. de Longueville arriva à Munster le 30 juin 1645, à peu près en même temps que son beau-frère le duc d'Enghien allait prendre le commandement de l'armée du Rhin, à la place de Turenne qui venait d'essuyer une défaite assez grave à Mariendal. La victoire de Nortlingen, du 5 août 1645, donna la plus grande force à M. de Longueville, et le duc de Bavière, la seconde puissance catholique de l'Allemagne, qui avait rompu les négociations après Mariendal, les reprit avec empressement après Nortlingen. La cession de l'Alsace était alors presque gagnée ; mais Mazarin victorieux avait de la

---

tembre, Mazarin à M. de Longueville : Bons effets que semble produire le retardement de son voyage. 16 Septembre, M. de Longueville se plaint du peu d'avancement des affaires ; il recommande à Mazarin le maréchal de La Mothe (qui venait d'être arrêté). 7 Octobre, nouvelles sollicitations de M. de Longueville pour le maréchal de La Mothe. 15 Octobre, M. de Longueville à Mazarin : Il craint que les Hollandais n'achèvent leur traité sans la France. Les ennemis ont reçu avec une joie singulière la nouvelle de la mort de M. de Gassion (tué devant Lens). Le 18 octobre, Mazarin fait part à M. de Longueville de la promotion de sept cardinaux, parmi lesquels est son frère le cardinal de Sainte-Cécile. 29 Octobre, M. de Longueville recommande le prince de Conti pour le siège de Trèves ou de Liége. 1er Novembre, Mazarin informe M. de Longueville que toutes leurs dépêches sont tombées entre les mains des Espagnols. 8 Novembre, Mazarin fait part à M. de Longueville d'une proposition de mariage de l'Empereur avec Mademoi-

A 20

peine à renoncer à l'espérance qu'il nourrissait depuis longtemps d'acquérir les Pays-Bas de l'Espagne en lui remettant la Catalogne. C'est là en quoi résidait toute la difficulté des négociations, le nœud qu'aucune habileté ne pouvait résoudre et que l'épée seule pouvait trancher. Il était réservé à Louis XIV, à la fin du xviie siècle, après avoir perdu les trois hommes d'État qui firent longtemps sa force et sa gloire, Mazarin, Lyonne et Colbert, d'abandonner la pensée de ses devanciers, et, quand on lui proposait les Pays-Bas en retour de ses droits sur l'Espagne, de rejeter cette faveur de la fortune que Mazarin et Richelieu eussent embrassée avec des transports de joie, et cela dans un frivole intérêt de famille, jouant comme à plaisir sa propre couronne pour en mettre une sur la tête de son petit-fils, et

---

selle (voir les *Mémoires* de Mademoiselle, et plus haut, chap. Ier, p. 112). 22 Décembre, Mazarin à M. de Longueville : Les Espagnols ne veulent pas la paix. Tâcher d'avoir une déclaration que si la paix ne se termine, c'est l'Espagne qui ne l'a pas voulu.

Année 1648. 6 Janvier, M. de Longueville à Mazarin : Il ne tient qu'aux Impériaux et aux Espagnols que la paix ne s'achève; tout le reste la veut. 16 Janvier, M. de Longueville n'est pas d'avis qu'on rende Nancy sans la démolir. 17 Janvier, Mazarin fait part à M. de Longueville d'une proposition de mariage entre sa fille, Mlle de Longueville, et le duc de Mantoue. 28 Janvier, lettre confidentielle de Lyonne à Servien : On est mal satisfait de M. d'Avaux ; on le rappellerait, s'il n'avait engagé M. de Longueville dans son opinion ; tâcher de regagner M. de Longueville. 3 Février, M. de Longueville annonce son départ. 23 Février, arrivé à Trie, il écrit à Mazarin une lettre de compliments. 23 Mars, d'Avaux, trouvé trop favorable à M. de Lorraine et trop em-

manquant de perdre la France sans lui donner même pour un quart de siècle l'alliance de l'Espagne. Pour le dire en passant, cette résolution incroyable, mal couverte d'une apparence de grandeur, ainsi que la révocation de l'édit de Nantes, sont les deux grandes inspirations personnelles de Louis XIV : elles jugent sa politique intérieure et extérieure, comparée à celle de Mazarin, de Richelieu et d'Henri IV. On ne peut pas dire tous les efforts que fit Mazarin en 1648 pour amener l'Espagne à lui céder les Pays-Bas. Il offrit, avec la Catalogne tout entière, le jeune Louis XIV pour l'infante Marie-Thérèse. En même temps il envoya d'Estrades, avec lequel nous avons naguère fait connaissance [1], en Hollande, pour y faire agréer l'arrangement qu'il désirait avec passion ; il alla jusqu'à proposer Anvers au commerce hollandais. C'était une puissante tentation : la Hollande y résista ;

pressé de faire la paix à tout prix, s'apprête à partir. 27 Avril, Mazarin informe Servien qu'il est nommé ministre et chargé d'achever les négociations. Dans la correspondance du mois de juillet, il est souvent fait mention des troubles du parlement. Mazarin prie Servien de ménager quelque chose en Alsace pour M. de Turenne, afin de l'attacher. 14 Août, Servien expose à Mazarin les raisons pour ne pas presser le traité avec l'Espagne. 21 Août, dépêche de Mazarin : M. le Prince vient de gagner une bataille contre l'Archiduc. La France ne laisse pas pour cela de vouloir la paix. 4 Septembre, dépêche de Mazarin. Son intérêt et son inclination sont pour la paix. Si les Espagnols la veulent, ils la concluront aux conditions proposées, sinon, il ne servira de rien de se relâcher. 17 Septembre: Il invite Servien à presser la paix avec l'Allemagne à cause des troubles.

1. Dans le précédent chapitre, p. 262.

elle était lasse de la guerre, qu'il eût fallu continuer, et puis elle commençait à ne plus tant redouter l'Espagne, et ne trouvait pas un grand avantage à acquérir, au lieu d'un voisin affaibli, un voisin conquérant. De son côté, l'Espagne voyait poindre à l'horizon de nouveaux troubles parmi nous, et sur cette espérance elle rompit les négociations, fit un traité séparé avec la Hollande, et persuada à l'Empereur d'entreprendre avec elle un dernier et puissant effort. Un seul homme pouvait encore sauver la France, tout aussi menacée qu'elle l'avait été en 1643. Cet homme était le vainqueur de Rocroy. C'est alors que Condé, qui connaissait parfaitement la situation des affaires, livra dans les plaines de Lens, le 20 août 1648, la mémorable bataille que nous avons racontée, où il fut aussi prudent que l'a jamais été Turenne, et aussi audacieux que son propre génie et les circonstances le commandaient. Dès lors les négociations marchèrent vite. Le 24 octobre 1648 fut signé à Munster le traité de Westphalie, qui donna pour un siècle la paix à l'Allemagne, y affermit la liberté religieuse, et consacra toutes les conquêtes de la France sur l'Empire [1].

1. Le traité de Munster assura à la France la souveraineté des trois évêchés de Metz, Toul et Verdun, dont elle s'était emparée depuis longtemps ; la souveraineté de Pignerol, qui lui ouvrait au besoin l'entrée de l'Italie ; la souveraineté de l'Alsace tout entière, haute et basse, avec celle de Brissac et de Landau ; enfin le droit de garnison dans la forteresse de Philipsbourg.

Grâce à ce traité, Mazarin n'avait plus en face de lui que l'Espagne, et il comptait l'amener bientôt à l'échange qui seul pouvait donner à la France du côté du nord une frontière semblable à celle qu'elle venait d'acquérir au midi de l'Allemagne. Il rêvait, au bout de quelques campagnes heureuses, un traité plus favorable encore que celui des Pyrénées en 1660. Il avait dans sa main le vainqueur de Lens, qu'il pouvait lancer sur les Pays-Bas; il pouvait porter en Espagne et en Italie des généraux encore supérieurs à d'Harcourt et à Schomberg; il comptait soutenir ou ranimer l'insurrection de Naples : un magnifique avenir était devant la France. Qui lui a enlevé cet avenir? qui a divisé et épuisé ses forces? qui lui a fait verser de ses propres mains son meilleur sang? qui a mis aux prises les uns contre les autres ses plus illustres capitaines? qui a arrêté Condé dans sa course à vingt-sept ans, lorsqu'il pouvait ajouter tant de nouvelles victoires à toutes celles de sa jeunesse, et porter le drapeau français à Bruxelles ou à Madrid?

C'est la Fronde qui a commis l'inexpiable crime d'avoir suspendu l'élan de Condé et de la grandeur française. Du moins en retour a-t-elle agrandi et développé nos vieilles franchises nationales? Loin de là : par une réaction inévitable, elle a dégoûté pour longtemps la France d'une liberté anarchique, incompatible avec l'ordre public, avec la force du gouvernement et de la nation; elle a ôté à la royauté toute espèce de contre-poids; elle a enfanté le despotisme d'abord intelligent et utile, puis imprévoyant et funeste de Louis XIV.

Et maintenant, qui a donné naissance à la Fronde ou qui l'a soutenue? qui a relevé l'ancien parti des Importants, étouffé, ce semble, sous les lauriers de Rocroy? qui a séparé les princes du sang de la couronne? qui a tourné contre le trône cette illustre maison de Condé, qui jusque-là en avait été le bouclier et l'épée? Sans doute il y a ici bien des causes générales; mais il nous est impossible de nous en dissimuler une, toute particulière, il est vrai, mais qui a exercé une puissante et déplorable influence, l'amour inattendu de Mme de Longueville pour un des chefs des Importants, devenu un des chefs de la Fronde. Oui, je le dis à regret, c'est Mme de Longueville qui, passée du côté des mécontents, y attira d'abord une partie de sa famille, puis sa famille tout entière, et la précipita ainsi de ce faîte d'honneur et de gloire où tant de services l'avaient élevée.

Racontons le plus rapidement qu'il nous sera possible ce que nous savons de Mme de Longueville, depuis le moment où nous l'avons quittée jusqu'au commencement de l'année 1648.

Nuls documents authentiques, imprimés ou manuscrits, ne nous autorisent à supposer qu'avant la fin de l'année 1647, Mme de Longueville ait jamais franchi les bornes de la galanterie à la mode. Elle était grosse en 1643, pendant l'aventure des lettres et la tragique querelle qui en fut la suite, et elle accoucha, le 4 février 1644, d'une fille qui reçut le nom de sa mère et de son frère, Charlotte-Louise, Mlle de Dunois, morte le 30[1] avril 1645. Un an après, le 12 janvier 1646, elle eut un fils, Charles d'Orléans, comte de Dunois, destiné à succéder aux titres de son père, mais qui, disgracié de la nature, tenta diverses carrières sans être capable d'aucune, et s'éteignit dans l'Église, à la fin du siècle, sous le

---

1. *Gazette* du 6 may 1645. « Le 30 avril, sur les deux heures du matin, mourut dans l'hostel de Longueville la comtesse de Dunois, âgée de quatorze mois, fille du second mariage du duc de Longueville ; toute la cour ayant tesmoigné beaucoup de regret de la mort de cette jeune princesse, dont le corps ayant esté embaumé et mis dans un cercueil de plomb fut porté le deuxième de ce mois (de mai) au grand couvent des Carmelites, où la duchesse de Longueville sa mère a voulu qu'elle fust enterrée près le tombeau de la mère Magdeleine de Saint-Joseph, les pages et valets de pied des duc et duchesse de Longueville avec chacun un flambeau de cire blanche environnant le carrosse de deuil où il estoit, suivi de grand nombre d'autres. Il fust presenté à la porte de l'eglise, tendue de serge blanche avec deux lès de satin chargés des ecussons de Bourbon et de Longueville, par le curé de Saint-Germain-l'Auxerrois à l'eveque d'Utique, coadjuteur de Montauban, assisté de plusieurs ecclesiastiques et des peres de l'Oratoire de Saint-Magloire, qui le receut au nom de ce monastere ; et l'ayant mis sous un dais de toile d'argent orné des memes armoiries, couvert d'un poesle de mesme étoffe bordé d'hermine, et d'une couronne ducale d'or couverte d'un voile de gaze, après les benedictions et encensemens ordinaires, les religieuses au nombre de soixante vinrent en procession à la porte du monastere recevoir le corps, qui fust porté dans la fosse faite au cloitre et inhumé par cet evesque avec les ceremonies de l'ordre des Carmelites, dont cette petite princesse portoit l'habit. »

nom d'abbé d'Orléans[1]. En 1647, elle mit au monde une seconde fille, Marie-Gabrielle, enlevée en 1650[2]. Tout à l'heure, nous dirons un mot du dernier fils qui lui naquit au milieu de la Fronde.

Mme de Longueville avait vingt-cinq ans en 1644, après le duel de Coligny et de Guise. Chaque année ne faisait qu'ajouter à ses charmes. La gloire de son frère rejaillissait sur elle, et elle y répondait en quelque sorte par ses propres succès à la cour et dans les salons. Elle prenait de plus en plus les mœurs du jour. La coquetterie et le bel esprit étaient toute son occupation. Sa nouvelle grossesse ne lui ayant pas permis de suivre à Munster, en juin 1645, M. de Longueville, elle était restée à Paris; elle s'y plaisait fort, et, soit que son cœur eût déjà reçu quelque légère atteinte, soit qu'il fût encore entièrement libre, on comprend qu'elle ne fut pas très-charmée d'aller rejoindre, après ses couches, au printemps de 1646, sous le ciel de la Westphalie, son mari qui n'était pas, dit Retz, l'homme du monde le mieux avec elle[3]. Imaginez-vous, en effet, cet enfant gâté de l'hôtel de Rambouillet quittant Corneille et Voiture, toutes les élégances et les raffinements de la vie, pour s'en aller à Munster parmi des diplomates étrangers parlant allemand ou latin. C'était pour elle un double exil, car sa patrie n'était pas seule-

---

1. Voyez la IIIe partie. — 2. Voyez la IIe partie.
3. *Mémoires*, t. Ier, p. 182.

ment la France, c'était Paris, c'était la cour, c'était l'hôtel de Condé, Chantilly, la Place-Royale, la rue Saint-Thomas du Louvre. Cependant il fallut obéir et se mettre en route avec sa belle-fille, Mlle de Longueville, qui avait déjà un peu plus de vingt ans. Pour garder quelque chose de Paris, elle emmena avec elle plusieurs hommes de lettres, entre autres Claude Joly, oncle de Guy Joly, l'auteur des *Mémoires*, chanoine de Notre-Dame, qui demeura toute sa vie attaché aux Condé et s'est fait connaître par divers ouvrages pleins de savoir et de mérite [1] ; ainsi que l'académicien et l'oratorien Esprit, un des habitués de l'hôtel de Rambouillet [2], qui venait de se brouiller avec le chancelier Séguier pour avoir favorisé le mariage de sa fille, la marquise de Coislin, avec le fils de Mme de Sablé, le beau et brave marquis de Laval, tué quelque temps après, à côté de Condé, au siége de Dunkerque. Un peu avant son départ pour Munster, Esprit avait présenté à Mme de Longueville un des anciens poëtes favoris de Richelieu, Bois-Robert, qui était resté ébloui du nouvel

---

1. Nous nous bornerons à citer les suivants : *Histoire de la prison et de la liberté de M. le Prince*, 1651. — *Recueil des Maximes véritables pour l'Institution du Roi contre la pernicieuse politique du cardinal Mazarin*, 1652, écrit brûlé par la main du bourreau.—*Statuts et Règlements des petites écoles de grammaire de la ville de Paris*, 1672. — *Traité historique des Écoles épiscopales*, 1678. — *Voyage fait à Munster en Westphalie et autres lieux voisins*, 1670.

2. Voyez plus haut, chap. II, p. 162.

éclat de celle qu'il avait vue autrefois et admirée toute jeune dans les fêtes de Ruel. Voici dans quels termes Bois-Robert raconte à Esprit sa visite et lui peint Mme de Longueville. Les vers sont médiocres, mais il faut nous les passer, car ils tiennent la place d'une infinité d'autres vers, qu'à la rigueur nous pourrions citer, sur la même personne et de cette même époque, et qui sont plus mauvais encore :

> « Elle [1] avoit pris le bain tout freschement ;
> Ses bras du lict sortoient négligemment,
> Et jettant l'œil sur ce vivant albastre
> Je t'advouray que j'en fus idolâtre.
> Là, les zéphirs enjouez volettoient
> Sur ses cheveux, qui par ondes flottoient,
> Et sur sa gorge, et sur son teint de roses
> De qui l'éclat surpassoit toutes choses,
> Et faisoit honte aux plus vives couleurs
> Qui brilloient lors sur les nouvelles fleurs.
> De ses beaux doigts, tels que ceux de l'Aurore,
> Frottant ses yeux qui s'éveilloient encore,
> Elle laissoit tout à coup éclairer
> Ces deux soleils qu'il fallut adorer
> Les yeux baissés, car ma foible paupière
> N'en put jamais soutenir la lumière.
> Là s'assembloit, comme en un vif tableau,
> Ce que le monde eut jamais de plus beau ;
> Mais le corail de sa bouche vermeille
> Remplit surtout mon ame de merveille,
> Lorsqu'aux appas muets que j'admirois,
> Elle ajousta le charme de la voix, etc. »

1. *Les Épistres en vers et autres œuvres poétiques de M. de Bois-Robert Metel, conseiller d'Estat ordinaire, abbé de Châtillon-sur-Seine*, Paris, 1659, in-8°, p. 11 : *A monsieur Esprit : il l'entretient des beautés de Mme la duchesse de Longueville et de l'accueil favorable qu'il avoit reçu d'elle à son départ.*

Mme de Longueville quitta Paris le 20 juin 1646, accompagnée de sa belle-fille, avec une escorte nombreuse, sous la conduite de Montigny, lieutenant des gardes de M. de Longueville. Tout le voyage de Paris à Munster lui fut une fête et une ovation continuelle. On la peut suivre jour par jour et de ville en ville, grâce à la relation détaillée de Claude Joly. Belges, Hollandais, Espagnols, Impériaux, tout le monde se piqua de galanterie envers la belle ambassadrice. Les gouverneurs de place sortaient pour la recevoir à la tête de leurs garnisons. On venait lui offrir les clefs des villes. Elle avait des escortes de cavalerie. Le duc de Longueville alla jusqu'à Wesel à sa rencontre. Turenne, qui commandait alors sur le Rhin, lui donna le spectacle d'une armée rangée en bataille et qu'il fit manœuvrer devant elle. Est-ce là que le grand capitaine, bien connu pour avoir toujours été sensible à la beauté, reçut l'impression passionnée qui se renouvela à Stenay en 1650, et qui, prudemment ménagée par Mme de Longueville, demeura toujours entre eux un tendre et intime lien[1]?

1. *Lettres et mémoires de M. de Turenne*, par Grimoard, in-fol., 1782, t. Ier. 1646, 20 juillet: « Ma chère sœur, je vous écrivis d'auprès de Cologne, il y a quatre ou cinq jours, et passai hier le Rhin à Vésel. Mme de Longueville y était arrivée le même jour, et s'en vient aujourd'hui voir l'armée. De là nous marcherons en même temps qu'elle, une journée ou deux. Je vous avoue qu'il n'y a rien au monde de plus surprenant. M. de Longueville l'est venu trouver à Vésel : elle n'est point du tout changée, ni Mlle de Longueville... »

Le 22 juillet, elle fit à Munster une entrée triomphale. La Hollande était trop près d'elle pour ne pas tenter sa curiosité. Elle y alla pour ainsi dire en promenade [1]. Pendant tout l'automne de 1646 et l'hiver de 1647, elle fut véritablement la reine du congrès de Munster. Ses grâces touchèrent les diplomates aussi bien que les guerriers. Elle se lia particulièrement, à l'ambassade française, avec Claude de Mesmes, comte d'Avaux, dont nous avons déjà parlé, ami et correspondant de Voiture, de Mme de Sablé et de Mme de Rambouillet. Nous avons sous les yeux des lettres manuscrites de d'Avaux à Voiture fort agréables, mais, bien entendu, très-peu naturelles, qui, à travers les citations latines alors à la mode entre gens qui se piquaient de belle érudition, marquent assez bien l'impression qu'avait faite Mme de Longueville sur le doyen de notre diplomatie. Elle ne paraît pas fort mélancolique à d'Avaux; mais le rival de Servien était plus propre peut-être à découvrir les intrigues des cabinets qu'à lire dans le cœur d'une femme :

« C'est à [2] Mme de Montausier et à Mme la marquise de Sablé que je dois les grâces que j'ai reçues de Mme de Longueville... Vous dites que le commerce est dangereux avec une personne si bien faite, comme si tant de disproportion et les grands espaces qu'il y

---

[1]. Du 21 août au 12 septembre. Voyez le *Voyage* de Claude Joly.
[2]. Bibliothèque de l'Arsenal, manuscrits de Conrart, in-4°, t. X.

a de tous costés entre ces personnes-là et nous autres bonnes gens ne me mettoient pas à couvert. Vous savez que l'éloquence de Balzac ne fait pas d'impression sur l'esprit d'un paysan. Non, non, je n'ai point de peur. Il seroit étrange que dans une assemblée de paix je n'eusse pas assez de la foy publique pour ma conservation, et qu'avec les passeports de l'Empereur et du roy d'Espagne Munster ne fût pas un lieu de sûreté pour moy... Je regarde pourtant, je ne m'arrache point les yeux. Je vois de la beauté plus que je n'en vis jamais; je vois tout ce qu'on peut voir ensemble de graces et de charmes, et ce je ne say quoy qui n'est nulle part ailleurs, ce me semble, avec tant de majesté :

> Video igne micantes,
> Sideribus similes oculos, video oscula, sed quæ
> Est vidisse satis.

J'admire avec vous cette bonté, cette générosité et ces aimables qualités que nous louerons toujours à l'envi et que nous ne louerons jamais assez. La justesse de cet esprit, sa force et son étendue me donnent aussi de l'étonnement et me font quelquefois rentrer en moi-même avec dépit, car cela est tout à fait extraordinaire et trop au-dessus de l'âge et du sexe. Néanmoins toutes ces belles choses ne gastent point mon imagination. Supposons que je fusse d'une matière aussi combustible que vous[1], qui vous plaignez

---

1. D'Avaux, né en 1595, avait cinquante-deux ans en 1647.

encore des maux de la jeunesse : à quelle étincelle, je vous prie, pourrois-je prendre feu? Une personne si précieuse, qui est venue de deux cents lieues chercher un vieux mari, qui a quitté la cour pour la Westphalie, qui est icy dans une gaieté continuelle, qui fut ravie dernièrement de voir une comédie chez les Jésuites (mais à la vérité c'estoit en bon latin), qui donne force audiences, qui s'entretient paisiblement avec M. Salvius, M. Vulteius, M. Lampadius [1], qui ne s'effraye plus d'un gros Hollandais qui la baise réglement deux fois par jour en toutes les visites qu'il lui fait, qui reçoit agréablement la civilité d'un autre ambassadeur qui lui conseille d'apprendre l'allemand pour se divertir, qui avec tout cela prend de l'embonpoint à Munster et a un visage de satisfaction... »

«... Vrayment, j'ay bien une revanche à prendre à cette heure. L'on se plaint fort icy de votre taciturnité ; mais ce ne sont pas personnes d'importance : ce n'est que Mme de Longueville ; cela ne vaut pas la peine d'en parler. Elle vous a fait faire de grands compliments ; ses amies ont eu ordre de solliciter votre souvenir ; elle leur a mandé plusieurs fois qu'ils ne lui laissassent rien perdre en l'amitié que vous lui avez promise ; enfin elle vous a fait dire qu'elle n'étoit pas à l'épreuve d'un si long mépris, et

---

[1]. Jean Adler Salvius, un des plénipotentiaires suédois ; Jean Vulteius, un des envoyés du landgrave de Hesse-Cassel ; Jacques Lampadius, envoyé du duc de Lunebourg Grübenhagen. Voyez le P. Bougeant.

tout cela demeure sans retour. C'est peut-être, comme vous dites, que le commerce est dangereux avec elle, et que vous prenez pour vous-même le conseil que vous me donnez ; mais la pauvre princesse ne s'en peut consoler... Quand vous seriez devenu tout philosophe et quand vous auriez perdu le sentiment et la vie, tout au moins, ma chère pierre, vous devriez parler lorsque Mme de Longueville vous regarde, comme faisoit la statue de Memnon lorsqu'elle étoit éclairée des rayons du soleil. Si vous continuez, je ne doute point qu'on ne vous fasse icy votre procès, comme à un muet. Donnez-y ordre, si bon vous semble. Tout ce que je pus faire pour vous fut de payer de votre lettre à M. le duc d'Enghien [1]. Madame sa sœur la lut avec grand plaisir ; et, comme un quart d'heure après M. Esprit entra dans la chambre, elle fut fort aise d'avoir prétexte de la revoir et se leva de sa place pour approcher du lieu où on faisoit la lecture. Ce n'est pas tout : elle envoya me la demander le lendemain, avec promesse de n'en laisser prendre copie que pour elle seule et pour demeurer parmi ses papiers. Je ne vous diray point l'estime qu'elle en fit ; je me contenterai d'avouer que c'est une des plus belles choses du monde de voir cette

---

1. Faute d'indication de sujet et de date, on peut choisir entre les différentes lettres écrites par Voiture au duc d'Enghien, qui se peuvent placer vers cette époque, et qu'on trouvera dans les œuvres de Voiture, t. II de l'édition de 1745.

bouche remplie de vos louanges, et que votre nom n'habite nulle part plus magnifiquement... »

Voiture n'est pas en reste avec son ingénieux correspondant sur le compte de Mme de Longueville :

« ..... J'ai une grande impatience de voir ici le retour de Mme de Longueville, après la conclusion d'une bonne paix. Ce que vous me dites de cette princesse est en son genre aussi beau qu'elle, et je le garde pour lui montrer quelque jour... Dites-le vrai, monseigneur : croyez-vous que l'on puisse trouver, je ne dis pas dans une seule personne, mais dans tout ce qu'il y a de beau et d'aimable répandu par le monde ; croyez-vous que l'on puisse trouver tant d'esprit, de grâce et de charmes qu'il y en a en cette princesse? Soyez sur vos gardes. Elle écrit ici des merveilles de vous et de l'amitié qui est entre vous deux. Le commerce est dangereux avec elle. Je vous assure au reste qu'elle est aussi bonne qu'elle est belle, et qu'il n'y a point d'âme au monde ni plus haute ni mieux faite que la sienne... »

Un peu après, le 9 janvier 1647 :

« ... Le respect m'a empêché jusqu'ici d'écrire à Mme de Longueville ; mais vous me faites bien plus peur d'elle en me la représentant si sérieuse et si politique. Nous avons ici plaisir à nous l'imaginer entretenant M. Lampadius (on m'a dit que d'ordinaire il est vêtu de satin violet), M. Vulteius et M. Salvius, et surtout ce gros Hollandois

Dulcia barbarè
Lædentem oscula quæ Venus
Quinta parte sui nectaris imbuit.

« Celui qui lui conseille d'apprendre l'allemand pour se divertir a bien fait rire Mme de Sablé et Mme de Montausier[1]... »

Parmi les monuments du séjour de Mme de Longueville à Munster, il faut mettre le portrait qu'en a fait Anselme van Hull, et qui a été gravé avec ceux de M. de Longueville, de d'Avaux et de Servien, dans la collection des portraits de tous les princes et diplomates assemblés à Munster[2]. Mme de Longueville y est représentée en buste. Dans la gravure même, toute médiocre qu'elle est, on sent des yeux d'une douceur charmante. Une forêt de blonds cheveux flotte autour de son visage[3]. Son sein, à demi découvert, paraît dans sa beauté modeste. Un léger collier de perles laisse voir un cou jeune et délicat. Au-dessous du portrait, on a mis ces vers qui sont peut-être de d'Avaux, ou que Voiture aura envoyés :

« Ces héros assemblés dedans la Westphalie,
Et de France et du Nord, d'Espagne et d'Italie,
Ravis de mes beautés et de mes doux attraits,
  Crurent, en voyant mon visage,

---

1. Voiture, t. Ier, p. 368, 369, 371, 374.

2. In-folio, Rotterdam, 1697. Ce portrait a été réduit et gravé de nouveau par Odieuvre.

3. Mme de Longueville y semble un peu fatiguée et ennuyée. Elle était alors dans un état de grossesse assez avancée.

> Que j'étois la vivante image
> De la Concorde et de la Paix
> Qui descendoit des cieux pour appaiser l'orage. »

Cependant toutes les ruelles de Paris gémissaient de l'absence de Mme de Longueville. Godeau ne cessait de la redemander au nom de l'hôtel de Rambouillet :

« Ne vaut-il pas mieux, Madame, lui écrivait-il, que vous reveniez à l'hôtel de Longueville, où vous êtes encore plus plénipotentiaire qu'à Munster? Chacun vous y souhaite cet hiver : monseigneur votre frère est revenu chargé de palmes; revenez couronnée des myrtes de la paix, car il me semble que ce n'est pas assez pour vous que des branches d'olivier. Je n'ose m'expliquer davantage, de peur de vous dire une galanterie. C'est ce que je laisse aux Julies et aux Chapelains, etc. [1] »

Elle-même en avait assez de son brillant exil, bien qu'elle dissimulât son ennui avec sa politesse et sa douceur habituelles. Dans l'hiver de 1647, elle eut deux raisons pour revenir en France. Son père, M. le Prince, mourut à la fin de décembre 1646, perte immense pour sa famille et pour la France, et dont les conséquences se firent plus tard vivement sentir. De plus, Mme de Longueville était devenue grosse pour la troisième fois à Munster. Sa mère voulut qu'elle revînt faire ses couches auprès d'elle, et il

---

1. Villefore, 1re partie, p. 75.

fallut bien que M. de Longueville consentît à laisser reprendre à sa femme le chemin de Paris.

Son retour en France, à Chantilly d'abord, puis à Paris, au mois de mai 1647, lui fut un bien autre triomphe que son voyage sur le Rhin et en Hollande et son séjour à Munster. Elle retrouva la cour de ses adorateurs plus nombreuse et plus empressée que jamais, et au premier rang son jeune frère, le prince de Conti, qui sortait du collége et faisait ses premiers pas dans le monde. Disons un mot de ce nouveau personnage, qui paraît pour la première fois, et jouera un assez grand rôle dans la vie de Mme de Longueville.

Armand de Bourbon, prince de Conti, né en 1629, avait dix-huit ans en 1647. Il avait de l'esprit et n'était pas mal de figure; mais quelque défaut dans la taille et une certaine faiblesse de corps l'avaient fait juger assez peu propre à la guerre, et on l'avait de bonne heure destiné à l'Église. Il avait fait d'assez fortes études chez les jésuites, au collége de Clermont, avec Molière, et M. le Prince, avant sa mort, avait obtenu pour lui les plus riches bénéfices [1],

---

[1]. On en a trois très-bons portraits in-fol. de Daret, de Rousselet et de M. Lasne, qui sont de cette année 1647. Dans tous les trois, Armand de Bourbon a la figure la plus fine, et il porte déjà les marques de quelque haute dignité ecclésiastique. M. Lasne l'entoure de tous les symboles de la science. Daret soutient son médaillon par de petits anges qui se jouent avec le chapeau du futur cardinal; charmante composition gravée sur le dessin de Lesueur. Dans Rousselet, la Renommée porte le

et demandé un chapeau de cardinal. En attendant ce chapeau, Armand de Bourbon vivait à l'hôtel de Condé, à moitié ecclésiastique, à moitié mondain, tout occupé de bel esprit et avide de toute espèce de succès. La gloire de son frère le piquait d'émulation, et il lui prenait des caprices guerriers. Quand sa sœur était revenue d'Allemagne, il était allé au-devant d'elle, et, ébloui de sa beauté, de sa grâce et de sa renommée, il s'était mis à l'aimer « plutôt en qualité d'honnête homme que comme son frère [1]. » Il la suivit aveuglément dans toutes ses aventures, où il montra autant de courage que de légèreté. Quand il eut fait sa paix avec la cour, grâce à son mariage avec une nièce de Mazarin, la belle et vertueuse Anne-Marie Martinozzi, il obtint le commandement en chef de l'armée de Catalogne, et il s'en tira avec honneur. Il réussit moins bien en Italie. En tout, il est loin d'avoir fait tort à son nom, et il a donné à la France, dans la personne de son jeune fils, un véritable homme de guerre, un des meilleurs élèves de Condé, un des derniers généraux éminents du XVIIe siècle. Ramené à la religion par sa mauvaise santé, le prince de Conti finit par où il avait commencé, la théologie. Il composa sur divers sujets de piété des écrits où il

médaillon du jeune prince; la Religion lui présente une mitre, la Guerre une armure, la Politique une couronne, et la Philosophie le soleil de l'intelligence et le serpent mystérieux. C'était bien là l'image de la destinée incertaine du prince de Conti.

1. Mme de Motteville, t. II, p. 17.

y a du savoir et du mérite[1]. En 1647, il était tout
entier à la vanité et aux plaisirs. Il adorait sa sœur,
et elle exerçait sur lui un empire mêlé d'un peu de
ridicule et qui dura plusieurs années.

La cour et Paris étaient alors dans des fêtes et
des divertissements qu'on s'empressa de faire partager à Mme de Longueville. Pour plaire à la reine,
Mazarin multipliait les bals et les opéras. Il avait
fait venir d'Italie des artistes, des chanteurs et des
chanteuses, payés à grands frais, qui représentèrent
un opéra d'*Orphée* dont les machines et les décorations seules coûtèrent, dit-on, plus de 400,000 livres.
La reine raffolait de ces spectacles. La France aussi,
comme touchée de sa propre grandeur, se complaisait dans les magnificences de son gouvernement,
et les secondait en redoublant elle-même de luxe et
d'élégance. Les plaisirs de l'esprit étaient au premier rang. L'hôtel de Rambouillet, tirant vers son
déclin, jetait un dernier éclat. Mme de Longueville y
régnait, ainsi que dans tous les cercles de Paris; et,
il faut bien le dire, avec les qualités, elle avait aussi
les défauts des meilleures précieuses. Voici le tableau
que Mme de Motteville a tracé[2] de sa personne, de

---

1. *Les Devoirs des grands, par monseigneur le prince de Conti, avec
son testament*. Paris, 1667. — *Traité de la Comédie et des Spectacles
selon la tradition de l'Église*. 1667. — *Lettres du prince de Conti, ou
l'accord du libre-arbitre avec la grace de Jésus-Christ*. Cologne,
1689.

2. *Mémoires*, t. II, p. 14-20.

la tournure de son esprit, de ses occupations, de son crédit et de celui de toute la maison de Condé, à ce moment qui peut être considéré comme le plus brillant de sa vie : « Cette princesse, qui, absente, régnait dans sa famille, et dont tout le monde souhaitait l'approbation comme un bien souverain, revenant à Paris, ne manqua pas d'y paraître avec plus d'éclat qu'elle n'en avait eu quand elle était partie. L'amitié que M. le Prince, son frère, avait pour elle, autorisant ses actions et ses manières, la grandeur de sa beauté et celle de son esprit grossirent tellement la cabale de sa famille, qu'elle ne fut pas longtemps à la cour sans l'occuper presque tout entière. Elle devint l'objet de tous les désirs : sa ruelle devint le centre de toutes les intrigues, et ceux qu'elle aimait devinrent aussitôt les mignons de la fortune... Ses lumières, son esprit et l'opinion qu'on avait de son discernement, la faisaient admirer de tous les honnêtes gens, et ils étaient persuadés que son estime seule était capable de leur donner de la réputation. Si elle dominait les âmes par cette voie, celle de sa beauté n'était pas moins puissante; car, quoiqu'elle eût eu la petite vérole depuis la régence, et qu'elle eût perdu quelque peu de la perfection de son teint, l'éclat de ses charmes attirait toujours l'inclination de ceux qui la voyaient; et surtout elle possédait au souverain degré ce que la langue espagnole exprime par ces mots de *donayre*,

brio, y *bizarrie* (bon air, air galant). Elle avait la
taille admirable, et l'air de sa personne avait un
agrément dont le pouvoir s'étendait même sur notre
sexe. Il était impossible de la voir sans l'aimer et
sans désirer de lui plaire. Sa beauté néanmoins consistait plus dans les couleurs de son visage que dans
la perfection de ses traits. Ses yeux n'étaient pas
grands, mais beaux, doux et brillants, et le bleu en
était admirable : il était pareil à celui des turquoises.
Les poëtes ne pouvaient jamais comparer qu'aux lis
et aux roses le blanc et l'incarnat qu'on voyait sur
son visage; et ses cheveux blonds et argentés, et
qui accompagnaient tant de choses merveilleuses,
faisaient qu'elle ressemblait beaucoup plus à un
ange, tel que la faiblesse de notre nature nous les
fait imaginer, que non pas à une femme... Elle
était naturellement trop préoccupée de ses sentiments, qui passaient alors pour des règles infailli-
bles et ne l'étaient pas toujours, et il y avait trop
d'affectation en sa manière de parler et d'agir, dont
la plus grande beauté consistait en la délicatesse des
pensées et dans un raisonnement fort juste. Elle
paraissait contrainte, et la fine raillerie, dont elle et
ses courtisans faisaient profession, tombait souvent
sur ceux qui, en lui voulant rendre leurs devoirs,
sentaient à leur dommage que l'honnête sincérité,
qui se doit observer dans la société civile, était
apparemment bannie de la sienne. Les vertus et les

louables qualités des plus excellentes créatures sont mêlées de choses qui leur sont opposées : tous les hommes participent à cette boue dont ils tirent leur origine, et Dieu seul est parfait... Enfin on peut dire qu'alors toute la grandeur, toute la gloire, toute la galanterie étaient renfermées dans cette famille de Bourbon, dont M. le Prince était le chef, et que le bonheur n'était plus estimé un bien, s'il ne venait de leurs mains. »

C'est à peu près vers ce temps-là [1] que les deux sonnets de Voiture et de Benserade partagèrent la cour et la ville, les salons et l'Académie. On a rassemblé [2] presque toutes les pièces de ce petit procès littéraire; mais nous en avons retrouvé quelques-unes, jusqu'ici ignorées, que nous ne pouvons nous dispenser de mettre sous les yeux du lecteur, parce qu'elles montrent la passion que l'on avait alors pour les choses de l'esprit, l'ascendant de Mme de Longueville et la délicatesse particulière de son goût.

Voiture venait de mourir en 1648, et ses amis avaient recueilli, comme le dernier soupir de sa muse, le sonnet à Uranie. Il paraissait en même temps un autre sonnet d'un des rivaux de Voiture, plus jeune que lui, et qui n'avait pas été formé à l'hôtel de Rambouillet : c'était la plainte d'un amant qui se prétendait plus malheureux que Job, en ce

---

1. Voyez plus bas la note de la page 339.
2. *Mémoires de littérature*, t. Ier, p. 116-134.

que Job pouvait au moins gémir tout haut de son mal, tandis que le pauvre amant était réduit à souffrir en silence :

> Job de mille tourments atteint
> Vous rendra sa douleur connue,
> Et raisonnablement il craint
> Que vous n'en soyez point émue.
>
> Vous verrez sa misère nue;
> Il s'est lui-même icy dépeint :
> Accoutumez-vous à la vue
> D'un homme qui souffre et se plaint.
>
> Bien qu'il eût d'extrêmes souffrances,
> On voit aller des patiences
> Plus loin que la sienne n'alla.
>
> Il souffrit des maux incroyables;
> Il s'en plaignit, il en parla :
> J'en connois de plus misérables [1].

Tout ce qu'il y avait d'amoureux à la mode, tous les languissants et les mourants du jour trouvèrent admirable de peindre ainsi son martyre, le comble du déplaisir étant de souffrir sans oser se plaindre, et il est certain que la fin du sonnet de Benserade n'est ni sans esprit ni sans agrément. Il fit fureur. Le sonnet de Voiture avait un tout autre caractère. Il était de l'élégance la plus parfaite, un peu molle il est vrai, mais relevée et animée d'un certain accent passionné qui, sans éclater dans aucun trait particulier, se fait partout doucement sentir. Il était d'une qualité plus distinguée et plus rare; aussi eut-il

1. Œuvres de Benserade, 1697, t. Ier, p. 174.

d'abord moins de succès. Balzac[1] a composé sur ces deux pièces toute une dissertation en forme, où il pèse dans la balance de la plus scrupuleuse critique les mérites et les défauts de l'une et de l'autre. Corneille, importuné d'une querelle qui détournait un peu trop l'attention de ses ouvrages, commença par se moquer des deux sonnets ; puis, l'affaire intéressant de plus en plus la littérature, il y entra lui-même et prit parti pour Job contre Uranie, dans un sonnet où il n'hésite pas à dire que celui de Voiture est sans doute *mieux rêvé, mieux conduit, mieux achevé, mais* qu'il *voudroit avoir fait l'autre.* Il revient à la charge dans une épigramme ainsi terminée :

> L'un nous fait voir plus d'art et l'autre plus de vif,
> L'un est le mieux peigné, l'autre le plus naïf ;
> L'un sent un long effort et l'autre un prompt caprice ;
> Enfin l'un est mieux fait et l'autre est plus joli.
>   Et, pour te dire tout en somme,
>   L'un part d'un auteur plus poli,
>   Et l'autre d'un plus galant homme [2].

C'était là un suffrage bien imposant, et c'en était fait, ce semble, de Voiture, quand Mme de Longueville entreprit sa défense. Sa situation était quelque peu embarrassante. Son frère, le prince de Conti, était à la tête des Jobelins, et Esprit, qui l'avait accompagnée à Munster, et sur lequel elle aurait

---

1. *Œuvres de Balzac*, in-folio, t. II, p. 580-594.
2. *Œuvres diverses*, édit. de 1740, Amsterdam, p. 162-165.

SONNETS DE VOITURE ET DE BENSERADE. 331

cru pouvoir compter en toute occasion, Esprit, qui, sans cesser d'être d'Église, s'occupait alors de la littérature la plus galante, comme un jour chez M`<sup>me</sup>` de Sablé il s'occupera de sentences et de maximes, avait très-vivement écrit en faveur de Benserade. Mais M`<sup>me</sup>` de Longueville n'était pas femme à passer du côté de la fortune et à abandonner son vieil ami Voiture. Son autorité changea bientôt la face du combat.

Dans le camp des Jobelins était une dame d'honneur de la reine Anne, la comtesse de Brégy, femme d'un ambassadeur renommé, dont nous avons un recueil [1] de prose et de vers, et des *Questions d'amour* auxquelles Quinault répondit par ordre du jeune roi. Elle fut bien surprise en apprenant que M`<sup>me</sup>` de Longueville préférait au sonnet universellement applaudi une pièce de vers qui n'avait pas produit un fort grand effet. Elle se hâta de lui écrire, pour lui demander la permission de soutenir son opinion contre la sienne. Voici cette lettre, et la diplomatique réponse de l'ambassadrice de Munster [2] :

MADAME DE BRÉGY A MADAME DE LONGUEVILLE.

« Job, dans les siècles passés, ne fut guère plus humilié que je le suis aujourd'hui d'apprendre que

---

1. *Les Œuvres galantes de madame la comtesse de B.*, imprimé à Leyde et se vend à Paris, in-18, 1666.
2. *Œuvres galantes*, etc., p. 17.

j'ay pu me treuver contraire à l'opinion de Votre Altesse; car si je n'avois pas assez de sens pour m'y rendre conforme, mon esprit de divination devoit servir l'autre en cette rencontre, et ne lui pas laisser la honte de se voir opposé à des sentiments que j'ay toujours reconnus pour une règle avec laquelle on ne sçauroit faillir. Mais, puisque j'ay pris la cause de Job, plus malheureux par ce qu'il souffre de vous que par tous ses premiers maux, trouvés bon, madame, que je vous demande la soirée de jeudy pour aller défendre un malheureux à qui le diable a finement suscité vostre persécution comme le seul moien pour lui faire perdre cette patience qu'il garde depuis tant de siècles, et qui ne se peut pas conserver quand on est méprisé de vous. »

MADAME DE LONGUEVILLE[1] A MADAME DE BRÉGY.

« Vostre lettre a fait plus de bien au sonnet de Job que Benserade mesme, et elle me donne un si grand regret de n'avoir pas eu des sentiments conformes à ceux de la personne qui l'a escrite, que, si elle ne me fait changer, elle me fait au moins condamner les miens, et me fait donner par là une préférence à Job, que je luy aurois toujours refusée tant qu'il n'y eût eu que luy qui eût parlé pour luy-

---

1. Cette lettre est imprimée parmi celles de Mme de Brégy, avec bien des petites fautes que nous corrigeons sans les indiquer.

mesme. Voilà, je pense, tout ce qu'une personne généreuse peut faire pour un parti dont elle n'est pas, et je vous asseure que si le vostre n'est celuy de mon choix, il est devenu au moins celuy de mon estime, par celle que vous avés tesmoigné que vous en faisiés en le choisissant. Je serai ravie que vous veniés jeudy disputer la cause de Job; mais je vous advertis au moins que ce ne sera plus que contre mes sentiments passés, ne pouvant consentir d'estre contraire aux vostres, etc. »

Les deux belles dames combattaient, on le voit, avec les armes les plus courtoises; mais elles combattirent vivement et assez longtemps. Je conjecture, littérature à part, qu'elles y avaient bien quelque secret intérêt. Mme de Brégy était belle et coquette autant que spirituelle. Elle pouvait fort bien croire que la pièce de Benserade s'adressait à elle, et était l'indirecte déclaration d'un amour un peu roturier condamné à renfermer en lui-même ses souffrances. Du moins Benserade avait-il composé pour elle une épître où il s'excuse de la fuir de peur de l'aimer [1]. Mme de Longueville ne pouvait avoir oublié tous les vers que Voiture avait faits à sa louange, quand elle était encore dans sa première jeunesse, et peut-être celui-ci, en revoyant en 1647 la noble beauté dans tout l'éclat de ses charmes et devenue l'idole à la

---

[1]. Œuvres de Benserade, t. Ier, p. 97, et Œuvres de madame de Brégy, p. 93.

mode, quittant l'ancienne familiarité pour un respect affectueux, avait-il voulu finir comme il avait commencé, et mourir, comme on disait alors, dans le service de celle qu'il appelle Uranie, c'est-à-dire une beauté céleste sur laquelle il ose à peine lever les yeux.

> Il faut finir mes jours en l'amour d'Uranie :
> L'absence ni le temps ne m'en sçauroient guérir,
> Et je ne vois plus rien qui me pût secourir,
> Ni qui sçût rappeler ma liberté bannie.
>
> Dès longtemps je connois sa rigueur infinie ;
> Mais, pensant aux beautés pour qui je dois périr,
> Je bénis mon martire, et, content de mourir,
> Je n'ose murmurer contre sa tyrannie.
>
> Quelquefois ma raison, par de faibles discours,
> M'incite à la révolte, et me promet secours ;
> Mais, lorsqu'à mon besoin je me veux servir d'elle,
>
> Après beaucoup de peine et d'efforts impuissants,
> Elle dit qu'Uranie est seule aimable et belle,
> Et m'y rengage plus que ne font tous mes sens.

D'ailleurs Mme de Longueville croyait sa préférence appuyée sur de très-bons motifs que nous sommes tentés de partager. L'ouvrage de Benserade a sans doute plus d'esprit, d'invention, d'originalité même, puisqu'il est assurément fort nouveau de mettre Job dans une déclaration d'amour; celui de Voiture nous paraît avoir des grâces secrètes et mélancoliques qui vont plus au cœur. Nous trouvons avec Corneille le sonnet de Job *plus joli,* toutefois sans être *naïf,* éloge étrange qu'on ne s'at-

SONNETS DE VOITURE ET DE BENSERADE. 335

tendait guère à rencontrer ici ni d'un côté ni de l'autre ; mais le sonnet à Uranie nous semble plus d'un amoureux, et c'est là ce qui nous décide. Peut-être que si Mme de Longueville en eût causé avec Corneille, elle l'eût converti au nom de leurs communs principes ; du moins elle entraîna son frère, le prince de Conti, qui, après avoir fait un sonnet pour Benserade, finit par conclure pour Voiture et pour sa sœur. Il paraît qu'Esprit fit plus de résistance. Elle lança contre lui Sarrazin, dont on a encore la glose en vers qui tourna en ridicule le sonnet de Benserade et l'opinion d'Esprit :

> Monsieur Esprit, de l'Oratoire,
> Vous agissez en homme saint
> De couronner avecque gloire
> Job de mille tourments atteint, etc.[1].

Mme de Longueville écrivit elle-même à Esprit une lettre où elle fait preuve d'un tact littéraire fin et relevé. Elle reconnaît au sonnet de Job un air galant et de la délicatesse, mais rien de plus. A l'exception de quelques vers, tous les autres lui paraissent pleins de défauts, et elle pousse le raffinement et la préciosité jusqu'à qualifier certaines expressions

1. Cette glose avait cela de particulier que le dernier vers de chacun de ses couplets ramenait successivement et dans leur ordre les vers du sonnet de Benserade. Elle n'est pas dans les œuvres de Sarrazin de 1654, ni même dans ses *Œuvres nouvelles* ; on la trouvera dans le t. Ier de Benserade, p.175.

de Benserade de dégoûtantes, entendez par là vulgaires. Au contraire, elle admire dans le sonnet de Voiture, surtout dans les derniers vers, une expression belle et forte, avec des pensées qui, sans être nouvelles, ont le mérite souverain de la passion. Elle fait mille concessions à Esprit; elle demande grâce pour l'audace qu'elle a de différer de lui[1]; elle annonce en même temps qu'elle va continuer la guerre; elle en appelle à *tout Rambouillet*, et badine agréablement sur cette Fronde d'un nouveau genre.

MADAME DE LONGUEVILLE A MONSIEUR ESPRIT [2].

« Il est vray que je suis dans le dernier estonnement de ce que nos gouts sont différents en cette rencontre, et d'autant plus qu'elle me parut d'abord celle du monde où nos sentiments devoient estre les plus uniformes. Car enfin, hors le septième, le huitième et le dernier vers du sonnet de Job, je trouve tous les autres non-seulement pleins de défauts, mais

---

1. Pendant sa jeunesse, Mme de Longueville ménagea beaucoup Esprit, vraisemblablement afin de complaire à Mme de Sablé, sa protectrice déclarée. Elle l'emmena avec elle à Munster. Ici elle lui témoigne les plus grands égards. Dans une lettre inédite du 13 octobre 1646, elle le recommande à Mazarin pour un bénéfice. Mazarin ne paraît pas avoir fort goûté ce personnage. Il écrit à Servien le 22 mars 1647, avec un certain air de mécontentement, qu'Esprit sollicite de Munster « pour être de la maison de Monsieur. » *Mélanges de Clérambault*, t. CXXX. Nous verrons dans la IIIe partie que Mme de Longueville finit par se désabuser de ce bel esprit médiocre et intéressé.

2. Bibliothèque de l'Arsenal, manuscrits de Conrart, in-4°, t. II, p. 13.

encore de ceux que vous aviez accoutumé ne pouvoir souffrir; car c'est une expression qui va jusqu'à estre dégoutante; au lieu que dans celui de Voiture (au moins dans les six derniers vers), la plus belle et la plus forte du monde est jointe à une pensée qui n'a pas véritablement la grace de la nouveauté, mais qui est si passionnée qu'elle le doit, ce me semble, emporter sur la simple et seule délicatesse qui est dans celui de Job. J'avoue qu'elle est jointe à un air aussi galant que chose que j'aye jamais veue, et aussi, quoy que je trouve la raison de mon costé, je pense que s'il n'y en a point qui authorise l'autre party, il y a au moins le sujet du monde le plus grand d'y préférer son goust; et si l'on doit se laisser éblouir sans en mourir de honte, je confesse que c'est en cette occasion-là. Voilà tout ce que ma justice naturelle me peut faire sentir pour ceux qui n'ont pas suivi mes sentiments. Je vous envoye la manière dont M. mon frère nous a fait connoistre les siens, c'est-à-dire son dernier jugement; car le premier se fit en prose, et disoit qu'il trouvoit Uranie préférable à Job, mais que s'il eust voulu envoyer un des deux sonnets à sa maîtresse, il eust mieux aimé y envoyer Job. Aucun des deux partis ne fut satisfait de ce jugement, ne se pouvant tourner pleinement à l'avantage ni de l'un ni de l'autre. On en demanda un plus décisif. Il y en a qui ne trouvent pas que celui-cy [1] le

1. Le dernier jugement du prince de Conti.

soit; mais pour moy il me contente, en ce que Voiture est appelé admirable et grand, et Benserade seulement galant et petit. Il a fait un autre sonnet que je vous envoye aussi, et avec tout cela la liste de nos amis et de nos ennemis. Tous ont esté l'un ou l'autre, sans préoccupation, sans politique et sans aucun autre motif que la force de leur raison pour les uns, et pour les autres leur goust emporté et leur esprit éblouy. Mais je ne m'aperçois pas que je passe jusqu'aux invectives, et qu'il est aussy peu généreux d'en attaquer un père de l'Oratoire, qu'il le seroit de se battre contre un homme désarmé. Je les finis donc par la force de cette mesme raison qui m'a fait préférer Uranie à Job, et la muse céleste à un homme galeux depuis la tête jusqu'aux pieds.

« Je vous supplie de faire déclarer M. l'abbé de Croisy[1], je le voudrois bien de mon party. J'oubliois de vous dire que nous écrivons des lettres circulaires et que nous attendons le jugement de M. et de Mme de Montausier, de tout Rambouillet, et de M. et de Mme de Liancourt. Enfin cette affaire n'en demeurera pas là, et de la manière qu'elle devient tumultueuse, les ministres s'en devroient occuper plutost

---

1. Nous ne connaissons pas d'abbé de Croisy. Nous inclinons à croire ici la copie de Conrart défectueuse, et nous proposons de lire l'abbé de Cerisy, Habert, de l'Académie Française, bel esprit alors en réputation auteur d'écrits aujourd'hui oubliés, entre autres de *Poésies chrétiennes et diverses*, dédiées au prince de Conti; mort en 1654, à l'âge de quarante-quatre ans.

que des assemblées de la noblesse; et la tolérance qu'on a pour nos séditieuses manières est la plus grande marque que nous ayons eue depuis un an du ravalement de l'authorité royale, car ce sont des cantonnements contre les loix fondamentales d'un estat bien policé [1]. Enfin, Dieu le veut, il n'y a rien à dire.

« Un petit mot de réponse sur ce que vous trouvés de gens de votre parti et du mien, etc. »

Mme de Longueville l'emporta; tout l'hôtel de Rambouillet passa de son côté, et Benserade, battu après avoir été triomphant, se plaignit à celle qui lui avait dérobé sa gloire :

« Vous m'avez donc mis le dernier !
Un autre a sur moi la victoire.
Moi qui me faisois tant accroire :
C'est assez pour m'humilier.

« Ce malheur va me décrier
Par tout le temple de mémoire,
Et, déchu d'une haute gloire,
Je m'en retourne à mon fumier. »

1. Cette allusion aux assemblées de la noblesse date cette lettre, et la met plus d'un an après l'époque dont nous nous occupons, c'est-à-dire à la fin de 1649, quand la noblesse se souleva contre les nouveaux brevets; voyez notre IIe partie, chap. I. Mais bien que de la fin de 1649, cette petite affaire représente fidèlement la manière dont Mme de Longueville passait sa vie en 1648. Il est bien surprenant que dans le grand recueil de pièces relatives aux deux sonnets (*Mélanges de littérature*, etc.) pas une seule date ne soit marquée. Notre conjecture sur celle de la lettre à Esprit est confirmée par la note suivante, qui se trouve dans le t. XI, in-fol., des papiers de Conrart, p. 1113 : « Au mois de decembre 1649 toute la cour fut partagée sur les deux sonnets de Voiture et de Benserade. Chacun prit party et se declara pour celuy qu'il

Citons encore ce joli quatrain de Mlle de Scudéry :

« A vous dire la vérité,
Le destin de Job est étrange
D'être toujours persécuté,
Tantôt par un démon et tantôt par un ange. »

Tels étaient les frivoles passe-temps, à la fois innocents et dangereux, de Mme de Longueville. Toutes les prospérités et toutes les félicités de la vie l'entouraient. Tout conspirait en sa faveur ou plutôt contre elle, les succès de l'esprit comme ceux de la beauté, la gloire toujours croissante de sa maison, l'enivrement de la vanité, les secrets besoins de son cœur. L'épreuve était trop forte ; elle y succomba. Dans ce monde enchanté du bel esprit et de la galanterie, plus d'un adorateur attira son attention ; l'un d'eux finit par l'emporter, selon toute apparence, à la fin de 1647 ou au commencement de 1648. Elle avait alors à peu près vingt-neuf ans.

François, d'abord prince de Marcillac, puis duc de La Rochefoucauld après la mort de son père, était le fils aîné de François de La Rochefoucauld, que Louis XIII fit duc et pair en 1622, et de Ga-

---

trouvoit le plus beau. Des deux sectes qui se formèrent sur ce sujet, ceux de la première furent appelés les *Uranins*, et Mme de Longueville en fut le chef ; ceux de la seconde s'appelèrent les *Jobelins*, et M. le prince de Conti s'en rendit le protecteur. M. le Prince (Condé) ayant esté pressé de dire de laquelle il vouloit estre, ne voulut jamais s'expliquer autrement qu'en disant qu'il les trouvoit tous les deux fort beaux. Sur quoi les railleurs disoyent que c'estoit sa coutume de jouer toujours les deux. »

brielle de Liancourt. Il était né le 15 décembre
1613, et d'assez bonne heure il avait épousé Mlle de
Vivonne. Il servit honorablement en Italie et en
Flandre, et en 1646 il avait été blessé au siége de
Mardyk. Comme dit Retz, il n'était pas guerrier,
quoiqu'il fût très-soldat. Sans être d'une grande
beauté, il était bien fait et fort agréable. Ce qui le
distinguait par-dessus tout, c'était l'esprit. Il en
avait infiniment, du plus fin et du plus délicat. Sa
conversation était douce, aisée, insinuante, et ses
manières de la politesse la plus naturelle à la fois et
la plus relevée. Il avait un grand air. La vanité lui
tenait lieu d'ambition. Il aima de bonne heure à se
distinguer et à se mêler d'intrigues. Profondément
personnel, et ayant fini par bien se connaître lui-
même et à réduire en théorie sa nature, son caractère
et ses goûts, il débuta par les apparences contraires
et par ces manières chevaleresques qu'affectaient
les Importants. Une de ses premières liaisons fut
avec Mme de Chevreuse, qui le donna à la reine
Anne. Il s'engagea si bien dans les intérêts de la
reine et dans ceux de Mlle d'Hautefort, qu'il conçut
ou accepta l'idée de les enlever. « J'étais, dit-il [1],
dans un âge où l'on aime à faire des choses extraordinaires et éclatantes, et je ne trouvai pas que rien
le fût davantage que d'enlever en même temps la
reine au roi son mari et au cardinal de Richelieu,

1. Collection Petitot, t. LI, p. 353.

qui en était jaloux, et d'ôter Mlle d'Hautefort au roi, qui en était amoureux. » Il n'exécuta pas ce beau projet; mais Richelieu, qui eut quelque soupçon de toutes ces intrigues, le mit pour huit jours à la Bastille. Il paraît qu'il ne fut pas tout à fait étranger aux menées de Cinq-Mars; aussi, à la mort de Richelieu, accourut-il à Paris, et, quand celle de Louis XIII eut remis l'autorité suprême aux mains de la reine Anne, il s'imagina que sa fortune était faite. Il demanda ou fit demander successivement de grandes charges, que la reine ne lui put accorder, quelque goût qu'elle eût pour lui. Mme de Chevreuse exigeait pour son ancien ami le gouvernement du Havre, qui était alors de la plus haute importance; mais ce gouvernement était dans la famille de Richelieu, et Mazarin ne pouvait l'ôter à la duchesse d'Aiguillon. La Rochefoucauld aspirait au commandement de la cavalerie : il était fort brave, mais on ne jugea pas qu'il fût capable d'un tel emploi. Il essuya ainsi plusieurs échecs; la reine s'appliqua à les lui adoucir par les manières les plus affectueuses qui le retinrent, comme on dirait aujourd'hui, dans une opposition modérée, et l'empêchèrent de se précipiter dans les violences de Beaufort. Il ne fut donc pas enveloppé dans la disgrâce des Importants, tout en la partageant en une certaine mesure, et il ne cessa pas d'être ou de paraître très-attaché, non pas au gouvernement, mais à la personne de la reine.

Il en attendait toujours quelque éclatante faveur. Ces faveurs n'arrivant pas, il prit le parti de conquérir, en se faisant craindre, ce que sa fidélité n'avait pu obtenir.

C'est dans ces dispositions qu'il rencontra Mme de Longueville à son retour de Munster, environnée d'hommages de plus en plus pressants. Le comte de Miossens, depuis le maréchal d'Albret, beau, brave, plein d'esprit et de talent, alors très à la mode, aussi entreprenant en amour qu'à la guerre, lui faisait une cour très-vive. La Rochefoucauld fit sentir à Miossens, qui était un de ses amis, qu'après tout, s'il surmontait les résistances de Mme de Longueville, ce ne serait là qu'une victoire flatteuse à sa vanité, tandis que lui, La Rochefoucauld, en saurait tirer un tout autre parti. Voilà certes une bien touchante et bien héroïque raison d'aimer ! Corneille ne s'en était point avisé dans *le Cid* et dans *Polyeucte*. Et pourtant nous n'avons fait que traduire, avec la plus parfaite exactitude, un morceau de La Rochefoucauld lui-même que nous allons citer textuellement[1] : « Tant d'inutilité et tant de dégoûts me donnèrent enfin d'autres pensées et me firent chercher des voies périlleuses pour témoigner mon ressentiment à la reine et au cardinal Mazarin. La beauté de Mme de Longueville, son esprit et tous les charmes de sa personne attachèrent à elle tout ce qui pouvait espé-

---

1. *Ibid.*, p. 393.

rer en être souffert. Beaucoup d'hommes et de femmes de qualité essayèrent de lui plaire ; et par-dessus les agréments de cette cour, Mme de Longueville était alors si unie avec toute sa maison et si tendrement aimée du duc d'Enghien, son frère, qu'on pouvait se répondre de l'estime et de l'amitié de ce prince quand on était approuvé de Mme sa sœur. Beaucoup de gens tentèrent inutilement cette voie, et mêlèrent d'autres sentiments à ceux de l'ambition. Miossens, qui depuis a été maréchal de France, s'y opiniâtra le plus longtemps, et il eut un pareil succès. J'étais de ses amis particuliers, et il me disait ses desseins. Ils se détruisirent bientôt d'eux-mêmes. Il le connut, et me dit plusieurs fois qu'il était résolu d'y renoncer ; mais la vanité, qui était la plus forte de ses passions, l'empêchait souvent de me dire vrai, et il feignait des espérances qu'il n'avait pas et que je savais bien qu'il ne devait pas avoir. Quelque temps se passa de la sorte, et enfin j'eus sujet de croire que je pourrais faire un usage plus considérable que Miossens de l'amitié et de la confiance de Mme de Longueville. Je l'en fis convenir lui-même. Il savait l'état où j'étais à la cour ; je lui dis mes vues, mais que sa considération me retiendrait toujours et que je n'essaierais point à prendre des liaisons avec Mme de Longueville, s'il ne m'en laissait la liberté. J'avoue même que je l'aigris exprès contre elle pour l'obtenir, sans lui rien dire toutefois qui ne fût vrai. Il me la donna tout entière, mais il se repentit de me l'avoir donnée quand il vit la suite de cette liaison... »

La Rochefoucauld plut sans doute à Mme de Longueville par les grâces de son esprit et les agréments de sa personne, surtout par cette auréole de haute chevalerie que lui avait donnée sa conduite envers la reine, et qui devait éblouir une élève de l'hôtel de Rambouillet. Il l'entoura d'hommages intéressés et en apparence les plus passionnés du monde. A mesure qu'il s'insinuait dans son cœur, il y animait habilement ce désir de paraître et de produire de l'effet, assez naturel à une femme. Peu à peu il fit luire à ses yeux un objet nouveau qu'elle n'avait pas encore aperçu, un rôle important à jouer sur la scène des événements qui se préparaient. Il transforma sa coquetterie naturelle en ambition politique, ou plutôt il lui inspira sa propre ambition.

Mme de Longueville, touchée de la passion que lui montrait La Rochefoucauld, une fois qu'elle eut pris le parti d'y répondre, en se donnant se donna tout entière; elle se dévoua à celui qu'elle osait aimer; elle se fit un point d'honneur, comme sans doute un bonheur secret, de partager sa destinée et de le suivre sans regarder derrière elle, lui sacrifiant tous ses intérêts particuliers, l'intérêt évident de sa famille, et le plus grand sentiment de sa vie, sa tendresse pour son frère Condé.

Chose admirable! ce dévouement qui lui peut

servir d'excuse, savez-vous qui lui en fait un crime? Celui-là même qui en profita. La Rochefoucauld s'exprime ainsi sur Mme de Longueville [1] : « Cette princesse avait tous les avantages de l'esprit et de la beauté en si haut point et avec tant d'agrément qu'il semblait que la nature avait pris plaisir de former un ouvrage parfait et achevé... Mais ses belles qualités étaient moins brillantes à cause d'une tache qui ne s'est jamais vue en une princesse de ce mérite, qui est que, bien loin de donner la loi à ceux qui avaient une particulière adoration pour elle, elle se transformait si fort dans leurs sentiments qu'elle ne reconnaissait point les siens propres. En ce temps-là, le prince de Marcillac avait part dans son esprit, et comme il joignait son ambition à son amour, il lui inspira le désir des affaires, encore qu'elle y eût une aversion naturelle. »

Écoutons l'ennemie déclarée de Mme de Longueville, sa belle-fille, la duchesse de Nemours : « L'on [2] s'étonnera sans doute que Mme de Longueville ait été une des premières (à se jeter dans le parti des mécontents), elle qui n'avait rien à espérer de ce côté-là et qui n'avait aucun sujet de se plaindre de la cour..... M. le Prince avait pour sa sœur une extrême tendresse. Elle, de son côté, le ménageait, moins par intérêt que pour l'estime particulière et la

---

1. *Ibid.*, p. 455.
2. *Mémoires*, p. 18, etc.

tendre amitié qu'elle avait pour lui. En ce temps-là, ni son esprit ni celui de toute la cabale n'était point d'avoir des desseins ni de l'habileté, et quoiqu'ils eussent pourtant tous beaucoup d'esprit, ils ne l'employaient que dans les conversations galantes et enjouées, qu'à commenter et à raffiner sur la délicatesse du cœur et des sentiments. Ils faisaient consister tout l'esprit et tout le mérite d'une personne à faire des distinctions subtiles et des représentations quelquefois peu naturelles là-dessus. Ceux qui y brillaient le plus étaient les plus honnêtes gens, selon eux, et les plus habiles, et ils traitaient au contraire de ridicule et de grossier tout ce qui avait le moindre air de conversation solide..... Ce fut La Rochefoucauld qui insinua à cette princesse tant de sentiments si creux et si faux. Comme il avait un pouvoir fort grand sur elle, et que d'ailleurs il ne pensait guère qu'à lui, il ne la fit entrer dans toutes les intrigues où elle se mit que pour pouvoir se mettre en état de faire ses affaires par ce moyen. »

Mme de Motteville, qu'il ne faut jamais se lasser d'étudier et de citer quand on veut connaître et établir la vérité, après avoir marqué le motif principal qui fit rechercher Mme de Longueville à La Rochefoucauld, ajoute : « Dans [1] tout ce qu'elle a fait depuis, on a connu clairement que l'ambition n'était pas la seule qui occupait son âme, et que les inté-

---

1. *Mémoires*, t. II, p. 15.

rêts du prince de Marcillac y tenaient une grande place. Elle devint ambitieuse pour lui, elle cessa d'aimer le repos pour lui, et, pour être sensible à cette affection, elle devint trop insensible à sa propre gloire... Les vœux du prince de Marcillac, comme je l'ai dit, ne lui avaient point déplu, et ce seigneur, qui était peut-être plus intéressé qu'il n'était tendre, voulant s'agrandir par elle, crut lui devoir inspirer le désir de gouverner les princes ses frères... »

Enfin Retz, qui a parfaitement connu tous les acteurs et toutes les actrices de la Fronde, et qui, sur cette époque, mérite, non pas du tout d'être cru sans réserve, mais d'être sérieusement écouté, termine le plus charmant éloge de Mme de Longueville par ces mots tant de fois répétés et qui contiennent le jugement véridique de la postérité : « Comme sa passion l'obligea de ne mettre la politique qu'en second dans sa conduite, d'héroïne d'un grand parti elle en devint l'aventurière [1]. »

Ou bien il faut renoncer à toute critique historique, ou de ces témoignages accumulés, et que nous aurions pu grossir encore de toute sorte de passages analogues, il faut tirer cette conclusion : 1° qu'avant sa liaison avec La Rochefoucauld, Mme de Longueville resta entièrement étrangère à toute intrigue politique ; qu'elle ne fut occupée que de bel esprit et de galanterie, se laissant conduire absolument dans

---

1. *Mémoires*, t. Ier, p. 219.

tout le reste par son père et par son frère; 2° que ce n'est pas elle, comme on ne cesse de le répéter, qui jeta La Rochefoucauld dans la Fronde; que, loin de là, c'est La Rochefoucauld, et La Rochefoucauld seul, qui peu à peu l'y engagea, de dessein prémédité et par intérêt; 3° que la conduite de Mme de Longueville dans la Fronde doit être rapportée à La Rochefoucauld qui la gouvernait, et que la seule chose qui soit bien à elle est le caractère qu'elle déploya quand l'intrigue devint une tempête, quand il fallut payer de sa personne, jouer son honneur, son repos, sa fortune et sa vie, retenant encore sous la main d'un autre ce qu'elle ne pouvait jamais perdre, la hauteur d'âme et la brillante énergie de la sœur du grand Condé.

Nous n'avons pas ici à raconter la Fronde, à faire connaître ses péripéties, ses principaux personnages, les vrais ressorts de leur conduite, leur apparent patriotisme, leur réelle ambition, leurs mobiles espérances, leurs perpétuels changements. Nous ne voulons peindre que Mme de Longueville; c'est à elle, sans la séparer de son frère Condé, que nous nous attacherons dans ce dédale d'intrigues; ici même nous la montrerons seulement dans les débuts et les premières scènes de la Fronde.

Dès que La Rochefoucauld fut entré dans le cœur de Mme de Longueville, il l'occupa tout entier. Elle mit à son service tout ce qu'elle avait de séductions dans sa personne, de ressources dans l'esprit, de hardiesse dans le cœur. Insouciante de ses intérêts et tournant le dos à la fortune de sa maison, on la vit attaquer avec éclat ou miner par ses artifices cette royauté dont sa famille avait été l'appui, et qui était encore bien plus l'appui de sa famille. On la vit, oublieuse de ses plus justes ressentiments, même de son honneur, passer dans le camp de ceux qui, en 1643, avaient tenté de flétrir dans sa fleur sa jeune et pure renommée. On vit la fille des Condé livrée aux Vendôme et aux Lorrains, faisant cause commune avec Beaufort et avec Mme de Chevreuse, et s'exposant à rencontrer dans ce monde nouveau pour elle son ancienne et implacable ennemie, Mme de Montbazon. En vérité, il ne lui aurait manqué, si Guise n'eût pas alors été à Naples, que d'avoir à serrer la main qui tua Coligny !

Cependant La Rochefoucauld n'oubliait pas le motif qui lui avait fait désirer avec tant d'ardeur la conquête de Mme de Longueville. Il avait voulu, lui-même nous l'a dit, arriver au frère par la sœur, et gagner à la Fronde la maison de Condé, qui jusqu'ici avait servi de rempart à la reine et à Mazarin.

M. le Prince était mort à la fin de 1646, et avec lui sa famille avait perdu son gouvernail politique. Mme la Princesse demeura inébranlablement attachée à la reine; mais Mme de Longueville n'eut pas grand' peine à entraîner tout d'abord parmi les mécontents le prince de Conti, qui, en attendant le chapeau de cardinal, n'était pas fâché de faire du bruit, de jouer un rôle, et d'acquérir une importance qui le relevât à côté de son frère. Elle n'eut pas besoin d'une grande habileté pour engager dans le parti des mécontents son mari, qui y inclinait naturellement. Mais la grande affaire était d'y attirer Condé lui-même.

Celui-ci croyait avoir beaucoup à se plaindre du cardinal. A la mort de son beau-frère Brézé, en 1646, il avait demandé à lui succéder dans la charge de grand amiral de France. On n'avait pu ajouter cette charge à toutes celles que les Condé possédaient déjà ; mais, par ménagement, la reine ne l'avait donnée à personne et se l'était attribuée à elle-même. M. le Prince, qui vivait encore, ambitieux et avide, avait vivement ressenti ce refus. L'impétueux Condé n'avait pas dissimulé sa colère. Il était aussi fort irrité qu'on l'eût envoyé en Catalogne remplacer d'Harcourt, en lui promettant tout ce qu'il fallait pour y faire une campagne digne de lui, et qu'on l'eût laissé, sans les secours promis et énergiquement réclamés, entre une place forte qu'il ne pouvait emporter d'assaut dans l'état de ses troupes et une puissante armée qu'il ne pouvait ni attendre ni aller chercher, en sorte que sa vertu militaire l'avait obligé à lever le siége de Lérida et à se replier en bon ordre devant l'ennemi. Il sentait qu'il avait bien fait, mais c'était la première fois qu'il reculait ; malgré lui, sa gloire en souffrait, et il se plaignait avec amertume de ce qu'il appelait la déloyauté du cardinal. Enfin on l'envoyait en Flandre prendre le commandement d'une très-faible armée, non pas sans courage, mais sans discipline. D'ailleurs, il faut bien le dire, le vrai génie de Condé était pour la guerre. Là, encore une fois, il est le premier de son siècle, et l'égal des plus grands dans l'antiquité et dans les temps modernes, aussi ardent qu'Alexandre, aussi résolu que César, aussi fertile en expédients qu'Annibal, aussi capable que Napoléon de calculs précis et vastes, comme l'atteste le plan de campagne qu'il avait conçu en 1645 pour aller dicter la paix à l'Empereur dans Vienne. Il possédait toutes les parties de l'homme de guerre. Il ne savait pas seulement enlever la victoire par la hardiesse de ses manœuvres, il savait la préparer, et, comme l'a dit Bossuet d'un tout autre personnage, ne rien laisser à la fortune de ce qu'il pouvait lui ôter par conseil et prévoyance. Il était aussi bon administrateur militaire que général actif et entreprenant. Il a excellé dans l'art des campements et des siéges comme dans celui des combats, et il a devancé Vauban [1]. Tour à tour il avait cette audace qui confondit Mercy à Fribourg et à Nortlingen, et la forte prudence qui lui fit lever en 1647 le siége de Lerida, et qui plus tard, en 1675, lassa

---

1. Voyez plus haut, la note de la p. 297.

Montecuculli[1]. Il joignait aux plus heureux instincts des études profondes, et il tenait école de guerre. En Catalogne, il marchait un César à la main et l'expliquait à ses lieutenants. Il a formé les plus grands généraux, à commencer par Turenne qui servit sous lui pendant deux campagnes, et à finir par ce Luxembourg qui aurait besoin d'être jugé de nouveau, et qui peut-être ne serait pas trouvé inférieur à Turenne lui-même. Ajoutons ce dernier trait si frappant : Condé est le seul capitaine moderne qui n'a jamais essuyé de défaite et qui a toujours été victorieux quand il a commandé en chef. Turenne a été battu deux fois en bataille rangée, à Rethel et à Mariendal; Frédéric a débuté par des revers; Napoléon a terminé son éblouissante carrière par deux effroyables déroutes, Leipzig et Waterloo; Condé seul n'a connu que la victoire. Il a eu devant lui les trois plus grands généraux de l'Europe, Mercy, Montecuculli, Guillaume : aucun des trois n'a pu lui arracher l'ombre même d'un avantage. Nous pourrions facilement étendre, sans l'épuiser, l'éloge du guerrier dans Condé; mais, nous le reconnaissons, il n'avait pas les qualités du grand politique, parce qu'au fond il n'avait pas d'ambition vraie et bien déterminée. Premier prince du sang dans une monarchie telle que la monarchie française au XVII⁰ siècle, que pouvait-il désirer que d'acquérir de la gloire?

1. Voyez la III⁰ partie.

Et après Richelieu et sous Mazarin, cette gloire ne se pouvait guère trouver pour lui que sur les champs de bataille. C'est pour cela, et pour cela seul, que son père l'avait élevé. Aussi ne s'était-il pas assujetti de bonne heure à cette austère discipline de l'ambition, qui enseigne à parler à propos et à se taire, à n'avoir pas d'humeur, à se conduire les yeux toujours dirigés vers le but suprême, sans s'en laisser détourner ni par des intérêts secondaires, ni par des caprices d'imagination ou de cœur. Tel est l'ambitieux; tels furent plus ou moins Henri IV, Richelieu et Mazarin, car il est juste de mettre Mazarin dans cette illustre compagnie. Tous les trois avaient un grand but à atteindre, qu'ils poursuivirent avec constance. Condé n'avait pas de but; il ne forma aucun grand dessein, étant né tout ce qu'il pouvait devenir, tout ce qu'il pouvait jamais rêver, à moins d'être un insensé ou un traître, et il avait l'esprit d'une justesse parfaite et le cœur à l'unisson. Sa conscience et son bon sens lui disaient donc qu'il n'avait rien à gagner à toutes les intrigues où on voulait l'engager, que sa place était auprès du trône pour le couvrir de son épée contre ses ennemis, quels qu'ils fussent, soit du dedans, soit du dehors. S'il se fût tenu à cette place, il serait monté sans effort à un rang bien autrement haut que l'usurpation même de la royauté. Ne craignons pas de le répéter, pour mieux faire sentir la profondeur de sa chute : à ses cinq années de victoires éclatantes en Flandre et sur le Rhin, de 1643 à 1648, il eût sans aucun doute ajouté, dans le duel qui demeurait entre la France et l'Espagne après le traité de Westphalie, des victoires nouvelles qui, en deux campagnes tout au plus, vers 1650, eussent à jamais conquis la Belgique, comme les précédentes avaient incorporé l'Alsace au territoire français. Il se serait donc trouvé à trente ans ayant gagné autant de batailles qu'Alexandre, Annibal et César, et il avait encore devant lui vingt années de force, vingt autres victoires, comme celle de Senef, par exemple[1], qu'il remporta sur le seuil de la vieillesse, avant de déposer l'épée, comme un monument de ce qu'il eût pu faire de 1648 jusqu'en 1675. Incomparable destinée, qui était infaillible, s'il eût su rester dans son rôle de premier prince du sang, défenseur inébranlable de la couronne en même temps qu'interprète loyal de la nation, portant auprès de la reine, sans l'effrayer, et auprès de Mazarin, en le soutenant, les griefs légitimes de la noblesse, du parlement et du peuple.

La Fronde, en effet, avait sa raison d'être, et Mazarin, presque égal à Richelieu comme diplomate, n'avait pas le moins du monde le génie de son maître

---

1. Condé gagna la bataille de Senef, en 1674, avec 45,000 hommes contre 65,000 commandés par le prince d'Orange. Sans la lâcheté de l'infanterie suisse, qui refusa de se battre, il détruisait toute l'armée ennemie.

pour l'administration intérieure de l'État. Incessamment occupé de l'agrandissement du territoire et de celui de l'autorité royale, il ne faisait guère attention à tout le reste, et laissait s'introduire partout les abus et les désordres. Les grandes guerres qu'il entreprenait, les quatre ou cinq armées qu'il était forcé d'entretenir, avaient épuisé la France, que la gloire ne consolait pas toujours de la misère. Il avait fallu augmenter les impôts, vendre même les emplois publics, pour avoir de quoi payer les troupes. On avait souvent éludé ou désarmé l'autorité des parlements. Le sang de la noblesse avait coulé par torrents. Le peuple gémissait sous des charges de plus en plus lourdes, et pour peu que le sentiment de la grandeur nationale l'abandonnât un seul moment, l'excès du mal lui arrachait des plaintes et le poussait à la révolte. Je n'accuse pas le peuple : il n'a presque jamais tort; il ne remue que quand il souffre, il ne s'agite que pour être mieux ou pour être moins mal. Ce sont les partis qui sont coupables, lorsque, au lieu de s'efforcer d'obtenir quelque soulagement aux maux du peuple, ils s'appliquent à les lui rendre plus poignants et plus amers par des déclamations enflammées, et le précipitent au delà de toutes les bornes. En 1648, je plains le peuple, fort naturellement irrité de l'accroissement des impôts, et des désordres de l'administration; je condamne la Fronde, qui, dans ses chefs, était menteuse et corrompue, violente et étourdie, à de très-rares exceptions près, et je suis pour Mazarin sans l'aimer ni méconnaître ses défauts et ses fautes, parce que, après tout, il servait bien la France, qu'il conduisait avec un talent supérieur les affaires du pays au dehors, et qu'au dedans la misère, suite inévitable de guerres nécessaires, allait être au moins diminuée par la paix avec l'Allemagne. J'admire Condé, dans cette première Fronde, d'avoir résisté à ses propres griefs, à l'antipathie qu'il éprouvait pour Mazarin, aux sollicitations de sa propre famille et de sa sœur. Je le blâmerai hautement quand, infidèle à sa fortune et à sa gloire, sacrifiant le principal à l'accessoire, mettant l'humeur à la place de la politique, il entrera dans les intrigues qu'il avait repoussées et se laissera entraîner à ménager d'abord, puis à servir la Fronde.

Il commença bien différemment. Au début des troubles, Condé, sans être assez homme d'État pour étouffer la sédition dans son berceau, garda du moins une attitude altière envers les mécontents; il ne prêta qu'une oreille distraite aux propos de sa sœur, et n'ayant aucun goût pour les agitations de la populace, et pas davantage pour les délibérations tumultueuses et souvent ridicules du parlement, uniquement occupé de la coalition de l'Espagne et de l'Empire, il s'en alla, au printemps de 1648, prendre le commandement de l'armée de Flandre, résolu à frapper un grand coup et à renouveler Rocroy. N'ayant pu l'entraîner, on voulut au moins profiter de son absence. Pendant que Mazarin, dans l'intérêt suprême du pays, lui demandait ses dernières ressources et faisait argent de tout pour lever quelques soldats de plus, les frondeurs, c'est-à-dire quelques grands seigneurs, appuyés sur une partie de la noblesse, soulevèrent le peuple et le parlement, qui n'avaient pas la moindre idée de la vraie situation des affaires, car le parlement n'était pas une assemblée politique, et le peuple ne savait qu'une seule chose, c'est qu'il souffrait cruellement. Mazarin, tout entier au péril de la frontière, ne compta pas assez avec le péril domestique. Il avait gardé très-peu de forces auprès de lui, et un beau matin il arriva que les frondeurs lui enlevèrent Paris. La journée des Barricades suivit de près celle de Lens. A son retour, Condé trouva la royauté humiliée, le parlement triomphant et dictant des lois à la couronne, le duc de Beaufort, avec lequel autrefois il avait songé à se mesurer pour venger l'honneur de sa sœur, échappé de sa prison de Vincennes et maître de Paris au moyen de la populace dont il était l'idole; l'abbé de Retz, dont il connaissait la légèreté et l'inquiète vanité, transformé en tribun du peuple; le prince de Conti tranchant du capitaine; M. de Longueville, conduit par sa femme et par La Rochefoucauld; et le faible duc d'Orléans, se croyant presque roi parce qu'il voyait la reine abattue, et que les frondeurs, caressant habilement son amour-propre, le traitaient en souverain. D'un coup d'œil, Condé reconnut la situation et son devoir, et, sans biaiser, il offrit son épée à la reine.

Il eut avec sa sœur une explication orageuse.

On prétend que depuis quelque temps leur tendresse réciproque avait souffert plus d'un échec, qu'en 1645 Mme de Longueville avait traversé les amours de son frère et de Mlle Du Vigean, qu'en 1646 Condé lui avait rendu la pareille, et que, la voyant s'engager un peu trop avec La Rochefoucauld, il l'avait fait appeler à Munster par son mari; mais il n'y a que la duchesse de Nemours[1] qui dise cela, et rien n'est moins vraisemblable. La passion de Condé pour Mlle Du Vigean s'éteignit d'elle-même, comme nous l'avons vu, et comme l'affirment tous les contemporains. Les empressements de La Rochefoucauld pour Mme de Longueville peuvent avoir précédé l'ambassade de Munster, mais ils n'ont bien paru qu'en 1647, et c'est à la fin de cette année que les place Mme de Motteville, en les rapportant surtout au désir de La Rochefoucauld de partager le crédit de la sœur auprès du frère. Mais il est bien certain qu'aussitôt que celui-ci entrevit cette liaison, il la désapprouva entièrement, et que ne parvenant pas à arracher sa sœur à l'enivrement d'un premier amour, il passa de

---

1. *Mémoires*, p. 19, etc. Villefore a suivi Mme de Nemours.

la plus vive affection à un mécontentement très-aigre. Dans l'automne de 1648, à son retour de Lens, la liaison intime était dans toute sa force et devenue à peu près publique. Mme de Longueville, dirigée par La Rochefoucauld, fit alors tout au monde pour gagner son frère ; elle l'entoura de séductions et de caresses ; elle fit jouer tous les ressorts qu'elle savait les plus puissants sur ce cœur passionné et mobile : elle échoua. Il ne réussit pas davantage à reprendre sur elle son ascendant accoutumé. Ils se brouillèrent donc et se séparèrent avec éclat. Mme de Longueville se jeta au plus épais de la Fronde, et Condé s'apprêta à donner aux nouveaux Importants une rude leçon.

Il n'est pas dans mon sujet d'entrer dans aucun détail. Tout ce que je veux montrer, c'est que le frère et la sœur, en face l'un de l'autre, firent paraître, dans des conduites opposées, le même sang et la même audace.

La reine s'était retirée à Saint-Germain avec le jeune roi et tout le gouvernement. La Fronde était maîtresse absolue de Paris. En dépit du premier président Molé, le L'Hôpital du XVIIe siècle, elle faisait mouvoir le parlement, à l'aide de quelques conseillers ambitieux et des enquêtes emportées et brouillonnes. Elle disposait d'une grande partie du clergé parisien par le coadjuteur de l'archevêque, Retz, qui possédait et exerçait toute l'autorité de son oncle. Elle avait toujours à sa tête les deux grandes maisons de Vendôme et de Lorraine, avec deux princes du sang, le prince de Conti et le duc de Longueville, suivis d'un très-grand nombre de familles illustres. Elle dominait dans les salons, grâce à une troupe brillante de jolies femmes qui entraînaient après elles la fleur de la jeune noblesse. Enfin l'armée elle-même était divisée. Turenne, avec les troupes restées en observation sur les bords du Rhin jusqu'à la parfaite conclusion et aux dernières ratifications du traité de Westphalie, docile à l'impulsion de son frère aîné, le duc de Bouillon, qui voulait ravoir sa principauté de Sedan, venait d'arborer l'étendard de la révolte, et il menaçait de mettre la cour entre son armée et celle de Paris. Ajoutez que le parlement de la capitale avait envoyé des députés à tous les parlements du royaume, et qu'il se formait ainsi une sorte de ligue parlementaire formidable en face de la royauté. Mais le vainqueur de Lens restait à la monarchie. Condé prit le commandement de tout ce qui restait de troupes fidèles, et de toutes parts il fit face à l'insurrection. Il écrivit lui-même à l'armée du Rhin qui le connaissait, qui l'avait vu, après la déroute essuyée par Turenne à Mariendal, la ramener à l'ennemi et à la victoire : ces lettres, appuyées des démarches du gouvernement, suffirent pour arrêter la révolte, et Turenne, abandonné par ses propres soldats, fut contraint de s'enfuir en Hollande [1]. Tranquille de ce côté, Condé marcha sur Paris et en forma le siége. Au lieu d'y disputer, comme il l'aurait pu, le terrain pied à pied à la sédition, il lui laissa la plus libre carrière, bien sûr que le spectacle de la licence, qui ne tarderait pas à paraître, éclairerait peu à peu les esprits et ramènerait à la royauté les honnêtes gens un moment égarés. Il avait commencé par faire appeler, au nom de la reine et par sa mère, toute sa famille à Saint-Germain. Le prince de Conti et M. de Longueville n'avaient pas osé désobéir; mais La Rochefoucauld avait bien compris qu'il y allait du plus grand péril pour la Fronde : il s'était empressé de courir après ces deux princes, il les avait ramenés à Paris, et il avait fait nommer bien vite le prince de Conti généralissime, ayant sous lui les ducs d'Elbeuf et de Bouillon, qui partageaient l'autorité avec le maréchal de La Mothe Houdancourt, gouverneur de Paris [2]. Pour Mme de Longueville, elle s'était fait excuser auprès de la reine et de sa mère sur sa grossesse, qui ne lui permettait pas la moindre fatigue. En effet, Mme de Longueville était devenue grosse une dernière fois en 1648, et il faut bien le dire, quand déjà sa liaison avec La Rochefoucauld

[1]. Histoire de Turenne, par Ramsay, t. II, *Mémoires de Turenne*, p. LIX, et les Lettres de la reine Anne, *Preuves*, p. VIII, etc.

[2]. Philippe de La Mothe Houdancourt, duc de Cardonne, vice-roi de Catalogne, le mari de la belle de Toussy, celui qui sur de bons indices avait été arrêté en 1647, et pour lequel intercédait de Munster M. de Longueville. Voyez plus haut, note de la p. 305.

avait éclaté. C'est dans cet état que, voulant partager les périls de ses amis, glorieuse aussi de jouer un rôle et d'occuper toutes les trompettes de la renommée, elle fit la guerrière autant qu'il était en elle. Il y a, dit-on[1], un portrait d'elle qui la représente en Pallas, à peu près comme on représenta un peu plus tard Mademoiselle, ses blonds cheveux couverts d'un casque, et ses yeux si doux essayant de prendre une expression martiale. Du moins est-il certain qu'elle s'associa à toutes les fatigues du siége, qu'elle assistait aux revues des troupes, aux parades de la milice bourgeoise[2], et que tous les plans civils et militaires

---

1. Le père Lelong indique ce portrait, par Poilly, in-fol.; nous l'avons vainement cherché. Il est vraisemblable que le père Lelong a rapporté à Mme de Longueville le beau portrait de Nicolas Poilly, dont l'inscription plus ou moins authentique est : *Mademoiselle de Montpensier*, avec les armes équivoques, à la fois des d'Orléans et des Condé. Toutefois, nous pensons que c'est Mademoiselle très-embellie.

2. Le mouvement guerrier de Paris, dans cette première fronde, est assez bien peint dans ces couplets d'une chanson inédite du *Recueil de Maurepas*, t. II, p. 43 : *Blocus de Paris pendant le Carnaval de* 1649.

« Que vous nous causez de tourment,
Fâcheux Parlement !
Que vos arrests
Sont ennemis de tous nos interests !
Le carnaval a perdu tous ses charmes ;
Tout est en armes,
Et les amours
Sont effrayés par le bruit des tambours.

La guerre va chasser l'amour,
Ainsi que la cour ;
Et dans Paris
La peur bannit et les jeux et les ris.

se discutaient devant elle. Les mémoires du temps sont remplis, à cet égard, des plus curieux détails. L'hôtel de Longueville était sans cesse rempli d'officiers et de généraux : on n'y voyait que plumets, casques et épées.

Malgré tout cela, l'esprit démocratique qu'avait évoqué la Fronde n'était pas satisfait, et voyait avec ombrage toutes les forces de Paris entre les mains

> Adieu le bal, adieu les promenades,
> Les sérénades
> Car les amours
> Sont effrayés par le bruit des tambours.
>
> Mars est un fort mauvais galant,
> Il est insolent,
> Et la beauté
> Perd tous ses traits auprès de sa fierté.
> L'on ne peut pas accorder les trompettes
> Et les fleurettes ;
> Car les amours
> Sont effrayés par le bruit des tambours.
>
> . . . .
>
> L'on ne voit plus d'esprit sensé ;
> Tout est renversé.
> Le sénateur
> Tranche à présent du grand gladiateur.
> Les échevins ont quitté la police
> Pour la milice,
> Et le bourgeois
> Croit avoir droit de réformer les loix.
>
> Place Royale, où tant d'amans
> Contoient leurs tourments,
> Ou leur destin
> Étoit souvent flatté par Constantin [1] ;
> Tu n'entends plus, au lieu de tant d'aubades,
> Que mousquetades,
> Et les amours
> Pour leurs jouëts n'ont plus que des tambours.

1. Quelque baigneur, comme Prudhomme, ou quelque coiffeur, comme Champgne, ou peut-être quelque négociateur d'amour.

du frère, du beau-frère et de la sœur de celui qui en faisait le siége. Croyant fort peu, et avec raison, au patriotisme des princes, la bourgeoisie demandait des gages à des chefs qui, en un jour, la pouvaient trahir et faire à ses dépens leur paix avec Saint-Germain. On ne savait trop comment apaiser cette multitude sans laquelle on ne pouvait rien. C'est alors que M{{me}} de Longueville fit voir que, si elle avait oublié ses vrais devoirs, elle avait retenu l'énergie de sa race et l'intrépidité des Condé. Elle prit avec elle ses enfants en bas âge, et, dans une grossesse avancée, elle se rendit au quartier général de l'insurrection, à l'Hôtel de Ville, se remettant entre les mains du peuple et se donnant elle-même en otage avec ce qu'elle avait de plus cher [1]. Son exemple fut suivi par la duchesse de Bouillon [2]. « Imaginez-vous, dit Retz, ces deux belles personnes sur le perron de l'Hôtel de Ville, plus belles en ce qu'elles paraissaient négligées, quoiqu'elles ne le fussent pas. Elles tenaient chacune dans leurs bras un de leurs enfants, qui étaient beaux

---

1. *Le premier Courrier Français traduit fidèlement en vers burlesques*, 1649, p. 11.

> « ... Ce seigneur prudent et sage (M. de Longueville)
> Donne ses enfans en ostage
> Avec Madame leur maman,
> Qui n'est superbe comme un paon,
> Mais dont l'humeur douce et courtoise
> Cause avec la moindre bourgeoise. »

2. Éléonore-Catherine-Fébronie de Bergues, dont le mérite égalait la beauté ; mariée en 1634, morte en 1657.

comme leurs mères. La Grève était pleine de peuple jusqu'au-dessus des toits; tous les hommes jetaient des cris de joie et les femmes pleuraient de tendresse [1]. » Là, dans la nuit du 28 au 29 janvier 1649, M`<sup>me</sup>` de Longueville mit au monde un fils, le dernier fruit de ses entrailles, qui eut pour parrain le prévôt des marchands, pour marraine la duchesse de Bouillon, que le coadjuteur Retz baptisa en l'église Saint-Jean-de-Grève, et qui reçut le nom de Charles de Paris [2]; enfant de la Fronde, beau, spirituel et brave, qui pendant sa vie fut l'inquiète espérance, la joie mélancolique de sa mère, et sa suprême douleur en 1672, lorsqu'il périt au passage du Rhin à côté de son oncle [3].

---

1. Tome I`<sup>er</sup>`, p. 221.
2. *Le quatrième Courrier*, etc., p. 3 :

> « Né, dis-je, dans l'Hôtel de Ville,
> Il fut à Saint-Jean baptisé
> Et ce jour christianisé
> . . . .
> Or, cette duchesse (de Bouillon) et la ville
> Tinrent le jeune Longueville,
> Et le nommèrent Carolus
> De Paris, et s'il en faut plus,
> D'Orléans; s'il en faut encore,
> Comte de Saint-Paul, que j'honore,
> Pour la ville étant le Feron (Prévôt des marchands).

3. Voyez la III`<sup>e</sup>` partie. Charles de Paris, comte de Saint-Paul, fut d'abord destiné à l'église. On en a un charmant portrait de Nanteuil d'après Ferdinand, qui le représente à l'âge de onze ans, en 1660, avec une croix d'abbé, et cette inscription sur la bordure : *Messire Charles Paris d'Orléans, comte de Saint-Paul, abbé de St-Remi de Reims*, etc. Il est impossible de voir une plus gracieuse créature.

Pendant quelque temps, Condé se borna à soumettre Paris à un blocus de plus en plus rigoureux et à de petites attaques, dont l'effet n'était pas d'encourager beaucoup la milice bourgeoise. Les gentilshommes seuls, tout en négociant avec Mazarin, se battaient bien. On se faisait la guerre de deux façons, à coups d'épée et à coups d'épigrammes, de chansons, de vaudevilles. Les mazarins, on le conçoit, ne ménageaient guère Mme de Longueville[1]. Condé lui-même, qui l'avait tant aimée, et qui, plus tard, retrouvera pour elle toute sa première tendresse, ne se gênait pas pour la tourner en ridicule avec la licence accoutumée de son langage. Il s'égayait fort aux dépens des ardeurs guerrières de son frère, le prince de Conti, et chansonnait ses

1. Malgré ses sacrifices, les défiances démocratiques ne l'épargnaient pas davantage. Le *Recueil de Maurepas*, t. II, p. 417, contient une chanson contre tout le monde sous ce titre : *Les Honni soit-il de ce temps-ci*, où Mme de Longueville a aussi son couplet :

> « Servir pour ostage à la ville,
> Croire son conseil très-utile,
> Tandis que son mari nous vend ;
> Tous les jours estre à l'audience
> Et ne résoudre que du vent,
> Honni soit-il qui mal y pense ! »

Autre couplet d'une chanson mazarine, même volume, p. 255 :

> « Si l'amour de Marsillac
> Fait durer ce miquemac,
> De longtemps la paix n'est faite,
> Et bientôt cette amourette
> Nous mettra tous au bissac. »

Les Recueils de chansons historiques de l'Arsenal ont quelques autres pièces plus difficiles à citer.

adversaires, entre autres le comte de Maure [1], le cadet des Mortemart, avec autant de verve et d'une façon tout aussi soldatesque qu'il malmenait les troupes et les bourgeois, lorsqu'ils osaient s'aventurer à quelques pas des remparts de Paris.

Pour faire juger la Fronde, même dans cette première période de sa courte et trop longue histoire, il suffira de dire qu'elle eut dès lors recours au seul ennemi qui restât à la France; que ces grands patriotes, qui reprochaient sans cesse à Mazarin d'être étranger, s'adressèrent à l'Espagne, et qu'un envoyé de l'archiduc et du comte de Fuensaldaigne fut reçu et entendu en plein parlement. Étonnez-vous, après cela, qu'au bout de quelques années le jeune Louis XIV entre un jour dans ce même parlement en bottes et un fouet à la main, sans que personne y fasse attention! Il faut bien le savoir : la démagogie amène nécessairement la tyrannie, et ce qu'il y a de plus triste, elle l'amène avec l'applaudissement universel, froissant le cœur de ceux-là seuls qui ne l'avaient pas méritée, et n'avaient jamais voulu qu'une liberté modérée. Lorsqu'on osa faire la honteuse proposition de recevoir l'envoyé espagnol, le président de Mesmes, se tournant vers le prince de Conti, lui adressa ces sanglantes paroles [2] : « Est-il

---

1. Voyez plus haut, chap. II, p. 184, le couplet de Condé sur le comte de Maure.

2. Retz, t. Ier, p. 247 : « Le président de Mesmes, homme de capa-

possible, Monsieur, qu'un prince du sang de France propose de donner séance sur les fleurs de lys à un député du plus cruel ennemi des fleurs de lys ! »

Condé pensa qu'il était temps d'en finir. Il resserra le blocus et multiplia les attaques. C'est dans une de ces attaques, à Charenton, le 9 février 1649, qu'il perdit son meilleur ami, le cadet de Coligny, le brave d'Andelot, devenu le duc de Châtillon, le mari d'Isabelle de Montmorency, un des héros de Lens où il était déjà lieutenant-général et qui allait passer maréchal, un peu léger dans sa vie et dans ses mœurs, mais qui promettait à la France un capitaine de la force de son beau-frère Montmorency Boutteville, le maréchal de Luxembourg. Condé, accouru bien vite sur le lieu du combat, à la place où venait de tomber Châtillon, le reçut dans ses bras, et le fit transporter, en le baignant de ses larmes, à Vincennes où il rendit le dernier soupir [1]. Tous les mémoires

---

cité, oncle de celui que vous voyez aujourd'hui... » Il s'agit certainement de Henri de Mesmes, IIe du nom, fils aîné de Jean-Jacques de Mesmes, M. de Roissy, frère de Claude de Mesmes, M. d'Avaux, l'habile diplomate dont nous avons parlé plus haut, frère aussi de Jean-Antoine de Mesmes, lequel eut pour fils aîné Jean-Jacques de Mesmes, IIIe du nom, successivement conseiller au Parlement, président à mortier, grand maître des cérémonies, un des quarante de l'Académie Française, mort en 1678. Son oncle, Henri de Mesmes, dont il est ici question, fut président au Parlement depuis 1627 jusqu'à sa mort, en 1650. On a d'excellents portraits de ces quatre de Mesmes.

1. Il avait trente-neuf ans, et ne laissa qu'un fils, né après la mort de son père, et emporté tout jeune en 1650. Voici comment *Le Cour-*

s'accordent à peindre la vive douleur où cette mort jeta Condé ; elle l'anima encore plus contre la Fronde. En même temps il fit comprendre à la cour qu'il fallait mettre fin à une guerre qui, de part et d'autre, moissonnait tant de courages, à la plus grande joie de l'Espagne ; et ici, en montrant la pointe de son épée, là, en parlant avec fermeté, il amena bientôt Paris et le parlement à demander la paix, et Mazarin

rier François raconte en son cinquième numéro la mort de Châtillon :

> . . . .
> Navarre, brave régiment,
> Lascha le pied vilainement.
> Le Prince, averti de l'escarre
> Que le canon fait sur Navarre,
> Pensa crever dans son pourpoint,
> Mais pourtant il ne creva point
> Dans l'esperance de combattre
> Le bourgeois qu'on tenoit à quatre,
> Qui comme un diable juroit Dieu
> Qu'il vouloit secourir ce lieu ;
> Il dit de Condé peste et rage.
> Mais le Prince à son advantage
> Attendoit messieurs de Paris,
> Comme le chat fait la souris.
> Assuré sur son éminence,
> Il avoit grande impatience
> De taster le pouls au bourgeois
> Qui ne sortit pas cette fois,
>
> Il est prudent et craint la touche,
> Joint qu'il n'aime pas la cartouche
> Dont il fit son canon charger.
> Paris n'en voulant point ronger,
> Le Prince qui faisoit fanfare
> Commit pour soutenir Navarre
> Chastillon avec du renfort ;
> Mais il l'envoyoit à la mort,
> Car aussitôt au bas du ventre
> Une balle de mousquet entre
> Sans respecter ce duc nouveau,
> Jeune, vaillant, adroit et beau,
> . . . .
> Aussi ne put pas s'empescher
> Condé de lui donner des larmes
> Et trahir le dieu des alarmes,
> Ennemi de dame pitié ;
> Mais ce furent pleurs d'amitié
> A cause de leur parentage... »

Les recueils de mazarinades pour l'année 1649 contiennent un *Agréable et véritable recit de ce qui s'est passé avant et depuis l'enlèvement du Roy dans la ville de Paris*, où l'auteur met dans la bouche de Châtillon mourant un discours contre Mazarin. On a encore : 1º *Les Regrets de M*^{me} *de Chastillon sur la mort de son cher époux*; 2º *Les Adieux qu'a faits M. de Chastillon avant que de mourir à sa mère et à sa femme* ; 3º *l'Apparition de l'esprit de M. de Chastillon au prince de Condé*, etc.

à en donner une qui n'humiliait ni le parlement ni Paris. Il n'obtint pas seulement une amnistie générale; il fit plus : il représenta que, pour désarmer la Fronde, il fallait lui enlever les griefs légitimes qui faisaient sa force, et qu'une fois la royauté replacée au-dessus de toutes les factions, il était sage d'en faire descendre toutes les améliorations nécessaires. De là la déclaration royale du 12 mars 1649[1], qui annulait toutes les mesures prises depuis six mois par le parlement, expulsait l'envoyé d'Espagne, remettait toutes les forces civiles et militaires entre les mains du roi, interdisait pour le reste de l'année 1649 toute assemblée générale du parlement, mais promettait à Paris le retour du roi et au parlement de le consulter dorénavant sur les impôts extraordinaires, et, si on traitait avec l'Espagne, de choisir quelqu'un de ses officiers pour assister à ce traité. Quant à la noblesse, la déclaration n'en disait rien, par la raison très-simple qu'il n'y avait là aucune cause générale qu'on eût à satisfaire, et qu'il s'agissait seulement d'intérêts particuliers qu'on ménagea du mieux qu'il se put.

Il est curieux de lire dans Mme de Motteville[2] une

---

1. Voyez-la dans Mme de Motteville, t III, p. 215. Elle confirmait la déclaration de février de la même année et celles de mai et d'octobre 1648.

2. Tome III, p. 232, etc.

pièce intitulée : *Demandes particulières de Messieurs les généraux et autres intéressés.* On verra qu'ils n'étaient pas peu exigeants : « Ils avaient chacun dans Saint-Germain des députés à basses notes qui traitaient pour eux. » Par exemple, « le duc de Beaufort n'était pas content de ce qu'on lui faisait offrir sous main. Il demandait beaucoup, parce qu'il sentait encore dans son cœur l'enflure orgueilleuse que lui laissaient les restes de sa faveur passée ; il voulait que le ministre lui payât ses fers et sa prison ; il parlait fièrement ; il disait tout haut qu'il ne voulait point s'accommoder avec le Mazarin, et, portant son ressentiment plus haut que les autres, il rendit son accommodement plus difficile... Mme de Montbazon, qui était aimée du duc de Beaufort, fit espérer qu'elle le ferait contenter à moins, si on lui donnait à elle ce qu'elle désirait. Elle obtint de l'argent et des abbayes, et le duc de Beaufort, qui l'aimait, trouva bon que cette dame profitât de l'inclination qu'il avait pour elle. »

Enfin tout le monde fut ou s'efforça de paraître content. Le prince de Conti fut le premier qui sortit de Paris pour venir saluer la reine. Il fut présenté par Condé, qui lui fit embrasser le cardinal Mazarin. Le prince de Conti présenta à son tour le duc de Bouillon, La Rochefoucauld, le comte de Maure, et beaucoup d'autres. M. de Longueville, qui était allé en Normandie pour soulever cette province et son parlement, ne tarda pas à revenir offrir ses hommages, et il fallut bien que la belle et orgueilleuse duchesse ît aussi ses soumissions. La scène vaut la peine d'être racontée : « J'étais seule, dit Mᵐᵉ de Motteville[1], auprès de la reine, et elle me faisait l'honneur de me parler de l'embarras qu'avait eu le duc de Longueville en la saluant. Comme je sus que Mᵐᵉ de Longueville allait venir, je me levai, car j'étais à genoux devant son lit, et me mis auprès de la reine, résolue de n'en point partir, et d'écouter de près si cette princesse spirituelle serait plus éloquente que le prince son mari. Comme elle était naturellement timide et sujette à rougir, toute sa capacité ne la sauva pas de l'embarras qu'elle eut en abordant la reine. Je me penchai assez bas entre ces deux illustres personnes pour savoir ce qu'elles diraient; mais je n'entendis rien que *madame*, et quelques mots qu'elle prononça si bas que la reine, qui écoutait avec application ce qu'elle lui dirait, ne put jamais y rien comprendre. »

Cette même Mᵐᵉ de Motteville, si véridique malgré sa bienveillance, si difficile dès qu'il s'agit des intérêts de la reine, sa maîtresse, ne balance pas à faire honneur de la paix à Condé : « Il ne faut pas oublier de remarquer ici la fermeté désintéressée de M. le Prince, qui, sans considérer ni sa

---

1. *Ibid.*, p. 263.

famille ni ses amis, alla toujours droitement aux intérêts du roi [1]. »

Il est vrai, du mémorable service qu'il venait de rendre, Condé ne tira presque aucun avantage; mais sa belle conduite couronnait avec éclat sa dernière campagne de 1648; elle ajoutait à ses titres militaires ceux de défenseur et de sauveur du trône, de pacificateur du royaume, d'arbitre et de conciliateur éclairé des partis; elle mettait le comble à son crédit et à sa gloire. Heureux, si, après avoir ainsi terminé cette triste guerre, quittant la cour et ses intrigues, il eût été chercher d'autres champs de bataille et achever une autre guerre un peu plus utile et plus glorieuse à la France, celle qui lui restait avec l'Espagne ! Heureuse aussi Mme de Longueville si, éclairée par la confusion de sa conscience dans sa dernière entrevue avec la reine et par le honteux dénoûment des misérables intrigues dont elle avait le secret, au lieu de leur servir encore d'instrument, elle eût mis enfin son courage à leur résister; si, après toutes les preuves de dévouement qu'elle venait de donner à La Rochefoucauld, elle lui eût fortement représenté que, dans son intérêt même, il fallait prendre une route différente, qu'il valait mieux chercher la fortune et les honneurs en se faisant estimer qu'en essayant de se faire craindre, que l'ambition comme

[1]. *Ibid.*, p. 209.

le devoir lui marquaient sa place à côté de Condé, au service de l'État et du roi, qu'il lui était aisé d'obtenir à l'armée quelque poste où il n'avait plus qu'à marcher devant lui, et à tout devoir à sa valeur et à son mérite! Mais eût-elle eu la sagesse de parler ainsi à La Rochefoucauld, elle ne serait pas parvenue à s'en faire écouter. Cet esprit inquiet, cette vanité toujours mécontente, poursuivant tour à tour les objets les plus dissemblables, faute de s'en proposer un qui fût selon sa portée et ses forces, ce *je ne sais quoi*, comme dit Retz[1], qui était en La Rochefoucauld, tout l'éloignait des voies grandes et droites, et le jetait dans des sentiers de traverse, pleins de précipices. La pauvre femme va l'y suivre, et lutter avec lui d'extravagances de plus en plus coupables. Recevant la loi au lieu de la donner, elle va employer au profit de la passion d'un autre tout ce qu'elle possédait de coquetterie et de grandeur d'âme, d'insinuation et d'intrépidité, de douceur attrayante et d'indomptable énergie. Elle va contribuer à égarer Condé, à ôter à la France le vainqueur de Rocroy et de Lens, et à le donner à l'Espagne. Mais ne devançons pas ces temps malheureux. Nous venons de retracer les derniers beaux jours de Condé et les premières fautes de Mme de Longueville. Arrêtons-nous ici; ne franchissons pas le seuil des guerres

---

[1] Portrait de La Rochefoucauld dans Retz, t. 1er, p. 217.

civiles qui vont suivre, guerres impies où le frère et la sœur amasseront de longs remords; où l'un se signalera par de tristes exploits qu'un jour à Chantilly il lui faudra couvrir d'un voile, par respect pour sa gloire et pour la France, et où l'autre déploiera les plus brillantes qualités de l'esprit et du caractère pour les pleurer pendant vingt-cinq années aux Carmélites et à Port-Royal!

APPENDICE

NOTE PREMIÈRE.

CHAPITRE PREMIER, PAGES 78 A 125.

LES CARMÉLITES.

Voici les documents que nous tenons de la bienveillance de mesdames les Carmélites du couvent de la rue d'Enfer, avec quelques notes recueillies aux sources les plus sûres, telles que les Pièces domaniales conservées aux *Archives générales*, l'histoire manuscrite, 2 vol. in-4°, surtout la collection des lettres circulaires que les mères prieures adressaient à toutes les maisons de l'ordre, pour demander des prières en faveur de chaque religieuse décédée.

I.

LISTE DES DIFFÉRENTS COUVENTS DE CARMÉLITES AU XVIIe SIÈCLE, D'APRÈS L'ORDRE DE LEUR FONDATION.

VILLES.	ANNÉES.	VILLES.	ANNÉES.
1. Paris, 1er couvent, rue St-Jacques...	1604.	8. Châlons.........	1610.
2. Pontoise.........	1605.	9. Dôle............	1614.
3. Dijon............	1606.	10. Dieppe.........	1615.
4. Amiens..........	1606.	11. Toulouse.......	1616.
5. Tours............	1608.	12. Caen...........	1616.
6. Rouen...........	1609.	13. Besançon.......	1616.
7. Bordeaux........	1610.	14. Lyon...........	1616.
		15. Orléans........	1617.

VILLES.	ANNÉES.	VILLES.	ANNÉES.
16. Paris, 2ᵉ couvent, rue Chapon	1617.	42. Agen	1628.
17. Bourges	1617.	43. Moulins	1628.
18. Saintes	1617.	44. Auch	1630.
19. Riom	1618.	45. Troyes, 2ᵉ couvent.	1630.
20. Bordeaux, 2ᵉ couvent	1618.	46. Poitiers	1630.
		47. Gisors	1631.
21. Nantes	1618.	48. Arles	1632.
22. Limoges	1618.	49. Reims	1633.
23. Beaune	1619.	50. Verdun	1634.
24. Nevers	1619.	51. Montauban	1634.
25. Narbonne	1620.	52. Abbeville	1636.
26. Chartres	1620.	53. Compiègne	1641.
27. Troyes	1620.	54. Pont-Audemer	1641.
28. Châtillon	1621.	55. Gray	1644.
29. Marseille	1621.	56. Arbois	1647.
30. Metz	1623.	57. Pamiers	1648.
31. Chaumont	1623.	58. Grenoble	1648.
32. Lectoure	1623.	59. Niort	1648.
33. Morlaix	1624.	60. Angoulême	1654.
34. Blois	1625.	61. Brive	1663.
35. Sens	1625.	62. Paris, 3ᵉ couvent, rue du Bouloy, transporté en 1682 rue de Grenelle, au faubourg Saint-Germain	1664.
36. Aix	1625.		
37. Saint-Denis	1625.		
38. Angers	1626.		
39. Mâcon	1626.		
40. Salins	1627.		
41. Guingamp	1628.	63. Trévoux	1668.

(Il n'y a pas d'autre fondation au xvɪɪᵉ siècle.)

II.

LISTE DES PRIEURES FRANÇAISES DU COUVENT DES CARMÉLITES DE LA RUE SAINT-JACQUES PENDANT LE XVIIᵉ SIÈCLE.

(Nous y avons joint la liste des sous-prieures, autant que nous l'avons pu [1].)

PRIEURES.	SOUS-PRIEURES.
Année de l'élection.	
1608. Madeleine de St-Joseph [2].	Marie de Jésus [3].
1611. Réélue.	Réélue.
1615. Marie de Jésus.	Anne du St-Sacrement [4].
Réélue plusieurs fois.	Marie de St-Jérôme [5].
1624. Madeleine de St-Joseph.	Marie Madeleine de Jésus [6].
Réélue plusieurs fois.	Réélue.
1635. Marie Madeleine de Jésus.	Marie de la Passion [7].
Réélue plusieurs fois.	Réélue.
1642. Marie de la Passion.	
1645. Marie Madeleine de Jésus.	Agnès de Jésus-Maria [8].
1649. Agnès de Jésus Maria.	
1653. Marie Madeleine de Jésus.	Marie de la Passion.
1656. Réélue.	Marthe de Jésus [9].
1659. Marie de Jésus [10].	La même réélue.
1662. Marie Madeleine de Jésus.	Agnès de Jésus-Maria.
1665. Agnès de Jésus-Maria.	
1669. La même réélue.	
1672. Claire du St-Sacrement [11].	
1675. Agnès de Jésus-Maria.	
1678. La même réélue.	
1681. Claire du St-Sacrement.	
1684. Agnès de Jésus-Maria.	
1687. Réélue.	
1690. Claire du St-Sacrement, morte en charge.	Marie du St-Sacrement [12].
1691. Marie du St-Sacrement.	

APPENDICE. NOTE PREMIÈRE.

| PRIEURES. | SOUS-PRIEURES. |

Année de l'élection.

1694. Réélue.
1697. Madeleine du St-Esprit [13].
1700. Marie du St-Sacrement.
1703. Réélue.
1705. Marguerite Thérèse de Jésus [14].   Anne de St-François [15].
1708. Réélue.
1709. Madeleine du St-Esprit.
1712. La même.
1715. Anne Thérèse de St-Augustin [16].

1. Les prieures et les sous-prieures étaient en charge pour trois ans. On pouvait être réélue, rarement plus d'une fois. La religieuse qui devenait prieure s'appelait Mère, et gardait ce titre après être sortie de charge.

2. Sur la mère Madeleine de Saint-Joseph, Mlle de Fontaines, voyez ce que nous en avons dit, p. 90-92.

3. Sur la mère Marie de Jésus, la marquise de Bréauté, voyez p. 93-96.

4. Mlle Anne de Viole. Elle était fille de Nicolas de Viole, seigneur d'Osereux, conseiller au parlement de Paris, dont descendaient le président de Viole, et son frère l'abbé de Viole, célèbres frondeurs. Elle entra au couvent de la rue Saint-Jacques, en 1606, à vingt-deux ans; fut sous-prieure en 1614, puis prieure à Amiens, enfin à Saint-Denis, maison nouvelle qu'elle fonda avec sa sœur, Mme de La Grange-Trianon. Morte à Saint-Denis en 1630.

5. On ne dit pas son nom de famille. Nous savons seulement qu'elle était de Tours, qu'elle entra aux Carmélites à l'âge de dix-huit ans, et y mourut en odeur de sainteté.

6. Mlle de Bains était née en Picardie, au château de Bains, le 25 janvier 1598, et baptisée dans l'église de Notre-Dame de Boulogne, diocèse d'Amiens. Elle se nommait Marie, et garda ce nom au couvent; on y ajouta celui de Madeleine pour la distinguer de Mme de Bréauté. Voyez ce que nous en disons, p. 96-101.

7. Mlle Du Thil. Elle était fille du président du Thil. La lettre circulaire, composée par la mère Claire du Saint-Sacrement, ne nous fournit sur elle aucun détail historique. On y apprend seulement que Marie de la Passion garda un cancer au sein quatorze ans sans en parler. Morte à soixante-huit ans, dont quarante-huit en religion; elle était donc entrée au couvent à vingt ans.

8. Sur la mère Agnès de Jésus-Maria, Mlle de Bellefond, voyez ce que nous en disons p. 101-105. Nous en reparlerons avec plus d'étendue dans la IIIe partie. Voici quelques détails nouveaux que nous tirons d'une déposition juridique de la mère Agnès dans l'affaire de la béatification de la mère Madeleine de Saint-Joseph :

« J'ay nom Judith de Bellefons ditte en religion sœur Agnès de Jesus Maria. Je suis née à Caen, et agée de près de 44 ans. Mon père s'appeloit Bernard de Bellefons, seigneur de La Haye, de l'Isle Marie, du Chef du Pont, et du Guillin; ma mere avoit nom Jeanne aux Espaules, sa legitime epouse. Je suis religieuse professe du premier monastere des Carmelites de France dans lequel j'ay exercé la charge de prieure..... Je ne suis point née à Paris, ainsi que j'ay dit, mais j'y suis venue à l'âge de douze ans, et j'y ay toujours demeuré depuis, excepté quelques voyages que j'ay faits de plusieurs mois chacun en Normandie et en Bourbonnois. Dans la demeure que j'ay faicte en cette ville, avant que d'estre religieuse, j'ay en particuliere connoissance du premier monastere des Carmelites, et y suis allée plusieurs fois..... J'ay commencé à connoistre notre venerable mère au commencement de l'année 1629 qu'elle me fit la grace de me recevoir pour estre religieuse en ce monastere où elle estoit prieure. Elle me donna l'habit de novice au mois de mars de cette mesme année, et me fit faire profession après l'an revolu de mon noviciat. J'ay eu la très grande benediction de demeurer avec elle jusqu'à sa sainte mort qui arriva huit ans et demie après mon entrée, pendant lequel temps il ne s'est passé quasi pas un jour qu'elle ne me parlast..... Elle portoit les ames avec grande suavité à la pratique de la vertu... Il m'est arrivé plusieurs fois qu'en faisant des imperfections devant elle que je ne croyois point fautes, je les ai veues telles par sa presence, et me sembloit qu'elle etoit comme un flambeau qui eclaire au milieu des tenebres et faict voir et cognoistre ce qui est. Je ne puis exprimer combien elle versoit une vertu solide dans les âmes et avec quel soin elle cherchoit de l'y etablir, ne prisant non plus tout le reste, quand cela y manquoit, que de la poussiere, quoique ce fussent choses elevées et aparemment belles. Entre autres je me souviens qu'elle avoit une très grande estime et affection pour la condition religieuse, et qu'elle nous en parloit souvent avec tant de lumiere et d'elevation qu'elle nous en ravissoit de joye dans la vue que nous possedions cette heureuse condition. Pour moi j'en ai reçu un si grand contentement lorsque je l'entendois en parler, que je ne sais à quoi le comparer. Elle m'imprimoit en mesme temps un grand desir d'acquerir la perfection renfermée dans cet état si saint, et nous fesoit voir les grandeurs de la terre comme de la poussiere, en sorte que je me souviens que quand quelque princesse entroit dans ce monastere et qu'on m'ordonnoit d'aller avec elle, j'en avois un si grand deplaisir que je cherchois toute voie pour m'en exempter...

« Quoiqu'elle fut extrêmement douce et familiere, on ne pouvoit abuser de sa bonté, car elle avoit une certaine majesté qui donnoit respect aussi bien que confiance, et faisoit que chacun n'osoit approcher d'elle qu'avec la veneration qu'on approche des choses saintes. Les plus grands mesmes se tenoient si au dessous d'elle que j'ay vu Mlle de Bourbon lui parler à genoux, et la Reine estoit devant elle comme une religieuse eut été devant sa supérieure, ne s'osant pas mesme asseoir sans lui faire apporter un siege. J'ai beaucoup ouï parler d'elle à cette grande princesse, comme aussi à la Reine d'Angleterre et de Pologne, et à toutes les princesses et grandes dames de cette cour qui la visitoient souvent pour parler de Dieu avec elle, pour lui recommander toutes leurs affaires et pour lui découvrir ce qu'elles avoient de plus secret dans leurs ames... La feue reine Marie de Medicis fit batir un apartement dans ce monastere pour s'y retirer des temps notables, afin de jouir plus librement de ses entretiens. Elle la visitoit souvent, et passoit plusieurs heures avec elle, lui parlant seule à seule des besoins de son ame, et de ses affaires les plus importantes qu'elle recommandoit à ses prieres. J'y ay vu aussi tres souvent la Reine à present regente, etc. »

9. Mlle Du Vigean. Voyez son histoire chap. IIe, p. 196-213. Voyez aussi la note particulière que nous lui consacrons dans cet Appendice.

10. Mlle de Gourgues. Elle était petite-fille de Mme Seguier d'Autry, sœur Marie-des-Anges, et fille de M. de Gourgues, premier président au parlement de Bordeaux, et de Mlle Seguier, sœur du chancelier de ce nom. Restée orpheline à dix-neuf ans, elle entra aux Carmélites par le conseil du cardinal de Bérulle, qui était son cousin germain. Elle mourut à soixante-huit ans, en ayant passé quarante-huit en religion. Il y a sur elle une circulaire de la mère Agnès qui met surtout en lumière son zèle pour l'ordre.

11. Mlle Chabot de Jarnac. Son nom dit assez sa noble naissance. Elle entra au couvent à dix-sept ans, y mourut prieure pour la troisième fois à soixante-dix ans d'âge, et cinquante-trois ans de religion. Voici sur elle un extrait de la circulaire de la mère Marie du Saint-Sacrement : « Son esprit naturel etoit grand et solide. La sagesse et la prudence faisoient son caractere propre. Dieu, joignant aux dons de la nature ceux de la grace, lui donna une oraison tres elevée et la conduisit par la voie de l'amour. Il l'unit si intimement à lui qu'elle conçut un degout extreme de toutes les choses de la terre, ne desirant plus que d'y etre cachée et oubliée. Sa profonde humilité lui donnoit les plus bas sentimens d'elle meme, ne se croyant propre à rien... Dieu lui avoit donné un tel eloignement des charges que sans la deference qu'elle avoit pour la reverende mere Agnes de Jesus Maria jamais elle n'en eut accepté aucune... Les vertus qu'elle avoit pris tant de soin de cacher etant particuliere ont paru avec eclat lorsqu'elle a été à la tête de la communauté, ayant eu une application extreme à en remplir les devoirs, surtout dans cette dernière charge qui etoit pour la troisieme fois. Mais nous n'avons pas joui longtemps de l'avantage de conserver un si grand bien. »

12. Mlle de La Thuillerie. Extrait de la circulaire de la mère Marguerite-Thérèse de Jésus sur Mlle de La Thuillerie : «... M. son pere qui etoit homme d'un grand merite et qui a servi le Roy et l'Etat dans plusieurs ambassades considerables[1], perdit Mme sa femme lorsqu'il etoit ambassadeur à Venise. Se voyant chargé de plusieurs enfants, il s'appliqua avec un soin particulier à l'education de notre chère defunte, afin de la mettre à la teste de la famille et de

---

1. Les *Negotiations secrètes touchant la paix de Munster et d'Osnabrug*, La Haye, 1725, in-fol., disent au t. II, p. 202, que, pendant que M. de La Thuillerie était en Allemagne, il fut commis un attentat sur sa personne.

s'en reposer sur elle. Dès l'age de douze ans, maîtresse d'elle-même, et possedant toute la confiance d'un pere qui l'aimoit uniquement, consideree et aimée de tous ceux qui abordoient dans sa maison, menant une vie douce et tranquille, elle sentit son danger. Dieu par sa grace puissante sçut la soutenir et la preserver des écarts qu'elle rencontroit à chaque pas. Son esprit etoit grand et elevé, son jugement solide, sa comprehension vive, ses expressions belles et naturelles, ses manieres toutes nobles, également capables des grandes et des petites affaires, ayant un cœur d'une generosité inepuisable. Toutes ces grandes qualités lui avoient attiré la tendresse et la confiance de M. son pere qui la regardoit non seulement comme sa fille, mais comme une personne en qui il trouvoit de très bons conseils. Elle l'aimoit aussi de toute la tendresse de son cœur. Mais elle rompit tous ces liens quand Dieu lui fit la grace de l'appeler à la religion. M. son pere combattit son dessein, il lui représenta sa vieillesse et ses infirmités; il lui dit qu'il n'avoit plus qu'un pas pour aller au tombeau, et qu'elle feroit ce qu'elle voudroit après sa mort. Elle nous dit plusieurs fois que c'etoit l'endroit de sa vie où elle avoit le plus combattu; mais elle sentit interieurement qu'il falloit obeir à un autre pere, et elle entra dans notre maison agée de près de vingt-cinq ans. Au bout de six mois il mourut; elle porta cette affliction avec une soumission admirable aux ordres de Dieu. Elle demanda la permission d'etre plusieurs années sans avoir aucun commerce avec le monde, meme avec ses plus proches parens. Ce fut dans cette solitude qu'elle se remplit de Dieu... » Elle a été successivement portière, sacristine et infirmière, plusieurs fois dépositaire, puis sous-prieure, enfin, prieure fort sou ent. Morte à soixante-dix huit ans et de religion cinquante-trois.

13. Mlle Lebouts. Extrait de la circulaire de la mère Anne Thérèse de Saint-Augustin, Mlle Langeron de Maulévrier, qui la remplaça comme prieure : « Elle avoit été elevée dans une celebre abbaye où deux de mesdames ses sœurs ou de mesdames ses tantes et plusieurs autres de ses parentes, étoient religieuses. Messieurs ses parents la retirerent du cloitre pour l'etablir dans le monde. Le penchant qu'elle sentit pour ce qui pouvoit la seduire lui en fit sentir le danger, et la determina à se faire religieuse et à choisir un ordre austère. Un jour qu'elle entroit ici à la suite de la Reine, son cœur fut touché d'un mouvement si extraordinaire qu'il la détermina pour notre maison. Elle vint y demander place et y fut reçue avec joie. Messieurs ses parents firent tous leurs efforts pour la faire sortir, et ce ne fut pas sans beaucoup de peine qu'elle demeura victorieuse dans un combat où la tendresse maternelle mit tout en usage pour la vaincre...

« C'est la reverende mere Marie de la Passion (Mlle Du Thil) qui la forma à la vie intérieure. Elle decouvrit dans cette ame tant de graces et de si hautes dispositions pour la contemplation qu'elle dit en mourant à notre mere Agnès de Jesus Maria, qu'elle ne connoissoit personne de plus propre pour lui succéder dans l'emploi de maitresse des novices que la sœur Madeleine du Saint-Esprit, quoiqu'elle fut à peine elle meme sortie du noviciat... Elle fut elue prieure la première fois pour succéder à la mere Marie du Saint-Sacrement.

Apres le premier triennal elle ne put refuser de reprendre le soin des novices dont elle s'étoit si dignement acquittée. Elle demeura dans cet emploi jusqu'à la mort de la reverende mere Marguerite Therese de Jesus qu'elle fut élue prieure de nouveau .. Au mois de juillet dernier elle voulut faire une retraite pour se disposer à la mort dont elle sentoit les aproches. Mr Hequet notre medecin la trouvant fort foible lui dit : Ma mere, votre metier gate le mien. Vous vous appliquez trop. Monsieur, lui repondit-elle, il y a plus de cinquante ans que toute ma joye est de m'occuper de Dieu; s'il falloit à present travailler pour m'en distraire, cela me feroit beaucoup de peine... Mr Vivant, notre treshonoré pere supérieur, étant venu lui donner la derniere benediction, la trouva dans une présence de Dieu si elevée qu'il sortit d'auprès d'elle dans l'admiration... Elle est morte agée de soixante-quinze ans, et de religion cinquante-cinq. Elle a été trente-deux ans maitresse des novices, et neuf ans prieure. »

14. Mlle Du Merle de Blanc-Buisson. Extrait de sa circulaire : « Elle fut elevée des l'age de quatre ans auprès de sa grand'mere qui l'aimoit tendrement, et qui, desirant lui inspirer les sentiments de piété dont elle etoit remplie, se servoit de cette jeune enfant pour distribuer les aumones abondantes qu'elle faisoit aux pauvres. La mort lui ayant enlevé cette pieuse mere, étant encore jeune, elle retourna auprès de Messieurs ses parents qui etoient fort distingués dans la province, et comme elle avoit toutes les qualités du corps et de l'esprit qui pouvoient la rendre agreable au monde, elle ne fut pas longtemps sans se laisser seduire à ses faux plaisirs. Mais Dieu qui l'avoit choisie de toute eternité pour faire eclater ses misericordes, ne permit pas qu'elle goutat les douceurs qu'elle s'etoit promises. Son cœur etoit continuellement déchiré de mille remords. A chaque divertissement qu'elle s'accordoit, elle entendoit une voix interieure qui lui disoit : Si vous suivez ce chemin, vous ne serez point sauvée. Ne pouvant plus soutenir ce combat de la chair et de l'esprit, elle se resolut d'être religieuse... Plusieurs communautés desirèrent de l'attirer; mais, se défiant de son gout pour le monde elle crut qu'elle devoit choisir ce qu'elle croyoit le plus austere pour s'en séparer entierement. C'est ce qui la fit jetter les yeux sur notre maison. Elle y entra avec toute la violence que la nature peut faire souffrir à une personne jeune, d'un esprit vif et qui n'aimoit que le plaisir. La mere Agnes de Jesus Maria qui etoit prieure, connoissant les semences de graces qui etoient cachées dans cette ame, prit un soin particulier de sa conduite. Cependant la jeune novice etoit toujours dans une situation remplie d'amertume; elle ne sentoit point encore cette pleine joie qui est le partage de ceux qui sont à Dieu sans réserve. La mere Agnes que sa grande expérience rendoit si eclairée dans le gouvernement des ames lui fit faire une revue générale de toute sa vie qui, en l'humiliant sous la main de Dieu, lui fit comprendre la necessité de faire pénitence, et la misericorde infinie que Notre Seigneur lui faisoit de la retirer de la corruption du siecle. Des ce moment elle embrassa toutes les pratiques de la vie religieuse avec les sentimens de la plus solide pieté, ajoutant à la règle beaucoup d'austerités extraordinaires,

croyant qu'il n'y avoit rien de trop dur pour elle, ce qu'elle a continué tant qu'elle a eu de la santé...

« Sa capacité parut dans l'office de dépositaire où elle succeda à notre tres-honorée sœur Anne Marie (Mlle d'Épernon qui n'a jamais rempli d'autre charge)... dans celui de sous-prieure... Tant de vertus réunies la firent choisir d'un consentement unanime pour remplacer notre reverende mere Marie du Saint-Sacrement. On ne peut exprimer la peine que l'on eut à la resoudre à se soumettre à l'ordre de Dieu en cette occasion; il ne s'est presque point passé de jour en sa vie qu'elle n'en repandit des larmes... Il fallut tout le pouvoir de l'obéissance pour la faire consentir à sa reélection, son éloignement des charges la tenant dans une violence continuelle, et la tendresse pleine de respect avec laquelle elle se voyoit aimée ne la consolant point de se voir privée de la derniere place qu'elle avoit toujours desirée pour son partage... Le pressentiment qu'elle avoit de sa mort n'etoit que trop bien fondé. Son agonie fut longue et douloureuse, mais une demi-heure avant que d'expirer elle parut ne plus souffrir et passa dans une grande douceur agée de soixante ans et de religion quarante un. »

15. Mlle de Bailly. Extrait de sa circulaire : « ..... Nos meres qui connurent dès l'abord son grand merite, lui donnerent l'entrée avec joie. Elle etoit d'une famille distinguée dans sa province, possedant des biens considérables, ne se refusant aucune des commodités de la vie, étant maitresse d'elle-même. Son esprit étoit solide, son ame noble, liberale et bienfaisante. Toutes ces qualités la rendoient aimable dans le commerce, et lui attiroient le cœur de ceux qui la connoissoient; elle faisoit beaucoup d'aumones, etant tres compatissante à la misère des pauvres. Dieu la touchoit de temps en temps pour lui faire quitter le monde, mais elle ne pouvoit s'y resoudre par l'amitié qu'elle avoit pour un frere unique parfaitement honnete homme, dont elle etoit cherement aimée. Elle a dit plusieurs fois que ce sacrifice lui avoit plus couté que tout le reste. Mais enfin elle resolut d'entrer dans notre couvent, et pour lui cacher son dessein elle prit le temps qu'il etoit allé faire un voyage. A son retour il fit tout ce qu'il put pour l'engager de sortir, mais tous ses efforts furent inutiles : elle demeura fidele à sa vocation... On la chargea des affaires de la maison en l'elisant premiere depositaire; de cet emploi qu'elle avoit si bien exercé elle fut elue à celui de sous-prieure... et je ne croyois pas etre sitot privée d'un si grand secours. » Morte à cinquante-sept ans et vingt-cinq de religion.

16. Mlle Langeron de Maulevrier. Elle était vraisemblablement de la famille des Maulevrier, qui est elle-même une branche de la vieille et illustre famille des Gouffier. Une Langeron a été gouvernante des enfants de Gaston, duc d'Orléans; voyez les *Mémoires* de Mademoiselle, t. V, p. 127, et Mme de Sévigné, t. IV, p. 104, et t. V, p. 114. Le marquis de Maulevrier était un des beaux et des élégants du XVIIe siècle; voyez notre chapitre III, p. 252. Un autre Maulevrier, fils d'un frère de Colbert, avait épousé une fille du maréchal de Tessé, et mourut de douleur de n'être pas maréchal dans la promotion où Villeroi le

devint. Saint-Simon, t. IV, p. 253. Voici un extrait de la lettre circulaire consacrée à la mère Anne-Thérèse de Saint-Augustin :

« Celle que nous pleurons avoit passé quarante-huit ans dans ce monastere ; elle y avoit eté maitresse des novices, prieure et sous-prieure. Elle nous avoit presque toutes reçues ; nous nous regardions comme ses filles, nous la respections et l'aimions comme notre mere, car elle n'avoit pas besoin d'art pour se rendre propre ce que notre mere Sainte-Therese recommande aux prieures, de se faire aimer pour etre obéies. On n'avoit à craindre avec celle-ci que de s'y trop attacher ; et peut-etre Dieu dans sa misericorde auroit-il exaucé les prieres que nous avons faites pour sa conservation et les larmes que nous n'avons cessé de repandre dans sa derniere maladie, s'il n'eut eté juste de punir ce qu'il y avoit peut-etre de trop humain dans le vif et tendre attachement que nous avions pour elle et dont il etoit presque impossible de se defendre.

« Un exterieur des plus aimables, des manieres pleines de candeur et de simplicité, et tout ensemble accompagnées de la politesse et de tout l'agrement que peuvent donner une naissance distinguée et la plus excellente education ; une belle ame qui se marquoit en toute occasion par l'egalité de sa conduite, par la noblesse des sentimens, par des soins sans affectation, et par une tendre sollicitude qui ne se refusoit à rien et qui n'avoit jamais rien d'emprunté, en un mot un caractere accompli et qui sembloit avoir eté fait pour etre aimé, etoit celui de notre digne mere et s'etoit fait sentir en elle des ses plus tendres années.

« Fille unique d'un premier lit, elle perdit Mme sa mere dès le berceau ; et M. son pere s'etant remarié, elle gagna si parfaitement les bonnes graces de sa belle-mere, que celle-ci l'aima toujours et la regarda comme un de ses propres enfans, dont cette belle-fille à son tour se fit non seulement aimer comme une sœur, mais regarder comme une veritable mere par les tendres sentimens de respect qu'elle sçut leur inspirer et qu'ils ont toujours conservés pour elle.

« Trop capable de plaire au monde par les heureuses dispositions et par les avantages peu communs qu'elle avoit reçus de la nature, le monde cependant lui deplut parce qu'elle n'etoit de son coté que trop portée à l'aimer. Aussi n'a-t-elle jamais regardé ni les biens qu'elle avoit quittés, car elle etoit riche, ni les etablissemens auxquels elle avoit renoncé comme un sacrifice dont elle dut retirer quelque gloire, mais comme des liens dangereux que le Dieu des misericordes avoit brisés pour elle, l'obligeant par là à se donner tout entiere à lui. Elle en avoit formé la resolution dès le vivant de M. son pere, qui l'aimant uniquement, en retarda l'execution jusqu'après sa mort. Libre alors et n'ayant environ que vingt ans, elle ne pensoit plus qu'à se consacrer à Dieu dans le Carmel, lorsqu'elle trouva de nouveaux obstacles dans la tendresse de Mme sa belle-mere qui, chargée d'un grand nombre d'enfans, lui representa qu'elle ne pouvoit sans manquer aux sentimens de la nature et de la religion lui refuser deux ans au moins pour etre dans son veuvage sa consolation et son soutien. Ce terme expiré, rien ne put desormais la retenir : elle rompit tous les obstacles que Mme sa belle-mere ne cessoit de mettre à cette rude separation, et, ce qui lui couta le plus encore, comme elle nous l'a quelquefois avoué, elle s'arracha à la tendre amitié qui s'etoit formée entre elle et une sœur de Mme sa belle-mere. Sacrifiant tout pour obeir au mouvement de l'Esprit qui l'appeloit au desert, elle entra à notre couvent de Lyon où elle fit son noviciat; mais parce qu'elle se trouvoit au milieu de sa famille, ne jugeant pas son sacrifice assez parfait, elle s'ouvrit à M. l'abbé de Maulevrier, son oncle, du desir qu'elle avoit de se retirer dans notre monastere. Il y consentit et s'offrit meme à lui en fournir les moyens que son intime relation avec nos anciennes meres lui rendoit plus faciles qu'à tout autre. Arrivée à Paris, sans prendre aucune part à ce qui pouvoit y exciter sa curiosité, la postulante ne pensa qu'à s'ensevelir parmi nous et recommença son noviciat. La reverende mere Marie du Saint-Sacrement, si connue et si respectée, etoit alors prieure et reconnut bientot l'excellence du sujet qu'elle avoit reçu. Cette digne prieure donna tous ses soins à former la novice dans l'exercice des vertus interieures d'obeissance et d'humilité et dans toutes les pratiques de la regularité la plus exacte...

« Apres sa profession, on ne tarda pas à lui donner le soin de conduire les postulantes et d'instruire les novices dans les pratiques et ceremonies exterieures sous les yeux de la reverende mere Madeleine du Saint-Esprit, cette maitresse si renommée que nos anciennes meres avoient formée et que l'esprit interieur dont elle etoit animée rendoit si recommandable. On s'empressa de faire passer sœur Anne-Therese de Saint-Augustin par les differents emplois de la maison; et, parce qu'elle etoit d'un caractère propre à tout, elle remplit parfaitement tous ceux où l'obeissance l'appliqua. Chargée du noviciat aussitot que la reverende mere Madeleine du Saint-Esprit l'eut quitté et qu'elle eut eté elue prieure, elle lui succeda dans cette charge lorsque cette pieuse mere eut fini son temps.

« Ce fut alors qu'on vit eclater cette sagesse, cette prudence, cette discretion et cette grandeur d'ame qui dans toute sa conduite faisoient sentir une superieure accomplie. Respectée du dehors comme du dedans, et des personnes les plus eminentes, dont plusieurs l'honoroient de leur confiance et de leur amitié, elle sçut toujours parfaitement accorder les agremens de l'esprit avec un eloignement absolu des manieres du siecle. Marchant toujours en la presence de Dieu, l'annonçant à tous, appliquée à sanctifier son ame sous ses yeux, et à se rendre parfaite parce que notre Pere celeste est parfait, elle etoit comme les elus de Dieu remplie de tendresse, de misericorde, de patience et de modestie; exacte et severe meme par rapport à l'observance, mais d'ailleurs bonne, douce et bienfaisante, sensible et tendre aux maux du prochain, elle n'en connoissoit point qu'elle n'eut voulu soulager. » Décédée à soixante-treize ans après quarante-huit ans de religion.

On conserve encore et nous avons vu au couvent de la rue d'Enfer un portrait peint de Mlle Langeron de Maulevrier qui la représente avec une petite figure des plus agréables.

III.

LISTE DES RELIGIEUSES DU COUVENT DES CARMÉLITES DE LA RUE SAINT-JACQUES AU XVIIe SIÈCLE.

(Les deux premières colonnes marquent le rang et l'année de la profession; les deux dernières l'année et le lieu du décès. Nous n'avons pas de renseignement sur les religieuses qui n'ont pas achevé leur carrière au couvent de la rue Saint-Jacques.)

Rang. Profession.   Année et lieu du décès

1. 1605. Levoix, Sœur Andrée de tous les Saints.................... 1605. Paris.
2. 1605. Marie d'Hannivel [1], la mère Marie de la Trinité................ 1647. Troyes.
3. 1605. De Fontaines, la mère Madeleine de St-Joseph................ 1637. Paris.
4. 1605. Deschamps, Sr Aimée de Jésus.. 1634. Pontoise.
5. 1605. Sevin, veuve de M. Du Coudray, la mère Marie de la Trinité.... 1657. Auch.
6. 1605. De Sancy, veuve du marquis de Bréauté, la mère Marie de Jésus. 1652. Paris.
7. 1606. Talon, Sr Élisabeth de Jésus.... 1623. Pontoise.
8. 1606. De Fontaines [2], Sr Catherine du St-Esprit................... 1652. Paris.

1. Mlle Marie d'Hannivel était fille du grand audiencier de France. Elle était belle, instruite, et aima d'abord le monde; puis elle se convertit à vingt ans à l'occasion de la mort subite d'une de ses amies, par le ministère du fameux père capucin Ange de Joyeuse. Le duc de Villars la demanda en mariage pour son neveu. Elle refusa. Mr de Bretigny, son cousin et Mme Acarie l'engagèrent à entrer aux Carmélites; elle y reçut le nom de Marie de la Trinité. Elle fut fort utile au commencement de l'institution, parce qu'elle savait l'espagnol, et elle servit à accomplir le passage du Carmel espagnol au Carmel français. Elle eut pour amis saint Vincent de Paul et Mme de Chantal. Son principal caractère était l'humilité. Elle fut prieure à Pontoise et dans d'autres maisons, et mourut dans celle de Troyes.

2. Mlle de Fontaines était la propre sœur de la mère Madeleine de Saint-Joseph. Elle entra au couvent un peu après sa sœur, à l'âge de vingt-trois ans, et y mourut à l'âge de soixante-onze.

LES CARMÉLITES.

Rang.	Profession.		Année et lieu du décès.
9.	1606.	Rebours, Sr Aimée de Jésus....	1653. Bourges.
10.	1606.	Delabarre, la mère Marguerite de la Trinité................	1653. Guingamp.
11.	1606.	De Brissac[1], Sr Angélique de la Trinité...................	1653. Paris.
12.	1606.	De Seguier[2], veuve de M. de Bérulle, Sr Anne des Anges......	1628. Paris.
13.	1606.	De Chandon, la mère Marguerite de St-Joseph............	1655. Bourges.
14.	1606.	..... Sr Marie de St Albert.....	1634. Auch.
15.	1607.	Acarie[3], la mère Marguerite du St-Sacrement...............	1660. R. Chapon
16.	1607.	De Viole, la mère Anne du St-Sacrement..................	1630. St-Denis.
17.	1607.	..... Sr Marie de St-Jérosme...	1632. Paris.
18.	1607.	..... Sr Gratienne de St-Michel[4].	1637. Paris.
19.	1607.	..... La mère Isabelle de Jésus-Christ...................	1660. Flandres.
20.	1607.	..... Sr Louise du St-Sacrement.	1616. Paris.
21.	1607.	..... Sr Florentine de la Mère-Dieu......................	1626. Chartres.
22.	1607.	De Cujy, la mère Marguerite de St-Jean-Baptiste............	1667. Chartres.
23.	1607.	..... Sr Marguerite de St-Élie..	1637. R. Chapon
24.	1607.	..... Sr Anne de St-François...	1633. Paris.

1. Fille de Mr le duc de Brissac.

2. Elle était fille de Pierre Seguier, président à mortier du Parlement de Paris, femme de Claude de Bérulle, conseiller au Parlement de Paris, et mère de Pierre de Bérulle, le cardinal. Après la mort de son mari, elle entra aux Carmélites à l'âge de cinquante-cinq ans et devint la fille spirituelle de son fils. Elle fut assistée par lui à sa mort. La reine Marie de Médicis, suivie de plusieurs princesses et grandes dames de sa cour, assista à ses obsèques.

3. Marguerite Acarie, la seconde fille de Mme Acarie. Elle devint prieure au couvent de la rue Chapon.

4. On ne dit pas son nom de famille. Henri IV donna Gratienne à la reine Marie de Médicis pour sa première femme de chambre et une de ses filles d'honneur. Elle entra au couvent à près de soixante ans.

APPENDICE. NOTE PREMIÈRE.

Rang.	Profession.		Année et lieu du décès.
25.	1607.	Leclerc, Sr Jeanne de St-Denis..	1632. Sens.
26.	1608.	Aballe, la mère Denize de Jésus.	1649. Moulins.
27.	1608.	.... Sr Anne de St-Barthélemy...	1643. Tours.
28.	1608.	Soulphour, la mère Thérèse de Jésus......................	1633. Riom.
29.	1608.	Guichard, Sr Marie de St-Barthélemy....................	1647. Paris.
30.	1609.	.... Sr Barbe de tous les Saints.	1644. Marseille.
31.	1609.	Acarie[1], la mère Marie de Jésus.	1641. Orléans.
32.	1609.	Acarie[2], la mère Geneviève de St-Bernard.................	1644. Sens.
33.	1609.	Doron, la Sr Marie de St-François.	1631. Paris.
34.	1609.	... Sr Antoinette de Jésus.....	1647. Paris.
35.	1609.	Nicolas[3], Sr Catherine de Jésus.	1623. Paris.
36.	1609.	.... Sr Jeanne de la Trinité....	1633. Paris.
37.	1610.	Prudhomme, la mère Thérèse de Jésus......................	1648. Lyon.
38.	1610.	Sublet, Sr Marie de la Miséricorde	1619. Paris.
39.	1610.	.... Sr Catherine de l'Assomption	1654. Paris.
40.	1610.	Deschamps[4], la mère Marie de la Croix...	1664. Bordeaux.
41.	1611.	D'Auvilliers, la mère Isabelle de St-Joseph.................	1630. Agen.

1. La fille aînée de Mme Acarie.
2. La troisième fille de Mme Acarie.
3. Mlle Nicolas naquit à Bordeaux en 1589, d'une famille de marchands, d'abord très-riches, puis réduits à la dernière pauvreté. Elle était, disent nos manuscrits, très-agréable de corps et d'esprit, et plaisait à tout le monde. Ayant lu tout enfant la vie de Catherine de Sienne, elle se consacra à l'imiter, et entra aux Carmélites en 1608 à l'âge de dix-neuf ans, par l'entremise de Mr et de Mme de Gourgues. Vie toute en Dieu. Morte à trente-trois ans. On en a un portrait gravé qui la représente en extase.
4. Mlle Deschamps, née en 1583 à Paris d'une famille bourgeoise; à huit ans est confiée à Mme Acarie, entre au couvent à seize ans, fait profession en 1610. D'abord maîtresse des novices, puis prieure à Dieppe. Le père Bourgoing de l'Oratoire la consultait sur ses ouvrages. Successivement prieure à Bordeaux, à Toulouse, à Riom, à Poitiers. Morte à Bordeaux à l'âge de soixante-onze ans, cinquante-cinq de religion.

Rang.	Profession.		Année et lieu du décès.
42.	1611.	De La Rochefoucault, veuve de M. de Chandenier¹, S' Marie de St-Joseph..................	1637. Paris.
43.	1611.	Marie le Jeune, la mère Marie de St-Gabriel...................	1647. Bordeaux.
44.	1611.	Coton, S' Claire de Jésus.......	1626. Marseille.
45.	1612.	Le Bouthillier², S' Philippe de St-Paul.......................	1641. Paris.
46.	1612.	Gontault de Biron³, la mère Anne de St-Joseph..................	1667. Niort.
47.	1614.	De Rivière, S' Marguerite de St-Joseph.......................	1655. Paris.
48.	1614.	Tycie de Cuthlie, fille d'un seigneur écossais, S' Élisabeth du St-Esprit...................	1633. R. Chapon
49.	1615.	Thudert⁴, veuve de M. Seguier d'Autry, la mère Marie de Jésus-Christ.................	1638. Paris.

1. Elle était sœur du cardinal de La Rochefoucault. Élevée à la cour de la reine Marie de Médicis, elle épousa M' de Chandenier, et quoique sa vie fût irréprochable, elle aimait le monde et toutes les délicatesses de la vie. Devenue veuve quelques années après son mariage, la mort d'une de ses filles et les exhortations de Mme Acarie la convertirent; elle entra au couvent à l'âge de quarante-huit ans, et y décéda à soixante-quatorze ans, en ayant passé vingt-sept en religion.

2. Mlle Le Bouthillier fit profession à vingt-six ans. « Dieu, dit sa circulaire, lui avoit donné un attrait particulier pour assister de ses prieres les agonisants. »

3. Cette religieuse d'une grande naissance, n'ayant fait que passer au couvent de la rue Saint-Jacques, n'y a point laissé de traces.

4. Marie Thudert avait épousé Jean Seguier d'Autry, lieutenant civil au Parlement de Paris : elle était belle-sœur de Mme de Bérulle et mère du président, depuis chancelier Seguier, d'un évêque de Meaux, et de plusieurs filles, entre autres de Jeanne Seguier, qui se fit Carmélite à Pontoise, sous le nom de Jeanne de Jésus, fut successivement prieure à Pontoise, à Gisors, à Saint-Denis, et fut tant respectée dans son ordre, dans sa famille, dans le monde. Son frère la consultait, et Anne d'Autriche l'honorait beaucoup. Elle mourut à Pontoise en 1675, à quatre-vingts ans. Sa mère, Marie Thudert, Mme d'Autry, était fort belle, et Henri IV lui fit une cour aussi vive qu'inutile.

392 APPENDICE. NOTE PREMIÈRE.

| Rang. | Profession. | | Année et lieu du décès. |

50. 1616. Le Fèvre, Sr Marie du St-Sacrement.................... 1672. Paris.
51. 1617. Robert, la mère Marie de la Croix. 1662. Orléans.
52. 1617. Le Beau, Sr Suzanne de St-Joseph 1663. Chartres.
53. 1617. Machault, Sr Marie de la Passion. 1650. Blois.
54. 1618. Chapellier, Sr Jeanne de Jésus... 1679. Paris.
55. 1618. De La Jonchère, Sr Anne de l'Assomption...................... 1636. Paris.
56. 1618. Poulaillon, Sr Thérèse de Jésus. 1658. St-Denis.
57. 1619. Du Pin, Sr Anne du St-Sacrement. 1669. Saintes.
58. 1619. Du Pin, Sr Marie de St-Elie..... 1679. Verdun.
59. 1619. Du Rocher, veuve de M. le... d'Eguemaduc, Sr Jeanne de Jésus.. 1668. R. Chapon.
60. 1619. Colbert, Sr Anne du St-Esprit... 1638. Morlaix.
61. 1619. Le Roy, Sr Marie de la Trinité.. 1667. Chartres.
62. 1620. Lancry de Bains, la mère Marie Madeleine de Jésus........... 1679. Paris.
63. 1620. Du Joli Cœur, Sr Louise de la Passion.................... 1656. Morlaix.
64. 1620. Mandat de la Jonchère, Sr Madeleine de la Passion........... 1656. Paris.
65. 1620. De la Cour, Sr Antoinette de Jésus 1651. Paris.
66. 1621. Bon, Sr Marguerite de la Miséricorde...................... 1663. Troyes.
67. 1621. Godet, Sr Catherine des Anges.. 1675. Châtillon.

Un jour, la voyant dans une église qui priait sans livre à la main, il lui envoya ses Heures couvertes de pierreries. Elle les refusa. Il vint chez elle; elle le reçut les mains sales, et lui demanda la permission d'aller les laver. Elle sortit et ne revint point. Veuve à vingt-neuf ans, elle resta dans le monde pour élever et établir ses enfants, mais en faisant vœu de chasteté perpétuelle et en se remettant sous la direction de son neveu, de Bérulle. Elle entra aux Carmélites de Paris un an après que sa fille Jeanne était entrée aux Carmélites de Pontoise. Elle avait quarante-huit ans. Elle fut envoyée quelque temps au couvent de Bordeaux, fondé par une de ses filles qui avait épousé le président de Gourgues. Une de ses petites-filles entra aussi aux Carmélites de Paris. Marie de Jésus-Christ mourut à soixante et onze ans. On a conservé d'elle une belle lettre qu'elle écrivit à ses enfants avant de mourir.

Rang. Profession.		Année et lieu du décès.
68. 1622.	Patelé, Sr Marie de la Passion...	1651. Metz.
69. 1622.	De Gaydene, la mère Angélique de Jésus..................	1643. St-Denis.
70. 1622.	De Medérie, Sr Marie de la Croix.	1672. Paris.
71. 1622.	De Montreuil, Sr Geneviève de Jésus...................	1667. Rouen.
72. 1624.	De Vaudrant, Sr Anne de Ste-Thérèse...................	1672. Niort.
73. 1624.	L'Oiseau, Sr Marie de St-Gabriel.	1659. Paris.
74. 1624.	Emery, Sr Madeleine de Jésus...	1671. Blois.
75. 1624.	De la Bonde, Sr Marguerite de la Croix....................	1667. Moulins.
76. 1625.	Le Mée, Sr Marie du St-Esprit....	1671. Paris.
77. 1625.	De Thou, Sr Angélique de la Passion....................	1685. Orléans.
78. 1625.	Dubois du Plessis, Sr Marie de l'Incarnation..............	1647. Poitiers.
79. 1625.	Poille de St-Gratien[1], Sr Madeleine de St-Joseph...........	1661. Paris.
80. 1626.	Chapellier, Sr Françoise de Jésus	1671. Paris.
81. 1626.	Du Thil, la mère Marie de la Passion....................	1673. Paris.
82. 1626.	De la Varrie, Sr Charlotte de la Croix....................	1690. Angers.
83. 1626.	Olivier, Sr Françoise de la Croix.	1682. Angoulême
84. 1626.	Bevard, Sr Madeleine de Jésus..	1641. Moulins.
85. 1627.	Lazenet, Sr Louise de Jésus.....	1657. Poitiers.
86. 1627.	D'Anglure de Bourlemont[2], Sr Geneviève des Anges.........	1680. Verdun.

1. Entrée à vingt-quatre ans, morte à soixante. Fille de M. Poille, seigneur de Saint-Gratien, conseiller au Parlement de Paris, dont on a des *Œuvres de Jacques Poille, sieur de Saint-Gratien*, etc., Paris, 1621, 1 vol. in-8°.

2. Nièce du pape Urbain VIII. En 1639, elle fut envoyée au couvent de Verdun où elle mourut à l'âge de soixante-onze ans. Charles-François d'Anglure de Bourlemont et Louis d'Anglure de Bourlemont ont été, l'un archevêque de Toulouse, mort en 1669, et l'autre archevêque de Bordeaux, mort en 1697.

Rang.	Profession.		Année et lieu du décès.
87.	1628.	Savary, Sr Aimée de Jésus......	1659. Metz.
88.	1628.	De la Cour, Sr Marie de Ste-Madeleine............	1653. Paris.
89.	1628.	De Bréauté, Sr Hélène de la Croix.	1650. Caen.
90.	1628.	D'Argouges, Sr Elisabeth de St-Joseph.......	1696. Aix.
91.	1628.	Magnard, Sr Anne de Jésus.....	1669. Paris.
92.	1629.	Emery, Sr Françoise de St-Joseph	1669. Paris.
93.	1629.	De Brienne, la mère Anne de St-Joseph......	1653. Aix.
94.	1629.	Du Buisson, Sr Claude de la Nativité.....	1674. Paris.
95.	1630.	De Marillac [1], Sr Marie de St-Michel.....	1639. Paris.
96.	1630.	Jongleur, Sr Françoise de St-Jean Baptiste..........	1679. Paris.
97.	1630.	De Bellefonds, la mère Agnès de Jésus-Maria........	1691. Paris.
98.	1630.	De Gourgues, la mère Marie de Jésus..........	1677. Paris.
99.	1630.	Château de Bel Estre, la mère Aimée de la Croix........	1675. Rouen.
100.	1630.	Renard, Sr Marie des Anges. ...	1662. Paris.
101.	1631.	Phelypeaux [2], Sr Madeleine de Jésus..........	1667. Paris.
102.	1631.	Gateau, la mère Élisabeth de Jésus	1676. Poitiers.
103.	1631.	Eberard, Sr Anne de la Mère-Dieu........	1664. Nevers.
104.	1631.	Vallier, Sr Marie de Ste-Thérèse.	1678. Paris.

1. Petite-fille du garde des sceaux de Marillac, reçue au couvent par un privilége unique à l'âge de treize ans, morte à vingt-sept.

2. Elle s'appelait Marie, était fille de Raymond Phelypeaux, seigneur d'Herbault et de la Vrillière, secrétaire d'État, et resta veuve, à dix-neuf ans, de Henri de Neuville de Villeroy, comte de Bury. Elle était de la cour de Marie de Médicis, qui l'aimait beaucoup et fit bâtir pour elle un ermitage à la Vierge. Morte à cinquante-huit ans.

LES CARMÉLITES.

Rang.	Profession.		Année et lieu du décès.
105.	1631.	De La Haye [1], la mère Renée de Jesus-Maria..................	1641. Paris.
106.	1632.	D'Anglure [2], Sr Marguerite de Jésus......................	1679. Paris.
107.	1632.	Berard, Sr Anne de St-Joseph...	1677. Nevers.
108.	1632.	Jubert, Sr Charlotte de Jésus	1660. Paris.
109.	1632.	Le Camus, Sr Catherine de Jésus.	1659. Paris.
110.	1632.	Degrangier, Sr Marie de la Nativité.......................	1642. Paris.
111.	1632.	De Lenoncourt [3], la mère Charlotte de Jésus-Maria..........	1656. Angers.
112.	1633.	De Bussy, la mère Magdeleine de St-Jean-Baptiste.............	1670. Limoges.
113.	1633.	Le Pelletier, Sr Marie de St-Jérôme	1665. Reims.
114.	1633.	Loiseau [4], Sr Jeanne de Jésus-Maria...........................	1683. Paris.
115.	1634.	Le Port d'Epaville, Sr Marie de la Croix....................	1675. Niort.
116.	1635.	Royer, veuve de M. de Chantemesle, Sr Élisabeth de la Sainte-Croix......................	1670. R. Grenelle
117.	1635.	Vigner de Mégrigny, Sr Marie de St-Joseph	1635. Paris.
118.	1636.	Savary, Sr Anne de St-François.	1657. Angers.
119.	1636.	De Marillac [5], Sr Marguerite Thérèse de Jésus.................	1667. Paris.
120.	1637.	Rosé, Sr Madeleine de la Nativité	1692. Niort.

1. Mlle de La Haye fit ses vœux au couvent de Tours, mais le cardinal de Bérulle la fit venir à la rue Saint-Jacques. Elle fut envoyée successivement pour gouverner cinq maisons de carmélites. Elle a eu la principale part dans l'affaire de la béatification de la mère Madeleine de Saint-Joseph.

2. Fille du baron d'Anglure, premier gentilhomme de la chambre du duc de Lorraine.

3. Fille du marquis de Lenoncourt.

4. Prieure dans divers couvents de l'ordre, revint mourir au couvent de la rue Saint-Jacques.

5. Autre petite-fille du garde des sceaux de Marillac.

Rang. Profession.	Année et lieu du décès.
121. 1637. Tiragau, Sr Françoise de Jésus...	1681. Paris.
122. 1637. De Chateignier[1], Sr Marie de la Trinité..................	1670. Paris.
123. 1637. Foy, Sr Madeleine de Jésus.....	1667. Paris.
124. 1637. Renaud, Sr Catherine de Saint-Joseph.....................	1666. Paris.
125. 1639. De Chabert, Sr Henriette Thérèse de la Nativité................	1695. Paris.
126. 1639. De Chabot, la mère Claire Thérèse du St-Sacrement.............	1661. Paris.
127. 1639. Gauthier, Sr Marie Louise de St-Joseph.....................	1686. Angers.
128. 1639. Quinot[2], Sr Marie de Jésus crucifié.....................	1700. Paris.
129. 1640. Tiragau, Sr Angélique de la Mère-Dieu......................	1672. Niort.
130. 1640. Quinot, Sr Radegonde de Saint-Joseph..........	1678. Brives.
131. 1642. Pallot, Sr Louise de la Miséricorde[3]	1658. Paris.

1. Mlle de Chateignier devait être riche, ou belle, ou de grande naissance, si on en juge par ce début de la lettre circulaire écrite par la mère Agnès : « Notre-Seigneur l'avoit appelée à la religion d'une manière pressante, lui ayant fait quitter ce que le monde estime davantage et qui est le plus agreable aux sens, et resister avec force à la tendresse d'un pere qui n'oublia rien pour la retirer de l'ctat qu'elle avoit choisi. » Était-elle de la famille des Chateignier de La Roche-Posay? Alors elle eût été parente de Mme de Saint-Loup, si fort aimée du duc de Candale, le frère de Mlle d'Épernon. Morte à soixante-sept ans, après quarante-trois passés en religion.

2 Extrait de sa circulaire : « Elle fut appelée à notre saint ordre d'une manière peu commune. Sa famille qui l'aimoit tendrement l'avoit elevée pour le monde pour lequel elle avoit beaucoup de gout, et le monde en avoit beaucoup pour elle. Mais Dieu jaloux de son cœur brisa tout à coup ses liens, et la toucha si vivement que, ne pouvant resister à cette grace, elle entra en ce monastere agée de vingt ans, sans le consentement de M. son pere qui fit tout ce qu'il put pour la faire sortir. Elle demeura egalement ferme à ses caresses et à ses menaces. » Morte à quatre-vingt-trois ans.

3. C'est la seule religieuse du grand couvent qui ait porté le nom de Louise de la Miséricorde avant Mlle de La Vallière.

Rang.	Profession.		Année et lieu du décès.
132.	1642.	De Fontaine Martel, Sr Louise de Jésus-Maria..................	1670. Paris.
133.	1643.	De Dreux, Sr Madeleine de Ste-Thérèse	1677. Poitiers.
134.	1643.	Renard, Sr Jeanne de la Croix...	1695. Niort.
135.	1643.	Le Pareux, Sr Françoise du St-Sépulcre...................	1680. Moulins.
136.	1644.	De la Planche, Sr Anne de l'Assomption	1701. Nevers.
137.	1645.	Morice, Sr Louise de la Mère-Dieu	1684. R. Grenelle.
138.	1645.	Tripier, Sr Jeanne de la Nativité.	1682. Niort.
139.	1646.	De Harville, Sr Cécile de la Passion...................	1653. Paris.
140.	1646.	De Montigault, Sr Françoise des Anges....................	1658. Paris.
141.	1646.	Antheaume, Sr Madeleine de Jésus-Maria...................	1694. Paris.
142.	1647.	Biet, Sr Catherine du St-Sacrement.....................	1660. Niort.
143.	1648.	De la Court, Sr Marguerite de Jésus-Maria..................	1686. Poitiers.
144.	1649.	De Fors du Vigean, Sr Marthe de Jésus	1665. Paris.
145.	1649.	Remy, Sr Madeleine du St-Sacrement.....................	1682. Compiègne
146.	1649.	De Stainville[1], Sr Anne de Jésus-Maria....................	1695. Paris.
147.	1649.	Le Seigneur de Reuville, la mère Françoise de la Croix.........	1702. R. Grenelle.
148.	1649.	Le Seigneur de Reuville, Sr Marie de St-Joseph	1659. Paris.
149.	1649.	D'Épernon, Sr Anne-Marie......	1701. Paris.

1. Elle a été sous-prieure six ans, on ne sait à quelle époque précise.

APPENDICE. NOTE PREMIÈRE.

Rang. Profession.   Année et lieu du décès.

150. 1649. De Brunel, S⁽ʳ⁾ Marie de tous les
            Saints.................................... Niort.
151. 1649. Germain, S⁽ʳ⁾ Marie de la Nativité. 1689. Paris.
152. 1650. Favel, S⁽ʳ⁾ Anne de la Nativité... 1669. Châlons.
153. 1651. Courtin, S⁽ʳ⁾ Thérèse du St-Esprit. ....
154. 1651. Colbert[1], S⁽ʳ⁾ Cath. de la Conception 1659. Paris.
155. 1651. Lecomte de Nonant, S⁽ʳ⁾ Anne de J.-C 1652. Paris.
156. 1651. Tomexon de Remenecour[2], la
            mère Thérèse de Jésus....... 1687. R. Grenelle
157. 1652. Chesnard, S⁽ʳ⁾ Marie de St-Joseph. 1663. Paris.
158. 1654. De la Thuillerie, la mère Marie du
            St-Sacrement................ 1705. Paris.
159. 1654. De Fieubet, S⁽ʳ⁾ Charlotte de Jésus 1701. Abbeville.
160. 1654 Jessé, S⁽ʳ⁾ Marie de St-Benoît.... 1670. R. Grenelle
161. 1654. Langlois, S⁽ʳ⁾ Marie de Ste Madeleine 1723. Lectoure.
162. 1654. Du Val, S⁽ʳ⁾ Cath. de Jésus-Maria. 1659. Paris.
163. 1655. Grangier de Liverdi[3], S⁽ʳ⁾ Thérèse
            de la Passion................ 1723. Paris.
164. 1655. Le Boiteux, S⁽ʳ⁾ Louise de la Passion 1696. Paris.
165. 1655. D'Aubray, S⁽ʳ⁾ Marie de J.-C.. 1705. Paris.
166. 1657. Grouin, S⁽ʳ⁾ Françoise de la Mère-
            Dieu......................... Châlons.
167. 1658. Charpentier, S⁽ʳ⁾ Catherine de J.-C. 1674. Paris.
168. 1660. La Tour d'Auvergne de Bouillon,
            S⁽ʳ⁾ Émilie de la Passion[4]....... 1696. Paris.

1. Était-elle de la famille de Colbert ? Entrée à dix-huit ans, morte à vingt-huit. « C'etoit, dit la circulaire, une ame de grande vertu et des plus silencieuses. Son attrait particulier etoit l'humanité sainte de Notre-Seigneur Jesus-Christ. »

2. Elle avait été de la cour de Monsieur, Gaston, duc d'Orléans, et avait beaucoup d'esprit. Nous en possédons plusieurs lettres fort agréables adressées à la marquise d'Huxelles.

3. Son père, M. de Liverdy, était doyen des conseillers de la grand'chambre du parlement de Paris.

4. Ce n'était pas moins qu'Émilie-Éléonore, une des filles du duc de Bouillon, le frère aîné de Turenne, dont Émilie était la nièce. Elle était donc sœur

LES CARMÉLITES.

Rang.	Profession.		Année et lieu du décès.
169.	1660.	Guilloire, S' Marie de la Passion.	1678. Paris.
170.	1660.	Marechalle, S' Isabelle de Jésus-Maria............	1710. Paris.
171.	1660.	Collette, S' Françoise de Jésus-Maria............	1718. Paris.
172.	1661.	Le Febvre d'Aubonne, S' Marie de Jésus............	1666. Paris.
173.	1661.	Pitou, S' Marie Madeleine de la Croix............	1663. Paris.
174.	1662.	Sanson, S' Catherine de Jésus-Maria............	1688. Paris.
175.	1662.	D'Égremont, S' Louise du St-Sacrement............	1683.

du cardinal de Bouillon, du duc de Bouillon, grand chambellan de France, et des duchesses d'Elbeuf et de Bavière. Extrait de sa circulaire : « Sa vocation a été des plus fortes, ce qui a bien paru par toutes les circonstances qui l'ont accompagnée. Ses grandes qualités la rendoient aimable, et lui attachoient son illustre famille, qu'elle quitta dans un temps où elle connoissoit tous ses avantages, les sacrifiant à l'unique desir de son salut. Les paroles de l'Evangile furent le premier mobile de sa vocation, et l'ont soutenue dans tout le cours de sa vie. Elle trouvoit dans ce livre sa force et sa consolation, et c'etoit une de ses pratiques de ne point passer de jour sans en lire quelques chapitres. Elle fut heureuse d'y puiser la force qui lui etoit necessaire pour accomplir son dessein, et vaincre les difficultés que l'authorité de messieurs ses parens y opposoient. Elle les quitta meme sans leur dire adieu, ne pouvant autrement surmonter leur tendresse et la sienne. Elle embrassa dès son entrée la regle dans toute son etendue, y joignant meme plusieurs autres austerités... Elle desira d'etre employée aux offices les plus bas, comme de balayer les lieux les plus penibles, porter le bois, laver la lessive, et autres choses de cette nature qui se pratiquent dans nos maisons... Elle tomba dans des infirmités qu'aucun remede ne put guérir, de sorte qu'on peut dire que sa vie n'a été qu'une souffrance perpetuelle portée avec le plus grand courage... Son affection pour nos maisons lui a fait obtenir bien des aumones du Roy pour les secourir dans leurs besoins. Ce n'est qu'en tremblant que nous osons dire quelque chose de cette chere sœur, m'ayant demandé avec instance et fait demander par le reverend Pere, general de l'Oratoire, son confesseur, de ne rien mettre que son age et sa mort dans la circulaire, me priant meme que je ne fisse pas connoitre que j'en usois de la sorte à sa requisition, afin que mon silence fit paroitre à tout l'ordre qu'il n'y avoit rien de bon à en dire. » Morte à cinquante-sept ans, dont trente-sept en religion.

Rang. Profession.		Année et lieu du décès.
176.	1663. D'Arpajon [1], S⁷ Marie de la Croix.	1695. Paris.
177.	1663. La Tour d'Auvergne de Bouillon [2], S⁷ Hippolyte de Jésus............	1705. Paris.
178.	1663. Le Bouts, la mère Madeleine du St-Esprit........................	1617. Paris.

1. Jacqueline d'Arpajon était la fille du duc d'Arpajon et de Gloriande, fille du marquis de Thémines, maréchal de France, belle-fille de cette belle Catherine-Henriette d'Harcourt que son père épousa depuis, qui fut dame d'honneur de la dauphine, et dont il y a un très-beau portrait à Versailles dans l'attique du nord. Extrait de la circulaire de la mère Marie du Saint-Sacrement: « Dès ses plus tendres années elle desira se consacrer à Dieu dans notre ordre, mais la tendresse qu'elle avoit pour Mme sa grande mere (Jacqueline de Castelnau) qui l'avoit elevée, lui en fit differer l'execution. M. son pere, qui l'aimoit tendrement et qui vouloit l'etablir selon sa qualité et les grands biens qu'il lui vouloit donner, la fit venir à Paris. Le sejour qu'elle y fit ne diminua pas ses premiers desirs; au contraire ils s'augmenterent dans une grande maladie qu'elle eut où Dieu lui fit connoitre l'instabilité des choses humaines. Elle se determina à suivre son appel. L'opposition que M. son pere avoit à son dessein et la délicatesse de sa complexion etoient deux obstacles invincibles pour l'executer. Cependant elle temoigna tant de ferveur et de courage que nos meres ne purent resister à ses empressemens, ce qui fit qu'on la reçut avant d'avoir le consentement de M. son pere. Elle soutint avec fermeté tous les efforts qu'il fit pour la retirer du monastere, et elle demanda et prit l'habit le 7 juillet. 1655. » Morte à soixante-dix ans, dont quarante en religion.

2. C'est la sœur puînée d'Émilie-Éléonore. Elle entra aux Carmélites à quinze ans. Elle s'appelait Hippolyte. Extrait de la circulaire de la mère Marie du Saint-Sacrement : « Quoique notre tres-honorée sœur Hipolite eut été elevée apres la mort de Mme sa mere dans un couvent d'une regularité parfaite, Dieu qui avoit des desseins sur cette ame à laquelle il avoit donné des desirs particuliers de penitence, lui inspira celui de se consacrer à lui dans notre saint ordre. Quoique très-jeune, la mere Marie Madeleine fut si touchée de sa ferveur et de la fermeté de sa resolution, jointe au respect qu'elle avoit pour son illustre maison, qu'elle ne lui put refuser l'entrée de la notre... Sa famille et ses tuteurs firent pendant son noviciat toutes les tentatives propres à eprouver sa vocation... Dieu l'avoit douée de beaucoup d'esprit, de penetration et d'elevation; mais son humilité l'a toujours portée à rechercher les travaux les plus bas et les plus humilians du monastere; elle demanda avec tant d'avidité de laver le linge et d'aider à la cuisine qu'on n'a pu lui refuser pendant plusieurs années cette consolation... » Morte âgée de soixante ans, et de religion quarante-cinq.

Rang. Profession.		Année et lieu du décès.
179. 1663.	Oupin, Sr Marie de Saint-Joseph	1709. Paris.
180. 1664.	De Reuville, Sr Madeleine de la Passion............................	1700. Paris.
181. 1664.	La Brosse d'Atis, Sr Jeanne de Jésus-Maria....................	1679. Paris.
182. 1664.	Cornuau, Sr Catherine de Tous les Saints...................	1716. Paris.
183. 1665.	Crussoles d'Usez[1], Sr Anne des Anges........................	1719. Paris.

1. Elle s'appelait Marguerite et était une des filles de François de Crussol, duc d'Uzès, chevalier d'honneur de la reine Anne, mort en 1680, et de Marguerite d'Apchier. Son frère, Emmanuel de Crussol, épousa la fille de Montausier et de Julie d'Angennes. Voici l'extrait de sa circulaire par la mère Anne-Thérèse de Saint-Augustin : « La puissance de la grace s'est manifestée dans sa vocation à notre saint ordre. Elevée auprès d'une de ses sœurs, religieuse à la Ville-l'Eveque (Anne-Louise), et lui etant plus unie par les liens de l'amitié que par ceux de la nature, elle ne pouvoit se resoudre à s'en separer. Cependant la voix de Dieu qui l'appelloit ailleurs ne lui permettoit pas de jouir de la douceur qu'elle cherchoit dans une si tendre union. Un jour qu'elle se sentoit plus pressée d'obeir à Dieu, elle lui dit dans l'amertume de son ame : Seigneur, si c'est votre volonté que je sois carmelite, envoyez-moi une maladie afin que je puisse quitter ma sœur. Sa priere fut exaucée, elle tomba si dangereusement malade que ses parens furent obligés de la retirer du cloitre. A peine fut elle guerie qu'elle eut à livrer de nouveaux combats pour l'execution de son dessein. M. son pere et Mme sa mere, à la premiere proposition qu'elle leur en fit, lui representerent la délicatesse de sa complexion, la tendresse qu'ils avoient pour elle, et les grands etablissements qu'ils lui preparoient. Mais celui qui l'avoit choisie pour son epouse la rendit victorieuse de toutes les tentations. La reine mere, dont elle avoit l'honneur d'etre filleule lui avoit promis une abbaye si elle etoit jamais religieuse. Cette princesse ayant appris son entrée dans notre maison voulut la voir. Je vous avois promis de vous faire abesse, lui dit la reine avec amitié, pourquoi me mettez-vous hors d'etat de tenir ma parole? Je ne souhaite rien, Madame, lui repondit ma sœur Anne des Anges, que d'etre la derniere dans la maison de Dieu. Sa joye de se voir parmi nous fut si grande qu'elle ne pouvoit assez remercier Dieu de l'avoir retirée de la corruption du siecle. Nos meres ayant moins compté sur ses forces que sur son courage, la delicatesse de son temperament ne fut point un obstacle à sa reception. Elles ne furent pas trompées dans leur prejugé sur sa ferveur. C'est ce qui l'a soutenue dans les longues infirmités qui pendant sa vie ont exercé sa patience... » Morte à soixante-quinze ans, et cinquante-cinq de religion.

Rang. Profession.	Année et lieu du décès.
184. 1665. Duvet St-Chriest, Sr Madeleine de la Trinité..............	1710. Paris.
185. 1665. Germain, Sr Catherine de la Mère de Dieu....................	1668. Paris.
186. 1665. Lefort, Sr Catherine des Anges..	1690. Paris.
187. 1666. De Gives[1], Sr Anne du St-Sacrement......................	1684. Paris.
188. 1666. Marquisio, Sr Anne de la Passion	1681. Paris.
189. 1666. Lebreton, Sr Geneviève de Jésus.	1709. Paris.
190. 1666. Duguet, Sr Marie de Ste-Thérèse.	1677. Chaumont.
191. 1667. Sancier, Sr Marie de Barthélemy.	1679. Paris.
192. 1667. Richard, Sr Françoise des Anges.	1694. Paris.
193. 1667. Dandreau, Sr Marie des Anges...	1708. Paris.
194. 1669. D'Achée, la mère Marie de Jésus.	Saintes.
195. 1669. Du Merle-Blanc-Buisson, la mère Marguerite Thérèse de Jésus...	1709. Paris.
196. 1669. Piron, Sr Marie de St-Jean-Baptiste	1721. Paris.
197. 1671. Poncet, Sr Antoinette de Jésus...	1716. Paris.
198. 1671. Potière, Sr Catherine de Jésus...	1696.
199. 1671. Des Lois, Sr Anne de Jésus.....	1676. Paris.
200. 1672. Cadat de Sebville[2], Sr Charlotte de St-Jean................	1686. Paris.

1. Il paraît qu'elle était d'une grande famille, et qu'elle avait assez longtemps vécu dans le monde. Extrait de la circulaire de la mère Agnès : « Elle se donna à Dieu avec beaucoup de courage, quittant dans le siecle une grande famille dans laquelle elle etoit fort aimée et respectée, et sacrifiant à Dieu toute sa tendresse pour le servir plus parfaitement. Il seroit difficile d'exprimer avec quelle humilité elle a vecu dans ce monastere, et combien elle a été eloignée de ce que l'on craint des personnes qui ont passé plusieurs années dans le monde avec autorité... Elle avoit l'esprit de pauvreté en un très-haut degré, ne trouvant jamais rien de trop vil ni de trop chetif pour son usage, etant bien aise de pouvoir par cette pratique reparer les superfluités où la vanité fait tomber les personnes qui tiennent rang dans le monde... » Morte à soixante-quinze ans, dont vingt-sept de religion.

2. Extrait de la circulaire de la mère Agnès : « Quoiqu'elle eut beaucoup d'avantages naturels, jamais elle ne parut les connoitre, se tenant toujours au

Rang. Profession.			Année et lieu du décès.
201.	1673.	Charpentier, Sr Madeleine de St-Joseph...................	1718. Paris.
202.	1673.	Des Bordes, Sr Thérèse de Jésus-Maria......................	1679. Paris.
203.	1673.	Gagny, Sr Françoise de Ste-Thérèse	1740. Paris.
204.	1673.	Palu, Sr Anne de Jésus-Christ...	1719. Paris.
205.	1674.	D'Aumont[1], Sr Radegonde de St-Joseph...................	1675. Paris.
206.	1675.	La Beaumé le Blanc de La Vallière, Sr Louise de la Miséricorde....	1710. Paris.
207.	1675.	Faverolles, Sr Geneviève de Jésus-Maria......................	1720. Verdun.
208.	1675.	Lasgure, Sr Geneviève de la Passion......................	1718. Paris.
209.	1676.	Lainée, Sr Marie de Jésus.......	1711. Paris.
210.	1676.	Landry, Sr Françoise du St-Sacrement....................	1718. Paris.
211.	1678.	Chauvin, Sr Madeleine de Jésus..	1700. Paris.
212.	1678.	De Bellefonds, Sr Marie de St-Gabriel......................	1733. Paris.
213.	1679.	De la Planche, Sr Anne de St-Pierre......................	1690. Paris.
214.	1679.	Bourdain d'Assy, Sr Geneviève des Anges..................	1745. Paris.
215.	1679.	Faverolles, Sr Marguerite de J.-C.	1713. Paris.
216.	1680.	La Tour de Gouvernet[2], Sr Agnès de Jésus-Maria	1680. Paris.

dessous de toutes interieurement et exterieurement. » Morte à trente ans, quatorze en religion.

1. Nul détail, sinon que pour entrer aux Carmélites elle eut à vaincre les plus grands obstacles pendant quatre ans, qu'elle y entra à vingt-cinq ans et mourut un an après. Était-elle de la famille d'Aumont?

2. Extrait de la circulaire de la mère Agnès : « Cette aimable enfant a passé son noviciat dans une ferveur angélique, pratiquant toutes les vertus avec autant de perfection qu'on en eut pu attendre d'une religieuse très-avancée,

Rang.	Profession.		Année et lieu du décès.
217.	1680.	De Stuart [1], S' Marguerite de St-Augustin..................	1722. Paris.
218.	1681.	Petit, S' Marguerite de Jésus....	1734. Paris.
219.	1681.	De Cousin, S' Henriette de Jésus.	1699. Paris.
220.	1681.	Autheaume, S' Geneviève de Ste-Thérèse..................	1733. Paris.
221.	1681.	Messin, S' Jeanne de la Passion..	1729. Chaumont.
222.	1681.	Pré de Seigle, S' Marie de St-Michel....................	1726. Paris.
223.	1681.	Ursot, S' Françoise de Jésus-Christ....................	1710. Paris.
224.	1682.	Le Nain, S' Marie Anne de Jésus.	1733. Paris.
225.	1682.	De Bechamel, S' Thérèse de St-Joseph....................	1717. Paris.
226.	1682.	Champy, S' Marguerite de St-Joseph....................	1717. Paris.
227.	1682.	Bailly, S' Marie Anne de St-François....................	1706. Paris.
228.	1683.	Fruchon, S' Marie de la Passion.	1736. Paris.
229.	1683.	Baillet, S' Suzanne des Anges...	1701. Paris.
230.	1684.	Charost de Bethune [2], S' Thérèse de Jésus-Maria..............	1709. Paris.

surtout la douceur et l'humilité... Trois ou quatre jours après sa consecration à Dieu, elle a été saisie d'une fluxion de poitrine à laquelle tout remede a été inutile... elle est expirée à l'age de vingt ans dont elle a vecu vingt-deux mois parmi nous »

1. Certainement celle dont parle Mme de Sévigné, lettre du 5 janvier 1680 : « Madame Stuart belle et contente. » Qui était-elle? M. de Montmerqué n'en dit rien. Voici toute sa circulaire : « Cette très-honorée sœur est decedée le 20 juin 1722 dans ce monastere où elle avoit fait profession le 30 mai 1680. »

2. Il s'agit ici de Mlle Marie-Hippolyte de Béthune-Charost, fille d'Armand de Béthune, marquis, puis duc de Béthune-Charost, chevalier des ordres du roi, capitaine des gardes du corps, et de Marie Fouquet, fille du surintendant. Elle était née en 1664, entra au couvent vers 1682, à dix-huit ans, et fit ses vœux en 1684. Elle avait pour frère aîné Armand de Béthune, IIe du nom, duc de Charost, né en 1663, lieutenant-général en 1702, capitaine des

Rang. Profession.		Année et lieu du décès.
231. 1684.	Le Vayer, Sr Marie de Ste-Victoire	1702. Paris.
232. 1686.	De Gille, Sr Marie de la Nativité.	1705. Paris.
233. 1686.	Bacquet, Sr Agnès de Jésus-Maria	1644. Paris.
234. 1686.	Du Tillet, Sr Anne de Jésus-Christ.	1704. Paris.
235. 1686.	De Segur [1], Sr Cécile de Jésus-Maria	1721. Paris.

gardes en 1711 après la mort du maréchal de Bouflers, gouverneur de Louis XV, mort en 1747. Il épousa en 1680 Marie-Thérèse de Melun, sa cousine germaine, fille du prince d'Espinoy, morte le 20 octobre 1689. Ces détails sont nécessaires pour comprendre l'extrait suivant de sa circulaire : « Cette honorée sœur quitta avec le plus grand courage M^r son pere et Mme sa mere de qui elle etoit tendrement aimée. Ils s'opposerent d'abord fortement à son dessein; mais aussi distingués par leur piété que par leur naissance, ils donnerent enfin leur consentement. Il ne lui falloit pas une foi moins vive que la sienne pour la soutenir dans les commencements. Dieu la privant de la grace qui l'avoit attirée, il ne lui resta qu'une opposition qui lui paroissoit invincible pour la maniere de vie qu'elle avoit choisie. La mere Marie du Saint-Sacrement, sa proche parente, à qui son entrée avoit donné beaucoup de joye, ayant jugé par les grandes qualités qu'elle voyoit en elle que ce seroit un excellent sujet, la voyant dans un état si penible, se crut obligée de la resoudre à sortir; mais elle repondit que convaincue que c'etoit la volonté de Dieu qu'elle se donnât toute à lui, cet état dut-il durer jusqu'à la mort elle s'y soumettoit sans balancer... Cette chere sœur reconnut que l'attachement qu'elle avoit pour Madame sa belle-sœur etoit la cause du trouble qui s'etoit répandu dans son esprit. La douleur qu'elle eut presque aussitot de la voir mourir de la petite vérole, affermit encore sa vocation, ne pouvant se lasser de louer la bonté de Dieu à son egard : Que serois-je devenue, Seigneur, disoit-elle, si je vous avois quitté pour une créature mortelle que je perds avant que d'avoir consommé le sacrifice que vous demandez de moi! Des ce moment elle ne pensa plus qu'à se preparer à sa profession... » Morte à quarante-cinq ans, vingt-six de religion.

1. Était-elle de la famille des Segur? Tous les détails nous échappent. Extrait de sa circulaire : « Sa douceur, l'inclination naturelle qu'elle avoit à faire plaisir, son esprit vif et penetrant, sa conversation aisée et agreable, et d'autres grandes qualités la rendoient extrêmement aimable... Les contradictions qu'elle eut à soutenir, la foiblesse de sa santé, la violence qu'elle eut à se faire pour embrasser une vie si contraire à ses inclinations, firent sur elle ce que l'attrait fait sur plusieurs. Plus elle se sentit de gout pour le monde, plus elle se crut indispensablement obligée de le quitter... » Elle mourut âgée de cinquante-quatre ans et de trente-six de religion. Elle s'était donc faite religieuse à dix-huit ans.

Rang. Profession.	Année et lieu du décès.
236. 1687. Quinquet[1], Sr Marguerite de Jésus-Maria...................	1691. Paris.
237. 1687. De Coëtantem, Sr Thérèse du St-Esprit...................	1726. Paris.
238. 1688. Duru, Sr Marie de St-Barthélemy.	1749. Troyes.
239. 1688. Chenault, Sr Marguerite de St-Laurent...................	1731. Paris.
240. 1689. Guichard, Sr Charlotte de St-Cyprien...................	1747. Pont-Audemer.
241. 1689. Bacquet, Sr Geneviève de l'Assomption...................	1735. Paris.
242. 1690. Fouquet[2], Sr Charlotte de la Miséricorde...................	1705. Paris.
243. 1690. Isminiane[3], Sr Adélaïde de Jésus.	1698. Paris.
244. 1692. Mathieu, Sr Thérèse du St-Sacrement...................	1701. Paris.

1. Extrait de la circulaire de la mère Marie du Saint-Sacrement : « Dieu lui avoit donné un esprit naturel fort au dessus du commun, lequel avoit été fort cultivé, dont jamais elle ne se prevalut, et qui l'auroit rendue capable de tout. Mais Dieu vouloit la sanctifier par d'autres voies. Peu de temps après sa profession elle tomba dans de telles infirmités que l'on peut dire que le reste de sa vie s'est passé sur la croix. » Morte à trente ans, cinq de religion.

2. Il ne paraît pas que Charlotte Fouquet fût de la famille du surintendant. La circulaire de la mère Marie du Saint-Sacrement ne nous apprend absolument rien sur elle.

3. L'histoire de cette sœur est un vrai roman, et fort triste. Elle était de Hongrie, et fille d'un pacha. Mariée de bonne heure à un des principaux officiers de l'armée de Turquie, l'armée autrichienne vint assiéger la ville qu'elle habitait avec son mari. Celui-ci mourut pendant le siége. Les chrétiens prirent la ville d'assaut, et passèrent la garnison au fil de l'épée. La jeune veuve fut arrachée de sa maison par des soldats qui lui enlevèrent ses pierreries et ses habits, ne lui laissèrent que sa chemise, et en cet état la traînèrent par-dessus les corps morts pour la vendre ou la faire périr. Le prince de Commercy, de la maison de Lorraine, la tira de leurs mains, et la donna à M. le prince de Conti, qui chargea deux officiers de sa maison d'en prendre soin et l'envoya à Paris à sa femme. On la fit instruire par le père de Byzance, Turc de naissance et devenu Père de l'Oratoire; on la baptisa, et quelque temps après elle entra aux Carmélites. Elle y mourut à l'âge de vingt-huit ans, dont neuf et demie en religion.

Rang. Profession.	Année et lieu du décès.
245. 1692. Gravé, Sr Jeanne de St-Joseph..	1728. Paris.
246. 1692. De Bellefonds[1], la mère Thérèse de St-Michel................	1734. Paris.
247. 1693. Grouin, Sr Anne Christine	1699. Paris.
248. 1694. Tisier, Sr Catherine de Ste-Geneviève................	1721. Paris.
249. 1693. De Cuzy, Sr Marie de St-Jean...	1709. Paris.
250. 1695. Robert, Sr Angélique de St-Joseph	1743. Paris.
251. 1695. De Maulevrier, la mère Anne Thérèse de St-Augustin.......	1742. Paris.
252. 1696. D'Arreres, Sr Françoise de la Miséricorde..........	1738. Paris.
253. 1696. De Bouflers[2], Sr Elisabeth de St-Joseph....................	1745. Paris.
254. 1698. De St-Aubert, Sr Elisabeth de la Croix.....................	Narbonne.
255. 1698. De La Rochefoucault[3], Sr Marguerite de la Miséricorde..... ...	1743. Paris.
256. 1699. De Chauffour, Sr Marie de St-Joseph..........	1705. Paris.
257. 1700. Roland, Sr Suzanne de la Nativité	1750. Paris.
258. 1700. La Tour d'Auvergne de Bouillon[4], Sr Marie Anne de St-Augustin..	1752. Maubuisson

1. Nièce de la mère Agnès. Élue très-jeune sous-prieure (on ne dit pas en quelle année), puis prieure, morte à l'âge de soixante-trois ans, après quarante-trois ans de religion. Elle était donc entrée au couvent à vingt ans.

2. De Bouflers. Etait-elle de la famille de Bouflers? Sa circulaire insignifiante ne laisse rien à conjecturer à cet égard.

3. Extrait de sa circulaire : « Après avoir quitté les grands avantages que sa naissance lui offroit, elle choisit ce monastere pour le lieu de sa retraite où elle vouloit ensevelir les grandes misericordes dont Dieu l'avoit comblée. S'il m'etoit permis d'en faire le detail, j'aurois de grands sujets d'edification à vous exposer; mais ses instances reiterées me forcent à demeurer dans le silence... » Morte à soixante-treize ans, et de religion quarante-sept.

4. Marie-Anne de La Tour d'Auvergne de Bouillon était la fille cadette de Frédéric-Maurice de La Tour, IIe du nom, fils du duc de Bouillon, comte

Rang. Profession.		Année et lieu du décès
259. 1702. Gronin de Valgrand, Sr Marie Madeleine de Jésus............	1730.	Paris.
260. 1703. Bade, Sr Claude de Jesus-Maria..	1744.	Paris.
261. 1703. Benard, Sr Madeleine de Jésus-Maria................	1746.	Paris.
262. 1703. Langlois, Sr Marie-Louise de Jésus	1748.	Paris.
263. 1704. Des Touches, Sr Madeleine de Jésus..................	1726.	Paris.
264. 1704. Thomassin de Fredo [1], Sr Madeleine de St-Augustin..........	1752.	Paris.
265. 1705. Pesché, Sr Marie Anne de Ste-Thérèse..................	1749.	Paris.
266. 1706. Adam, Sr Marguerite Suzanne de Jésus....................	1742.	Paris.
267. 1707. Le Scellier, Sr Anne de Ste-Madeleine....................	1748.	Paris.
268. 1707. Du Chalard, Sr Angélique de Jésus	1755.	Paris.
269. 1707. Desquois, Sr Nicole de Jésus....		Soissons.
270. 1708. Boyer, Sr Anne de Jésus-Maria..	1737.	Paris.
271. 1710. Du Meni d'Osmond............		
272. 1710.		

d'Auvergne, lieutenant général, et gouverneur du Limousin. Marie-Anne était donc petite-fille de Turenne, et nièce d'Émilie-Éléonore et d'Hippolyte de Bouillon dont il a été question plus haut, p. 398 et 400.

1. Extrait de sa circulaire : « Dieu l'avoit douée de toutes les qualités qui pouvoient l'attacher au monde et attacher le monde à elle, naissance, bien, esprit, agrement, douceur, politesse; aussi faisoit-elle les delices de sa famille. Mais la solidité de son esprit lui fit sentir le vuide de ces avantages et en craindre le danger. Fidèle à la voix de l'Esprit qui l'appeloit à la solitude, malgré les repugnances de la nature, elle prefera la qualité d'epouse d'un Dieu crucifié à tout ce que le monde lui offroit de plus flatteur. Elle demanda avec empressement une place à nos anciennes meres, qui ravies d'offrir à Dieu une victime dont le monde se feroit seul honneur la lui accorderent avec joie... Son humilité lui faisant croire qu'on ne pouvoit dire du bien d'elle sans blesser la verité, me force au silence par la priere qu'elle m'a faite en presence de la communauté de ne faire de lettre circulaire que pour demander les suffrages de l'ordre. Je respecterai ses intentions, etc... »

Rang. Profession.		Année et lieu du décès.
273. 1710.	D'Alichamp, S' Thérèse de J-Maria	1714. Paris.
274. 1714.	Bechamel de Nointel¹, S' Rosalie de Jésus..................	1772. Paris.
275. 1714.	Bernard, S' Marie de St-Joseph..	1758. Paris.
276. 1714.	De Vienne, S' Marie de St-Jean.	1720. Paris.
277. 1714.	De Merisy², S' Marie Angélique du St-Sacrement.............	1719. Paris.

1. Extrait de sa circulaire : « Sa premiere education fut confiée aux dames de l'Assomption où une de Mesdames ses sœurs etoit dejà religieuse. Un extérieur aimable, un esprit capable de tout comprendre, et de juger sainement des choses, des manieres pleines de candeur, de politesse et d'une noble simplicité, lui meriterent l'estime et l'amour de ceux qui composoient cette sainte maison. Mme sa mere qui l'aimoit tendrement l'en retira et lui presenta pour la fixer près d'elle ce que le monde avoit de plus brillant... Cependant elle consentit qu'une de Mesdames ses tantes retirée aux dames Jacobines de la Croix achevat une education si heureusement commencée. Ce fut dans ce saint asyle que Mlle de Nointel conçut le genereux desir de sacrifier à Dieu le brillant avenir que paroissoient lui assurer dans le monde ses richesses et sa naissance. Quoiqu'elle eut plusieurs de ses sœurs religieuses ou pensionnaires aux dames de la Visitation du faubourg Saint-Germain, elle imposa silence à la chair et au sang, et fidele à la voix de Dieu qui l'appeloit à notre saint ordre, elle joignit, pour lui obeir, au sacrifice des avantages considerables que le monde lui offroit, un sacrifice qui couta peut-etre plus à son cœur, son attachement pour sa famille, surtout pour Mme la comtesse de Madaillan, dont l'amitié tendre et genereuse l'ont toujours penetrée de la plus vive reconnoissance. Elle entra dans ce monastere agée seulement de vingt-un ans... »

2. L'histoire de cette religieuse semble intéressante ; mais nous n'avons trouvé de renseignements sur sa famille ni dans Moréri ni ailleurs. Voici l'extrait de sa circulaire par la mère Anne Thérèse de Saint-Augustin : « Sa vocation fut l'effet de cette grace victorieuse qui triomphe des cœurs les plus rebelles. Cherie d'une famille qui vouloit l'etablir dans le siecle, elle se livroit à ce qu'il présente de plus seduisant, lorsque la Providence repandit de salutaires amertumes sur ce qu'elle croyoit devoir faire son bonheur. Elle ouvrit les yeux sur le néant des choses de la terre, et sensible aux attraits de la grace qui la prevenoit avec tant d'amour, elle resolut de quitter le monde, indécise sur le choix de sa retraite, et pour préparer sa famille à une séparation qui devoit lui coûter tant de larmes elle se retira à leur insu dans le couvent des religieuses de Saint-Magloire. Mme sa mere fit tous ses efforts pour l'obliger d'en sortir ; mais voyant sa fermeté dans le dessein de racheter les jours de sa vanité par la pénitence, elle s'en retourna outrée de douleur. Pour sa fille, elle

commença le plan d'une nouvelle vie par une retraite de huit jours et une confession generale. Dieu l'eclaira d'une maniere si sensible qu'elle resolut de chercher un genre de vie où elle put etre entierement cachée au monde. Une dame de ses amies, dont la sœur etoit parmi nous, lui ayant parlé de notre maison, elle crut y trouver ce qu'elle desiroit si ardemment. Ne pouvant resister à ses prieres nous la reçumes avec joye... Deux mois avant sa profession elle fut eprouvée par une tentation si violente de sortir qu'elle y pensa succomber. Toute occupée de sa douleur, elle passa devant un oratoire dedié à la passion du Sauveur; elle y entra, et se prosternant contre terre, le visage baigné de larmes elle demanda à Dieu le secours dont elle avoit besoin. Sa priere fut exaucée, elle sortit de cet oratoire, tranquille, pleine de joye, et plus resolue que jamais à se consacrer à Dieu... Dès qu'elle fut engagée par ses vœux elle ne soupira plus que pour le ciel. Elle desiroit la mort avec ardeur. « Je vous avoue, nous disoit-elle, que j'apprehende ma foiblesse; je crains de pecher, et je voudrois voir mon Dieu. » C'est dans ces dispositions que l'epoux est venu frapper à sa porte. Pendant sa maladie elle ne parloit que de ses desirs de l'éternité. Ma sœur l'infirmiere lui dit un jour en riant : « Vous etes trop hardie dans votre confiance ; il y en a plusieurs parmi nous qui ont peu connu le monde et qui tremblent à la vue des jugemens de Dieu; et vous qui avez passé la plus grande partie de votre vie dans le plaisir, vous envisagez la mort sans crainte.—Apres tout ce que Dieu a fait pour moi, lui repondit-elle, je ne saurois entrer en defiance. S'il n'avoit pas voulu me faire misericorde, m'auroit-il amenée ici ? » Elle expira agée de près de trente-cinq ans, et de cinq ans et demie de religion. »

IV.

DIVERSES PIÈCES RELATIVES AUX CARMÉLITES.

Le 13 septembre 1615, mourut la princesse Marguerite d'Orléans, fille d'Henri, duc de Longueville, premier du nom, et sœur du duc de Longueville marié plus tard à Anne de Bourbon. Elle décéda longtemps avant sa sœur aînée Catherine. Son corps fut porté aux Carmélites, et inhumé dans le chapitre, près de l'autel de droite, sous une tombe de marbre noir, avec cette épitaphe :

« A la mémoire de très-haute et très-vertueuse princesse Mademoiselle Marguerite d'Orléans, princesse de Longueville et de Touteville, seconde fondatrice de ce monastère ; laquelle, après avoir conservé la chasteté jusqu'à la fin de sa vie, et orné la noblesse de son sexe d'une très-grande modestie et d'une rare piété, accompagnée de toutes les vertus, attend ici, avec les vierges prudentes, la venue de l'Époux pour aller avec elles le suivre au festin des noces éternelles. Elle a vécu 48 ans, 8 mois moins 3 heures. »

Le 28 septembre 1638, mourut la princesse Catherine, qui fut enterrée dans la même tombe que sa cadette :

« Cy-gist tres-illustre et tres-vertueuse princesse Mademoiselle Catherine d'Orléans, princesse de Longueville, seconde fondatrice de ce monastère; laquelle, pour imiter sa sœur, et faire voir au monde ce que la grace peut en une ame vraiment touchée de l'amour de Dieu, a voulu, comme elle, n'avoir d'autre epoux que Jésus-Christ; et, après avoir consumé sa vie dans une continuelle pratique de vertu, Dieu, sur la fin de ses jours, lui a voulu donner une derniere epreuve par la privation de la vue, le plus cher de ses sens. Elle porta cette affliction si constamment qu'on peut dire avec verité qu'elle a laissé à la terre, notamment à la France, un rare exemple de patience et d'humilité. Elle déceda, agée de 72 ans, 8 mois, 8 jours, en 1638. »

La reine Marie de Médicis avait été la bienfaitrice du couvent, et avait reçu le nom de première fondatrice. Aussi sa mort fut-elle un deuil pour les Carmélites. On lit dans l'Histoire manuscrite, t. Ier, p. 506 et 507 :

« A peine la Mere Marie de la Passion fut-elle en charge, que l'on apprit, à Paris, la mort de la reine Marie de Médicis, décédée à Cologne le 3 juillet 1642. Cette infortunée princesse, que Dieu éprouva, les dernieres années de sa vie, par les plus sensibles afflictions, fut infiniment regrettée en ce monastere. Les bontés dont elle n'avoit cessé de le combler l'exigeoient de sa reconnoissance ; et chaque recluse la regardant comme sa singulière bienfaitrice, elles s'employerent, avec le zèle le plus ardent, auprès de Dieu, pour procurer un prompt soulagement à son ame. Cette illustre défunte donna, par son testament, à ce monastere, toutes les reliques qu'elle avoit laissées à Paris, dans sa maison, nommée aujourd'hui le Luxembourg, et celles qu'elle avoit à Cologne. Les premieres furent apportées icy, le 19 d'août de cette même année (1642), et les dernieres par Mme la princesse de Condé, le 24 mars de l'année suivante, à l'exception des reliquaires qui contenoient des ossements de saint Roch, de sainte Lidurine et de sainte Colette, que Louis XIII garda, par dévotion, jusqu'au 16 juillet suivant, que sa Majesté les remit entre les mains de la reine Anne d'Autriche qui, venant faire ses dévotions icy, dans ce jour solennel, rendit à la communauté ces trésors inestimables. »

Il n'est pas surprenant que Mademoiselle de Bourbon ait songé à se faire carmélite, puisque sa mère y pensa aussi très-sérieusement. HISTOIRE MANUSCRITE, t. Ier, p. 514 :

« Le 26 decembre 1646, mourut à Paris Henry de Bourbon, second du nom, premier prince du sang, chéry du peuple par son amour pour la paix. Il laissa trois enfants qu'il avoit eus de Madame la Princesse : Louis de Bourbon, duc d'Enghien, devenu, par cette mort, prince de Condé et premier prince du sang; Armand, prince de Conty, qui épousa Anne-Marie Martinozzy; et Anne-Geneviève de Bourbon qui, depuis peu d'années, avoit épousé le duc de Longueville. Madame la Princesse, se voyant veuve, s'attacha de plus en plus à ce monastere, pour lequel elle avoit une telle estime que la sainteté de celles qui l'habitoient luy fit souvent désirer d'y finir ses jours, disant quelques fois qu'il luy sembloit que, malgré son goût naturel pour la cour et ses plaisirs, elle s'accomoderoit parfaitement de cette manière de vivre. Dans cette circonstance, ses désirs se renouvelèrent, mais l'amour de ses enfants luy en fit différer l'exécution jusqu'au moment de sa mort, qu'elle ne croyoit pas devoir toucher de sy près celle de M. le Prince, auquel elle ne survequt que quatre ans. L'année suivante (1647), elle fit commencer le bâtiment d'une maison, près de ce monastere, cherchant tous les moyens imaginables d'y faire du bien. Cette vertueuse princesse se fit faire un habit de carmelite, à dessein de le mettre quelques fois, et se fit un plaisir de surprendre les sœurs en se montrant dans ce nouvel habillement. Quelque désir qu'elle eût eu de l'essayer avant la mort de M. le Prince, les anciennes meres s'y opposerent toujours, instruites par les meres espagnolles qu'en aucun cas on ne le devoit permettre aux femmes mariées. »

LES CARMÉLITES.

Les deux lettres suivantes prouvent quel intérêt prenait Richelieu aux Carmélites, et quel respect il portait à la mère Madeleine de Saint-Joseph. Il s'agissait alors de la prétention qu'eurent un moment les Carmes de gouverner, en France comme en Espagne, les couvents de femmes de l'ordre du Carmel. Les prêtres de l'Oratoire, voisins des Carmélites, avaient aussi élevé quelques difficultés sur une ruelle qui séparait les deux monastères.

Lettre entièrement autographe de Richelieu, avec son cachet intact :

« A Madame Madame de Combalet (depuis Mme d'Aiguillon).

« Ma niepce, je n'ay point sceu le particulier de l'affaire dont vous m'escrivés ; je m'en informeray soigneusement. Cependant vous asseurerez, s'il vous plaist, de ma part, les Carmelites, que je contribueray tout ce qui deppendra de moy pour empescher qu'on ne puisse troubler le contentement et le repos dont elles ont jouy jusqu'à présent. Je vous promets que les prestres de l'Oratoire leur serviront en tout ce qui leur sera possible. Je vous escriray plus amplement sur ce sujet lorsque j'en auray une plus exacte cognoissance. En attendant, asseurez ces bonnes âmes de mon affection et de mon service, et croiez que je suis

« Votre très affectionné oncle et serviteur,

« Le Card. de Richelieu.

« Si le petit-fils de madame Bouthillier ne la retient point, je vous attendray demain toutes deux. — De Bois-le-Vicomte, ce 15 aoust 1631. »

Lettre de M. le Cardinal de Richelieu, écrite de Compiègne, le 17 septembre 1631, à la Mère Magdeleine de St-Joseph :

« Ma mère, je prends la plume pour vous dire que le Père Provincial des Carmes deschaussés m'est venu trouver, sur le bruit que l'on faict courre qu'il vouloit rentrer en la direction des Carmelites, et m'a protesté que c'etoit chose à laquelle il n'avoit aucunement pensé et ne penseroit jamais. Je n'ay pas voulu differer à vous en donner advis, afin de mettre vostre esprit en repos de ce costé là, et vous assurer qu'en toutes occasions vous recevrez des effects de la protection qu'il a plu à Sa Sainteté et au Roy que je prenne de votre ordre, comme estant sincèrement, ma Mère, votre très affectionné serviteur,

« Le Cardinal de Richelieu. — De Compiègne, ce 17 sept. 1631. »

Nous ne savions pas jusqu'ici que madame de Combalet eût mis une de ses sœurs au couvent de la rue Chapon, ce qui explique les bienfaits qu'elle répandit sur cette maison, comme nous l'avons dit, chap. Ier, p. 86, dans la note. Voilà ce que nous apprend cette lettre de Marie de Médicis, qui n'est pas datée, mais dont les cachets sont encore intacts.

« A Madame de Combalet, ma dame d'atour,

« Madame de Combalet, aiant sçeu que vous avez mis vostre seur au petit couvent des Carmelites, et que par ce moyen l'un des principaux sujets qui me fit vous permettre de demeurer quelques jours à Paris, depuis mon partement, est cessé, je ne desire pas que vos autres considerations, que je sçai ne vous presser point, vous y retiennent davantage. C'est ce qui me fait vous escrire cette lettre par un porteur exprès pour vous dire qu'incontinent que vous l'aurez reçeue, vous vous mettiez en chemin pour me venir trouver. J'ay esté un peu indisposée d'une fluxion qui m'a donné bien de la douleur; elle est un peu diminuée, et j'espère que ce ne sera rien. Vous hatterez, je m'asseure, de bon cœur, votre retour pour me venir servir en ce facheux mal, si Dieu permet qu'il dure. J'espere que vous me trouverez toute guerie, vous assurant que j'auray du contentement de vous revoir près de moy et que je seray tousjours

« Vostre bien bonne amie,

« Marie. »

Il faut que la Mère Madeleine de Saint-Joseph ait été une personne bien extraordinaire, pour qu'une religieuse qui avait été très-liée avec elle au couvent de Paris, n'ait pu supporter d'en être séparée, quand on l'envoya sous-prieure à Saintes, et que le P. Gibieuf, de l'Oratoire, ait été obligé d'écrire à cette religieuse la lettre qui suit, pour adoucir son chagrin et relever son courage. On conçoit que l'auteur d'une telle lettre ait été si fort estimé de Descartes :

« Pour la Mère Sous-Prieure de Xaintes. »

« Jésus † Maria.

« La grace de Jesus Christ nostre Seigneur soit avec vous pour jamais. J'ay reçeu la vostre qui m'a fait cognoistre l'exercice que vous portés dans la separation de la personne à laquelle il a pleu à Dieu vous donner une liaison si intime; et je vous diray que j'ay esté touché de vostre peine, à laquelle je ne peux penser sans y compatir, vous regardant comme l'enfant sevré de la mamelle, et comme les disciples de Jesus Christ nouvellement privés de sa présence visible par son ascension au Ciel. Le principe de vostre peine est très bon, puisque c'est la liaison à cette sainte ame; mais la nature se mesle parmi, et l'esprit maling encores davantage qui essaye de vous inquieter et de vous affoiblir pour vous rendre inutile, s'il pouvoit, aux fins pour lesquelles vous estes envoyée. Ne croyés point que vous ne soyez bonne à rien, et que vous serez plustot à charge qu'à soulagement. Ce n'est pas là l'humilité que J. Christ nous commande d'apprendre de lui : *Discite a me quia mitis sum et humilis corde*. C'est une fausse humilité dont il se faut donner garde, aussi soigneusement qu'il y a d'obligation de rechercher celle que le fils de Dieu nous apprend. Pour celle là, l'ame, sous prétexte de se mepriser, se regarde incessamment et s'occupe toujours d'elle même. Pour celle-cy, l'ame s'oublie elle mesme comme n'estant rien, et se retire à Jesus Christ comme à celuy qui luy est vie et subsistence, lumiere et force, et generallement toutes choses. Par celle-là l'ame deschet ; par celle-cy elle s'esleve et se fortifie. C'est à quoy je desire que vous tendiez et vous travailliez ; et un des moyens que vous devez pratiquer pour cela est de vous lier tous les jours à cette sainte ame dont nous parlons. Ne laissez passer un seul jour sans vous lier à sa grace et à sa conduite ; et lorsque vous vous trouverez plus peinée, unissez-vous à ses dispositions et recourez ainsy à J. Christ avec elle. Il vous a separé d'elle selon les sens pour vous y lier davantage en purifiant vostre liaison du meslange de la nature, et (pour) qu'elle ne soit plus que par grace. Les liaisons qui entrent dans l'œuvre de Dieu et qui commencent avec le temps en la terre pour estre consommées au Ciel dans l'eternité, doivent estre telles : c'est son esprit seul qui les fait sans que les sens et la nature y ayent part. Depuis, dit saint Paul, que J. Christ est mort et resuscité pour nous, nous ne devons plus cognoistre personne par la fin de notre chair. Et combien que nous ayons, c'est à dire les apostres pendant que J. Christ etoit en la terre, autres fois ainsy regardé J. Christ, nous ne le regardons plus maintenant en cette maniere. Toutes choses sont renouvelées. Tout ce qui est du vieil homme est passé, et nous ne sommes en J. Christ qu'en qualité de nouvelles créatures dont les usages doivent estre par dessus les sens. La nature porte cette nouvelle maniere de vie, mais elle n'y entre pas. Je suplie J. Christ, nostre Seigneur, qui est le principe de cette seconde et nouvelle creation, de l'advancer et l'affermir en vous, et vous faire porter en sa force tout ce qu'il faut porter pour cela. Escrivez moi de temps en temps le progrès de vostre disposition, et vous asseurés que j'auray tousjours un soing très particulier de vostre ame, et seray pour jamais en J. Christ nostre Seigneur et sa très sainte Mère,

« Vostre affectionné à vous servir selon Dieu,

« GIBIEUF, prestre de l'Oratoire de Jesus. De Paris, ce 4 febvrier 1634. »

La plus grande affaire qui ait occupé les Carmélites est celle de la canonisation de la mère Magdeleine de Saint-Joseph, morte en 1637. Pour arriver à cet honneur, les Carmélites se donnèrent toutes sortes de mouvements, et firent bien des dépenses. Elles entretinrent un agent à Rome. Il fallait d'abord persuader au saint Père de nommer une commission dite apostolique, pour connaître des faits, recevoir et apprécier les témoignages. Ensuite il fallait recueillir ces témoignages, les avoir les plus nombreux, les plus certains, les plus autorisés. Enfin, il était nécessaire de les faire valoir auprès de sa Sainteté et de la Congrégation des sacrés rites. De là bien des démarches où les Carmélites s'engagèrent avec une ardeur qui n'est pas, à vrai dire, la chose du monde que j'admire le plus, car, après tout, Dieu discerne lui-même ses saints, et avec l'argent que coûta cette interminable procédure, on aurait soulagé bien des misères, reçu bien de pauvres novices, et gagné à Dieu bien des âmes. La Mère Madeleine de Saint-Joseph fut assez aisément vénérabilisée, c'est-à-dire déclarée vénérable, mais elle ne fut ni canonisée ni même béatifiée; les instances des Carmélites pour obtenir au moins la béatification de leur vénérable mère duraient encore en 1789, quand la tempête révolutionnaire se déchaîna sur tous les établissements religieux, et, en croyant abattre le Carmel français, le ranima dans la persécution, ainsi que l'Église tout entière.

Dès l'année 1637, où mourut la mère Madeleine de Saint-Joseph, on voit les bonnes Carmélites s'agiter un peu, et s'adresser à toutes leurs amies et protectrices pour qu'elles écrivent ou fassent écrire, en leur faveur, au saint Père, viennent déposer devant la Commission apostolique ou lui envoient leurs témoignages. La princesse de Condé et madame de Longueville, la reine Anne, Mademoiselle, la reine d'Angleterre Henriette, la reine de Pologne, la célèbre Marie de Gonzague; de grandes dames médiocrement édifiantes, et des personnages plus puissants que pieux, Mazarin et Retz lui-même, interviennent ici : nul moyen humain n'est épargé pour ce qui semble le service de la sainte cause.

Deux lettres autographes écrites par le cardinal de Retz, de Rome, le même jour, à deux religieuses Carmélites :

« Ma chère Soeur (son nom de religion n'est pas indiqué),

« J'ai reçu avec les sentiments que je doibs les marques de vostre bonté, et je vous supplie de croire que vous n'en sçauriés avoir pour personne qui honore davantage toutes les qualités que Dieu a mises en vous. Ie considère les sentiments qu'il vous donne pour moi comme une bénédiction très particulière, puisqu'ils me donnent les prières d'une personne aussi bonne que vous, dans lesquelles ie puis dire avec beaucoup de verité que i'ai une confiance très parfaite. Ie vous supplie de ne iamais doubter que personne ne sera iamais plus parfaitement que moi,

Ma chère Sœur,

Vostre très humble et très affectionné Serviteur,
Le Cardinal de Retz, Arch. de Paris. — De Rome, ce 10 avril 1656. »

« A la Révérende Mère sousprieure des religieuses Carmélites du grand Couvent, à Paris (en 1656, la sous-prieure était Marthe de Jésus, Mlle du Vigean, que Retz avait dû rencontrer dans le monde).

Ma chère Sœur,

« Ie suis en possession d'estre obligé et à vostre Ordre et à vostre personne, et ie vous prie de croire que personne n'aura iamais ni pour l'un ni pour l'autre des sentiments plus veritables et plus parfaits que moi. Ie me croirois le plus heureux homme du monde si ie pouvois trouver les occasions de vous le faire paroistre par quelque service. Ie les chercherai ici avec celui qui m'a rendu vostre lettre, et en touts lieux ie serai esgalement,

Ma chère Sœur,

Vostre très humble et très affectionné Serviteur,

Le Cardinal de Retz,
Arch. de Paris. — De Rome, ce 10 avril 1656.

Dans les Mélanges de Clérambault, t. cxxvi, p. 451, se trouve la copie d'une lettre de Mazarin, du 3 avril 1648, au cardinal Barberini, à Rome, pour le prier d'intercéder en faveur de la béatification de la mère Madeleine de Saint-Joseph. *Ibid.*, p. 455, autre lettre du même, sur le même sujet, au cardinal des Ursins.

LES CARMÉLITES.

Lettre de mademoiselle Claude, première femme de chambre de Madame, Marguerite de Lorraine, deuxième femme de Monsieur, duc d'Orléans, adressée le 24 octobre 1651, à la sœur Thérèse de Jésus, mademoiselle de Remenecour, qui avait été fille d'honneur de son Altesse Royale, et qui était alors novice aux Carmélites. Mademoiselle Claude répond à ce que mademoiselle de Remenecour avait écrit pour obtenir de Madame une lettre de recommandation au Pape, en faveur de la mère Madeleine :

« A Mademoiselle de Remenecour,

« Ma chere Sœur, je prie nostre Seigneur qu'il vous comble de ses benedictions. Madame a receu vostre lettre, et aussitot que sa santé lui permettra d'escrire, elle le fera d'un très grand cœur. Elle vous prie de dire à la Reverende Mere (en 1651 c'était la mère Agnès) que toute la communauté la recommande à cette bienheureuse Mere afin qu'elle prie nostre Seigneur qu'il luy donne ce qui luy faut pour sa santé ou pour la resignation à sa sainte volonté. Et moy je vous prie de croire que je suis toujours la meme que j'ay été de tout temps pour vous rendre service. Excusés le peu de temps qui m'empesche de vous en dire davantage, et croiés que je suis,

« Ma chere Sœur,

Vostre très humble et obeissante servante.

(*P. Sc.*) A ma Sœur d'Anglure (ou bien Mlle d'Anglure, plus haut, p. 395, ou Mlle d'Anglure de Bourlemont, p. 393, toutes deux lorraines), qu'elle prie un peu pour moy. Nous vous irons quelque jour voir. Toute la famille royale se porte bien, grace à Dieu. A la reverende Mere supérieure, assurez la de mes obeissances. »

Extrait d'une lettre de Mademoiselle, du 12 décembre 1655, à sœur Thérèse de Jésus, mademoiselle de Remenecour, en lui envoyant la lettre qu'on lui avait demandée pour le Pape :

« Saint-Fargeau, 12 décembre 1655.

« Quoyque je n'aye point encore de secretaire, je n'ay pas voulu attendre qu'il m'en soit venu un pour faire escrire la lettre de Sa Sainteté. Je l'ay fait escrire par le premier venu. Je pense qu'elle ne laisse pas d'estre bien. Au moins l'ai-je trouvée comme il faut. Vous la pouvez voir, car il n'y a qu'un cachet volant. Je vous puis bien assurer que je dis très vrai en disant que j'honore la mère Madelaine de Saint-Joseph, et que j'aime l'ordre des Carmelites, car j'ay pour elles les sentiments les plus tendres du monde, et me veux le plus grand mal qui se puisse de n'estre point propre à l'estre [1].

« Anne Marie-Louise d'Orléans. »

Lettres autographes de la reine de Pologne, Louise-Marie de Gonzague, fille du duc de Nevers et de Catherine de Lorraine, et sœur d'Anne de Gonzague, la Palatine. Nous avons conservé l'étrange orthographe de cette femme de tant de grâce et d'esprit. Il paraît qu'elle avait un peu désappris le français en Pologne, et nous supposons que les billets adressés à Cinq-Mars étaient un peu mieux tournés [2].

« A ma chere soeur Anne Marie de Jesus (Mlle d'Epernon), carmélite a paris.

« Ma chere Seur, je vous puis dire avec veritté que la lettre que vous m'avés escritte m'a infiniment obligée. Je toute ma vie eu une inclination particuliere pour vostre personne, et presentement un grand estime de vos vertus. Vous ne devés point douter que vostre consideration ne me porte a toutes les choses que

---

1. Elle l'avait fort souhaité, comme Mme de Longueville et sa mère Voyez les *Mémoires de Mademoiselle*, t. Ier.

2. A propos de Marie de Gonzague, reine de Pologne, nous sommes heureux de pouvoir annoncer que M. Grangier de la Marinière en prépare une vie qui s'appuiera sur les monuments historiques les plus certains, les lettres de la princesse Marie, recueillies de toutes parts avec un zèle et un soin dignes des plus grands éloges.

vous me tesmoignerés dessirer de moy. Ie vous laisse à pancer ce que je feré pour la V. Mère de Saint Joseph pour laquelle jé de très grands sentiments. Jé mémoire coyque comfuse de l'avoir vue; més je say quelle estait tres intime amie de ma mère, et qu'elle disoit qu'en ses nécessités spirituelles elle aloit sur son cœur, qui est dans vostre chapitre, l'en entretenir comme sy elle eut vecu; tant ils avoient l'une a l'autre de confiance. Auertisé moy de ce qui sera naisaisaire de fere et je suivré vos dessirs entierement. Ie vous conieure de prier Dieu pour moy et pour ce roiaume. M.

23 avril 1654. »

DE LA MÊME A LA MÊME.

« Ce 10 juillet 1654.

« Vous devés estre persuadée que vos lettres me son touiour très agreables, et que toutes les calités que vous posedés rende vostre personne et tout ce qui vien d'elle fort estimable. Je né point eu de peine a persuader le Roy mon seigneur d'escrire au Pape; je luy ai fait voir les miracles que Dieu fait par l'intercession de cette bienheureuse Mère, je lui ai dit ce que vous m'en mandés. Il ne reste plus qu'à souetter que nos suplications, iointes à tant d'autres, aient la benediction naisaisaire pour l'acomplisement de cet ouvrage. Ie demande à vostre Mere prieure (en 1654, c'était Marie-Madeleine de Jésus, Mlle de Bains), et à sa sainte coumunoté des prieres particulieres pour les necessités de ce roiaume qui a baucoup d'ennemis, et tous heretiques et grands persecuteurs de nostre religion. J'espere les vostres en particulier et que vous demenderés misericorde pour moy.

LOUISE MARIE. »

Mais les pièces les plus curieuses que possède le couvent des Carmélites sont les attestations et dépositions juridiques faites par-devant la commission apostolique. Ces dépositions sont innombrables. Il y a celles d'une foule de religieuses qui avaient connu la mère Madeleine de Saint-Joseph dans les diverses maisons de l'ordre ; et nous avons déjà donné une petite partie de la déposition de la mère Agnès (plus haut, p. 381). Voici les témoignages de la reine Anne, de la princesse de Condé, et d'autres dames de la plus haute condition, qui obligées, avant de déposer, de dire qui elles sont, nous donnent les renseignements les plus précis sur elles-mêmes, et éclairent l'histoire des plus grandes familles de France, ainsi que celle des mœurs au xviie siècle; car toutes ces pièces montrent une foi profonde et sincère, jusque dans des personnes qui ne la mettaient pas toujours en pratique.

Comme on ne pouvait pas faire comparaître la reine régente devant un tribunal, elle écrivit la lettre suivante, signée d'elle, et contre-signée du secrétaire d'État, Servien :

LETTRE DE LA REINE-MÈRE AUX CARDINAUX DE LA CONGRÉGATION DES SACRÉS RITES.

« Mes cousins, s'il est vray que les saincts soient les ornements de l'esglise et les protecteurs du royaume, vous ne devez pas vous estonner si je fais tant d'instances [1] auprès du saint siége pour la béatification d'une saincte religieuse qui pendant son vivant a esté l'honneur de ce royaume et qui en sera, comme

---

1. Comme la Reine le dit ici, elle s'était déjà fort occupée de cette affaire, et plusieurs fois elle avait écrit ou fait écrire au pape, ainsi que nous l'apprend le billet suivant autographe de la princesse de Condé :

« A LA REVERENDE LA REVERENDE MERE MARIE MADELEINE DE JESUS CARMELITE. » (D'une main très-ancienne : 22 mars 1641.)

« Ma chère Mere, la peur que j'ay de ne vous point voir demain m'oblige a vous fere savoir que la Rene a parlé a M. Du Noiset aussi bien que vous le pouvés souetter. Je ne mi suis poin trouvée, car je n'ay pas été ce matin chez la Rene, mes bien apres diné parce que l'on ne la peu trouver plustost. Mes la Rene m'a dit que je vous fise savoir qu'elle luy a parlé, et m'a dit ce qu'elle luy avoit dit, qui est le mieux du monde, et aussi la reponse de l'autre qui a dit à la Rene qu'il ne doutoit pas que le Pape ne luy accordat l'information qu'elle désire, qu'il en parlera au Pape de la part de la Rene, et qu'il ne doute pas que le Pape ne l'accorde. Je crois qu'il sera a propos que vous n'oubliés pas a l'an remercier, comme vous fites des reliques (plus haut, p. 412). J'espere vous voir demain au soir ou mercredi au plus tard. Je vous donne le bon soir et me recommande à vos prieres. ⌬ »

(Ces deux C enlacés signifient Charlotte de Condé, la princesse s'appelant Charlotte Marguerite Montmorenci de Condé.)

j'espère, la protectrice après sa mort. Je ne me contente pas de vous solliciter pour elle par mes lettres, mais je me sens obligée de vous rendre compte des lumières particulières que i'ay de son mérite et de sa vertu. Ie l'ay souvent visitée pendant qu'elle vivoit parce que ie l'aimois et l'honorois. Ie peux dire aussy avec vérité qu'elle m'aimoit, qu'elle consideroit plus ma personne que ma condition, et qu'elle avoit pour moy des tendresses qu'une mère a pour sa fille, comme i'avois aussy pour elle les sentiments qu'une fille a pour sa mère. Les fréquentes et longues conversations que i'ay eues avec elle l'espace de plusieurs années m'ont donné le moyen de connoistre ses excellentes qualités, et ie pense pouvoir asseurer que ie ne me trompe point dans le jugement que ie fais de sa vertu. Elle avoit beaucoup de prudence et de douceur, et il estoit bien malaisé de ne se pas rendre à une personne qui avoit tant de lumières et d'agréments. Mais parce que ie sçay bien que ce n'est pas ce que l'on considère davantage dans les sainctes, ie m'arresteray particulièrement à vous remarquer sa piété, son zèle pour la gloire de Dieu et pour le salut des ames, son respect envers l'esglise et le saint siège, et la charité qu'elle a eue pour ma personne.

Sa piété vers Dieu paroissoit en toutes ses paroles. Il estoit le seul subiect de tous ses entretiens; et comme la bouche parle de l'abondance du cœur, elle m'entretenoit touiours de celuy qui estoit l'unique object de son amour. Elle en parloit avec beaucoup de grâce et faisoit une merveilleuse impression dans l'ame de tous ceux qui l'écoutoient. Pour moy, ie vous advoue que i'en estois fort touchée, et que ie ne pouvois l'entendre que ie ne fusse saisie de ce respect qu'on a pour les choses sainctes. L'amour qu'elle portoit à Dieu faisoit naistre la douleur qu'elle souffroit quand il estoit offensé. Elle avoit une horreur estrange des impiétés et des blasphèmes, et elle m'exhortoit à employer tout mon pouvoir à les bannir de ce royaume. Elle portoit un extrême respect à la parole de Dieu et vouloit qu'on l'escoutat avec beaucoup de vénération; et parce qu'on la méprise quelquefois quand elle n'est pas annoncée avec tant de grâce, elle me disoit qu'il falloit honorer Jésus-Christ en la personne de ses ministres, respecter sa parole dans leur bouche, et tenir pour assuré que les moindres d'entre eux en disoient tousiours bien plus que nous n'en faisions. Mais si elle avoit tant de révérence pour la parole des prédicateurs, elle en avoit beaucoup davantage pour celle des souverains pontifes. Tout ce qui venoit de leur part luy estoit en singulière vénération, et ie me souviens que quand ils ouvroient le Jubilé à Rome, elle m'exhortoit à le demander pour la France et ne pas négliger une grâce pour laquelle l'esglise communique ses trésors à ses enfants et fournit aux pécheurs des remèdes pour tous leurs maux. De ce mesme principe procédoit le zèle qu'elle avoit du salut des âmes. La conversion des pécheurs faisoit le plus grand de ses soins, et comme vraye fille de J.-Christ elle accompagnoit de ses prières les prédicateurs qui travailloient à les convertir. Elle me parloit aussy souvent des peuples nouvellement revenus à la foy, m'entretenant des progrès qui se faisoient dans le Canada pour lequel elle avoit une charité particulière, conviant les personnes qui la voyoient de contribuer à ce bon œuvre de tout leur pouvoir. Comme elle souhaitoit la conversion des infidèles, elle souhaitoit aussi celle des chrestiens et se servoit de tous les advantages que Dieu lui avoit donnés pour les réduire à leurs debvoirs. Elle blasmoit les divertissements dangereux avec une force d'esprit qui en donnoit de l'horreur, et elle faisoit voir si clairement le péril qui les accompagne qu'elle obligeoit ceux qui l'escoutoient à s'en esloigner. Je luy ay cette obligation avec plusieurs autres qu'elle m'a donné de l'aversion pour les romans, en me faisant remarquer combien la lecture en est puérile et dommageable, combien elle dérobe de temps, et de quelles mauvaises impressions elle remplit l'esprit de tous ceux qui s'y occupent. Si elle avoit soin du salut de son prochain elle en avoit aussy de sa réputation; elle ne pouvoit souffrir la médisance, et comme elle est très-opposée à la charité, elle en avoit une extrême aversion, et me recommandoit souvent d'user de mon auctorité pour l'esloigner de ma cour.

Ie concluray cette lettre par les principales choses qu'elle m'a dites pour mon instruction particulière, et que Dieu m'a fait la grâce de ne point oublier. Elle m'exhortoit à donner ma première pensée à Dieu quand ie m'esveille, à faire en sorte que les bonnes résolutions que ie prenois devant luy fussent suivies de bons effets, à m'employer dans toutes les œuvres de piété qui seroient en mon pouvoir. Elle me convioit aussy à faire tous les soirs l'examen de ma conscience, et de ne pas seulement demander pardon à Dieu de mes peschés, mais encore du mauvais employ du temps, me représentant avec beaucoup de force et de raison les obligations qu'ont les chrestiens d'en faire un bon usage. Elle m'a aussy souvent recommandé d'assister tous les jours aux vespres, et de me dérober des divertissements pour rendre ce petit hommage à Dieu; cet advis est si bien demeuré dans mon esprit que ie ne manque que le moins que ie puis à le suivre, et quand i'y obéis c'est presque tousiours en souvenir de celle qui me l'a donné, et avec une pensée que ma déférence luy donne quelque satisfaction. J'ay reçeu de sensibles consolations dans ses entretiens, et quoiqu'il y eust grande disproportion entre nos âges et nos conditions, ie ne laissois pas de trouver une grande douceur dans sa conversation. Elle exhortoit beaucoup à porter avec soumission les croix qu'il plaisoit à Dieu d'envoyer, à les recevoir avec humilité, les souffrir avec patience et les embrasser mesme avec joye. Elle pratiquoit courageusement les advis qu'elle donnoit aux autres; car quoiqu'elle fut très-infirme et qu'elle sentit de très-fascheuses douleurs, elle estoit néantmoins tousiours egale et tranquille, et l'on voyoit bien que celuy pour qui elle souffroit estoit sa consolation et sa force. Ces excellentes vertus luy ont acquis l'estime générale de toute la France, et ie vous puis asseurer que tous ceux qui l'ont connue l'ont veue comme une saincte. J'ay un extrême regret qu'ayant eu le bien de la voir pendant sa vie, ie n'aye pas eu celuy d'assister à sa mort, et qu'elle soit passée de ce monde en l'autre lorsque i'estois absente de Paris; et pour m'en consoler ie demanday avec grand soin quelque chose qui luy eut appartenu, et je reçeus avec grand respect une image qu'elle avoit longtemps gardée en son bréviaire. Je visite assez souvent son tombeau, et en particulier ie n'y manque jamais le jour qu'elle est décédée, et quelques affaires qui me surviennent ie m'en défais pour luy rendre ce petit debvoir. I'y ay mené plusieurs fois le Roy monsieur mon fils [1], dans la créance que i'ay qu'il pourra obtenir de Dieu beaucoup de grâces par son intercession. Ce qui me le persuade est le grand nombre des miracles qu'elle opère tous les jours en faveur de ceux qui implorent son assistance.

Quoique ie vous aye dit ce que ma mémoire m'a fourni, i'ay grande confusion d'en avoir dit si peu, et de vous avoir marqué des choses qui ne répondent ni à sa saincteté ni à l'estime que tout le monde en a conceu : mais le tesmoignage public suppléera à mon défaut, et i'auray la satisfaction d'avoir au moins contribué de mon suffrage pour avancer sa béatification. Ie la souhaite avec toute la France, et ie l'attends de la iustice du saint siége et de vostre piété, me promettant qu'on ne la peust pas refuser aux merveilles que Dieu opère par sa servante. Je vous coniure d'y contribuer en vostre particulier ce qui despendra de vous, principalement pour l'accélération de l'affaire. Cependant ie demeureray,

Vostre bonne Cousine.

Anne. Paris, le 23me febvrier 1655. — Servient. »

Après la lettre de la reine Anne, nous donnerons ici tout entières les dépositions de la princesse de Condé et de madame de Longueville, bien qu'elles soient un peu longues et qu'elles se ressemblent; mais, nous l'avouons, nous avons transcrit avec un plaisir que d'autres partageront peut-être, ces pages d'une qualité de style indéfinissable, et où les deux princesses, en voulant

---

1. Mme la Princesse ayant proposé à la Reine un vœu à la mère Madeleine pour la santé du Roi, et la Reine y ayant consenti, une personne de l'hôtel de Condé écrivit ceci au couvent :

« La Reyne veut bien que vous promettiez qu'elle menera le Roy sur la tombe de la bienheureuse mère, et qu'elle fera dire des messes. Vous pouvez faire ce vœu dans toutes les circonstances, tout sera accomply. La santé du Roy est un peu meilleure, mais tousjours dans le danger. Dieu la luy redonne ! Madame vous donne le bonsoir. Monseigneur son fils est arrivé à ce soir, il vient descendre céans tout droit.

« Ce 25 novembre 1647. »

faire connaître la mère Madeleine, se peignent elles-mêmes involontairement :

« Je soussignée, Marguerite Charlotte de Montmorency, veuve de très haut, très puissant et très excellent prince, messire Henry de Bourbon, prince de Condé, premier prince du sang, premier pair de France, duc d'Enghien, de Chateauroux et de Montmorency, gouverneur et lieutenant pour le Roy en ses pays de Bourgogne, Bresse et Berry, atteste et certifie que j'ay cogneu fort particulierement la servante de Dieu, la Mère Magdelaine de St-Joseph, en son vivant religieuse carmelite et jadis prieure au grand couvent de l'Incarnation du faubourg St-Jacques lez Paris, et j'estime pour une des grandes graces que la divine majesté m'ayt faite la part que cette bonne Mère m'a donnée en son affection et en ses prières.

Je rends tesmoignage sur la verité que c'est la Mere Magdelaine qui m'a donné les premières pensées de l'eternité, car auparavant que de la cognoistre j'estois fort du monde et n'avois guère pensé de m'en retirer.

Elle m'a donné plusieurs bons avis pour mon ame; mais ie ne les puis declarer estant comme ma confession.

Elle me parloit fort librement sur les choses qu'elle croyoit m'estre necessaires, et ie l'ay vue faire le mesme à la Reyne avec des termes sy pleins de force qu'ils faisoient impression dans les esprits, en sorte qu'on ne la quittoit point qu'avec desir de mieux servir Dieu.

Elle s'insinuoit avec tant de grace dans les esprits que non seulement l'on ne pouvoit trouver mauvais ny avoir peine de ce qu'elle disoit, mais mesme on se sentoit contraint d'entrer dans son sentiment.

Elle avoit quelque chose qui portoit à la respecter, ce que j'ay mesme remarquée en la Reyne, lorsque Sa Majesté lui parloit, laquelle l'aymoit beaucoup.

Cette servante de Dieu estoit grandement ennemie de la lecture des romans; elle m'a souvent parlé de n'en point lire et à ma fille, la duchesse de Longueville, aussy.

Lorsqu'elle nous voyoit parler quelque fois devant le saint Sacrement, elle nous en reprenoit fortement, néanmoins dans sa douceur ordinaire. Elle ne souffroit non plus de nous voir parler durant les sermons, et lorsqu'elle entendoit quelques dames qui n'estimoient pas assez les predicateurs, disant qu'ils n'avoient pas bien presché ou chose semblable, elle les tançoit agréablement en sa manière et disoit : Holà! En voylà plus que vous n'en fairés; c'est la parole de Dieu.

Cette grande servante de Dieu m'a parlé diverses fois sur la vanité, et en particulier sur l'impossibilité qu'il y avoit d'accorder Dieu et le monde, et de bien faire l'oraison en prenant les plaisirs et les ayses de son corps.

Mais ce dont il me souvient qu'elle m'a le plus parlé, c'est de supporter patiemment les afflictions de la vie et de m'en servir pour gaigner le ciel et mespriser les choses de ce monde.

J'ay beaucoup receu de consolations de ses paroles en plusieurs subiects d'afflictions que j'ay eus.

Je n'ai jamais veu une religieuse plus compatissante qu'elle. Cela soulageoit fort. Je me souviens qu'à la mort de mon frère le duc de Montmorency, me voyant extrèmement touchée, elle me disoit : « Pleurés, madame, ne vous retenés pas, je pleureray avec vous, mais il faut que le cœur soit à Dieu. » Et elle pleuroit avec moy, ce qui allegeoit ma douleur.

Je n'ai jamais veu une personne plus douce qu'elle, ny qui eut une plus grande bonté. L'on ne s'ennuyoit point avec elle, car elle estoit d'une très agréable conversation, avoit le cœur gay, l'esprit excellent, l'humeur touiours egale et naturellement complaisante; mais elle ne l'estoit point aux choses où il y avoit tant soit peu d'offense de Dieu. Sy, comme l'on dit, la tranquillité d'esprit et la gayeté sont des marques qu'une ame jouit de la paix des enfants de Dieu, on peut asseurer qu'elle possedoit tousiours cette paix interieure par la tranquillité de son visage et la ioye qui y paroissoit, accompagnée de la modestie convenable à une religieuse.

Elle estoit fort benigne et charitable envers toutes sortes de personnes, et i'ay remarqué qu'elle aymoit sensiblement ceux qui lui portoient affection, estant d'un très bon naturel. Il s'est rencontré des occasions où elle a fait sçavoir qu'elle aymoit en tout temps ses amis sans esgard à ce qu'ils estoient disgraciés, et qu'elle mesme s'exposoit d'encourir la disgrace des grands. J'ai expérimenté cecy, lorsqu'après la mort de mon frère elle me receut durant quelques iours en son monastere avec une très grande charite, quoy qu'elle sçeut bien que i'estois fort mal auprès du Roy [1]. Elle s'exposa aussy à encourir la disgrace de la reyne Marie de Medicis par la reception qu'elle fict d'une dame de ses amies qu'elle avoit chassée de la court.

Elle m'a employée en diverses affaires pour le bien de son ordre, cognoissant combien ie l'aymois, ce qui fait que ie puis rendre bon tesmoignage du zèle qu'elle avoit pour le maintenir en paix et dans la perfection où sainte Thérèse l'avoit mis. Ie sçay qu'elle a beaucoup travaillé pour cela, particulièrement pour ramener les esprits du monastère de Bourges qui s'estoient retirés de l'obéissance des superieurs que nostre saint Pere a donnés à cet ordre en France. J'y travaillois à sa priere et suivant les advis qu'elle me donnoit, feu Monsieur mon Mary estant lors gouverneur du Berry. J'ai remarqué qu'elle ne disoit jamais rien de qui que ce fut contraire à la charité. Il est bien vray qu'en cette affaire du couvent de Bourges, elle me parla du tort qu'avoit la prieure d'avoir fait soulever les religieuses contre leurs superieurs, mais iamais elle ne me dit aucune chose des défauts particuliers de cette prieure sans nécessité; et mesme i'ay remarqué qu'elle en parloit avec compassion et charité pour elle, jusque là qu'elle me pria de porter parole à cette prieure que, sy elle vouloit retourner à son devoir et au monastère de l'Incarnation, les supé-

---

[1]. Elle se conduisit de même à l'égard du garde des sceaux Marillac Voyez plus haut, chap. 1ᵉʳ, page 121.

rieurs la receuvroient et qu'elle seroit traitée comme une des plus vertueuses de la maison. Cette servante de Dieu me dit : « Ie suis la moindre de toutes les religieuses de l'Ordre, mais ie l'asseure de ce que ie vous dis de la part des superieurs. » Cette grande servante estoit sy esloignée de vouloir mal aux personnes qui exerçoient sa patience, et qui disoient quelque chose d'elle mal à propos et contre la vérité, que ie l'ay veue se resjouir de plusieurs choses qu'on lui avoit raportées qui avoient esté dites contr'elle.

Elle avoit l'esprit naturel fort bon et iudicieux qui ne s'empêchoit de rien et traitoit les affaires avec grande paix sans s'en inquiéter.

Son humilité nous a caché les choses extraordinaires que Dieu faisoit en elle durant sa vie; mais quoy qu'elle essayat de paroistre toute commune en sa conversation, sa grace ne laissoit pas de se faire ressentir par divers bons effets.

J'ay remarqué qu'encore qu'elle parlat librement aux personnes de grande condition, neanmoins elle ne manquoit pas au respect qu'elle leur devoit, et sembloit qu'elle eust esté nourrie toute sa vie à la court, tant elle estoit civile.

Les Reynes l'aimoient et l'éstimoient beaucoup. Je les ay veues souvent aller aux monastères dont elle estoit prieure pour la voir, et que leurs Majestés l'entretenoient plusieurs heures de suite en particulier.

Cette servante de Dieu prenoit soing de se conserver la bienveillance de leurs Majestés pour avoir plus de moyen de les faire rendre à Dieu et à la vertu, et non pour un intérêt particulier, dont elle estoit très separée.

Elle estoit très affectionnée à prier pour la paix de l'Église et du royaume, ce que i'ai particulièrement remarqué au temps de la guerre que le feu roy Louis XIII a eu contre les héretiques rebelles et surtout au siége de la Rochelle. Elle estoit lors sy occupée à prier pour le bon succès des armées du Roy et à en demander des nouvelles, qu'elle ne pouvoit quasy s'occuper aux affaires particulières qu'on la prioit de recommander à Dieu. Quand elle sçeut la prise de la Rochelle, elle en parut dans une grande ioye et en rendit beaucoup de graces à Dieu, me conviant à faire de mesme.

Je sçay qu'elle avoit une affection particulière pour feu Monsieur mon mary, à cause qu'il aimoit l'Eglise, qu'elle prioit beaucoup Dieu pour luy, et qu'elle avoit prédit de luy qu'il seroit utile à l'Eglise, ce qui a esté en effect en ce qu'il a soutenu ses interets en plusieurs rencontres, et en mourant lorsqu'il donna sa benédiction à ses deux fils il les pria de se montrer vrais enfants de l'Eglise et d'en défendre les intérêts.

Son zèle pour la conversion des ames infidèles estoit très grand. Elle a procuré beaucoup de secours aux reverends Peres de la Compagnie de Jésus qui travailloient à la Nouvelle France pour ce subiect; et ie me souviens qu'elle m'a quelque fois demandé quelque chose pour leur envoyer, et que peu devant sa mort elle fit baptiser dans l'eglise du monastère de l'Incarnation trois personnes de ces pays, d'où je fus marraine d'une, et ma fille la duchesse de Longueville d'une autre.

Elle faisoit beaucoup faire de prières dans les besoins publics de l'Eglise ou du royaume, et aussy lorsque quelqu'un des amis de son Ordre estoit en peine, ou seulement des personnes qui touchoient ses amis. Je l'ay veue faire faire quantité de prières pour plusieurs, entr'autres pour des personnes de condition condamnées à mourir pour divers subiects, et ie ne doubte pas que ses saintes prières en particulier n'ayent beaucoup servi à les disposer à faire bon usage de leur affliction.

Je l'ay beaucoup veue les dernieres années de sa vie, durant lesquelles elle estoit accablée de maux; mais elle ne laissoit d'estre gaye, ne se plaignoit point, ne paroissoit pas mesme estre incommodée comme elle l'estoit en effect.

Il est aisé à juger qu'elle estoit bien pénitente, parce qu'elle a etabli dans le monastère de l'Incarnation une grande ferveur à la pénitence qui s'y voit encore à présent aussi en vigueur que pendant sa vie, dont ie puis rendre tesmoignage y entrant souvent et en voyant plusieurs particularités. Pour ce qui est de la régularité, ie rends aussy tesmoignage qu'elle y est gardée exactement et qu'il est aisé en voyant l'estat du monastère de l'Incarnation de cognoistre qu'il a esté sous une sainte conduite.

Elle a esté sy exacte dans les observances de son ordre que, pour ce que sainte Thérèse defend dans ses constitutions de recevoir des professes d'un autre ordre dans celuy de Notre-Dame du mont Carmel selon sa réforme, ie scay qu'elle a refusé l'entrée à plusieurs abbesses dans son monastère, dont l'une estoit de la maison de la Trimouille parente de feu Monsieur mon mary. Ie rends encore tesmoignage que pour esviter les divertissements que les religieuses eussent peu avoir par l'entrée fréquente des princesses et dames de condition qui avoient permission de notre saint Pere, elle a refusé d'ouvrir la porte à plusieurs qui lui offroient quelques-unes du bien et de la faveur; et depuis sa mort les religieuses à son exemple n'ont pas voulu non plus permettre l'entrée à d'autres de très-grande qualité [1].

Ie scay que la servante de Dieu a receu beaucoup de filles sans dot, encore que son monastère fut fort incommodé, mais elle regardoit plus à la vocation des ames qu'à l'intérêt temporel du monastere.

Sy j'avois présent à l'esprit tout ce que i'ay cogneu des vertus de cette sainte religieuse et des graces extraordinaires qu'elle a reçues de Dieu, ie pourrois rendre un plus ample tesmoignage de sa sainteté, et ie souhaite beaucoup que ce peu suffise pour satisfaire à ce que ie dois à son mérite et à son affection vers moy; et pour faire cognoistre que ie l'estime beaucoup au dela de ce que i'en dis, c'est un des grands deplaisirs que i'aye eu en ma vie que de n'avoir pas eu pouvoir d'entrer dans le monastère les derniers jours de la maladie de cette grande servante de Dieu. Ie n'avois lors permission que d'y entrer trois fois le mois; et lorsqu'elle tomba malade j'estois entrée ces trois fois, de sorte que ie ne peus la voir pendant ce temps qu'une fois, qu'ayant sceu que i'estois venue au dehors du monastère pour apprendre moy-mesme de ses nouvelles, la pauvre Mère quoy que mourante se fit porter au parloir pour me

---

1. Voyez plus haut, p. 103.

parler et me remercier de mes soins, m'assurant qu'elle prieroit Dieu pour moy et pour tous les miens, sy Dieu luy faisoit misericorde.

Les religieuses m'ont raporté plusieurs circonstances de son bienheureux trépas qui donnent devotion et font bien voir que la bonne vie est suivie d'une bonne mort.

Le lendemain de sa mort, qui estoit le premier jour d'un autre mois, ie ne perdis point temps d'user de ma permission d'entrer dans le monastère, et m'y en allay dès le matin pour voir le corps de cette servante de Dieu que i'aimois comme ma mere, et pour assister à son enterrement. Ie rends tesmoignage qu'encore que i'eusse peur de voir des corps morts, ie n'en eus point de celuy-là, et si ie me trouvay un espace de temps quasy seule auprès, et mesme ie prenois plaisir à regarder son visage, en telle sorte que je n'eusse point voulu partir de là. Elle estoit blanche et un peu rouge, et incomparablement plus belle qu'elle n'estoit en vie.

Une dame qui est à moy et qui n'entra pas au monastère ce mesme iour, s'étant résolue de ne point approcher de la grille du chœur, où le corps estoit exposé aux yeux du peuple qui estoit dans l'eglise, par une grande apprehension qu'elle avoit des morts, voyant que chacun se pressoit pour aller voir le corps de cette servante de Dieu, elle s'efforça d'y aller aussy et asseura qu'elle trouva ce visage si beau et attirant qu'elle ne cessa de le regarder, jusqu'à ce qu'on porta le corps en terre, sans en avoir aucune peur.

Il y eut quantité de personnes qui prièrent qu'on fît toucher leur chapelet à ce corps, le regardant comme celuy d'une sainte; et en effet on en passa quantité par la grille que quelques dames, qui estoient entrées avec moy dans le monastère et avec quelqu'autre princesse, recevoient, ce qui est une marque que l'on recognoissoit en cette servante de Dieu quelque chose d'extraordinaire.

Nous assistâmes toutes à son enterrement qui fut fait par Mgr l'évesque de Lisieux, par l'estime qu'il avoit d'elle durant sa vie. Cette ceremonie ne se peut passer sans renouveler ma douleur de la mort de cette bonne mere, encore que je ne doutasse point qu'elle ne fust bien heureuse et qu'elle ne conservât tousiours beaucoup de charité pour moy.

Je rends tesmoignage que le jour de la Pentecôte environ six semaines après la mort de cette servante de Dieu, estant allée au monastère pour faire mes devotions, ie feus à la chambre où elle estoit décédée la prier de me continuer au ciel la charité qu'elle avoit eu pour mon ame sur la terre. Estant sortie de la chambre et parlant à la mere prieure et autres religieuses en un lieu tout contre, ie feus en un instant surprise d'une grande odeur, dont ie feus tout emuë, et mesme les larmes m'en vinrent aux yeux, et ie devins fort rouge, de sorte que les religieuses s'apercevant de cette émotion ie leur dis que ie sentois nostre mère Magdelaine; car ie creus que c'estoit elle, ayant ouy dire que Dieu manifestoit sa sainteté par semblables odeurs. Je m'en allay rendre graces à Dieu devant le très Saint-Sacrement de ce qu'elle m'avoit voulu faire ainsi cognoistre qu'elle se souvenoit de moy, et ie demeuray dans un sentiment de respect très-grand vers cette servante de Dieu et créance de sa gloire.

En l'année 1640, au mois de décembre, comme i'estois sur son tombeau la remerciant de quelques assistances que i'avois receues de Dieu par son intercession, ie sentis une très-bonne odeur que ie ne scay à quoi comparer, mais i'asseure qu'elle estoit excellente, et qu'encore que ie sois subiecte à me trouver mal des senteurs, celles-cy ne font pas cet effect, elles elèvent à Dieu et donnent joye et se font sentir à une personne seule, quoy qu'en compagnie de plusieurs, ce qui m'arriva encore cette fois que ie dis ; car les religieuses qui estoient avec moy n'y eurent aucune part.

J'ay souvent ressenty son assistance depuis sa mort en divers besoins dans lesquels i'ay eu recours à son intercession.

J'ay eu cognoissance de plusieurs grands miracles que Dieu a opérés par l'intercession de cette sienne servante, et mesme i'ay veu quelques-uns de mes domestiques estre guéris merveilleusement par le recours qu'ils ont eu en elle. Mon contrôleur, nommé Fermelys, ayant porté neuf mois un grand mal de costé avec jaunisse et fièvre lente dont on croyoit qu'il mourroit, en fust guery par une neufvaine qu'il fit à la Mère Magdelaine de St-Joseph, prenant de l'eau où avoit trempé du linge teint de son sang. La nourrice de ma fille, la duchesse de Longueville, fust guerie [1], à l'instant d'un furieux mal de teste par

1. Voici un billet de la princesse qui se rapporte à ce qu'elle allègue ici. Ce billet n'est pas daté, mais près de la suscription une main ancienne a mis : « Madame la Princesse, novembre 1645, sur la guérison d'un mal de teste par l'attouchement du cœur de notre bienheureuse. Elle y fait voir sa dévotion et sa confiance vers elle. »

« A NOTRE REVERENDE MERE PRIEURE DES CARMELITES DU GRAND COUVAN.

« Ma chere mere, j'ay tousjours recours a vous dans mes besoins. Je vous conjure de me donner la communion de demein pour recommander à Dieu les aferes de mon fils. Je cres que l'on an doit parler demein. Demandés à Dieu que tout soit pour sa gloire et pour la pai et l'union. Je croyes aler demein diner chez vous, mes je ni poure aler que l'apres dinée. Je vous prie de trouver bon que je face entrer demein la nourisse de ma fille qui n'a point eu de mal de teste depuis que vous luy fites toucher le cœur de nostre bienheureuse mere. Elle se trouve si soulagée de tous ses maux qu'elle ne doubte pas que si elle bese encore ce bienheureux cœur, qu'elle ne soit guérie. Nous prendrons cette fois sur l'autre mois. Mandez-moy, si vous le trouvez bon. La confience que cete pauvre fame a aux prieres de N. bienheureuse mere me fait esperer qu'elle obtiendra de Dieu sa guérison. Et moi j'espere aussi qu'elle assistera mon fils de ses prieres pour sa conversion et pour ses aferes. Pries lan, je vous prie, ma bonne mere. Je vous donne le bonjour. ℈. Ce vendredi au soir. »

Nous ajouterons les deux pièces suivantes, que relève l'importance du personnage qui en est le sujet :

Note de la main de la mère Agnès :

« Au mois de septembre de l'année 1645, Madame la princesse de Condé estant extremement en peine de Monseigneur le Duc d'Enghin, son fils, qui estoit fort malade à Philis-

l'attouchement du coffre où est le cœur de la venerable Mere, lequel mal de teste la travailloit depuis très-longtemps sy violemment qu'elle crioit quasy iour et nuit sans qu'aucun remède luy donnat nul soulagement. Il y en a encore quelques uns que ie serois trop longue à rapporter, et dont eux-mesmes pourront deposer.

Et pour tesmoignage de la verité de tout ce que j'ay dit cy-dessus, l'ay signé de ma propre main, et à icelui faict apposer nos armes, en présence des deux notaires apostoliques et ecclésiastiques de Paris, en nostre hostel à Paris, ce 10 du mois d'avril de l'an de grace 1647. »

bourg en Allemagne, en suitte de la bataille de Nortlingue; elle eut recours à notre B. H. mere pour luy; et je me souviens qu'ayant appris qu'il estoit hors de peril de cette maladie, comme elle s'en alloit de ce monastere, je la vis rebrousser chemin pour aller sur le tombeau de nostre B. H. mere, sans qu'on lui parlast d'elle, disant : Allons sur le tombeau de nostre B. H. mere la remercier de l'assistance qu'elle nous a donnée. Et quand elle y fust, elle dit tout haut avec grande devotion : Ma bonne mere, je vous remercie de l'assistance que vous nous avés donnée. Ensuitte elle fit celebrer 59 messes dans nostre eglise pour action de graces en l'honneur des 59 années de la vie de nostre B. H. mere, et donna cent francs pour faire faire un tableau voué où la sainte Vierge fust representée, et nostre B. H. mere luy offrant le duc d'Enghien. »

Extrait de la déposition d'une religieuse du couvent de la rue Saint-Jacques, sur une apparition de la mère Madeleine, quand le duc d'Enghien, fils de la princesse de Condé, était malade à Philippsbourg, en Allemagne, après la bataille de Nortlingue, en 1645 :

« Une personne de grande qualité estant extremement malade à l'armée qu'il commandoit à plus de cent lieues d'icy, nouvelle en ariva qui donna beaucoup d'allarme à ses proches; et après avoir receu ladite nouvelle, l'on fut environ huit jours sans qu'il arivast nul courrier de ce lieu-là; de sorte que plusieurs le croyoient mort ou pour le moins hors d'esperance de guerison. Pendant ce temps, je priois avec nos sœurs dans une très-grande affection à ce qu'il plust à Dieu rendre la santé à cette personne, et je m'adressois en particulier à nostre B. H. mere, laquelle, trois jours avant la reception de la nouvelle qui apprit qu'il estoit hors de péril, m'apparu dans nostre habit de carmelite proche de son tombeau où j'estois lors, et me dit : Vous estes bien en peiné icy d'une chose qui vous a esté donnée; la vie luy a esté rendue par les prieres, car il devoit mourir; rendez en actions de grâces à Dieu et aussy à la sainte Vierge. Elle ne me nomma point celuy de qui elle me parloit; mais je ne laissay pas de l'entendre très-bien, car ses paroles repondoient à ma pensée. Je demeuray dès lors sy certayne de cette guerison que je ne pouvois plus en estre en nulle peine, et m'estonnois en quelque sorte de voir que les autres y estoient encore, tant j'avois une grande certitude en moy-mesme que la chose estoit comme elle m'avoit esté montrée. Je dis à la mere sous prieure cette apparition de nostre B. H. mere, et ce qu'elle m'avoit apris, me sentant pressée interieurement de le declarer avant qu'il fust venu de courrier qui apportât la nouvelle de la meilleure santé de cette personne, afin que la verite de son assistance fust plus vérifiée. »

« Je, sœur Margueritte de Jesus (Mlle d'Anglure, plus haut, p. 395), ay copié cecy sur l'original, et la religieuse nommée sœur Mag. de Saint-Joseph (probablement Mlle de Rivière, plus haut, p. 391), qui a eu cette apparition, me l'a dit en confiance de vive voi et presté sa deposition pour en faire cet extrait. Ce 1er décembre 1645. »

DÉPOSITION AUTOGRAPHE DE MADAME DE LONGUEVILLE [1].

« Je Anne Geneviefve de Bourbon, princesse du sang de France, femme de très haut et très puissant prince, Henry d'Orléans, duc de Longueville et d'Estouteville, prince souverain de Neufchâteau et Valengin en Suisse, comte de Dunois et lieutenant general pour le Roy en Normandie, aagée d'environ vingt sept ans, certifie que dès mon enfance jusques a l'année mil six cent trente sept, j'ay très souvent eu la benédiction de voir la vénérable Mère Magdelenc de St. Joseph au monastère de l'Incarnation a Paris, le premier de l'ordre de Notre Dame du mont Carmel en France selon la réforme de Sainte Therese, duquel elle a esté prieure plusieurs années.

Je say qu'elle estoit fort régulière dans les observances de la religion, tant parce que je lui ay veu pratiquer que par le bon réglement que j'ay toujours reconnu et que je reconnois encore dans le monastère de l'Incarnation de Paris qu'elle a gouverné en calité de prieure par diverses fois; et je puis rendre temoignage, par la particulière connoissance que j'ay de ce monastère où j'entre plus qu'en pas un autre, qu'elle y a établi une grande perfection, et que c'est la maison religieuse la plus exacte et regulière que je cognoisse.

J'ai vu en particulier le zelle de cette servante de Dieu pour la régularité par le refus qu'elle fit de recevoir madame l'abbesse du Lis, qui l'est a present de Jouarre, en l'ordre des Carmélites, à cause que Sainte Therèse deffend dans les constitutions d'y recevoir des professes de quelque autre ordre.

Je say aussi quelle empècha des dames de consideration d'user de la permission qu'elles avoient de Nre Saint Pere le Pape pour entrer quelquesfois dans le monastère de l'Incarnation, pour esviter que les entrées si frequantes de personnes séculières ne fissent quelque tort aux religieuses qui font sy particulière profession de solitude et d'imiter les anciens pères hermites du mont Carmel dont elles sont descendues.

Je lui ay souvent ouy parler de la condition religieuse avec grande estime, et la mettre au dessus des plus grandes de la terre. Elle estimoit fort la penitance, et y affectionnoit les personnes du monde. Elle m'en a parlé diverses

---

1. C'est vraisemblablement à cette déposition que se rapporte ce billet de Mlle de Longueville, depuis la duchesse de Nemours, adressé à Mlle d'Épernon :

« Mademoiselle, jé dit à madame ma mère (sa belle-mère Mme de Longueville) ce que vous m'aviez commandé. Elle m'ordonne de vous envoier la copie de ce qu'elle a remarqué en la bienheureuse mère pour voir si vous le trouvés bien. Faites moy l'honneur de me le mander, et le jour que vous soueterés que le procureur vienne, Madame l'attendera avec bien de l'impatience, puisque c'est pour servir Dieu et vous plaire. Pour moy, ma très chère cousine, je n'oré jamais plus de joye que de meriter l'honneur de vos bonnes graces, puisque je suis plus véritablement que personne du monde, Mademoiselle,

Vostre très humble cousine et servante,
MARIE D'ORLÉANS. »

fois et d'estre soigneuse de mortifier mon esprit et mes sens en leur retranchant les plaisirs superflus.

Elle m'a aussy grand nombre de fois exortée a ne point lire des romans, a quoy elle me voyoit affectionnée, que je ne puis dire combien elle m'en a parlé, me montrant que cette lecture estoit fort prejudisiable à l'ame, et mesme indigne d'une personne de ma condition, et enfin elle me les fit quiter [1].

Elle me portoit beaucoup a fuir la vanité, non pas a ne me treuver aux lieux ou elle savoit bien que je ne pouvois esviter d'aler, mais elle me dissoit qu'au milieu des divertissements du monde je devois estre soigneuse de m'eslever a Dieu et de lui demander qu'il me préservât de prendre part a la vanité qui y regne.

Elle n'aymoit point qu'on dit qu'un sermon n'estoit pas beau, et dissoit qu'il y en avoit toujours assez pour profiter sy on estoit bien disposé.

Elle parloit a la Reyne et aux princesses avec une certaine majesté et authorité, qu'il sembloit qu'elle eut droit de les enseigner et reprandre, comme elle le faisoit très a propos dans les occasions. C'estoit toujours neanmoins avec un grand respect, et d'une majesté si plaine de grace qu'on ne pouvoit treuver mauvais ce qu'elle disoit. Elle se faisoit extremement aymer de ceux avec qui elle conversoit; on sentoit une inclination vers elle toutte particulière, et une sy grande confiance en elle qu'on luy disoit toutes choses avec une entière ouverture de cœur. Elle entroit dans les sentiments des autres, leur ouvrant son cœur plain d'une veritable charité, et par cela donnoit grande ouverture vers elle.

Pour moy, je lui eusse découvert mes plus secretes pensées, et l'ay très souvent fait selon mes besoings, sur quoy elle m'a donné de très saints conseils et beaucoup d'assistance. Je ne me lassois point de l'entendre parler, ny d'estre avec elle; car ie l'aymois comme ma propre mère, et l'estimois une sainte par la connoissance particulière que j'avois de sa grande charité vers moy [2] et de ses grandes vertus. Souvent ie me suis trouvée bien heureuse qu'elle m'eut donné sa benédiction.

Elle avoit une douceur, une gayeté, une égalité et une patience admirables dans ses continuelles infirmités, et cela paroissoit tant en elle qu'il n'y a personne qui l'ait cognue qui n'en puisse rendre le mesme tesmoignage.

Je me souviens de l'avoir veue agir sans s'emouvoir dans une affaire très

---

1. On retrouve ce détail dans presque toutes les dépositions; il prouve à quel point le goût des romans était alors répandu dans la haute société. Quand Mme de Longueville dit qu'elle renonça aux romans, entendez pendant la vie de la mère de St-Joseph et jusqu'au bal qui rendit au monde Mlle de Bourbon; voyez plus haut chap. Ier, p. 124.

2. *Vers* pour *envers*, locution ici habituelle, qui se trouve souvent dans les meilleurs écrivains du règne de Louis XIII et de la Régence, et qui va diminuant sous Louis XIV.

importante pour son Ordre [1] où elle eut beaucoup de subiect d'exercer sa patience envers quelques personnes; et pendant tout ce temps ie ne lui ay jamais ouy dire une parole contre ceux qui la persécutoient, ny tesmoigner aucune aigreur vers eux; elle les excusoit tousiours et en parloit avec compassion, grande douceur et charité, amoindrissant leur faute autant qu'elle pouvoit.

J'ay aussy remarqué lorsqu'on parloit en sa presence au desavantage de quelqu'un, qui que ce fût, sy il arrivoit qu'elle ne le pût excuser, elle en temoignoit compassion et rejetoit la faute sur la fragilité de la nature et non sur la malice de la personne, et elle imprimoit cette disposition d'excuse dans ceux qui l'entendoient, les portant non seulement par ses exhortations, mais comme par une participation de sa grâce, à estre dans cette veritable charité.

J'ay ouy dire qu'elle faisoit plusieurs charités aux pauvres, et ie suis témoin qu'elle eut soing, pour le temporel et le spirituel, de deux petites Canadiennes et d'une femme hiroquoise que les Pères Jésuites avoient fait venir à Paris; elle les fit baptiser et me porta à estre la marraine de la femme hiroquoise.

J'ay expérimenté en moy mesme, et j'ay veu en beaucoup d'autres, qu'elle avoit un grand desir de servir les ames dans leurs besoings et les aider à suivre les voyes du salut.

J'ay connu qu'elle pénétroit les secrets de Dieu sur les ames, et je me souviens en particulier d'une personne de ma connoissance qui avoit de très grands desirs de se retirer du monde; elle en communiqua diverses fois avec cette servante de Dieu, sans qu'elle approuva ou désapprouva ses desirs; mais elle l'exhortoit seulement à s'exercer dans la vertu et perfection qui se peut pratiquer en toute condition, parce qu'elle voyoit par une lumière surnaturelle qui ne pouvoit venir que de Dieu que les desirs de cette dame n'auroient pas leur effet, dont pourtant elle ne luy disoit rien. Cette personne remarquoit bien que la servante de Dieu avoit une inclination et un desir ardent qu'elle fut religieuse, mais elle luy voyoit réprimer par une lumière qui ne pouvoit estre humaine, et agir non pas conformément à ce desir, mais selon que la prudence divine lui dictoit; ce que je sçay avec une entiere certitude, cette personne se confiant en moy comme en elle mesme. Elle s'est depuis engagée dans le monde [2], et se souvient tousiours du sage procédé de cette grande servante de Dieu.

J'ay tousiours ouy parler d'elle comme d'un des plus grands esprits qu'il y eut. Tous ceux qui la connoissoient ne doutoient point de cela, et pour mon particulier tout ce que i'ay veu de sa conduite m'a fait faire le mesme jugement.

Elle avoit une grande déférence au sens d'autruy et estoit extrêmement

---

1. L'affaire de la révolte de Bourges, dont parle plus en détail la princesse de Condé.

2. Quelle est cette personne si liée avec Mlle de Bourbon, qui voulut aussi se faire carmélite? Ne seroit-ce pas elle-même dont elle parlerait ici?

humble. Je l'ay vue baiser les pieds des religieuses par humilité; et depuis qu'elle fust hors de charge, je l'ay veue souvent rendre de grands respects à la mère prieure et à la mère sousprieure qui estoient ses filles, les ayant receues et elevées dans la religion.

J'ay remarqué qu'elle avoit une grande devotion au St. Sacrement, qu'elle estoit le plus qu'elle pouvoit en sa présence, et pour cela ie l'ay veue quitter plusieurs fois Madame ma Mère et d'autres princesses qui estoient entrées dans le monastère et qui aimoient fort de l'entretenir. Elle m'a parlé souvent sur le saint sacrifice de la messe et des dispositions que nous devons avoir pour y assister. J'ay connu par ses actions et par ses paroles qu'elle avoit un grand amour de Dieu. Elle portoit les ames à avoir tousiours nostre Seigneur Jésus Christ présent, et à le prendre pour règle de toute leur conduite et actions.

Elle m'a quelque fois parlé en particulier d'honorer le cœur de nostre Seigneur Jésus-Christ, de lui demander qu'il sanctifiat tous les mouvements du mien par ceux du sien très saint et divin; et j'ay connu, par tout ce qu'elle m'en a dit, qu'elle avoit une dévotion et très particulière application à ce très sacré cœur du fils de Dieu.

Pour ce qui est de la dévotion à la très sainte Vierge, c'est une des choses dont elle m'a plus parlé, et n'est pas croyable les soins qu'elle a pris de m'y affectionner; tant à recourir souvent à elle qu'à pratiquer diverses choses, faire des dévotions particulières en son honneur, et enfin de l'honorer par toute sorte de voyes, ce qui m'a fait connoitre qu'elle y avoit une rare dévotion.

Je l'ay veue porter un très grand respect au saint bois de la croix de nostre Seigneur Jésus Christ. Je l'ay veue aussy fort dévote aux Saints dont elle honoroit beaucoup les images et reliques; et à son exemple les religieuses du monastère de l'Incarnation leur rendent de grands honneurs, et sont fort desireuses d'en avoir quantité qu'elles tiennent avec grande révérence. Elle m'a souvent exhortée à la devotion envers St Joseph.

Sa piété paroissoit en toutes choses, particulièrement à faire embellir l'eglise et l'autel où repose le très Saint Sacrement, qu'elle faisoit orner le mieux qui luy estoit possible.

Je me souviens qu'elle reprenoit des dames quand elle les voyoit parler devant le Saint Sacrement.

Lorsque cette servante de Dieu tomba malade de sa dernière maladie et que je la sçeus à l'extrémité, je fis plusieurs prières et des vœux pour demander à Dieu qu'il ne la retirât pas si tost de ce monde où elle estoit sy utile pour la gloire et le bien de son Ordre, et pour mon particulier il me sembloit qu'en la perdant je faisois une perte irréparable. Madame ma mère et moy eusmes beaucoup de desplaisir de ne pouvoir entrer au monastère pour la voir, parce que nous y etions entrées ce mois là les trois fois qui nous estoient lors permises. Cette servante de Dieu prist la peine de venir au parloir deux ou trois jours avant sa mort pour voir Madame ma mère et moy, et nous tesmoigna à toutes deux une grande affection.

Quand j'appris la nouvelle de sa mort, je fus extrèmement touchée et autant que sy c'eut eté ma propre mère; je la pleuray beaucoup, et Madame ma mère aussi, par l'estime que je faisois de sa sainteté. Je desirois d'avoir quelque chose qui lui eut appartenu, et la mere prieure me donna un de ses petits reliquaires que j'ay tousiours gardé depuis.

Le lendemain de sa mort, comme c'estoit un autre mois, j'entray au couvent pour assister à son enterrement. J'y vis venir beaucoup de monde pour la voir, et qui paroissoit venir non tant par curiosité que par dévotion; ils passoient leurs chapelets par la grille pour les faire toucher à son corps, et demandoient par dévotion des fleurs qui estoient près elle. Son visage estoit sy beau, sy doux, et sy eslevant à Dieu que je ne pouvois me lasser de la regarder, et je me sentois sy fort attirée auprès de ce saint corps que je ne l'eusse point quité sy Madame ma mère, qui craignoit que je ne me fisse mal parce que je pleurois fort, ne m'en eut fait sortir.

J'ay remarqué qu'encore que les religieuses fussent extrèmement touchées et affligées de cette perte, elles la portèrent dans une constance sy grande que j'en fus estonnée.

Quelque temps après sa mort, comme je parlois d'elle avec deux demoiselles en une chapelle de chez Mme de Brienne, il y en eut une qui dit qu'elle avoit une feuille de tulipe, qu'elle avoit prise sur son corps le jour de son enterrement, qu'elle avoit senty plusieurs fois exhaler une très-bonne odeur. Je luy demanday pour voir sy je la sentirois; d'abord je ne sentis rien, ni ces deux demoiselles non plus; mais dans le desir que j'avois de participer à ces odeurs, nous dîmes l'antienne des vierges en son honneur, et au mesme instant une de ces demoiselles et moi sentîmes cette feuille avoir une excellente odeur que je ne scaurois comparer à aucun parfum de la terre, et celle qui nous l'avoit donnée et qui l'avoit sentie plusieurs fois ne sentit rien pour lors. Cette odeur eslevoit à Dieu et nous donna une grande joye.

Une autre fois estant dans le couvent des Carmélites, je sentis l'odeur de cette servante de Dieu par deux diverses fois, et Madame ma mère un autre jour estant assise proche de la chambre où elle estoit décédée, elle se retourna et dit qu'elle sentoit fort bon, nous demandant sy nous ne sentions rien, et au mesme temps je la vis rougir et les larmes aux yeux; nous estions lors plusieurs qui la suivions et ne sentions rien du tout[1].

J'ay eu depuis sa mort recours à elle en divers besoings, et l'ay priée souvent avec grande confiance, me souvenant de la grande charité qu'elle avoit pour moy pendant sa vie sur terre; j'ay grand nombre de fois visité son tom-

---

1. Ne nous étonnons pas de tous ces détails. D'abord des faits miraculeux étaient nécessaires pour obtenir la béatification qu'on poursuivait. Ensuite jusqu'à la fin du siècle, on rencontre bien des miracles, à Port-Royal aussi bien qu'aux Carmélites, et Pascal y croyait comme Mme de Longueville. Enfin n'oublions pas que les âges de foi sont ceux des miracles; et qu'après tout, dans la misère de la nature humaine, un peu de crédulité est une bien faible rançon de la grandeur et des avantages de l'esprit religieux.

beau par dévotion, et j'y ay veu souvent Madame ma mère et mesme la Reyne et le Roy quelquefois.

J'ay entendu dire qu'il s'est fait quantité de miracles en divers endroits de la France par son intercession, et j'ay parlé à quelques personnes qui m'ont dit en avoir receu guérison.

Je n'ay rien dit en tout ce que dessus que je n'affirme par serment comme très-veritable. En foy de quoy, je l'ay signé de mon seeing, en présence de deux notaires apostoliques et fait sceller de nos armes à nostre hostel à Paris, ce dix-huit de juillet mil six cent quarante-sept. « Ainsy signé,

ANNE DE BOURBON. («Scellé de son sceau et de ses armes. »)

Extrait du témoignage de la marquise de Portes pour la mère Madeleine de Saint-Joseph.

« Je m'appelle Marie-Félice de Budos, marquise de Portes, vicomtesse de Térarque et d'Estoilles, fille d'Antoine Hercules de Budos, marquis de Portes, chevalier des ordres du Roy, gouverneur du Gévaudan, hautes et basses Septvènes, et de Louise de Crussol, sa légitime épouse; je suis née à Agdes, en Languedoc; j'ay vingt-sept ans passés; j'ay du bien suffisamment pour m'entretenir selon ma condition, etc.....

Je suis de Languedoc, de la villes d'Agdes, comme j'ai desja dit; j'en suis sortie fort jeune; j'ay été quelques années dans l'abbaye de Caen, et depuis, jusques à cette heure, à Paris, excepté quelques années que j'ai demeuré à Moulins avec madame Marie des Ursins, duchesse de Montmorency, et dans mes terres, aux Sévennes.....

Pendant le temps que j'ai eu la grâce de demeurer en ce saint couvent du faubourg Saint-Jacques, où elles eurent la bonté de me garder environ un an pour éprouver ma vocation dans l'incertitude où j'estois de la volonté de Dieu... (Et là elle déclare que, sans avoir connu la mère Madeleine de Saint-Joseph, elle a vu et entendu des choses dont elle a besoin de déposer, et elle cite le témoignage de Mme la princesse de Condé)...

J'ai desja dit comme elles m'avoient fait la grace de me souffrir environ un an avec elles; et puisque j'ay esté assez peu heureuse pour en sortir, l'on peut juger que j'en parle sans préoccupation....

Cette venerable mère chérissoit tant la solitude, et l'a si bien enseignée et establie en son monastère, que plusieurs, pour avoir leur conversation continuelle dans le ciel, ont entièrement banni celles de la terre depuis quinze et seize années; et dans tout ce grand couvent, l'on n'y entend pas une parole, et il m'a toujours paru un grand désert, mais un désert dans lequel la grace parle incessamment au cœur. Je dis ce que j'ai senti. Ce lieu m'a toujours semblé un sanctuaire rempli de tous côtés de la sainteté de Dieu, ce qui m'invitoit à l'aimer, joint à l'exemple de ces anges terrestres qui m'y portèrent sans cesse.... En foi de quoy j'ai signé le présent escrit de ma main.

« MARIE-FÉLICE DE BUDOS. »

Et plus bas : « C'est ainssi que j'ay déposé pour la vérité,

Je MARIE-FÉLICE DE BUDOS. »

Extrait du témoignage de Mme de Vantadour, Mlle de Saint-Géran, seconde femme de Charles de Levis, duc de Vantadour, qui était Montmorency par sa mère, et neveu de Charlotte-Marguerite de Montmorency, princesse de Condé. Le duc de Vantadour mourut en 1649; sa jeune veuve vécut jusqu'en 1701. Sa fille épousa le maréchal duc de Duras.

« J'ai nom Marie de la Guiche, duchesse douarière de Vantadour. Mon père avoit nom Jean-François de la Guiche, seigneur de Saint-Géran, chevalier des ordres du roi, gouverneur du Bourbonnois et maréchal de France. Ma mère avoit nom Suzanne aux Espaulles. Je suis née en une des maisons de ma mère, nommée Sainte-Marie, située dans le diocèse de Coutances, en Normandie. J'ai vingt-huit ans.... J'ai connu la vénérable mère Magdeleine de Saint-Joseph dès mon enfance, parce que Mme la maréchal de Saint-Géran, ma mère, me menoit avec elle lorsqu'elle la venoit voir, et la prioit de me donner sa bénédiction. Je me souviens que, quoique je fusse bien petite, elle me tesmoignoit beaucoup d'affection, et que sa charité et son humilité la faisoient s'abaisser jusques à entretenir et contenter un enfant comme j'étois alors. Je n'ay pas été en âge, durant sa vie, de discerner par moi-même ses incomparables vertus, mais j'en ay ouï parler à tout le monde comme d'une personne fort extraordinaire.... J'ay entendu dire ces choses, et en termes encore plus forts à Mme la Princesse, de laquelle M. le duc de Vantadour, mon mari, avoit l'honneur d'être neveu, ce qui m'engageoit à estre souvent auprès d'elle....

Je sçay qu'en l'année 1645, M. le Prince fut très-grièvement malade en Allemagne, dont Mme sa mère estant affligée au dernier point alla chercher sa consolation avec Dieu, se retirant dans le couvent des Carmélites, où elle prit pour advocate, auprès de la divine Majesté, la vénérable mère Magdeleine de Saint-Joseph, à laquelle elle fit vœu que, si par son intercession notre Seigneur rendoit la santé à M. le Prince, elle feroit faire un tableau dans lequel il seroit représenté priant devant la servante de Dieu; et incontinent après, elle apprit la guérison de M. son fils, et accomplit le vœu qu'elle avoit fait. Ce tableau se garda en dedans du couvent, où je l'ay vu il n'y a pas encore longtemps [1].... On m'a conseillé à moi-même d'y recourir (à ses reliques) lorsque mon fils le duc de Vantadour estoit malade.... Je la regarde comme bien heureuse, et lorsque j'entre avec les reines dans le couvent de l'Incarnation, je vais visiter son tombeau, la suppliant de m'assister en mes besoins.

« Cet insi que j'ai déposé pour la vérité, moy Marie de la Guiche, duchesse de Vantadour. »

Extrait de la déposition de Mme la duchesse d'Épernon, nièce de Richelieu, belle-mère de Mlle d'Épernon, sœur Anne Marie de Jésus.

« J'ay nom Marie du Cambout, natifve d'Angers, âgée environ de trente-deux ans. Mon père s'appelloit Charles du Cambout, marquis de Pont-Château, chevalier des ordres du roi, lieutenant-général pour Sa Majesté en Basse-Bretagne, et gouverneur de la ville et château de Brest. Ma mère avoit nom Philippe de Burge.

Je commençay de connoître la vénérable mère Magdeleine de Saint-Joseph en l'année 1633, ou environ, dans l'occasion que

---

1. Il n'y est plus. Voyez aussi sur ce sujet la description de la duchesse de Châtillon, plus bas, p. 446.

j'entrois quelquefois avec feue Mme la Princesse de Condé dans le couvent de l'Incarnation. J'ay eu l'honneur d'entretenir plusieurs fois cette servante de Dieu, et mesme d'avoir mangé quelquefois avec elle en compagnie de Mme la Princesse et de Mlle de Bourbon, sa fille. Le sujet ordinaire des entretiens que j'ay eus avec elle estoit les matières de dévotion, à quoi elle portoit toujours ceux avec qui elle conversoit. Je sçay que les reines de France et d'Angleterre la visitoient souvent et faisoient grand estat de sa conversation. Nostre reine en toutes choses témoignoit pour elle un grand respect, et la faisoit toujours asseoir auprès de soi. Elle s'en servoit aussi pour attirer les dames de sa cour à la vertu et à la piété. Il me souvient encore d'en avoir entendu parler à quantité d'autres personnes de qualité en des termes pleins de respect, entre autres à Mademoiselle, qui m'a tesmoigné y avoir une grande dévotion....

Je sçay que le corps de cette servante de Dieu a esté inhumé dans le cloître pour y avoir entré et avoir visité souventes fois son sépulchre. J'ay mesme vu la reine aller visiter ledit tombeau, et s'y mettre dévotement à genoux. J'ay vu aussi Mademoiselle lui rendre les mêmes respects.... Entre autres, je sçay que Mme la marquise de Polignac, Mme d'Amboise, parente de M. le duc d'Espernon, Mlle d'Espernon, lorsqu'elle estoit encore dans le monde, y ont eu souvent recours, etc.

Elle nous portoit toujours à la piété, nous y exhortoit puissamment; sur quoi il me souvient qu'un jour estant dans le caveau, la reyne appella Mlle d'Espernon pour estre instruite de la mère Magdeleine, laquelle lui parla en présence de la reyne, et après en particulier en des termes si pieux qu'elle en fut extrêmement touchée, et l'interrogea encore après en particulier si elle lisoit des romans, lui en fit quitter la lecture, et lui fit acheter les œuvres de Grenade, etc.

« Ainsy j'ay déposé pour la vérité, moy Marie du Cambout, duchesse d'Espernon. »

Extrait du témoignage de madame la duchesse de Mortemart, la mère de madame de Montespan :

« Je m'appelle Diane de Gransaigne, et suis née en Poitou, agée d'environ 46 ans. Mon pere avoit nom Jean de Gransaigne, et estoit seigneur de Marsillac. Ma mere s'appeloit Catherine de la Brodière. Je suis femme de M. le duc de Mortemart, chevalier des ordres du Roy, premier gentilhomme de sa Chambre, conseiller en ses conseils, comte de Maure, et prince de Tonné Charente etc.

J'ai commencé à connoitre la mere Magd. de St. J. vers l'année 1624 que j'étois fille d'honneur de la Reine, et elle estoit prieure au couvent de l'Incarnation au faubourg St. Jacques. La Reine ma maitresse allant souvent au dit monastere visiter cette servante de Dieu par l'estime qu'elle en faisoit, j'allois avec sa Majesté ; je voyois aussi cette venerable mere, et l'entendois parler. La dite Maj. l'aimoit beaucoup, et parloit d'elle très avantageusement, ce que j'ai vu faire aussi à feue madame la Princesse, à madame de Montmorency (Felice des Ursins, femme du maréchal de Montmorency, décapité en 1632), à M. le comte de Maure, à madame la marquise de Vins etc.

Je say que depuis (sa mort) le Roy et la Reine sont entrés plusieurs fois dans le dit couvent pour visiter son tombeau, et que diverses personnes de condition ont fait empressement pour entrer dans le monastere avec leurs Majestés pour visiter le sepulchre de la venerable Mere, et moi mesme j'ay visité souventes fois le dit sepulchre, et l'infirmerie où est morte cette servante de Dieu etc.

Il est véritable que Dieu a honoré la Mere Magdeleine de St. Joseph du don de prophetie, de celui d'extase et de discernement des esprits. Mademoiselle de Bonœil[1], qui a esté comme moy fille d'honneur de la Reyne et depuis s'est rendue religieuse sous la conduite de cette servante de Dieu, m'a dit que lui estant allé demander place pour estre reçue dans son monastere, et lui exposant la crainte qu'elle avoit qu'étant avec le grand monde elle perdit sa vocation si elle ne la recevoit promptement, cette ser-

---

1. Nous ne trouvons pas ce nom dans notre liste. Mlle de Bonœil sera peut-être entrée au couvent de la rue Chapon, dont la mère de Saint-Joseph a aussi été quelque temps prieure.

vente de Dieu lui répondit que, puisqu'elle ne pouvoit encore entrer dans le monastere, ses parents y estant absolument opposés, Dieu la garderoit, et lui promit qu'elle auroit soin d'elle ; ce qu'elle eprouva fort peu de temps après. Car estant un soir à un grand bal devant le Roy et fort attentive à regarder toutes les belles choses qui y estoient, elle vit interieurement cette bonne Mere presente devant elle avec grande douceur et gravité, qui lui fist entendre qu'elle n'etoit pas pour ces choses là ni ces choses là pour elle, et lui osta tout le plaisir qu'elle pouvoit y prendre.

Je scay que les reines, Marie de Medicis, la reine à présent regnante, et celle d'Angleterre ont honoré cette servante de Dieu de leur affection pendant leur vie et de leur piété après sa mort, comme ont fait aussi feue madame la Princesse et plusieurs autres princesses et dames de qualité de cette cour, etc.

« Cet insi que j'ai deposé pour la verité, moy Diane de Gransaigne. »

Extrait du témoignage de madame la duchesse de Lesdiguières :

« Je m'appelle Anne de la Magdeleine ; je suis née en cette ville de Paris, et j'ay environ 39 ans. Mon pere s'appeloit Leonor de la Magdeleine, marquis de Ragni, et estoit lieutenant du Roi en Charolois, Bresse et Buget, commandant les armées de Sa Majesté. Ma mere avoit nom Hippolite de Gondy. Je suis femme de M. le duc de Lesdiguieres, pair de France et gouverneur pour le Roy en Dauphiné, chevalier des ordres du Roy. Je me confesse par la grace de Dieu tous les ans à Pasques à M. Charlon, penitencier de Notre-Dame, et communie dans Saint Paul qui est ma paroisse...

« La ville de Paris, comme j'ay dit, est le lieu de ma naissance, j'y ay demeuré jusqu'à l'age de 15 à 16 ans, et depuis que j'ay esté mariée à M. le duc de Lesdiguieres, j'y ay fait plusieurs voyages et j'y ai demeuré à divers temps environ 5 à 6 ans. J'ay commencé à connoistre la Mere Magdeleine de St. Joseph environ l'année 1628 au couvent de l'Incarnation dont elle estoit alors superieure, auquel temps madame la marquise de Ragny ma mere et madame la marquise de Magnelay ma tante m'y ont menée plusieurs fois y allant la voir pour recevoir le profit et le fruit de ses bons conseils et de ses pieuses instructions. Dès ce temps là cette bonne mere me tesmoigna beaucoup de tendresse, ce qui a esté cause que je l'ay connue ensuite très particulierement, et entretenue fort souvent de differentes choses qui regardoient la conduite de ma vie, et mon salut dont sa bonté toute extraordinaire me faisoit connoistre qu'elle estoit très soigneuse par des discours tout remplis d'une charité tout à fait chrestienne et merveilleuse. Toutes ces pieuses considerations avoient tant de force pour lors sur mon esprit, et je me sentois si puissamment touchée, quand je faisois reflexion sur la difficulté qu'il y avoit de le servir parmi les honneurs et dans la pompe des mondains, que dans ces moments heureux je ne respirois plus que pour le ciel, et faisois des resolutions secretes de quitter toutes choses et renoncer au mariage pour me vouer totalement à Dieu. En un mot cette grande servante de Dieu avoit tellement destaché mes affections du monde que je n'avois plus que du desgout pour toutes les choses qui y pouvoient flatter le plus mes sens et mon imagination, et elle me seut si bien gaigner le cœur que je croyois que le plus grand bonheur que je pouvois esperer en la terre estoit d'estre toujours avec elle; de sorte que j'estois toute prete d'entrer dans le cloistre et lui demander l'habit de religieuse; si ma mere ne m'avoit empeschée de retourner au couvent après qu'elle eut appris mon dessein, etc. »

Parmi les personnes d'un haut rang qui ont recherché les entretiens de la Mère Madeleine de Saint Joseph, Mme de Lesdiguières cite : « la reyne d'à present qui, à l'exemple de la Reine mere defunte, l'a esté fort souvent visiter et est toujours retournée de ses visites edifiée et consolée, sans oublier aussi la reine d'Angleterre, feue madame la duchesse d'Orleans, madame la princesse de Condé, mesdames les duchesses de Longueville, de Guise, de Vendosme, de Retz, d'Aiguillon, mesdames la marquise de Magnelay, de Ragni et plusieurs autres dames de la cour, etc., etc.

« Mesdames les princesses de Condé et de Longueville qui la regrettoient comme leur Mere spirituelle, ont assisté avec baucoup de zele et devotion à son enterrement... J'ay esté à mon retour de la campagne visiter par diverses fois son tombeau. J'y ai vu aussi aller la reine tres souvent accompagnée de tout ce qu'il y avoit de personnes de la plus grande condition à la cour, et je me souviens d'avoir ouï dire qu'elle a obligé par ses fréquentes exhortations madame la Princesse, mesdames les duchesses de Longueville et d'Aiguillon, d'aller aux prisons, de visiter les hopitaux, de faire l'aumosne aux pauvres, et de les secourir dans leurs necessités, etc.

« J'ay ainsy desposé pour la verité, je ANNE DE LA MADELAINE, duchesse de Lesdiguieres. »

Extrait de la déposition de la duchesse de Châtillon.

« J'ay nom Isabelle Angelique de Montmorancy. Je suis natifve de la ville de Paris. Je suis agée de trente deux ans, fille d'Henry François de Montmorency, comte de Bouteville et autres lieux, et d'Isabelle Angélique de Vienne, sa legitime épouse. Je suis veufve de Gaspard de Colligny, duc de Chastillon.

Je n'ay point esté nourie à Paris, j'ai quasy toujours demeuré aux champs; et de plus j'etois si jeune lorsque la venerable Mere vivoit que je ne puis rien dire des particularités de sa vie...

Je sçay que depuis sa mort toutes sortes de personnes ont recours à elle et qu'il se fait quantité de miracles par son intercession, et entre autres M. Fermelys[1], qui estoit controleur de feue madame la princesse de Condé, a esté guery d'une grieve maladie par de l'eau où il avoit trempé du linge teint du sang de la servante de Dieu.

Je sçay pour l'avoir veu que feue madame la princesse de Condé avoit une telle confiance au pouvoir que cette venerable Mere avoit auprès de Dieu que, dès que messieurs ses enfants estoient malades ou en peril dans les armées, elle faisoit des vœux pour eux à la venerable Mere et faisoit dire quantité de messes en son honneur pour obtenir leur guerison et leur conservation.

Je sçay que pendant que M. le prince de Condé estoit en Allemagne en 1645 et qu'il eust une grande maladie, madame

1. Voir plus haut la déposition de Mme la Princesse, p. 432.

la princesse sa mere fist un vœu à la venerable Mere pour la guerison de monseigneur son fils, qui estoit de faire un tableau de la servante de Dieu et monseigneur le prince à ses pieds, ce qui s'est exécuté comme elle l'avoit promis[1].

Je sçay que par la grande estime qu'elle avoit de la sainteté de la venerable Mere, elle en portoit toujours des reliques, c'est à dire quelque chose qui lui eut touché, ou du linge trempé de son sang. Elle avoit aussi une image de la servante de Dieu. Je sçay aussi que, comme madame la princesse de Condé sçut qu'il y avoit une personne de pieté qui faisoit accomoder l'eglise du grand couvent des Carmelites, elle manda qu'on lui gardast une chapelle parce qu'elle la vouloit faire elle meme accomoder pour y pouvoir mettre le corps de la venerable Mere lorsque nostre saint Pere permettroit de le lever.

Durant le temps que madame la Princesse estoit à Chastillon elle m'a parlé grand nombre de fois de la venerable Mere, et m'a dit qu'elle avoit senti dans le couvent des Carmelites où est son corps des senteurs extraordinaires, qu'il n'y avoit point moyen de les exprimer qu'en disant que c'étoient des odeurs de sainteté et toutes celestes. Elle m'a dit aussi plusieurs fois que jamais personne n'avoit parlé de Dieu en des termes si touchants et si pleins d'efficace pour porter les ames à l'aimer, et qu'elle estoit obligée de dire qu'elle lui avoit fait connoistre que les plus grandes choses de la terre sont si petites devant Dieu que c'est une grande folie d'y avoir de l'atache.

Durant le sejour qu'elle a fait dans ma maison de Chastillon, j'ay remarqué qu'elle ne se pouvoit lasser de parler de la venerable Mere; ce qui l'obligea à me dire que c'estoit par ses advis qu'elle s'estoit mise à la pieté, et que souvent la servante de Dieu lui avoit conseillé d'aller visiter les hopitaux, les prisons, et de donner beaucoup d'ausmones, et elle m'a dit qu'elle l'avoit fait exactement durant sa vie, et je dois rendre temoignage que depuis elle le continuoit ayant été diverses fois avec elle aux prisons et aux hospitaux. La grande estime qu'elle avoit de sa sainteté lui a fait desirer d'estre enterrée à ses pieds, et je lui ai ouï dire

---

[1]. Voir plus haut, p. 441.

quelque temps avant sa mort qu'elle tenoit à grand bonheur de resusciter avec la venerable Mere et d'estre en même lieu qu'elle à ce grand jour. Je sçay qu'il y a grand concours de peuple et de personnes de grande condition qui vont au grand couvent des Carmelites demander de l'eau où il a trempé du linge teinct du sang de la venerable Mere, et que cela fait des guerisons miraculeuses.

De tout ce que j'ay déposé icy il y a bruit et renommée publique.

« C'est insi que j'ay déposé pour la verité moy Isabelle Angelique de Montmorancy. »

De tous côtés, on s'adressait au couvent des Carmélites pour obtenir l'intercession de la mère Madeleine de Saint-Joseph, soit dans les maladies, soit dans les dangers de tout genre où l'on pouvait se trouver. Dans le premier chapitre, page 110, nous avons dit, d'après Mademoiselle, que mademoiselle d'Épernon avait été fort recherchée dans sa première jeunesse par M. le duc de Joyeuse, et que la sœur de celui-ci, mademoiselle de Guise, avait détourné son frère de cet établissement, qui convenait fort des deux côtés. En 1654, le duc de Joyeuse étant tombé malade et se trouvant à toute extrémité par les suites d'une blessure, mademoiselle de Guise n'hésita point à s'adresser à cette même mademoiselle d'Épernon, devenue sœur Anne-Marie de Jésus, afin qu'elle priât pour son frère et invoquât la mère Madeleine.

« Pour mademoiselle d'Épernon.

19 septembre 1654. « Il y a huit jours que je suis casi sans espérance de la santé de mon frère, si ce n'est du côté de Dieu. J'en suis en un estat que je ne puis représenter. Je vous supplie de m'envoyer quelque chose de vostre bien heureuse mère Magdelaine, et de vouloir continuer vos prières et de demander à la mère prieure (en 1654, c'était la mère Agnès) et à toute la communauté de nous faire la même charité. »

22 septembre. « Vous ne me sauriez donner des marques d'amitié à quoi je sois plus sensible qu'au soing que vous prenés

de la santé de mon frère. Elle est meilleure, Dieu merci, et nous avons présentement beaucoup d'espérance. Continués, je vous supplie, vos prières à vostre sainte mère, et puisque vous le voulés je vous mandré touts les jours l'estat où il sera. »

23 septembre. « Mon frère est plus mal qu'hier. Je vois bien qu'il n'y a que Dieu qui nous le puisse rendre. J'espère cette miséricorde de sa bonté et de vostre intercession auprès de luy et de celle de vostre bien heureuse mère. »

24 septembre. « Mon frère est toujours en mesme estat. Il a communié ce matin pour la segonde fois, et promis hier que si Dieu luy redonnoit la santé qu'il iroit le recevoir dans vostre église pour le remercier de la grace qu'il auroit obtenue par l'intercession de vostre B. H. mère. Continués à le prier d'avoir pitié de nous, et croyez que je suis touchée comme je le dois estre de la bonté que vous me témoignés. »

Le 26 décembre 1660, madame la princesse de Conti (Anne-Marie Martinozzi) étant grosse de plusieurs mois, commença une neuvaine à la mère de Saint-Joseph, et porta un scapulaire de l'habit de la bienheureuse mère. Elle avait déjà eu plusieurs enfants morts et n'en avait pas un vivant. Elle accoucha d'un garçon, le 4 avril 1661, assez heureusement; mais il tomba malade, et Lopès, médecin du prince et de la princesse de Conti, écrivit, le 13 avril 1662, le billet suivant aux Carmélites :

« A la très-révérende mère, la très-révérende mère sousprieure (c'était mademoiselle Du Vigean en avril 1662) des Carmélites du grand couvent.

« Ma très-révérende Mère,

« Comme je suis persuadé que nous devons l'heureuse naissance de monseigneur le comte à l'intercession de la bienheureuse mère Magdelaine et à vos prières, je crois que nous ne pouvons rien faire de mieux ni de plus conforme aux sentiments de Mme sa mère que de vous suplier de nous accorder les mêmes grâces pour sa conservation. Nous vous demandons instamment de l'eau de la bienheureuse mère et la continuation de vos prières. J'y ai une très-grande foy pour lui et pour moi. Je vous suplie me les accorder. Je suis, ma très-révérende mère, de l'hostel de Conty, jeudi au soir 13 avril 1662, votre très-humble et très-obéissant serviteur, Lopès. »

Mademoiselle d'Alençon, seconde fille de Gaston et de Marguerite de Lorraine, qui devint depuis la duchesse de Guise, demande, le 18 septembre 1664, une neuvaine à la bienheureuse mère.

« Pour la mère Agnès.

« Je vous prie, ma chère mère, de vouloir faire faire à toute votre communauté une neuvaine au tombeau de nostre bienheureuse mère à mon intention, et que l'on la commence aujourd'huy. Je me suis si bien trouvée des prières que vous avez faites pour moy, que j'espère que Dieu m'octroira ce que je luy demande par l'entremise de notre bienheureuse mère.

ISABELLE D'ORLÉANS. »

AUTRE LETTRE DE LA MÊME DU 8 OCTOBRE 1664.

« A la mère Agnès, aux Carmélites.

« Vous avés accepté si obligeamment la prière que je vous avois faitte, ma chère mère, de me faire une neuvaine, que cela fait que je vous importune encore une fois, et que je vous prie d'en vouloir faire commencer encore une aujourd'huy à vostre communauté au tombeau de vostre bien heureuse mère à mon intention. Je vous en serai très-obligée, mère, et d'estre assurée de mon amitié. Je vous prie de faire mes compliments à la mère de Bains. »

Madame la duchesse d'Elbeuf, Élisabeth de Bouillon, nièce de Turenne, mariée à Charles d'Elbeuf en 1656, et morte en 1680, écrit en 1659 à sa sœur, alors novice aux Carmélites, c'est-à-dire à Émilie-Éléonore de Bouillon, dont nous avons parlé plus haut, page 398 :

« Jamais je n'ay tant espéré, chère sœur, que la bienheureuse mère Madelaine de Saint-Joseph et la bienheureuse sœur Catherine de Jésus feroient le miracle que nous souetons que présentement. Car le jour que je suis partie, j'ay trouvé moyen de mettre de leurs saintes reliques; et M. d'Elbeuf, ce que je n'avois pas peu fere jusque à présent, son scapuler estant rompeu et l'ayant donné à raccomoder à un de ses gents, les a mises, et au meme moment je n'ay casy plus douté que Dieu nous accorderoit ce que nous luy demandons par les prières de cette sainte. Je vous conjure, ma chère sœur, de suplier très-humblement la mère souprieure (en 1659 c'était mademoiselle Du Vigean) que l'on redouble les prières pour cette pauvre âme, qui est en sy pitoyable estat. Si j'osois, je demanderois par charité à la mère prieure, c'est-à-dire à celle qui l'a esté, de demander à Notre Seigneur cette conversion. Je communierai, s'il plest à Dieu, dimanche pour cela. Souvenez-vous-en, chère sœur, ce jour-là, et priés toutes vos bonnes mères d'avoir ausy cette bonté. Enfin j'ay depuis peu tant d'espérance à ces saintes reliques, que je n'en fais casy plus de doute. J'ay cela si fortement à la teste qu'il ne se peut pas plus. (Quelques lignes effacées)... et de me croire toute à vous et de tout mon cœur. Ce dernier septembre 1659. »

Une autre fille du duc de Bouillon, une autre nièce de Turenne, Mauricette-Phébronie, mariée à Maximilien, duc de Bavière, frère de l'Électeur, morte sans postérité en 1706, écrit en 1670 à sa sœur, Hippolyte de Bouillon, déjà carmélite (voyez plus haut, page 400).

« A ma très-chère sœur, ma très-chère sœur Hipolite de Jésus.

« J'ay bien de la joye, ma très-chère sœur, d'apprendre par vostre dernière lettre que vous estes bien aise que nostre ausmonié retourne à nostre servisse. Asseurément c'est un fort honneste homme. Il m'a bien réjouie en m'asseurant de la continuation de vostre amitié, et m'a bien dist aussi que je n'estés pas oubliée dans vos bonnes prières. Je vous prie, ma chère sœur, de vouloir bien continuer, et principallement envers la bienheureuse mère Magdelaine, en quy j'ay eu toute ma vie bien de la dévotion. Vous ne pouviez pas me faire un présent plus agréable qu'en m'envoyant un scapulaire fait de sa robe. Je vous en suis infiniment obligée. Je le porteré toute ma vie. J'ay bien de la joye d'avoir sa Vie (par le père Senault). Je vous prie, ma chère sœur, d'en vouloir bien remercier de ma part la révérende mère prieure (en 1670, la mère Agnès) et luy temoigner l'obligation que je luy en ay. Si la lecture de cette vie me peut convertir, je luy en oré toute l'obligation ; ce ne seroit pas une des moindres que je luy ay avec tant d'autres dont celle-la ne fera qu'augmenter le nombre. Je ne manqueré pas de faire faire un tableau pour metre dans ma chambre d'après l'image que vous m'avez envoyée. Je vous remercie bien fort de tout ce que vous m'avez donné. Je n'ay pas manqué de faire vos compliments à Monsieur mon mari, qui vous en remercie bien fort et se recommande bien à vos bonnes prières, et moy je fais la mesme chose, en ayant bien besoing.

Adieu, ma chère sœur, soyez persuadée que vous avez un pouvoir apsolu sur le cœur de vostre

MAURICE-PHRÉBRONIE. — A Munic, ce 30 avril 1670. »

Voici un billet de la célèbre duchesse de Savoie, Chrestienne de France, femme de Victor-Amédée, et la seconde fille d'Henri IV.

« A MADAME L'ABBESSE DU GRAND COUVENT DES CARMELITES A PARIS.

« Ma R. dame, vostre mérite, qui n'a fait que se perfectionner davantage dans la religion, n'est pas au rang des choses qu'on peut oublier ; et si j'en conserve chèrement la mémoire, j'ay la satisfaction de voir que vous avez encore bien avant dans le cœur et dans l'esprit les inclinations que vous conçeutes autrefois pour moy. Le S^r des Chapelles, qui me rendit à son arrivée en ce pays vostre lettre, me fournit maintenant l'occasion, par son retour, de vous en remercier comme ie fais par ces lignes, et d'asseurer aussy dans cet endroit mademoiselle d'Épernon de mon amitié et de la joye que je ressens de considerer qu'en entrant au monastere où vous estes, elle n'a pas faict moins connoistre la bonté de son jugement que celle de sa conscience, qui luy a attiré du ciel la grâce de cette vocation. Je me recommande à vos saintes prières, et vous prie de croire que je suis véritablement, ma R. dame, vostre bien bonne amie, « CHRESTIENNE. — De Turin, ce 30 oct. 1649 [1]. »

Nous terminerons ce petit cartulaire par six lettres de la reine d'Angleterre, Henriette, la fille d'Henri IV, la femme de Charles Ier. Elles sont autographes, avec leurs cachets intacts.

« A LA TRÈS RÉVÉRANDE MÈRE MAGDELAINE DE SAINT-JOSEPH.

« Ma révérande mère, je vois par vostre lettre le soing que vous avés de moy et de mes enfants dans vos bonnes prières, de quoy je vous remercie, et vous prie de continuer en ayant bon besoing, vostre piété m'estant assez congnue pour estre assurée que lorsque vous vous souviendrés de moy, cela m'apportera beaucoup de bonheur. Sy je pouvois vous faire voir le ressentiment que j'en ay par quelque voye, je le ferois de très-bon cœur ; mais sachant que toutes choses du monde vous sont indifférentes, je me contanteray de vous assurer que ce ne sera que faute d'aucation sy je ne le vous fais paroistre, priant Dieu qu'il vous ayt en sa s[te] garde. Faistes mes recommandations à toutes vos bonnes filles, et les priés de prier Dieu pour moy.

« HENRIETTE-MARIE, R (*eine*). »

« A LA RÉVÉRANDE MÈRE MAGDELAINE DE SAINT-JOSEPH.

« Ma mère, j'ay resçu une de vos lettres qui m'a extremement rejouye de voir que j'estois encore en vostre souvenir, quoyque je n'en doutasse point, mes j'ay esté très satisfaite de le voir par vostre lettre, de quoy je vous remercye, et vous prie de vouloir continuer à prier Dieu pour moy, et croire que sy je vous pouvois servir en quelque chose en ce pays, je le feray de tout mon cœur. Faites mes recommandations à toutes vos bonnes sœurs, et si sœur Aymée (peut-être mademoiselle Deschamps, ou plutôt mademoiselle Rebours, morte en 1653 à Bourges ;

1. En 1649, la prieure à laquelle écrit ici Mme la duchesse de Savoie, était la mère Marie Madeleine de Jésus, la belle Mlle de Bains, qui, ayant été une des filles d'honneur de la reine Marie de Médicis, avait dû connaître à la cour de sa mère celle qui devint la duchesse de Savoie.

plus haut, p. 389), qui estoit à moy, est là, dites luy que je crois qu'elle ne m'oublie pas en ses prières, et qu'elle a encore souvenance de moy; priant Dieu qu'il vous ayt en sa s^{te} garde.

« HENRIETTE-MARIE, R. »

DE LA MÊME A LE MÊME.

« A la mère Madelayne.

« Ma mère, je vous escris cette lettre pour vous prier de continuer à prier Dieu pour moy, et pour vous dire que nous avons un couvent de l'Incarnation aussi bien que vous; mais nous ne nous acquittons pas trop bien de nostre règle; nous ne fesons que voyager, et notre couvant ne nous suit point; M. de Bérule qui est isi nous en dispencera. J'espère, avec l'ayde de Dieu qu'il y en aura tout à bon un jour; j'ay la plus grande joye du monde quand j'en parle. Faites mes recommandations à toutes vos bonnes sœurs et à vostre général. Je finiray ma lettre en vous assurant que je suis, ma mère, votre affectionnée fille,

« HENRIETTE-MARIE, R. »

DE LA MÊME A LA MÊME.

« A la mère Magdelaine.

« Ma mère, j'ay resçu la lettre que vous m'avez escritte par laquelle je vois le soing que vous avés de prier Dieu pour moy. Je vous en remercye bien fort, et vous prie de continuer, car l'on en a grand besoing en ce pays. J'envie vostre bonheur de voir M. de Bérule. Je l'ay laissé aler à mon grand regret, mais ce ne sera que pour un mois tout au plus. Je vous diray que nous fesons un petit couvent qui sera tout comme celui des vrayes Carmélites en petit, mais j'espère, avec l'aide de Dieu, que quelque jour il y en aura un tout à bon. Priés bien Dieu pour cela, ma chère mère, je vous en prie, car si cela estoit, je m'estimerois la plus heureuse personne du monde. Je vous prie de faire mes recommandations à la mère Marie de Jésus (Mme de Bréauté). Adieu, ma mère, priés Dieu pour moy.

« HENRIETTE-MARIE, R. — Ce 25 aoust 1625. »

LES CARMÉLITES.

DE LA MÊME A LA MÊME.

(Une main ancienne a écrit : 1637.) « A la Révérende mère Marie de Jésus (Mme de Bréauté), prieure des Carmélites à Paris. »

« Ma R. mère, le Sr Digby m'ayant aporté une lettre de vous, j'ay eté bien ayse de la mesme occation pour vous remercier du soing que vous prenés de moy en vos bonnes prières, et aussy vous prier de vouloir continuer. J'ay entandu la mort de la bonne mère Magdelaine avec beaucoup de ressentiment de la perte que nous avons faite; mais elle est si heureuse dans le ciel que c'est une consolation très grande pour tous ceux qui lémoyent comme je le fais. Elle priera Dieu pour moy là où elle est; et vous, je vous prie de le faire aussy et toutes vos bônes sœurs a qui je me recommande, priant Dieu qu'il vous ait en sa sainte garde.

« Votre bien bonne amie, « HENRIETTE-MARIE, R. »

DE LA MÊME A LA MÊME.

Une main ancienne : « 30 avril 1647. La Reine d'Angleterre estoit lors à Paris. Elle escrit à la mère prieure (en 1647 c'était la mère Marie Madeleine de Jésus) : »

« Ma mère, ce n'est pas d'aujourd'huy que je vois l'incertitude des choses de ce monde dans ma condition. Lorsque je vous quité dimanche, je croyois estre fort assurée de ne point voir la commédie, et cejourd'huy de vous aller voir ; et néanmoins je fis yer l'un, mais par obéisance aux commandements de la Royne; et pour l'autre je suis très fâchée que je ne le feray point, ne me portant pas bien, ayant une petite maladie qui n'est pas propre à sortir de la maison. Je ne sais sy ce n'est point ce mauvais tamps qui en soit en partie la cause; mais je vous assure que il ne m'eut pas empêché de vous aller voir sans l'autre accident. Je vous prie de prier Dieu pour moy sur le tombeau de la bonne mère Magdelaine, à ce qu'elle veille avoir soing de mes affaires après sa mort

comme elle a eu en sa vie. Avec cela je finis et je suis, ma mère,
Votre bien bonne et affectionnée amie,   Henriette Marie.
Mardy, à dix heures, 30 aprill. »

NOTE DEUXIÈME.

CHAPITRE II, PAGES 195 A 213.

MADEMOISELLE DU VIGEAN, SOEUR MARTHE DE JÉSUS.

A tous les renseignements que nous avons pris plaisir à rassembler sur cette aimable personne, nous voulons joindre encore plusieurs pièces qui ne pouvaient trouver place dans le cours de notre récit.

Il ne serait pas impossible de retrouver quelque portrait de Mlle Du Vigean. Segrais dit dans ses *Anecdotes*, p. 8 : « Mademoiselle m'a fait voir à Saint-Fargeau, dans son cabinet, un tableau où elle était représentée en Grâce entre Mlle Du Vigean et Mme de Montbazon. »

Segrais, *ibid.* p. 20, raconte une anecdote à laquelle il ne faut ajouter aucune foi : « Mme de Chevreuse, qui était une conteuse, m'a dit qu'elle avait été cause de l'emprisonnement de M. le Prince. Cela arriva pour un rien : Monsieur aimait Mlle Du Vigean, qui n'avait pas beaucoup d'esprit, et Monsieur n'en était pas jaloux[1] ; Mme la Princesse (douairière), qui craignait qu'on ne se servît d'elle (Mlle Du Vigean) pour désunir Monsieur d'avec M. le Prince, avec lequel il fut de très-bonne intelligence l'espace de six ans pendant la régence, la fit enlever imprudemment et conduire aux Carmélites, de quoi Monsieur fut outré au dernier point. Mme de Chevreuse, qui s'en aperçut dans un entretien qu'elle avait eu avec lui, en parla à M. le cardinal Mazarin et lui dit que la cour pourrait tirer avantage de sa colère, et que c'était une occasion dont on pourrait peut-être profiter pour le détacher

---

1. Ne faut-il pas : *en étoit jaloux*.

d'avec M. le Prince. » Il n'y a pas même en tout cela une ombre de vraisemblance : 1° la prison de Condé est du 18 janvier 1650 et la brouillerie de Condé et de la cour est de la fin de 1649; or, en ce temps-là, Mlle Du Vigean avait déjà fait profession, et elle était entrée aux Carmélites en 1647. 2° Nul document imprimé ou manuscrit à nous connu ne parle de l'amour de Monsieur pour la jeune Du Vigean. 3° Mlle Du Vigean n'est pas entrée au couvent par force; la princesse de Condé elle-même n'eût pu arracher à sa famille une personne du rang de Mlle Du Vigean, et les Carmélites ne se fussent pas du tout prêtées à un tel acte de violence. Marthe Du Vigean entra au couvent très-librement, si librement qu'elle eut à vaincre bien des obstacles dont sa persévérance ne vint à bout qu'à grand' peine. 4° Segrais est le seul qui dise que Mlle Du Vigean n'avait pas beaucoup d'esprit. Il n'en pouvait rien savoir, n'ayant pas vécu dans cette société; il n'a connu que celle de Mademoiselle et de Mme de La Fayette. Loin de là, Mlle Du Vigean avait une réputation d'esprit, et nous tirons des papiers de Conrart, in-4°, t. XVII, p. 577, la lettre suivante ni datée ni signée, mais qui pourrait bien être de Mme de Sablé, ou de Mlle de Rambouillet, ou de quelque autre dame de l'illustre hôtel, où l'on parle avec éloge des lettres que Mlle Du Vigean écrivait.

« A MADEMOISELLE DU VIGEAN.

« Mademoiselle,

« Je croy que vous ne serez pas surprise de recevoir une lettre de moy, car il me semble que nous avons fait une assez grande amitié pour vous pouvoir même plaindre si je ne vous écrivois pas, et pour moy j'ay quasy envie de vous faire des reproches de ce que je n'entends pas parler d'autre chose que des jolies lettres que vous écrivez icy, sans que l'on m'ait dit un seul mot de votre part. En vérité, cela m'a satisfaite et fachée tout ensemble, car je suis ravie qu'une personne que j'ay toujours aymée avec tant d'inclination mérite si fort de l'estre par toutes sortes de raisons, et je ne saurois plus souffrir que vous me puissiez oublier si longtemps. Faites donc, s'il vous plaist, que je puisse avoir autant de joye de votre souvenir comme j'en ay de savoir l'augmentation de votre santé et de votre beauté. Je vous supplie de croire que ceux qui en sont le plus touchés ne le peuvent estre davantage que je la suis de toutes les choses qui vous rendent si aymable. Cela vous peut faire juger de quelle sorte je désire les témoignages de votre amitié et comme je veux estre toute ma vie,

Votre etc. »

Marthe Du Vigean était entrée en religion malgré la résistance de toute sa famille, et elle était déjà postulante au couvent de la rue Saint-Jacques dans les premiers mois de l'année 1647. C'est ce que nous apprend une lettre du mois de juin écrite par la mère Agnès à Mlle d'Épernon, qui était alors à Bordeaux, désirant ardemment devenir Carmélite mais ne l'étant pas encore :

« ...[1] Je vous assure, Mademoiselle, que Dieu récompense si abondamment dès cette vie les âmes qui l'ont aimé et qui lui ont obéi, qu'elles trouvent, par les satisfactions qu'elles expérimentent au service de sa divine majesté, qu'elles ont beaucoup plus reçu que donné. Mlle Du Vigean en rend maintenant un témoignage tout nouveau et si puissant que personne n'en peut douter; car nonobstant les extrêmes afflictions de M. et de Mme Du Vigean qui ont fait ce qu'ils ont pu pour la retirer, elle est demeurée inébranlable et si parfaitement contente qu'elle dit qu'elle ne changeroit pas sa condition à celle d'être impératrice de tout le monde, et je vous assure que la joye de son esprit est telle que son humeur, qui étoit fort polie et ne paroissoit pas, comme vous scavez, des plus gayes, l'est maintenant tellement qu'il semble qu'elle expérimente quelque chose des consolations du ciel. Elle nous a priée de vous rendre graces très-humbles, Mademoiselle, de la part que vous prenez à la grace que Dieu lui a faite, et vous assure qu'encore qu'elle eût déjà oublié tout le monde, elle aura pour votre regard un souvenir tout extraordinaire devant Dieu. Elle a ouï dire, avant que d'entrer ceans, que vous étiez

---

1. Recueil de lettres autographes de Mlle d'Épernon et de la mère Agnès, communiqué par le couvent.

dans le même dessein qu'elle projetoit lors, ce qu'elle désire extrêmement qui se trouve veritable; mais je n'ose lui dire ce que j'en scay que vous ne ne m'ayez fait l'honneur de lui en confier quelque chose... » Mlle d'Epernon répond à la mère Agnès le 3 juillet 1647 : « .... Je vous supplie de vouloir assurer la révérende mère prieure et la révérende mère Marie de Jésus de mon très-humble service et de les prier de m'assister de leurs prières et de leurs idées pour ma conduite, car je sçais et suis bien aise qu'elles voyent les lettres que je vous escris. Pour Mlle Du Vigent (sic), je ne pretens non plus que ce segret en soit un pour elle, et, quoique je ne fusse pas assez heureuse pour estre connue d'elle dans le monde, la réputation de sa vertu et de son esprit m'a donné toujours beaucoup d'estime pour elle que sa dernière action a encore ogmenté. C'est pourquoi je vous supplie de lui faire un compliment de ma part et de la prier de me faire l'honneur de se souvenir de moi dans ses bonnes prières.... »

AUTRE LETTRE DE LA MÊME A LA MÊME DU 23 JUILLET 1647.

« ..... Je suis bien obligée à la charité de Mlle Du Vigent d'avoir pris la peine de m'escrire[1]. Je vous envoye la réponse que je vous prie de lui vouloir donner. Je vous assure que sa lettre est d'une personne si contente et si enflammée de l'amour de Dieu qu'elle m'a donné de la dévotion, et je m'estimerai bien heureuse d'estre en un même lieu qu'elle pour suivre son exemple, si j'ai assez de cœur pour avancer en peu de temps comme elle, et je pretens, avec la grace de notre Seigneur, d'etre bientot en etat d'imiter quoiqu'imparfaitement sa sortie du monde... »

Quand Mlle d'Épernon fut entrée aux Carmélites de Bourges, elle écrivit à Mlle Du Vigean le billet suivant :

1. Cette lettre et la réponse n'ont pas été retrouvées.

« A ma tres-chere sœur, ma tres-chere sœur Marthe de Jésus.

Ce 9 septembre 1648.

Ma tres-chere sœur,

Dieu soit béni qui m'a fait la grace d'imiter votre retraite du monde, quoique très-imparfaitement, et avec des foiblesses dont je devrois être honteuse si je pouvois songer à quelque autre chose qu'au bonheur que j'ai d'etre tout a fait destinée au service de Dieu. Je méritois si peu ses faveurs que je ne puis assez admirer la bonté qui me les a faites, et je crois en avoir obligation à vos bonnes prieres. Car enfin, ma tres-chere sœur, vous m'avez toujours temoigné que vous les employiez pour cela, et je ne puis vous en rendre assez de graces tres-humbles. Mais si je ne puis satisfaire à ce que je vous dois, j'en ai le désir tout entier, et m'estimerai bien heureuse si je vous le puis faire connoître au point qu'il est. Je vous supplie, ma chere sœur, de continuer d'avoir quelque amitié pour moi et de croire que je le souhaite de tout mon cœur, et que je la tiendrai tres-chere. Dans peu de jours j'espere que j'aurai l'honneur de vous voir et d'apprendre de vous comme il se faut donner à Dieu, puisque vous l'avez si bien fait que je ne puis avoir une maîtresse plus experimentée ni pour laquelle j'aye plus d'estime et d'inclination, étant de tout mon cœur, ma tres-chere sœur, votre tres-humble et tres-affectionnée servante, Sœur Anne Marie de Jésus. »

Nous donnons en extrait les deux dépositions de Mlle Du Vigean et de sa sœur aînée, Mme de Pons, devenue la duchesse de Richelieu, dans l'affaire de la béatification de la mère Madeleine de Saint-Joseph, parce qu'au milieu de détails étrangers à notre objet, il se rencontre plusieurs faits authentiques sur Mlle Du Vigean, sur sa famille et sa société intime.

EXTRAIT DE LA DÉPOSITION DE Mme LA DUCHESSE DE RICHELIEU.

« J'ay nom Anne de Fors. Je suis natifve de la ville de Paris. Je suis agée de vingt-neuf ans, fille de Francois de Fors, chevalier, marquis de Fors et Du Vigean, seigneur de Basoge, comte de Sainte-Menoult, et d'Anne de Neufbourg, sa legitim epouse. Je suis femme de Monsieur le duc de Richelieu, duc et pair de France, lieutenant general des mers du Levant, et gouverneur du Havre de grace.

« J'ay eu connoissance de la venerable mere Magdeleine quelques années devant sa mort. La premiere fois que j'ay entré dans le grand couvent des Carmelites de cette ville de Paris, ça esté avec feue Madame la princesse de Condé. Madame la duchesse d'Aiguillon y estoit qui me mena, dès que je fus dans le monastere, à la venerable mere comme à une sainte, et me dit que je lui demandasse sa benediction et ses prieres, et qu'elle m'estimeroit heureuse si elle m'y vouloit donner part. Je n'ay point presentes toutes les choses que me dit la venerable mere en particulier; mais seulement il me souvient qu'elle me demanda si je priois Dieu tous les jours, et qu'elle m'exhorta à le faire soigneusement, me monstrant que sans son assistance nous ne pouvions faire que du mal, et qu'aussy il nous falloit avoir recours à lui en toutes les actions de nostre vie. Je sçay que la venerable mere a passé une grande partie de sa vie dans le grand couvent de Paris, et qu'elle y estoit réverée et honorée comme une sainte tant par les religieuses que par plusieurs personnes d'eminente qualité; et feue Madame la princesse de Condé, Madame de Longueville et Madame d'Aiguillon m'en ont parlé plusieurs fois avec une haute estime de sa sainteté.... Je sçay que pendant l'extremité qu'a eue la servante de Dieu, feue Madame la princesse de Condé et Madame de Longueville en estoient dans une grande peine, qu'elles avoient beaucoup de douleur de la perdre, et qu'elles la pleuroient comme leur mère; et Madame la duchesse d'Aiguillon qui estoit alors toute puissante, M. le cardinal de Richelieu vivant, employoit toutes sortes de personnes pour essayer de trouver du soulagement au mal de cette bonne mere; et je sçay qu'elle envoya une personne constituée dans une des plus hautes dignités de l'Eglise à deux lieues d'icy chercher un remede qu'on lui avoit dit qu'il gueriroit la servante de Dieu.

J'estois encore si jeune lorsque la venerable mere a quitté cette vie pour l'eternelle que je ne puis rien dire des particularites de sa mort. Je sçay seulement qu'il y eut un grand concours de peuple et de personnes de toutes sortes de conditions à son enterrement. Ma mere y fut par grande devotion, et lorsqu'elle en revint, elle me dit qu'elle venoit de voir mettre en terre une sainte qui estoit belle comme un ange, et qu'en la regardant on estoit persuadé que l'ame de cette servante de Dieu estoit desja jouissante de la gloire ; et elle adjousta qu'il y avoit une si grande foule de monde qu'elle avoit pensé estre estouffée....

Je sçay que la Royne va dans le grand couvent des Carmelites de cette ville de Paris tous les ans, le jour que la venerable mere a quitté la terre pour aller au ciel, et qu'elle va visiter son tombeau, et s'y met à genoux pour la prier en grande devotion. J'ay eu l'honneur de lui accompagner. Je sçay aussi que plusieurs princesses, duchesses et plusieurs dames de la cour sont soigneuses d'accompagner la Royne lorsqu'elle va dans le grand couvent le jour du décès de la venerable mere, que toutes vont sur son tombeau, quelques unes prennent des fleurs qui sont dessus, les baisent et les regardent comme une relique.... Je sçay que grand nombre de personnes font dire des messes à l'eglise du grand couvent ou est le corps de cette venerable mere, et moi-mesme j'y en ai fait dire un an durant, et à l'heure presente j'y fais dire encore un annuel, tant j'ay de confiance au pouvoir qu'elle a auprès de Dieu.

Je sçay que ma sœur est entrée dans le grand couvent des Carmelites pour y estre religieuse, par la grande estime qu'elle avoit de la sainteté de ce lieu, et qu'elle tenoit à un bonheur au dessus de tous les autres d'estre dans le monastere où est le corps de la venerable mere ; et je sçay que, quelques instances que mes proches lui ayent faites pour aller en un autre couvent du mesme ordre, où ils eussent eu la consolation de la voir plus souvent, elle ne l'a jamais voulu pour les raisons que je viens de dire.

Ma sœur m'a dit aussi que la venerable mere l'a guerie de diverses sortes de maux dont elle estoit travaillée ; et une fois qu'elle avoit de violentes douleurs à un bras avec de grandes inquietudes et hors d'espoir de pouvoir fermer l'œil, qu'elle mit du linge teint du sang de la servante de Dieu dessus, et qu'à l'instant la douleur fut apaisée et qu'elle dormit toute la nuit. J'ay sçu encore par ma sœur qu'un mois ou deux apres qu'elle fut entrée au couvent pour s'y faire religieuse, allant un soir dans la chambre où la venerable mere est morte, elle sentit une odeur comme de toutes sortes de fleurs, et puis comme une excellente cassolette, et enfin cette senteur devint si extraordinaire qu'elle jugea bien qu'elle ne pouvoit venir que du ciel....

J'ay ouï dire à plusieurs personnes très-dignes de foy que la servante de Dieu a eu le don de prophetie, et j'ay eu occasion moy-mesme d'en estre persuadée, Mme la comtesse d'Aurouet, ma belle-mere, m'ayant dit que s'en allant pour lui dire adieu pour un voyage qu'elle alla faire en Provence, elle lui dit : Je ne seray plus sur la terre à votre retour; ce qui s'est trouvé veritable.

De tout ce que je depose il y a bruit et renommée publique.

C'est ainsi que j'ay deposé pour la verité, moy Anne Poussard de Fors. »

DÉPOSITION OLOGRAPHE DE Mlle DU VIGEAN, SŒUR MARTHE DE JÉSUS.

« Jesus Maria.

« Je, seur Marthe Poussar Du Vigean, ditte de Jesus, agée de vingt-huit ans et de religion trois et demy, professe de ce monastere de l'Incarnation, ordre de Nostre-Dame-du-Mont-Carmel, establi le premier en ce royaume selon la reforme de Sainte-Therese, desirant rendre temoignage de la sainteté que j'ay experimentée de nostre bienheureuse mere Magdeleine de saint Joseph, depuis que j'ay la grace d'estre en cette maison, fais le present escrit pour valoir en temps et lieu.

Fort peu de temps apres mon entrée ceans, ayant encore l'habit seculier et recevant grande contradiction de mes proches sur ma demeure en cette maison, je m'adressois souvent à la bienheureuse pour qu'elle m'obtînt la force de perseverer dans ma vocation. J'avois ouy parler d'elle à des personnes de grande condition et consideration avec des termes qui m'en avoient donné une estime toute particuliere, et mesme j'ay eu la benediction de l'avoir vue pendant sa vie ; mais j'estois si jeune que je ne pouvois pas remarquer en elle toutes les vertus qui y paroissoient; seulement j'estois touchée de quelque sentiment de devotion sur sa douceur et sur sa charité, de sorte qu'il m'en est resté le souvenir jusques à cette heure, et cela n'a pas peu contribué à me faire recourir à elle dans tous mes besoins ; ensuite de quoy bien qu'indigne, j'ay reçu assistance d'elle en plusieurs occasions.

La première chose qu'elle nous a fait paroistre a esté qu'estant allée un soir la prier dans la chambre où elle est decedée, je sentis une senteur qui dura environ un quart d'heure. D'abord, c'estoit comme toute sorte de fleurs odoriferantes, et puis je sentis comme du musc, et sur la fin ce fut une senteur comme d'une tres-excellente cassolette. J'estois seule en cette chambre, et je regarday partout sy on n'y avoit point mis quelque senteur ou de fleur ou de cassolette, et je vis qu'il n'y avoit quoyque ce soit de tout cela, ny chose quelconque qui me pust faire croire que ce n'estoit pas la sainte qui me faisoit cette faveur. Pendant tout ce quart d'heure, je me sentis eslevée à Dieu et le remerciay, avec beaucoup de devotion sensible, des miracles qu'il faisoit pour manifester la sainteté de sa bienheureuse servante.

Au mois de may de l'année passée 1649, ayant eu une artere piquée au bras droit, on me le pansoit tous les jours. Un soir, il m'y vint des douleurs sy extremes que je doutois sy la gangreine ne s'y mettroit point. J'estois dans une telle inquietude que je ne croyois pas pouvoir fermer l'œil de toute la nuit. En cet accablement de mal, je m'adressay à nostre bienheureuse mere, et luy dis l'antienne, *Veni, sponsa Christi*, pour la supplier qu'elle m'obtint de Nostre Seigneur un peu de soulagement en mon mal, et je mis dessus mon bras un peu de linge trempé dans son sang. Au mesme moment, je ne sentis plus nulle douleur, et je dormis toute cette nuict sans me reveiller et sans aucune inquietude, et depuis je n'eus plus de douleur en mon bras, quoyque pour le reste il ne fust pas entierement guery. Je croyrois estre ingratte, sy je ne rendois temoignage de cette assistance.

De plus, en la mesme année au mois d'aoust, j'eus recours à cette bienheureuse, estant malade d'une fievre continue dont je pensé mourir, et voué, avec le congé de nostre mere prieure, un annuel de messes en son honneur, proposant, sous le bon plaisir de l'obeissance, de faire continuer ces messes le reste de ma vie, que je crois avoir pu estre prolongée par les intercessions de la bienheureuse; car, dès le lendemain de ce vœu, je commençay à me mieux porter, jusqu'à une entiere guerison qui suivit quelques jours apres.

Je rends aussy temoignage, pour la gloire de Dieu et de sa fidele servante, que Mme la duchesse de Richelieu, ma sœur, en a receu assistance en quelques affaires de tres-grande importance, qu'elle lui avoit recommandées, pour l'heureux succes desquelles [1] elle avoit voué deux annuels de messes en son honneur, l'un sur la fin de l'an 1649, l'autre en cette presente année 1650. Et comme ma sœur a obtenu ce qu'elle lui avoit demandé, aussy a-t-elle commencé de satisfaire à son vœu avec grande reconnoissance, et augmentation de confiance en la bienheureuse.

Tout ce que j'ai dit est tres-veritable. C'est pourquoy je le signe de ma main, ce jourd'huy 17 novembre 1650. »

Quand une religieuse mourait, la mère prieure en faisait part à toutes les maisons de l'ordre et demandait leurs prières en faveur de la décédée. Elle écrivait, à cet effet, une lettre circulaire, édifiante plutôt qu'historique, où toutefois on trouve de loin en loin des renseignements précieux. La collection de ces lettres circulaires est une des sources les meilleures de l'histoire du couvent de la rue Saint-Jacques. Nous y avons beaucoup puisé, ainsi que dans les annales des fondations et dans les vies manuscrites. C'est la mère Marie-Madeleine de Jésus, Mlle Marie Lancry de Bains, qui composa la lettre circulaire de Mlle de Fors Du Vigean,

---

1. Les deux seules affaires importantes qu'ait poursuivies Mme de Richelieu en 1649 et 1650, sont, d'abord son mariage avec le duc de Richelieu, qu'elle ménagea avec un art infini et qui eut lieu à la fin de 1649, puis le désir de rentrer en grâce avec la reine et Mazarin et d'en obtenir le tabouret, à quoi elle réussit en 1650 en sacrifiant Mme de Longueville, à laquelle elle devait son mariage. Voyez IIe partie.

sœur Marthe de Jésus, morte en 1665, le 25 avril, comme nous l'apprend le commencement de la circulaire. Nous la transcrivons presque tout entière :

« Son[1] appel à la vie religieuse eut tous les caractères d'une vocation divine. Nous le rapporterons ici tel qu'il se trouve décrit dans la Vie de saint Vincent de Paul, d'après le témoignage signé de sa propre main, dans les informations juridiques faites trois mois après la mort du saint. » *Vie de saint Vincent de Paul*, Nancy, 2 vol. in-4, 1747 et 1748 (par Collet) : « La marquise Du Vigean étant malade, Vincent alla chez elle pour la consoler. La visite finie, au défaut de la mère, la fille se chargea de le reconduire. Mademoiselle, lui dit-il, vous n'êtes pas faite pour le monde. Elle comprit le sens de cette expression générale, à laquelle elle aurait volontiers répondu : Si cet homme était prophète, il ne me tiendrait pas un pareil propos. Elle déclara au saint qu'elle n'avait aucun goût pour la vie religieuse; et comme elle n'ignorait point le crédit qu'il avait auprès de Dieu, elle le pria fort de ne lui demander point qu'il la fît changer de sentiment. Vincent sortit et ne répliqua rien. Mlle Du Vigean le quitta plus résolue que jamais de s'établir dans le siècle; elle reconnut avec le temps que Dieu lui avait parlé par la bouche de son ministre. Sa passion pour le monde, dont les agréments commençaient à l'enivrer, s'évanouit entièrement. » Mlle Du Vigean quitta le siècle avec courage et tous les grands avantages qu'elle pouvait posséder à la cour, où elle était singulièrement estimée. Mais le sacrifice qui coûta le plus à son cœur fut la séparation de Mme sa mère, qui l'aimait au-dessus de toute expression. On comprit dès lors que ses années seraient remplies de grandes bénédictions. On ne peut dire à quel point s'est portée sa ferveur pour toutes les vertus religieuses. Dès son entrée, elle montra un si grand désir de la retraite qu'il paraissait bien qu'elle y trouvait celui qui fait notre véritable bonheur; et tout le temps qu'elle a été parmi nous, elle y a toujours tendu, n'en sortant jamais que pour l'obéissance ou la charité. L'oubli de son corps a été en elle si

---

1. *Recueil des circulaires*, p. 155.

admirable que Dieu a montré visiblement combien elle lui était agréable en ce point, lui ayant fait la grâce d'observer notre règle dans toute sa rigueur depuis la profession, ce qu'on n'aurait jamais espéré, vu la délicatesse de son tempérament et celle avec laquelle elle avait été élevée.

« Cette chère sœur avait un éminent don de piété, ne se lassant jamais de prier. Toutes ses matinées se passaient au chœur, et plusieurs heures de l'après-dîner, toujours à genoux. L'assistance à l'office divin était ses délices, et sa plus grande joie était d'y pouvoir servir, quelque mal qu'elle en ressentît. Un jour, une sœur lui dit que l'effort qu'elle faisait pour y chanter contribuait à son mal de poitrine. Elle répondit qu'elle n'était pas digne de souffrir pour une si bonne cause, ajoutant que le cardinal de Bérulle disait que, nos corps étant de nature à être usés, ce nous était un grand bonheur qu'ils le fussent pour Dieu, témoignant une grande joie que le sien pût être consommé à si saint usage. Elle avait une dévotion singulière à ce bienheureux, de qui elle avait reçu des assistances très-particulières.

« Sa maladie commença le 10 janvier (1665) par une oppression de poitrine si violente que nous crûmes la perdre le jour même. On la saigna deux fois, ce qui la soulagea; mais bientôt après l'oppression redoubla avec la fièvre, qui ne l'a point quittée l'espace de plus de trois mois; il s'y est joint une hydropisie universelle. On ne peut exprimer ce qu'elle a souffert pendant cette maladie, dans laquelle la langueur s'est unie à la violence, avec des douleurs extrêmes et un étouffement qui lui ôtait le repos les nuits entières; état qu'elle a porté avec la douceur et la patience la plus parfaite. Lorsqu'on lui demandait le matin des nouvelles de sa nuit, elle répondait : Je l'ai passée avec Notre Seigneur, et je ne l'ai pas trouvée longue. La première fois qu'elle reçut Notre Seigneur dans sa maladie, elle dit que sa bonté infinie s'était donnée à elle, non pour la guérir, mais pour lui donner la force de souffrir plus longtemps. Dieu lui a fait pressentir la mort plusieurs fois cette année. Toutes les fêtes de Notre Seigneur et de la très-sainte Vierge, elle sentait un mouvement intérieur de les passer comme les dernières de sa vie, et dans sa dernière retraite de dix jours, elle assura à plusieurs personnes que ce serait la dernière. Lorsqu'on lui apporta le saint viatique, et qu'on lui demanda si elle ne croyait pas que ce fût le corps du Fils de Dieu, elle répondit avec grande ferveur : Je le crois aussi fermement que si je le voyais de mes propres yeux, parce qu'ils pourraient me tromper ; mais les paroles de Notre Seigneur, Ceci est mon corps, ne peuvent manquer. Elle reçut l'extrême-onction avec la même présence et application d'esprit, et est expirée dans la plus grande paix, âgée de quarante-deux ans et de religion dix-huit ans. Sœur Marie-Madeleine de Jésus. »

Voici maintenant deux billets que nous trouvons à la Bibliothèque nationale, dans les portefeuilles de Valant, tome V, écrits par Mlle Du Vigean, devenue sœur Marthe, à Mme de Sablé, ainsi qu'un autre billet du fonds de Gaignières, à la même bibliothèque, *Lettres orignales*, tome IV, adressé à la marquise d'Huxelles. Ce dernier billet est de 1658, à l'occasion de la mort du marquis d'Huxelles, que Mlle Du Vigean avait manqué d'épouser. La douleur exprimée paraît vive, mais le ton est réservé et devait l'être. Les deux lettres à Mme de Sablé ont un caractère différent. Dans leur extrême simplicité est une grâce naturelle et involontaire, comme sous le renoncement absolu de la Carmélite à toutes les affections du monde on sent encore une tendresse pour l'ancienne amie que les années et la solitude n'ont point refroidie.

A MADAME LA MARQUISE D'HUXELLES.

« Madame,   Jesus † Maria.

« Paix en Jésus-Christ. Tant de raisons m'obligent à prendre part aux choses qui vous touchent, que j'ose espérer que vous serés facilement persuadée que j'ay senty comme je dois la perte que vous venés de faire, et laquelle en vérité est si douloureuse en toutes ses circonstances qu'il vous faut un secours d'en haut bien puissant pour vous donner la force de la porter. Quoyque très-misérable et indigne de rien obtenir de Nostre Seigneur, nous ne laissons de luy offrir soigneusement nos prières pour vostre consolation et pour luy demander que, puisqu'il vous a voulu oster ce que vous aviés de plus cher, il daigne par sa bonté vous faire faire un saint usage de cette privation, et convainque puissamment vostre cœur qu'il n'y a que misères en cette vie, et que ceux qui ont eu le bonheur de recevoir le baptesme et d'estre du nombre des enfants de Dieu doivent estre en ce monde comme n'y estant point. Vous savés mieux que moi que nous ne devons nous regarder sur cette terre que comme pelerins et étrangers ; aussi nous y devons estre sans attache et sans plaisir, et nostre cœur doit estre où est nostre trésor qui est au ciel. Il est certain, madame, que les afflictions nous aident beaucoup à faire ces réflexions qui sont nécessaires à nostre salut. Nostre Seigneur dit qu'il est proche de ceux qui sont en tribulations. Ainssi j'espère, madame, qu'il vous départira ces saintes grâces dans l'estast auquel il vous a mise, qui sans doubte est un effet de sa miséricorde, et quoyque cela soit dur à vos sens, vous devés néantmoins le regarder comme une marque de son amour et d'un dessein spécial qu'il a de vostre sanctification. Je supplie sa divine bonté de vous donner tout ce qu'il cognoist vous estre nécessaire, et que vous me fassiés l'honneur de me pardonner la liberté que je prends de vous dire des choses que vous scavez mieux que moy, qui suis une grande pécheresse, et par conséquent incapable de rien dire qui soit utile. J'espère de vostre bonté que vous attribuerés cela au désir que j'ay aussy de vous faire cognoistre que je suis plus véritablement que personne du monde en Jesus-Christ et sa sainte mère, etc.

Nostre mère prieure [1] nous a ordonné de vous assurer, madame, qu'elle prend une part bien véritable à vostre doulleur. La mère Agnès aura l'honneur au premier voyage de vous dire elle-mesme ses sentiments à vostre esgard. Vostre chère tante, que vous avés céans, compatit beaucoup à vostre perte commune. Son estat l'empesche de vous le dire elle-mesme ; elle est vostre très-obéissante servante. Vostre très-humble et très-obéissante, madame,

Sr MARTHE DE JESUS, religieuse carmelite indigne.

De nostre grand couvent, ce 10 septembre 1658. »

1. En 1658, la mère prieure était la mère Marie-Madeleine de Jésus, Mlle de Bains.

APPENDICE. NOTE DEUXIÈME.

POUR MADAME LA MARQUISE DE SABLÉ.

Ce mardy 2e d'aoust 1662.

« Que dirés vous de moy, ma très chère seur, de ce que je n'ay pas respondu plutost à vostre sy obligente lettre? Je n'en puis obtenir le pardon qu'en vous le demandant très-humblement, et c'est ce que je fais de tout mon cœur. Nos élections ne sont point encore faites, parce que M. de Saint-Nicolas du Chardonnet, qui est nostre supérieur, a esté malade. Nous ne savons encore quand il pourra sortir. Je ne manqueray pas de vous advertir quand ce sera fait. Nostre mère Marie Madeleine et la mère Agnès m'ont chargée de vous assurer qu'elles ne manqueront pas de bien prier Nostre Seigneur pour vous, et de luy demander tout ce qui vous est nécessaire pour estre toute à luy. Pour moy, ma très chère seur, pour qui prierois-je (plus tôt) que pour vous que j'ay aimée et honorée par mon inclination, et ensuitte par mille obligations que je vous ay; de sorte, ma chère seur, que vous pouvez compter que tout ce que j'ay est à vous, et que si je faisois quelque petit bien, vous y auriés tout autant de part que moy mesme. Mais, hélas! je suis une sy méchante religieuse que je crains bien que je vous seray aussi inutile auprès de Dieu que je vous l'ay esté auprès des hommes. Donnés-moi vos prières, et me procurés celles de vos chères voisines [1] pour obtenir ma conversion, et alors vous vous apercevrez de mon changement parce que je pourray obtenir quelque accroissement de grâce en vous à qui je suis acquise d'une manière dont Dieu seul a la connoissance.

Je me resjouis de ce que vostre rhume est passé : nous ne nous en sommes point aperceues à vostre gelée [2], car elle estoit très bonne, à ce que m'a dit la seur qui en a usé; et pour vous

---

1. Mme de Sablé était alors retirée auprès du couvent de Port-Royal de Paris, situé un peu plus haut que celui des Carmélites, dans la rue Saint-Jacques, en la rue de la Bourbe, maintenant appelée rue de Port-Royal. L'ancien monastère est aujourd'hui l'hospice de la Maternité.

2. On sait que Mme de Sablé était assez friande, et que jusque dans sa retraite de Port-Royal elle inventait et faisait elle-même toute sorte de mets raffinés pour elle et pour ses amis. Voyez, sur Mme de Sablé, la IIIe partie.

montrer comme j'obéis à vos ordres, agissant avec entière liberté, c'est que je vous conjure de nous en envoyer encore un pot. »

POUR MADAME LA MARQUISE DE SABLÉ.

Ce 5e septembre 1662.

« Vous serés bien aise, ma chere seur, lorsque vous scaurés que notre mère Marie-Madeleine de Jesus fust hier eslue prieure. Comme il ne pouvoit arriver un plus grand bonheur à notre maison, vous aurez grande joye, je m'asseure, de la nostre à toutes et de celle que j'ay en mon particulier; car vous scavez combien m'est chere cette bonne mere, qui a pour vous toutte l'amitié et l'estime que vous sauriez désirer de la meilleure de vos amies. La mere Agnès fust hier eslue sous-prieure, dont vous serez encore bien aise, car vous cognoissez ce qu'elle vaut. Il ne vous faut plus contraindre, ma chere seur, à m'appeler ma mere, car je ne la suis plus[1]. Il faudra, s'il vous plaist, mettre dessus vos lettres : Pour ma seur Marthe de Jesus. C'est la personne du monde qui vous honore le plus, et qui vous est acquise sans que rien puisse vous l'oster.

Sr MARTHE DE JÉSUS, religieuse carmelite indigne.

Nous gagnasmes hier notre procès, ma chere seur, que nous avions avec Mme de Saint-Geran. M. de Maison[2] a fait des merveilles pour nous, et nous vous rendons mille graces des peines que vous avez prises pour le mettre en cette bonne disposition. Nos meres nouvelles eslues vous saluent avec une tres-grande affection et sont vos tres-obéissantes servantes. Je suis en une petite retraite pour dix jours. Procurés-moi des prieres de vos bonnes amies[3] pour que je la passe bien. »

Pour suivre Marthe Du Vigean le plus loin qu'il nous sera pos-

1. Elle cessa donc d'être sous-prieure en septembre 1662.
2. Le président de Maisons, un ami de Mme de Sablé.
3. Encore les religieuses de Port-Royal de Paris. Ainsi la sœur Marthe, et avec elle bien des Carmélites sans doute, rendait justice à la vertu des religieuses de Port-Royal : c'était là, en 1662, un lien de plus entre Mlle Du Vigean, Mme de Sablé et Mme de Longueville.

sible, nous avons recherché ce qu'est devenu son dernier frère, qui avait succédé au titre de son aîné, le marquis de Fors Du Vigean. Comme son frère, il embrassa la carrière militaire. Soit par ressentiment de la conduite de Condé envers sa sœur, soit par déférence envers la duchesse d'Aiguillon, il demeura fidèle au roi et à Mazarin, et servit en 1650 dans la campagne de Flandre contre Turenne et Mme de Longueville; car on trouve dans le t. CXXXVII des *Mélanges de Clerambault*, à la Bibliothèque nationale, à la date du 12 février 1650, une dépêche du maréchal de l'Hôpital, gouverneur de Champagne, transmettant les assurances de fidélité de diverses personnes, et dans le nombre celles du marquis Du Vigean, et sa lettre même dont voici quelques lignes : « J'ay cru ne pouvoir mieux m'adresser qu'à vous, m'ayant toujours fait l'honneur de m'aimer comme vostre très-humble serviteur et vostre parent, pour vous supplier de vouloir assurer le roy et la reine de ma fidelité et obéissance aveugle pour leur service... DE FORS. » Son nom reparaît encore en diverses circonstances de la troisième Fronde, dans la guerre de Guyenne où il sert le roi contre le prince de Conti et Mme de Longueville; puis il disparaît entièrement; enfin nous apprenons qu'il périt assassiné dans ses terres, à une époque mal déterminée, mais encore du vivant de sa sœur. Mme de Longueville, dans une lettre inédite et non datée à Mme de Sablé, lui donne cette affreuse nouvelle, et lui demande ses consolations pour celle qui survit à ses deux frères : Bibliothèque nationale, *Lettre de Mme de Longueville à Mme de Sablé*, SUPPLÉMENT FRANÇAIS, 3029, 2 et 3, et de notre ouvrage IIIe partie. Ce renseignement est appuyé par un tout autre document, dont il nous reste à dire un mot.

Le marquis de Fors Du Vigean s'était marié et il avait eu un fils et une fille. Cette fille avait eu pour marraine sa jeune tante, Mlle Du Vigean, et elle s'appelait Marthe. Elle se fit aussi Carmélite à Paris, non dans le couvent de la rue Saint-Jacques, mais dans celui de la rue de Grenelle. A sa mort, elle eut sa circulaire, qui nous a été communiquée et d'où nous tirons les passages suivants, qui jettent quelque jour sur l'histoire des Du Vigean vers la fin du XVIIe siècle.

Circulaire de la mère Marthe de Jésus, née de Fors Du Vigean :

« Paix en Jésus-Christ. C'est avec la plus sensible douleur que nous sommes obligées de vous demander les suffrages de notre saint ordre pour notre très-chère et très-honorée mère Marthe de Jésus. Il n'y a que la soumission que nous devons aux ordres de Dieu qui puisse nous soutenir dans un si terrible coup. Tout parut la disposer à la vocation sainte qu'elle a si dignement remplie : une éducation chrétienne, qu'elle reçut dans une communauté de Paris où elle passa l'âge le plus tendre de la vie ; l'exemple et les prières d'une tante qui, après avoir été l'admiration de la cour par sa sagesse, s'était renfermée dans notre premier monastère pour ne vivre qu'à Dieu seul, et qui lui promit en mourant qu'elle la demanderait à Dieu (évidemment Marthe Du Vigean) ; la mort d'un père qui avait sur elle d'autres vues, et qui fut cruellement assassiné dans ses terres (confirmation de ce que nous apprend la lettre de Mme de Longueville), et les révolutions que causent les tristes événements dans les familles. Dieu la préparait ainsi aux desseins qu'il avait sur elle. Madame sa grand'mère (l'amie de la duchesse d'Aiguillon, Mme Du Vigean de Voiture) ne pensa alors qu'à mettre à couvert de la séduction cet enfant si cher, et l'envoya à la Congrégation de Verdun (où elle avait des parentes religieuses) ; mais l'air de cette maison lui était contraire, et son retour à Paris étant impraticable à cause des troupes qui inondaient la campagne, on lui obtint la permission d'entrer aux Carmélites de Metz. Là, le premier goût qu'elle avait pris auprès de sa chère tante (Mlle Du Vigean) pour notre saint ordre se réveillant tout à coup à la vue des exemples qu'elle avait devant les yeux, elle s'y serait dès lors consacrée, si sa famille ne s'y fût opposée et ne l'eût rappelée à Paris auprès de Madame sa grand'mère. Ce fut peu de temps après que nos mères (du couvent de la rue de Grenelle) eurent le bonheur de la recevoir. Mais Dieu lui réservait d'autres épreuves. Cet empressement qu'elle avait eu pour être Carmélite se ralentit ; tout lui parut affreux dans une règle dont elle avait pratiqué une partie à Metz avec tant de joie et qu'elle y aurait observée en entier si on n'avait arrêté sa ferveur. On inspira d'ailleurs à nos mères des défiances sur sa vocation. On leur disait que son éloignement pour la vie religieuse était connu et ne pouvait être sitôt changé, que c'était une victime qu'on sacrifiait à la fortune de M. son frère (on ne sait pas ce qu'est devenu ce Du Vigean-là, dernier soutien du nom des Du Vigean à la fin du xviie siècle), et que sa démarche était un effort de raison et de courage. Tous ces discours qui venaient de sa famille même obligèrent nos mères à la lui rendre. Son séjour dans le monde ne fut pas long, mais elle y eut bien des tentations à essuyer. La plus séduisante lui vint de la part de madame sa tante qui, n'ayant point d'enfant et se voyant à la veille d'être dame d'honneur de la reine, notre fondatrice, fit tous ses efforts pour la retenir auprès d'elle par les offres les plus honorables (il s'agit ici de Mme la duchesse de Richelieu). Quoiqu'elle aimât tendrement madame sa tante, elle ne s'en laissa pas éblouir, et lui répondit avec fermeté qu'elle préférait son salut à tout ce que la cour pouvait lui promettre d'éclat et d'agrément, et qu'elle croyait ne pouvoir l'assurer que par la fuite du grand monde. Ce sacrifice mit le dernier sceau à sa vocation. Elle entra dans ce monastère avec les dispositions et un sentiment de joie qui lui a duré toute sa vie... Dieu lui avait donné un esprit vif, élevé, sage et solide, aisé, naturel et noble, incapable de faire de fausses démarches, et, si l'on ose user de ce terme, une amabilité à laquelle il était impossible de résister. C'est ce qui lui a attiré un si grand nombre d'amis qui ont été si utiles à cette maison. Elle en a rempli avec applaudissement toutes les charges. Dans celle de sous-prieure, on admirait son zèle pour le service divin, son assiduité et sa modestie au chœur, son exactitude à observer et à faire observer toutes les cérémonies : rien ne lui paraissait petit lorsqu'il s'agissait d'honorer Dieu. Mais son esprit et son cœur n'ont jamais mieux paru que dans la charge de prieure. Elle a su allier l'extrême régularité avec l'extrême politesse. Honorée des fréquentes visites d'une jeune et grande princesse (probablement la seconde duchesse d'Orléans, la Palatine; voyez plus bas) qui faisait souvent son séjour dans notre monastère, elle eut soin de prévenir tout ce qui pouvait déranger la communauté ou donner atteinte aux règles de la clôture. Fermé et douce en même temps, elle sut s'attirer son estime et sa bonté, et même une sorte d'autorité, si je l'ose dire, qui est le fruit de la vertu et dont elle ne se servit que pour la porter à Dieu. Jamais mère n'aima plus tendrement sa communauté et n'en fut plus aimée. Elle n'avait d'attention qu'à la soulager et à lui procurer tous les avantages qui dépendaient d'elle. Sa dévotion à notre sainte Mère la porta, dès qu'elle fut à Metz, à commencer un hermitage en son honneur. Elle en a fait, dans cette maison, un magnifique, aidée des bienfaits de feu Mme la duchesse de Foix qui, par le seul attachement qu'elle avait pour notre très-honorée mère, nous a comblées de biens, et a voulu qu'après sa mort, son cœur, qu'elle nous a laissé, fût un gage de son amitié pour elle et de sa bonté pour nous. C'est encore à cette chère mère que nous devons la protection dont l'auguste maison d'Orléans nous a toujours honorées. Nous en avons à présent la plus grande marque dans le séjour que fait ici Sa Majesté catholique, la reine d'Espagne, dont la religion et la piété édifient toute notre maison, et dont la bonté et l'attention pour la régularité nous attachent à Sa Majesté plus que ses bienfaits mêmes. Ceux que Monseigneur le Régent a répandus sur nous ont été les effets de l'estime, de la confiance, et si l'on ose user de ce terme, de la tendresse que feue Madame (la mère du Régent, celle dont il est parlé plus haut) avait pour cette mère. Tant d'honneurs et de distinctions ne l'élevèrent jamais; plus elle se voyait estimée, plus elle se renfermait dans son néant et se regardait comme la dernière de la maison. Les bas sentiments qu'elle avait d'elle-même frappaient tous ceux à qui elle parlait avec quelque ouverture..... Dieu, pour la sanctifier, l'a fait passer par des voies bien rudes. Aux pertes les plus sensibles il ajouta des infirmités violentes et presque continuelles. Depuis bien des années, il ne s'en est guère passé qui n'aient été marquées de plusieurs maladies mortelles... Nous avons eu la douleur de la perdre aujourd'hui (la circulaire n'est pas datée), sur les trois heures du soir, à la soixante-quinzième année et demie de son âge, et à la cinquante-neuvième de religion... »

NOTE TROISIÈME.

LETTRES NOUVELLES DE MADAME DE LONGUEVILLE.

Nous avons publié dans cette première partie de notre ouvrage, consacrée à la jeunesse de Mme de Longueville, et qui s'étend jusqu'à la fin de la première Fronde, diverses lettres et divers écrits d'elle qui n'avaient jamais vu le jour : dans le chap. 1er, p. 106, un billet à la mère Agnès, de l'année 1637 ou 1638; dans le chap. II, p. 169, deux pièces de vers; dans le chap. IV, outre la lettre à Mme de Brégy, déjà imprimée, il est vrai, mais ensevelie et perdue sous d'équivoques initiales dans les œuvres de cette dame, une lettre à M. Esprit de la fin de l'année 1649; et dans l'APPENDICE, p. 434, la déposition sur la mère Madeleine de Saint-Joseph, qui est de l'année 1647. Nous joignons ici quelques autres billets qui épuisent la très-petite collection de lettres que nous avons pu rassembler de Mme de Longueville jusqu'à l'année 1650.

I.

Ce billet-ci est comme la suite de celui que nous avons donné dans le chap. 1er, p. 106. Il est aussi adressé à la mère Agnès, et nous le devons, ainsi que l'autre, aux dames carmélites :

« A ma seur Agnès.

« Ma tres chere seur, je vous escris ce petit mot pour vous suplier de m'anvoier un petit morceau de linge qui a trampé dans le sang de nostre b. h. mère. Il m'est venu pansée d'en metre sur la teste de ce pauvre garson qui est malade. Je panse que le Picart vous a dist qui c'est. Il a entierement perdu le jugement, et il mourra peut estre sans confession si Dieu ne l'assiste. Je voudres bien que nostre b. h. mere lui fit revenir la raison jusqu'à ce qu'il fust confessé.

Je n'ai dit à persone que j'avois le desin d'anvoier quéri ce linge. S'il fait l'efet que je desire, je le dirai. Mais si Dieu ne fait point ce miracle par l'intercession de nostre b. h. mere, je n'en parlerai point. Dittes le, s'il vous plest, à nostre mere, et croiés que je suis, ma tres chere seur, vostre tres humble seur et servante.

Mendés moi quand le tableau de nostre b. h. mere sera fait. »

II.

Nous avons dit, p. 336, que pendant toute sa jeunesse, Mme de Longueville montra les plus grands égards pour Esprit, de l'Académie française, et qu'elle le recommanda à Mazarin pour un bénéfice. Voici ce billet de recommandation :

« Monsieur [1].

(13 octobre 1646 ou 1645 [2]).

« Ayant apris que vous estes sur le point de faire la distribution des benefices, encore que je ne doubte point que vous n'ayez assez de bonté pour vous souvenir en ce rencontre de la suplication que je vous ay faicte pour Mr Esprit, je ne laisse pourtant pas de vous suplier encore de ne le pas oublier, et de croire que je vous en seray intimement obligée. Je suis honteuse de vous importuner encore d'une chose de laquelle je vous ay desjà parlé; mais la confience que j'ay en vostre bonté me fait prandre plus aysement cette liberté. Je suis, monsieur, vostre tres humble et obeissante servante •   ANNE DE BOURBON. »

III.

Les deux lettres qui suivent sont adressées à M. le Prince, Henri de Bourbon. IIe du nom. Nous les tenons de la bonté de Monseigneur le duc d'Aumale, qui a bien voulu les tirer pour nous des

---

[1]. Communiqué par M. Boutron-Charlard, dont la riche collection d'autographes est si connue.

[2]. Ni suscription ni date. Une main ancienne a mis au-dessus 13 octobre 1646, et corrigé 1645.

archives de la maison de Condé. La première est évidemment de l'automne de 1642, quelques mois après le mariage de Mlle de Bourbon avec M. de Longueville, lorsqu'elle eut la petite vérole, et que son mari fut envoyé en Italie pour prendre le commandement de l'armée à la place du duc de Bouillon, arrêté et emprisonné; voyez chap. III, p. 221. Mme de Longueville, à laquelle son mari écrivait souvent, donnait des nouvelles à son père, M. le Prince, alors éloigné aussi, et qui avait été chargé par le cardinal de Richelieu d'une petite expédition militaire où il ne réussit guère. La seconde lettre se rapporte au déplaisir que M. le Prince ressentit de ce peu de succès.

« A M. le Prince.

« De Paris, ce 13e nov. (1642)

« Monsieur,

Pour obéir au commandement que vous me fîtes en partant de Paris de vous mander des nouvelles de M. de Longueville, je vous dirai qu'il est arrivé un courrier qui partit le premier de ce mois qui nous a donné beaucoup de joie, nous apprenant que les ennemis qui avaient été trois ou quatre fois à une portée de mousquet des retranchements, et tout près, à ce que l'on croyait, de les vouloir attaquer, se sont retirés dans le Milanais, et ont laissé tous les passages, par lesquels les vivres et les munitions devaient venir, entièrement libres, de sorte qu'on ne doute plus de la prise de Tortose. La mine n'avait pas encore joué, comme l'on nous l'avait dit, mais ce devait être bientôt. J'attends avec une extrême impatience le succès de cette affaire, espérant avec toute sorte d'apparence qu'il sera tel que nous le demandons à Dieu. Je ne manquerai pas, monsieur, de vous rendre compte de tout ce que j'apprendrai, ainsi que vous me l'avez ordonné, n'ayant point de plus forte passion que celle de vous témoigner par ma très humble obéissance combien je suis,

Monsieur, votre très humble et très obéissante fille et servante,

ANNE DE BOURBON. »

« A M. le Prince.

« Monsieur,

« Je croirais manquer à mon devoir si je ne vous témoignais par cette lettre l'extrême déplaisir que j'ai reçu du mauvais succès que vous avez eu. Ce qui m'en afflige le plus est la crainte que j'ai que vous n'en soyez malade. J'ose vous supplier très humblement de ne vous point affliger, et de croire que je n'ai pas tant ressenti la peine de mon mal que du déplaisir que je sais que vous avez. Je vous rends grâces très humbles de l'honneur que vous m'avez fait de songer à ma maladie avec tant de soin et de bonté. Je suis, Dieu merci, à cette heure en état de vous rendre tous les services que je vous dois. Je vous supplie très-humblement de croire que je ne manquerai jamais à vous témoigner par mes obéissances avec combien de passion et de respects je suis,

« Monsieur, votre très humble et obéissante fille et servante,

ANNE DE BOURBON. »

« Ce 18e novembre. »

IV.

Nous savions que Mme de Longueville et les deux sœurs Louise-Marie et Anne de Gonzague, étant parentes, avaient dû se connaître beaucoup, et nous publierons dans la IIe partie une correspondance intime et très curieuse de Mme de Longueville et de la princesse Anne. Ici nous rencontrons la trace d'une relation assez étroite entre Mme de Longueville et la princesse Marie. Celle-ci venait d'être choisie pour être reine de Pologne, grâce à la protection de Mme la Princesse et du duc d'Enghien [1]. Avant son départ, elle avait été passer une partie de l'été de 1645 à Trie, belle terre des Longueville, où elle avait appris la bataille et la victoire de Nortlingen. Elle s'était empressée d'en écrire une lettre de félicitation à la sœur du victorieux, alors restée à Paris. Voici

---

1. Mémoires de Mme de Motteville, t. Ier, p. 322.

la réponse de Mme de Longueville, que nous devons encore à la gracieuse bienveillance de Monseigneur le duc d'Aumale :

« A Madame Madame la princesse Marie.

« Du 23e aoust 1645.

« Je vous suis très redevable de la bonté que vous avez eue de prendre part à la joie que le bonheur de Monsieur mon frère m'a donnée. C'est une marque très obligeante de l'honneur que vous me faites de m'aimer, que je n'ai point de paroles pour vous exprimer le ressentiment que j'en ai. Je crois que vous ne doutez pas de ma reconnaissance là-dessus; c'est pourquoi j'en quitterai le discours pour vous donner des nouvelles de M. le maréchal de Gramont, comme vous me l'ordonnez. Je vous dirai donc qu'il est prisonnier[1], mais pas blessé, à ce que l'on m'a assurée. On espère que sa prison ne sera pas longue. Car nous avons pris le général Glen[2], contre lequel on croit qu'on l'échangera promptement, les ennemis ayant grand besoin d'un homme de commandement parmi eux, et ayant perdu par la mort de Mercy et par la prison de celui-ci tous les plus considérables qu'ils eussent; ce qui fait croire qu'ils ne feront nulle difficulté de rendre M. le maréchal de Gramont contre Glen, que l'on leur devait offrir tout à l'heure. Voilà tout ce que j'en ai appris. La pauvre Mme Montausier est fort affligée de Pisany[3], à ce que l'on m'a dit. Je suis ravie que Trie vous soit agréable et que le séjour ne vous en soit pas incommode. Je souhaite pourtant de tout mon cœur que vous le quittiez bientôt, afin qu'en vous voyant souvent on puisse profiter du temps qui reste à vous avoir encore ici. »

1. Le maréchal de Gramont commandait la droite de Condé à Nortlingen; il avait été mis en déroute et fait prisonnier par Jean de Wert. Voyez chap. IV, p. 295.

2. Gleen commandait la droite de l'armée impériale. Il fut pris dans la dernière partie de l'affaire, quand Condé, avec la seule division de Turenne, rétablit le combat et gagna la bataille. *Ibid.*

3. Le fils de Mme la marquise de Rambouillet, tué à Nortlingen.

V.

Les bonnes Carmélites ne s'étaient pas contentées de faire écrire à la princesse Marie, devenue reine de Pologne, par Mlle d'Épernon, pour obtenir sa protection auprès du pape dans l'affaire de la béatification de la mère de Saint-Joseph, comme nous l'apprennent les deux lettres de la reine de Pologne, publiées plus haut, p. 420; elles avaient employé auprès d'elle Mme de Longueville, qui n'avait pas manqué de presser vivement son illustre amie de s'associer à ses démarches, et lui avait même adressé un modèle des lettres qu'elle devait écrire à son ambassadeur à Rome et au Saint-Père [1].

« A la reine de Poulogne et de Süede.

« De Paris, ce 17e octobre (1647 [2]).

« Mon acouchement m'a empeschée de temoigner plutost à Vostre Majesté la part que j'ay prise au desplaisir qu'elle a receu de la perte du prince son beau fils, et voicy la premiere letre que j'ay esté en estat d'escrire despuis ce temps, qui me servira aussy, Madame, à faire une très humble suplication à Vostre Majesté, qui est de vouloir escrire au Pape et à l'ambassadeur de V. M. en faveur de la béatification de la bienheureuse mère Magdeleine, que V. M. a cognue au grand couvent des Carmélites de Paris. Je luy envoye la teneur des letres qu'elles luy demandent et la suplie tres humblement, sy elle leur acorde cette grace, de me les envoyer quand V. M. les aura escrites, afin que je les envoie à celuy qui est chargé de cette affaire qui les rendra à l'ambassadeur de V. M. quand il sera temps d'agir pour la faire réussir.

1. Communiqué par M. Grangier de la Marinière.
2. Cette date, bien que d'une autre main, est certaine, Mme de Longueville parlant ici de l'accouchement qu'elle fit à son retour de Munster, à la fin de l'été de 1647. D'ailleurs, c'est bien en 1647, devant Lens, que fut tué, avec Gassion, le comte Léon d'Aubusson de la Feuillade, le frère aîné de celui qui devint, grâce à ses flatteries envers Louis XIV, duc et maréchal.

Et comme il y a dans la letre que V. M. doit escrire à son ambassadeur de faire constituer des procureurs, ce n'est que pour fortifier la chose; car on ne prétend point obliger V. M. à aucun soing ny à aucune despence, les Carmelites du grand couvent se chargeant de l'un et de l'autre. Le roy, la reine et la reine d'Angleterre leur ont fait le mesme honneur que je vous demande pour elles, et duquel j'auray une obligation tres sensible à V. M. que je suplie avec tous les respects que je luy dois de me conserver quelque petite place dans son cœur et de me croire sa tres obéissante et tres passionnée servante,

ANNE DE BOURBON.»

« La pauvre le Feuillade a esté tué. Je croy que V. M. en sera fachée. »

FIN.

TABLE DES MATIÈRES

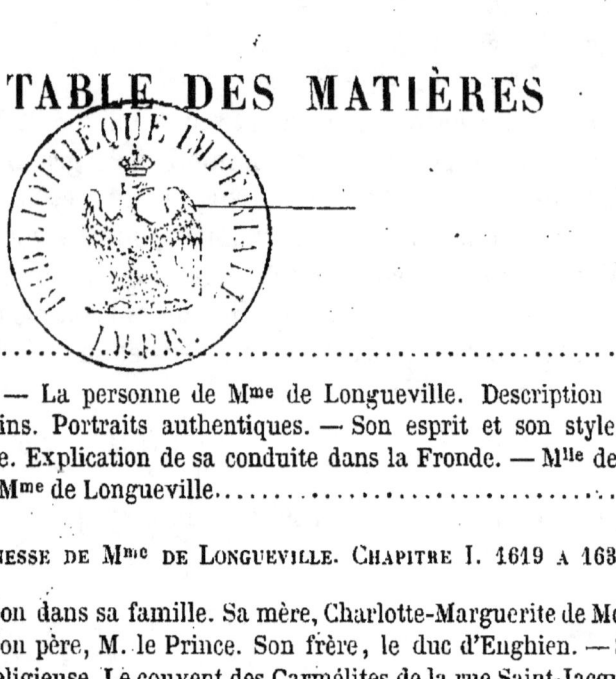

Avant-propos.. v

Introduction. — La personne de Mme de Longueville. Description des contemporains. Portraits authentiques. — Son esprit et son style. — Son caratère. Explication de sa conduite dans la Fronde. — Mlle de La Vallière et Mme de Longueville.. 1

La jeunesse de Mme de Longueville. Chapitre I. 1619 a 1635.

Mlle de Bourbon dans sa famille. Sa mère, Charlotte-Marguerite de Montmorency. Son père, M. le Prince. Son frère, le duc d'Enghien. — Son éducation religieuse. Le couvent des Carmélites de la rue Saint-Jacques. Les quatre grandes prieures. Mlle d'Épernon. — Mlle de Bourbon au bal du Louvre, le 18 février 1635. Son portrait à l'âge de quinze ans..... 61

Chapitre II. 1635 a 1642.

Mlle de Bourbon à l'hôtel de Rambouillet. — Ce que c'est que le genre précieux. — Mme de Sablé, type de la vraie précieuse. — Corneille et Voiture. — Mlle de Bourbon à Chantilly. — A Ruel. — A Liancourt. — Ses jeunes amies. — Mlle Du Vigean et Condé. — Mariage de Mlle de Bourbon... 129

Chapitre III. 1642 a 1644.

Poésie et galanterie. — État des affaires en 1643. Bataille de Rocroy. — Mazarin et les Importants. — Mme de Montbazon. — Lettres attribuées à Mme de Longueville. — Duel de Coligny et de Guise. — Une nouvelle inédite du xviie siècle... 217

Chapitre IV. 1644 a 1649.

Campagnes de Condé en Flandre et sur le Rhin. — Congrès et paix de Munster. — Mme de Longueville à Munster. Son portrait par Van-Hüll. — Son retour en France. Son second frère, le prince de Conti. — Sonnets de Voiture et de Benserade. — La Rochefoucauld. Commencement de sa liaison avec Mme de Longueville. — La première Fronde. Belle conduite de Condé. — Mme de Longueville à l'Hôtel de Ville de Paris. Naissance de Charles de Paris, comte de Saint-Paul. — Paix de 1649............ 285

APPENDICE.

NOTE PREMIÈRE. Les Carmélites.................................... 377
NOTE DEUXIÈME. Mlle Du Vigean, sœur Marthe de Jésus............. 456
NOTE TROISIÈME. Lettres nouvelles de Mme de Longueville............. 476

FIN DE LA TABLE.

PARIS. — IMPRIMERIE DE J. CLAYE ET Ce, RUE SAINT-BENOÎT, 7.